Florian Coulmas

Japanische Zeiten

Florian Coulmas

JAPANISCHE ZEITEN

Eine Ethnographie der Vergänglichkeit

verlegt bei KINDLER

1. Auflage September 2000

Redaktion Michael Siemer
Umschlaggestaltung Cathrin Günther / Walter Hellmann
Satz aus der Minion PostScript PageOne
Gesamtherstellung Clausen & Bosse, Leck
Printed in Germany
ISBN 3 463 40392 7

Die Schreibweise entspricht den Regeln
der neuen Rechtschreibung.

Azur,
Vergangenheit und Zukunft

Kōkaku	**1779–1817**
Tenmei	1781–1789
Kansei	1789–1801
Kyōwa	1801–1804
Bunka	1804–1818
Ninkō	**1817–1846**
Bunsei	1818–1830
Tenpō	1830–1844
Kōka	1844–1848
Kōmei	**1846–1866**
Kaei	1848–1854
Ansei	1854–1860
Man'en	1860–1861
Bunkyū	1861–1864
Genji	1864–1865
Keiō	1865–1868
Meiji	**1867–1912**
Meiji	1868–1912
Taishō	**1912–1926**
Taishō	1912–1926
Shōwa	**1926–1989**
Shōwa	1926–1989
Der derzeitige Kaiser	**1989 –**
Heisei	1989 –

Japanische Jahresdevisen seit 1779. Fettdruck: Post-mortem-Namen der Kaiser, darunter stehen die in ihre Regierungszeit fallenden Ären. Seit Meiji sind die Bezeichnungen identisch.

Schreibweise japanischer Namen

Bei der Wiedergabe japanischer Namen übernehme ich die von den betreffenden Personen selbst verwendeten Schreibweisen, soweit sie sich ermitteln lassen (z. B. durch Veröffentlichungen in westlichen Sprachen). Bei historischen Personen verwende ich die gebräuchlichste Schreibweise. Im Übrigen folge ich der Hepburn-Konvention mit geringen Modifikationen. Ein Macron über einem Vokal (ā, ō, ū) zeigt Vokaldehnung an. Bei Personennamen geht der Familienname japanischem Brauch folgend voraus.

INHALT

KOMPASS

Wohin die Reise geht, wissen wir, aber die Wege sind verschlungen. Der Fahrplan gilt nach Ortszeit. Richtung und Zeit sind dasselbe, die Uhr ist ein Kompass. So können wir sie jedenfalls benutzen und wollen es hier tun, denn die Gebildeten dieser Welt erwarten unausweichlich eine Vorschau auf das, was es zu lesen gibt. Nach Osten geht es, gen Sonnenaufgang, dahin, wo die Zeit ihren Anfang hat, wenn wir der japanischen Mythologie glauben. Das Ende freilich ist im dortigen Alltag mindestens ebenso präsent und muss bei dem hier unternommenen Versuch, die Bedeutung der Zeit in der japanischen Lebensart zu erhellen, einen prominenten Platz bekommen. Wir beginnen deshalb mit einem Blick ins Grab, um uns der Beständigkeit der Vergänglichkeit anzunähern, die in Japan immer wieder zelebriert oder auch nur beiläufig gestreift wird. «‹Na dann›, sagte er, ‹in einigen Jahren, wenn es Zeit für mich ist, begraben zu werden, werde ich dir etwas Arbeit machen.›» So lässt Mishima Yukio in seinem Roman *Kinkakuji* einen Jungen zu seinem Schulkameraden sprechen, der gerade erklärt hat, Priester werden zu wollen.

Die verrinnende Zeit ist allgegenwärtig und bietet oft Anlass, darüber nachzudenken, was Zeit ist. Wer sich auf diese Frage einlässt, spricht bald von anderen Dingen, denn die Zeit ist überall. Die Zeit ist ein ewiges Thema, unvermeidlich. Alle Lebewesen sind der Zeit ausgeliefert, nur Menschen denken über sie nach. Jede Gesellschaft organisiert sich in Raum und Zeit, jede auf ihre Weise. Man kann das Kultur nennen. Die Asahi Shinbun, eine von Japans größten Tageszeitungen, zierte ihre erste Seite am 1. Januar 2000 mit dem Foto eines Kohlebeckens, passend zur winterlichen Kälte. Auch sonst hat sie häufig Fotos von Pflanzen und anderen Naturerscheinungen, die an den Wechsel der Jahreszeit erinnern, auf der Aufmacherseite. Dem Lauf der Zeit auch so zu folgen, ist ein Kennzeichen dieser Zeitung. Das Kohlebecken aber war noch auf andere

Weise ingeniös gewählt für diesen runden Neujahrstag. «Das nicht erlöschende Feuer überdauert die Zeit», war die Bildunterschrift, die in ihrer Schlichtheit nicht nur das Geheimnis der Zeit ansprach, über das, an der Jahresschwelle innehaltend, viele nachdenken; nicht nur erwies das Bild der Tradition des ausgeprägten Empfindens für die Jahreszeiten Reverenz; mit der Unterschrift wurden die glühenden Kohlen gleichzeitig zur Versinnbildlichung des wichtigsten Theorems des zwanzigsten Jahrhunderts gemacht: $E = mc^2$. Die Energie überdauert die Materie. Was Bilder synthetisch einfangen können, dafür brauchen wir geeignete Begriffe, wenn wir es analytisch mit den Mitteln der Sprache fassbar machen wollen. Hierfür werden im zweiten Kapitel die Grundlagen gelegt. Darüber, welche Aspekte der Zeitlichkeit des Lebens in Japan eine Rolle spielten und spielen, lässt sich im weiteren Verlauf dann leichter reden. Der Rhythmus der irdischen Natur ist eine Koordinate, an der sich das menschliche Leben auf vielfältige Weise orientiert. In Japan zeugen davon manche Traditionen, wie z. B. die Gestaltung der ersten Seite der Asahi Shinbun, auch wenn das heutige Leben der meisten Menschen von der Natur weit entfernt verläuft. Der Versuch, die natürliche Zeiteinteilung mit der mechanischen Uhr in die Moderne hinüberzuretten, ist eine für das Verständnis des japanischen Lebensgefühls höchst bedeutsame Episode, die im Mittelpunkt des dritten Kapitels steht.

Dass sich jede Gesellschaft ihre eigene Zeit schafft, zeigt am deutlichsten der Kalender. Feste strukturieren das soziale Leben. Ihre Festlegung ist das Vorrecht der Herrscher, die dadurch auch wichtige Aspekte der Kultur beherrschen. Im japanischen Kalender verbinden sich chinesische und einheimische Elemente, die beide auf die Jahreszeiten und die Bewegung der Himmelskörper bezogen sind. Wie im vierten Kapitel dargestellt wird, weist er Spuren des Konfuzianismus, des Buddhismus und des Shintoismus auf. Er berücksichtigte Sonne und Mond, weswegen die Bestimmung der Festtage schwierige Berechnungen erforderte, die Beamten der Kalenderbehörde am Hof oblagen, Ausdruck der Tatsache, dass die Verwaltung der Zeit Macht bedeutet. Die Ersetzung des alten durch das westliche Zeitsystem im Zuge der großen Reformen in der Meiji-Zeit im letzten Drittel des neunzehnten Jahrhunderts machte das einmal mehr deutlich. Eindrücklicher als jedes andere Datum symbolisiert die Kalenderreform von 1873 Japans entschlossenen Schritt in die Moderne. Wie sehr mit den formalen Koordinaten der Zeiteinteilung von Kalender und Uhr sich auch das Zeitbewusstsein wandelt, erfuhren die Japaner in den bewegten Jahren dieser Epoche, die mit der europäischen Aufklärung verglichen wurde.

Je heller das Licht, desto dunkler die Schatten. Aufklärung provoziert den Rückzug ins Unerklärliche. Als Dialektik der Aufklärung ist dieser Zusammenhang im europäischen Kontext bezeichnet worden. In Japan hat er ein Gegenstück. Mit der neuen Zeit stellte sich auch die wissenschaftliche Beschäftigung mit der Zeit ein, die Historiographie. Zum ersten Mal wurde in Japan die staatstragende Geschichte Ansprüchen wissenschaftlicher Unabhängigkeit unterworfen. Dass solche Verwerfungen nicht geradlinig verlaufen, zeigt das sich wandelnde Geschichtsverständnis, bei dem es nach einem ersten Modernisierungsschub wie auf anderen Gebieten auch zu Revisionen kam. Das sechste Kapitel befasst sich mit den irrationalen geistigen Strömungen, die dabei immer wieder an die Oberfläche traten und daran erinnern, wie sehr Geschichte von denen gemacht wird, die sie schreiben. Der Gründungsmythos des japanischen Staates bietet dafür ein Beispiel, das im Hinblick auf seine zeitlichen Dimensionen besprochen wird. Die Tradition schien manchen Intellektuellen in stürmischen Zeiten Halt zu bieten, aber sie ließen sich von irrationalen Machthabern usurpieren, denen sie in die Katastrophe folgten. Die überlegene Macht der Wissenschaft mussten sie erleiden. Sie manifestierte sich in Gestalt der über Hiroshima und Nagasaki abgeworfenen Atombomben. Das atomare Zeitalter begann in Japan, in mancherlei Hinsicht eine Zäsur, deren Bedeutung wir uns im siebten Kapitel anzunähern versuchen.

Der Komplex Hiroshima ist noch lange nicht aufgearbeitet. Es dauerte nach Kriegsende Jahre, bis damit begonnen wurde. Zunächst stürzten sich die Menschen in Japan ähnlich wie in Deutschland auf den Wiederaufbau. Es begann eine Phase intensiver Arbeit, die eine ganze Generation prägte. Die Arbeit selber erfuhr dabei wie der ganze Wirtschaftsprozess tief greifende Veränderungen, durch die Entwicklungen zu Ende geführt wurden, die mit der Industrialisierung Ende des 19. Jahrhunderts begonnen hatten. Wie die Zeitverwaltung immer wichtiger wurde und wie schwerwiegend die gegenwärtig stattfindende Verschiebung von Arbeitszeit und Freizeit ist, wird im achten Kapitel untersucht. In dem Maße, wie die Zeitverwaltung an gesellschaftlicher Bedeutung gewann, bemächtigte sich die Industrie der Zeitmessung, wobei sie immer größerer Präzision nachstrebte. Die Entwicklung der Uhrenindustrie ist eine der großen Erfolgsgeschichten der japanischen Industrie. Sie ist geradezu, wie in Kapitel neun gezeigt wird, ein Sinnbild von Japans Aufstieg zur Wirtschaftsgroßmacht, was es nicht hätte werden können, wenn es nicht gelungen wäre, Pünktlichkeit zu einer nationalen Tugend zu machen. Eine weitere zeitliche Dimension des Lebens, die gleichzeitig immer mehr in den Vordergrund trat, ist das Tempo. Gesellschaften unterscheiden sich nicht nur im Lebensrhythmus, sondern auch in der Geschwindigkeit individuellen und kollektiven Handelns. Japan ist zur paradigmatischen Geschwindigkeitsgesellschaft geworden, womit wir uns im zehnten Kapitel beschäftigen wollen. Das Tempo des Alltagslebens ist höher als fast überall auf der Welt.

Fast alle Bereiche des Lebens haben ihre Rhythmen und Tempi, die für eine Kultur charakteristisch sind. Das ist der Grund dafür, dass wir uns auch, in Kapitel elf, mit Politik beschäftigen müssen. Die zeitliche Begrenzung der Macht ist eines der zentralen Merkmale der Demokratie. Zeitliche Rahmenbedingungen sind konstitutionell vorgegeben, die nach Maßgabe von Traditionen ausgefüllt werden. Rechtsordnung und Gepflogenheit greifen ineinander, um das zu bilden, was oft als politische Kultur bezeichnet wird. Vergangenheitsbeurteilung und Zukunftserwartung als Faktoren, die das Wahlverhalten beeinflussen, gehören ebenso dazu wie Wahlperioden, das Verhältnis von Legislaturperioden und Lebensdauer von Kabinetten oder das Alter von Premierministern. Das richtige Timing halten viele für den wichtigsten Faktor erfolgreicher Politik. Durch das Recht der Bestimmung des Wahltermins wird der japanische Premierminister zugleich dazu gezwungen, die Zeit niemals aus den Augen zu verlieren. Wie für die Ausrufung von Parlamentswahlen gibt es für jede politische Handlung gute und schlechte Zeitpunkte, und nicht nur für politische Handlungen. In der säkularisierten japanischen Gesellschaft, in der Zeit hauptsächlich als knappe Ressource bedeutsam zu sein scheint, gibt es dazu noch immer ausgeprägte Vorstellungen, die dem Leben Struktur geben, in Kalenderjahr, Monat, Woche und Lebensjahr. Über der kulturneutral präzise gemessenen Zeit liegt eine folkloristische Zeit. Wie sie noch immer den Takt des Lebens bestimmt, kommt im zwölften Kapitel zur Sprache.

«Noch immer» ist etwas irreführend, da der Takt des Lebens selber sich insofern eingreifend verändert hat, als die Länge des menschlichen Lebens sich seit der Meiji-Zeit fast verdoppelt hat. Indem wir diesen Aspekt der Zeit im letzten Kapitel untersuchen, kehren wir an den Anfang zurück. Die Zeit hat eine demographische Dimension, denn auch die Existenz der Bevölkerung in der Zeit weist soziale und kulturelle Eigentümlichkeiten auf. Wie viel Zeit vergeht vom Geborenwerden bis zum Gebären? In welchem Alter betrachtet eine Gesellschaft ihre Mitglieder als reif, als volljährig, als alt? Was bedeuten Kinderarmut und hohe Lebenserwartung für die nachfolgenden Generationen? Zeit, das offenbart sich in solchen Fragen, hat Sinn nur für Menschen. Suchen müssen wir ihn in einer bestimmten Richtung. Über Zeit an sich soll hier nichts gesagt werden. Wir nehmen Kurs nur auf japanische Zeiten.

Im April 2000 oder Heisei 12

DAS ENDE

Monate und Tage sind ewige Wanderer
und auch die vergehenden Jahre sind Reisende.
Matsuo Bashō

20:56 und 19 Sekunden ist es in Tokio, während es in Zürich erst 12:56 und 31 Sekunden ist. 12 Sekunden hat es gedauert, das in dem elektronischen Taschenwörterbuch, das ich oft bei mir trage, nachzusehen und aufzuschreiben. Ich könnte ihm auch die Uhrzeit in Algier entnehmen oder in Caracas. Zu wissen, wie spät es an irgendeinem Ort der Welt ist, kostet keine Mühe, obwohl das noch nicht lange so ist. Die Weltzeit gibt es erst seit der internationalen Meridianenkonferenz 1884, als die Sternwarte von Greenwich zum Bezugspunkt der mittleren Sonnenzeit für den Nullmeridian gemacht wurde, was freilich erst 1912 allgemein anerkannt wurde.[1] Seither gilt in der ganzen Welt ein einheitliches Zeitrechnungssystem. Für Devisen- und Wertpapierhändler, für Piloten, Diplomaten und Soldaten, für Manager multinationaler Firmen, Reiseveranstalter und Telekommunikationsexperten ist das sehr wichtig, und doch reicht dieses Wissen nicht sehr weit. Dass in Tokio die Menschen aufstehen, wenn sie in Berlin schlafen gehen, kann man wissen, ohne je an einem der Orte gewesen zu sein. Ein Blick auf die Weltzeituhr genügt. Nach ihr liegt Tokio bei 20h, Berlin bei 12h (M.E.Z) und Greenwich bei 11h (W.E.Z.). Diesen acht- oder neunstündigen Zeitunterschied kann man in nur elf Flugstunden auf null reduzieren. Allein, wenn man wieder festen Boden unter den Füßen hat, ist man noch nicht angekommen. Auch wenn der Geist es ihm noch so oft sagt, man ihm Melatolyn oder große Mengen Kaffee zuführt oder auf andere Weise versucht, sich ohne Verzögerung auf die neue Ortszeit umzustellen, benötigt der Körper dazu doch eine gute Woche. Und worin die überwundene Zeitdifferenz besteht, was sie für das Leben hier und dort bedeutet, zeigt sich noch viel langsamer.

Denn wenn auch Japan uns keine exotische, unbegreifliche Welt mehr ist[2], ist es noch immer fern. Nicht nur, dass es in Tokio im Januar morgens um halb sieben taghell, gewöhnlich sonnig und nicht sehr kalt, selten unter null, ist, wohingegen es an Berlins Januarmorgen auch um halb acht noch finster ist; dass man in Berlin frische Brötchen kaufen kann, wenn es noch lange dunkel ist, während die Geschäfte in Tokio erst aufmachen, wenn es schon drei Stunden hell ist; dass in Tokio die einzige Behörde, die um acht Uhr früh aufmacht, die deutsche Botschaft ist.

In Tokio wie in Berlin hat der Tag vierundzwanzig Stunden, denn die Zeit ist eine Konstante, die nicht nur als unerbittlich, sondern auch als objektiv und ortsunabhängig zu betrachten wir uns gewöhnt haben. Tag und Nacht bestimmen den Rhythmus des Lebens überall. Aber schon die Länge der Stunde ist, wie sich zeigen wird, diskutabel. Noch weniger konstant ist, was die Menschen hier und dort mit den Stunden anfangen, wie sie sich Tage, Wochen, Monate und größere Zeitabschnitte einteilen, wie lange sie schlafen und wachen, zur Schule gehen und arbeiten; wie viel Zeit sie für die Liebe übrig haben, wie viel fürs Essen, für das Lesen der Zeitung, Bücher, Fernsehen, Sport, Gespräche mit Freunden und Kollegen, fürs Leben: wie alt sie werden. Das Altern und damit die Vergänglichkeit ist zentral und universell für die menschliche Erfahrung, aber für den Umgang mit der Zeit haben die Menschen verschiedene Formen gefunden. Darüber, wie sich die objektive Zeitmessung auf die subjektive Zeitwahrnehmung und das Leben der Menschen auswirkt, ist viel geschrieben worden.[3] Jede Gesellschaft hat ihre eigene Zeit, auch im Zeitalter der atomaren Zeit. Was zu einem bestimmten Zeitpunkt in Tokio geschehen kann, wäre in Berlin, wenn nicht im strengen Sinne unmöglich, so doch sehr auffällig.

Samstagabend, kurz vor neun. Das Telefon klingelt. Selbst in Japan, wo heutzutage zum Besten des guten Geschäfts vieles entschuldigt wird, ist das für einen ungebetenen Vertreteranruf eher dreist, aber es kommt vor. Eine gewinnende Frauenstimme entströmt der Muschel und säuselt mir allerlei Höflichkeiten ins Ohr, wobei sie mir weder Gelegenheit gibt, etwas zu sagen, noch den geringsten Anhaltspunkt dafür, was sie zu sagen hat. Langsam, nachdem sie denkt, meine Aufmerksamkeit und mein Wohlwollen gewonnen, meine Ungeduld beschwichtigt zu haben, wird sie konkreter, spricht von der schönen Natur, der verkehrsgünstigen Lage. Jetzt weiß ich, worum es geht: Die Bodenpreise sind in den neunziger Jahren ins Bodenlose gefallen, und den Maklern steht das Wasser bis zum Hals. Sie will mir eine Wohnung in einem der Außenbezirke Tokios aufschwatzen, wo die Immobilienfirmen nichts mehr loswerden. In der Tat beginnt sie über die Zukunft zu sprechen und über die Sorgenfreiheit, davon, wie beruhigend es ist, auch für die Kinder(!), wenn man weiß, wo man hingehört. Ich habe doch Kinder, oder? Schließlich kommt sie zur Sache: Ob ich denn nicht ein Grab brauche. Ohne lange zu zögern, sage ich, nein, im Moment kein dringender Bedarf. Wenn sie das enttäuscht, lässt sie es sich jedenfalls nicht anmerken, macht mir stattdessen Komplimente und verabschiedet sich fröhlich. Das war's für heute, für sie jedenfalls.

Den an solche Angebote nicht Gewöhnten lässt sie etwas überrascht zurück. Ich kann sie nicht anrufen und fragen: Warum mich? Stehe ich auf irgendeiner Liste von Leuten, die vielleicht bald ein Grab brauchen? Ruft sie jeden Zehnten im Telefonbuch an? Oder alle, von denen sich ermitteln lässt, dass sie noch kein Grab haben? Eine beträchtliche Aufgabe wäre das in Tokio. In der Tat hatte ich ja keins, auch noch nie daran gedacht, eins zu erwerben. Bisher zog ich es vor, zu denken, dass das etwas ist, was andere brauchen. Aber …

Das Sterben ist keine ausgefallene Angelegenheit. Ja, man kann ohne Übertreibung sagen, daß es gewissermaßen eine menschliche Schwäche sei. Kommt überall vor, durchaus kulturneutral. Irgendwann – davon, dass wir das wissen, ist genug Aufhebens gemacht worden[4] – ist es so weit. Wann aber fängt man an, dieses Irgendwann im Blickfeld zu haben? Es sind freilich nicht nur individuelle und Charakterunterschiede, die dabei eine Rolle spielen. Wie man damit umgeht, ist überall etwas anders. Es kommt ein gewohnheitsmäßiges Lebensgefühl dazu, ein Gefühl für die Zeit, die uns bleibt, die das Maß aller Dinge ist.

Die Physiker sagen mir, ich bestehe aus Teilchen. Irgendwann werden diese Teilchen aufhören, einen integrierten Körper zu formen, wann, kann man nicht mit Gewissheit sagen. Ja, auf der Ebene der Quanten hat es nicht einmal Sinn, das überhaupt zu sagen, denn auf der Ebene der Quanten rechnen die Physiker mit zeitunabhängigen Variablen.[5] Das mikroskopische Quantensystem basiert auf einem symmetrischen Zeitkonzept. Es kennt den «Zeitpfeil» nicht, und wer sich mit molekularen Ereignissen beschäftigt, kann mit integrierten Formen wenig anfangen. In dem Maße, wie die Präzision zunimmt, mit der er über die Seinsordnung der Quanten sprechen kann, verliert er die der zeitlich gebundenen Formen aus dem Blick. Und umgekehrt, wer über zeitlich gegebene feste Formen und ihre Veränderbarkeit spricht, weiß das nicht in die Sprache der Quanten zu übersetzen. Wie man die zeitlose Mikrowelt der Quanten mit der zeitdimensionierten Makrowelt, die wir lebend erfahren, konzeptuell in Beziehung zu setzen hat, sind einstweilen weder Natur- noch Geisteswissenschaftler in der Lage zu erklären. Sie haben sich allerdings darauf verständigt, dass es weder in der Quanten- noch in der Lebenswelt leicht ist, die Eigenart des Erkenntnisprozesses aus den Beobachtungen herauszuhalten.

Das Leben geht dessen ungeachtet weiter, und deshalb rechnet die Vertreterin, die mich anrief, ganz anders als der Quantenphysiker. Und sie weiß, womit sie rechnen kann. Für sie ist der Gedanke an zeitliche Reversibilität bloß frivol. Denn aus dem sozialen System ist der Zeitpfeil nicht wegzudenken, wie es im Einzelnen auch aussehen mag. Anfang und Ende sind auf ihm für jeden markiert und noch einige Übergänge dazwischen. Mit dem Affront der Begrenztheit des Hierseins können Physiker nicht umgehen, aber in jeder Gesellschaft hat er einen Platz, an dem man einiges darüber erfahren kann, wie sie lebt, wie sie sich die Zeit einteilt, wie sie die Zeit erfasst, was menschliche Zeit für sie ist – ein volles Maß, eine Frist, Geld, ein Räderwerk, eine Durchgangsstation in die Zeitlosigkeit. Unsere Existenz ist zeitlich, aber dieser universellen Koordinate geben verschiedene Kulturen eine eigene Form, um sie zu verstehen.

Diese verschiedenen Formen verstehen sich nicht von selbst. Die Vergangenheit umfasst, was bereits geschehen ist und keine Veränderung mehr zulässt. Die Zukunft ist ungewiss; als Gegenstand unserer Hoffnungen und Befürchtungen beinhaltet sie mögliche Geschehnisse, für die wir planen, in der Erwartung, sie beeinflussen zu können. Und die Gegenwart ist das Reich unserer Erfahrungen, Gedanken und Handlungen. Das ist überall so. Wie jedoch über Vergangenheit, Gegenwart und Zukunft gedacht wird; wie der «Fluss der Zeit» und das Menschenleben in ihr begriffen werden; ob lineare, zielgerichtete oder zyklische Vorstellungen von der Zeit vorherrschen; wie sich die Begrenztheit der Mitteilbarkeit der Erfahrungen des Einzelnen in allgemeine Muster des Zeitverständnisses übersetzen und daran orientieren; wie das Gedächtnis funktioniert und was Gemeinschaften erinnern: In der konkreten Beantwortung dieser Fragen manifestieren sich kulturelle und epochale Unterschiede. Zu zeigen, welche Zeitbegriffe das Leben in Japan kennzeichnen, welchem Zeitregime die Menschen dort unterworfen sind, wofür sie Zeit haben und was Zeitlichkeit und Ewigkeit für sie bedeuten, macht dieses Buch einen Versuch. Es unterstellt weder, dass es *ein* japanisches Zeitkonzept gibt, noch, dass Vergangenheit, Gegenwart und Zukunft in Japan selber der Zeit enthoben, also keinen Veränderungen unterworfen seien. Von der Zeit als universeller Gegebenheit nicht nur im Sinne der konventionellen Weltzeit, sondern als physikalischer Dimension des Seins, die heutzutage in Femtosekunden* und Milliarden Licht-

* Eine Femtosekunde ist der quadrillionste Teil einer Sekunde.

jahren gemessen wird, geht es aus. In der Art, wie sie die Zeit beherrschen und von ihr beherrscht werden, haben die Menschen in Japan deshalb unvermeidlich vieles mit Menschen in anderen Teilen der Welt gemein. Aber sie haben auch ihr eigenes Verhältnis zur Zeit, das ein wesentlicher Aspekt ihrer Kultur ist. Er zeigt sich in der Ästhetik der gehobenen Kultur ebenso wie in unprätentiösen Gewohnheiten, in philosophischen Vorstellungen von Vergänglichkeit und Dauer ebenso wie im Alltagsverhalten.

Das telefonische Angebot einer Grabstätte ist Ausdruck der Kommerzialisierung praktisch aller Lebensbereiche der japanischen Gesellschaft. Mehr als das, es zeugt auch von einem unbefangenen Umgang mit der Ewigkeit, der das Ende immer im Blick hat. Es ist oft betont worden, dass die japanische Kultur Vergänglichkeit stärker betont als Dauer, die Erfahrung des verstreichenden Moments mehr als die unveränderliche Erinnerung[6]. Unsterblichkeit, wie sie etwa in der monumentalen Steinarchitektur Ägyptens[7] zelebriert wird, deren Schöpfer als Mumien der spurlosen Rückkehr alles Lebenden in den Zustand des Nichtseienden trotzen, ist in Japan kein Thema. Weder ihre Wohnungen noch die ihrer Götter sind für lange Dauer geplant. Wegen ihrer leichten Bauweise aus Holz bieten sie vor den Elementen nur notdürftig Schutz. So schnell, wie sie durch Naturkatastrophen zerstört sind, sind sie wieder errichtet. Das Gefühl der Impermanenz, der Gebrechlichkeit der Dinge, ist ein in den frühesten Quellen bezeugter Gemeinplatz, der im Laufe der Jahrhunderte nichts von seiner Vertrautheit verloren hat.

> Wenn ich den Jahreszeitenwandel sehe, wird mir das Herz schwer,
> er lässt mich an Menschen von früher denken.
>
> Ōtomo Yakamochi

Diese Verse sind aus den «Zehntausend Blättern» (*Manyōshū*, 4483), der ältesten japanischen Gedichtsammlung vom Ende des achten Jahrhunderts. Hier gemahnen den Dichter die verstreichenden Jahreszeiten an einen verstorbenen Freund. Viele andere Verse sprechen von einem weniger konkret begründeten Gefühl der Wehmut angesichts des natürlichen Rhythmus von Erblühen und Verwelken. Im *Kokinshū*, einer Gedichtsammlung aus dem frühen zehnten Jahrhundert, ist die Vergänglichkeit eines der wiederkehrenden Themen.

> Die Herbstchrysantheme halte ich bewundernd hoch
> Früher als die Blume sterbe vielleicht ich
>
> Kokinshū 276

«Die Geschichte des Prinzen Genji» *(Genji monogatari)*, Murasaki Shikibus klassisches Vorbild der japanischen Prosadichtung aus dem frühen elften Jahrhundert, kann als eine Parabel des Niedergangs gelesen werden: So gut und schön, wie zu Zeiten des strahlenden Prinzen wird es nie wieder sein. In der Heian-Zeit (794–1185), in der Genjis Geschichte spielt und geschrieben wurde, entstand das ästhetische und literarische Ideal des *mono no aware*, die einfühlende Würdigung der Schönheit in der Natur und im menschlichen Leben verknüpft mit dem buddhistischen Sinn für das Ephemäre. In der Folge wurde das Motiv immer wieder aufgenommen und neu gedeutet. Der große Gelehrte Motoori Norinaga (1730–1801) hat den Begriff 1763 in einer Abhandlung über *Genji monogatari* als Ausdruck des Verständnisses der menschlichen Psyche interpretiert und zum Eckstein seiner poetologischen Theorie gemacht. Empathie und Sensibilität für die Erbärmlichkeit *(aware)* der Dinge *(mono)* erkennt er als Bedingung dichterischen Schaffens, das zugleich eine moralische Komponente hat. Die Wahrnehmung der werdenden und vergehenden Natur blieb seit Norinagas Begriffsbestimmung ein Aspekt von *mono no aware*. Der mit dem klischeehaften Schönheitsempfinden verbundene Reiz der Kirschblüte etwa besteht zum großen Teil darin, dass die Pracht schnell vergeht. Dabei steht die welkende Schönheit für das viel allgemeinere Gefühl einer instabilen Existenz *(mujō)*. Eines der populärsten japanischen Epen, die «Geschichte des Hauses Taira» *(Heike monogatari)* aus dem 13. Jahrhundert, entfaltet das Thema der Illusionshaftigkeit alles menschlichen Strebens nach Ruhm, Macht und Reichtum am Beispiel der Familie Taira, die Ende des 12. Jahrhunderts vergeblich versuchte, die Macht an sich zu reißen. Die Geschichte beginnt so:

> Im Klang der Glocke des Gionshōja ertönt der Widerhall der Unbeständigkeit aller Dinge. Die Farbe der Blüten des Salharzbaums* zeigt, dass die Reichen zugrunde gehen müssen. Im Prunk leben sie nur kurze Zeit, wie ein Traum an einem Frühlingsabend. Auch die Mächtigen kommen schließlich alle zu Fall, sie sind nur wie der Staub im Wind.

Viele Episoden dieser Erzählung, die von unglücklichen Romanzen, erfolglosen Kämpfen und anderen Erlebnissen des Scheiterns handeln, erinnern an das *mono no aware* der höfischen Literatur der Heian-Zeit. Dass unser Verbleib in dieser Welt nur vorübergehend ist, ist eines der Kernthemen der Weltliteratur. In Japan wird ihm besonders viel Aufmerksamkeit geschenkt. Dichter sehen sich gern als Reisende, die im Hier und Jetzt nur kurz verweilen. Matsuo Bashō (1641 – 1694), der große Meister des Haiku, das den Augenblick zur Einsicht verdichtet, hat die Zeit oft thematisiert wie in den Zeilen am Anfang dieses Kapitels, die er in seinem Todesjahr schrieb. Tage, Monate und Jahre, die Einheiten, die uns vom Lauf der Gestirne vorgegeben sind und durch die die Zeit für uns erfahrbar wird, sind, so sagt er, in ihrer beständigen Wiederholung selbst Reisende durch die Ewigkeit. Der Zeit fehlt ein Ursprung und ein Ziel. Das Undenkbare zu denken, die Zeit in der Zeitlosigkeit, macht Bashō, der sich dem Nichtsein vielleicht schon nahe weiß, hier eine Annäherung. Viele Werke des wandernden Poeten entstanden unterwegs, als Wanderer mit Stock und Hut wird er gewöhnlich dargestellt[8]. Bashō befand sich tatsächlich oft auf Reisen, aber das unterschied ihn nur oberflächlich von anderen

* Die Farbe ist Weiß, der Baum blühte, als Buddha starb.

Menschen: Die Reise ist die conditio humana. Erfüllt von der buddhistischen Idee der Flüchtigkeit allen Seins, war er stets empfänglich für das Vergängliche, auch dort, wo der Schein es noch verbirgt, wie das Zirpen der Zikaden an einem heißen Spätsommertag, der vom nahen Herbst noch nichts ahnen lässt.

> Bald wird sie sterben
> die Landschaft verrät es nicht
> die Zikade zirpt
>
> Bashō, 1691, *Sarumino* [Affenmantel]

Eine Weltanschauung und ein Lebensgefühl sprechen aus diesen knappen Versen. Flüchtig und kurzlebig ist die Welt, und so wird sie immer wieder geschildert: *ukiyo*, die eitle, die schwebende Welt. Dieser Begriff, der aus der buddhistischen Philosophie stammt, bezieht sich auf die Vergänglichkeit des irdischen Daseins. In der Edo-Zeit wurde er sehr populär, als man damit die kurzweiligen Vergnügungen zu bezeichnen begann, denen die Männer des erstarkenden Bürgertums nachgingen. Im Westen gut bekannt sind die *Ukiyoe*, die Holzschnitte der «flüchtigen Welt». Künstler wie Kitagawa Utamaro (1753–1806), Tōshūsai Sharaku (dessen berühmte Schauspielerporträts alle 1794/95 entstanden), Suzuki Harunobu (1725–1770) und viele andere stellen auf diesen Holzschnitten Szenen aus der trügerischen Welt der Theater und Amüsierviertel dar. Nichts an ihnen erhebt Anspruch auf dauernden Bestand, vielmehr nehmen sie die kinematographische Einzelaufnahme, das Standfoto des angehaltenen Films, der sogleich weiterzugehen scheint, vorweg; künstlich gehemmt die Bewegung, die schon wieder vorbei ist.

Der Verfall als das einzig Beständige, die Kürze und Dürftigkeit des Lebens, die selbst für die Freuden des Daseins den Empfindungshintergrund abgeben, diese Motive haben in vielerlei Variationen in der traditionellen Kultur Japans Ausdruck gefunden. Sind sie durch die Ankunft der Moderne ausgelöscht worden? Mit der neuen Zeit, die in den letzten Jahrzehnten des vorigen Jahrhunderts im Zuge der Meiji-Reformen anbrach (s. Kap. 5), kamen grundlegende Änderungen, die alle Aspekte des Lebens berührten. Aber der Topos der Unbeständigkeit, der in der kanonisierten Kulturtradition eine so prägnante Stellung einnimmt, blieb erhalten – bis heute.

Utsuroi, ‹Unbeständigkeit›, wird räumlich als Wandern und zeitlich als Vergänglichkeit empfunden, ein Gefühl, das unfreiwillige Veränderung, die Unmöglichkeit, die Richtung zu bestimmen, beinhaltet. Moritani Shirōs Film *Nihon chimbotsu* (Japan versinkt) fand bei seinem Erscheinen 1973 deshalb so großen Anklang, weil er ebendiesem Gefühl der Hilflosigkeit gegenüber einer ungewissen Zukunft symbolisch Form gab. Die vertraute Erfahrung des Erdbebens wird durch die Vision des gänzlich versinkenden Archipels nicht karrikiert, sondern nur so weit überzogen, dass sie der stets nur in den Hintergrund geschobenen, dem Lebensgefühl aber dennoch eine Schattierung verleihenden Existenzbedrohung schärfere Konturen gibt.

Obwohl das Leben der meisten Japaner von Konventionen stark reglementiert, in Formen gepresst und deshalb in erwartbaren Bahnen verläuft, ist das Gefühl der Impermanenz *(mujōkan)* unterschwellig immer wirksam. In breite Schichten ansprechenden Kunst- und Unterhaltungsformen hat es einen festen Platz. Volkstümliche Lieder etwa der *Ryūkōka*-Gattung, die westliche Melodik und Rhythmik verwenden, sind voll davon. *Hokkiko*, «Zurück nach Norden», ein Lied aus den 1960er-Jahren, das von einem spricht, der die Hauptstadt auf einer Reise ‹zurück nach Norden› hinter sich lässt, ist von dem Sozialpsychologen Mita Munesuke[9] als «Keim eines neuen Gefühls der Vergänglichkeit» bezeichnet worden.

Das Fenster, feucht vom Abendtau
Die Hauptstadt schon fern
Alleine reisend kehre ich nach Norden zurück
Tränen strömen ohne Ende

Die Träume sind umsonst erloschen
Auch heute wieder im Dunkeln wandern!
Ferner Wunsch, leere Hoffnung
Gefühle haben mich verlassen

Jetzt gehe ich, schweigend
Was soll ich auch noch sagen
Leb wohl, Heimat, leb wohl, Geliebte
Morgen, wer weiß in welcher Stadt
Uda Hiroshi

In Schlagern dieser Art und überhaupt in populären Liedern strömen die Tränen immer reichlich. Als *namida chōdai*, Tränenpresser, werden sie deshalb verspottet, aber es gibt sie in großer Zahl, und sie erfreuen sich eines breiten Publikums. Ungetrübter Kunstgenuss wird ihnen nur selten nachgesagt, wohl aber dass sie dem Volk aus der Seele sprechen. Mita weist auf die Unstimmigkeit in *Hokkikō* hin, die darin bestehe, dass der einsame Reisende die Hauptstadt verlässt und gleichzeitig der Heimat Lebewohl sagt. Zwar gilt der Aufenthalt in der Anonymität der großen Stadt – hier ist Tokio gemeint – vielen als temporär, aber wie soll man es verstehen, dass einer, der sie verlässt, der Heimat Lebewohl sagt, während er gerade nach Norden zurückkehrt, in die Heimat nämlich? Für den Reisenden in *Hokkikō* gibt es jedoch, das ist Mitas Erklärung, keine Heimat *(sokoku)* mehr, keinen Platz der Geborgenheit, an dem er immer willkommen ist. Deshalb erkennt er in diesem Lied einen Ausdruck der Unsicherheit des Individuallebens in der modernen Gesellschaft.

Die Motive, die dieses Gefühl evozieren, sind aus der Unterhaltungsmusik nicht wegzudenken. Mita hat ein Wörterbuch der Gefühle vorgeschlagen und in diesem Sinne eine ganze Liste symbolträchtiger Ausdrücke zusammengestellt, die zum Standardvokabular der populären Musik gehören. Mehr als ein Viertel davon stehen für Vergänglichkeit: unter ihnen *Aki kaze* (Herbstwind), *awa* (Schaum), *fune* (Schiff), *hanabi* (Feuerwerk), *kane* (Glo-

Atsumi Kiyoshi, Hauptdarsteller von *Otoko wa tsurai yo.* Rechts oben auf dem Plakat heißt es: «Der Strom des Wassers und das Menschenleben ... Sag es in einem Wort: verliebt. Sieh doch, auch der Edogawa weint.»

cke(nschlag)), *mizu (no nagare)* (der Strom des Wassers), *nami* (Wellen), *tabi* (Reise), *tsuyu* (Tau) und *wataridori* (Zugvogel). Bemerkenswert ist, dass diese Klischees aus recht haltbarem Stoff sind. Viele von ihnen sind unbeschadet über die Jahrhunderte transportiert worden. Auch noch ihr verkitschter Gebrauch in Schnulzen und Rührstücken knüpft an altehrwürdige Vorbilder an.

Auf unvergleichliche Weise verkörpert Tora-san den Zugvogel für das breite Publikum; dieser biedere Held der erfolgreichsten japanischen Filmserie aller Zeiten, *Otoko wa tsurai yo,* (Männer haben's schwer). Beginnend 1969 brachte der Regisseur Yamada Yōji im Laufe der nächsten zweieinhalb Jahrzehnte 48 abendfüllende Filme in die Kinos, die vom Publikum einer wie der andere mit Enthusiasmus aufgenommen wurden. Erst mit dem Tod des Hauptdarstellers, Atsumi Kiyoshi, im Jahr 1996 kam die zur Institution gewordene Serie zu ihrem unvermeidlichen Ende. Tora-san, eigentlich Kuruma (‹Wagen›) Torajirō, ist, wie Bashō, immer auf der Wanderschaft; nicht ganz so feinsinnig zwar, aber dafür volksnäher. Den reisenden Vertreter führt es in alle Teile des Landes, wo er, den Fährnissen des Lebens ausgesetzt, allerlei Abenteuer erlebt. Gerade lange genug bleibt er an einem Ort, um sein unschuldiges Herz in stets unerwiderter Liebe an eine Schöne zu verlieren und dann seiner Wege zu ziehen. Ungeschick, Aufrichtigkeit, Hilfsbereitschaft und ein entwaffnendes Lachen sichern ihm die ungeteilte Sympathie des Publikums wie auch der als tragikomisch empfundene Widerspruch, der darin besteht, dass ihm nichts so wichtig zu sein scheint wie ein harmonisches Familienleben, er aber dennoch sein Leben als Vagabund unterwegs zubringt. Die Welt, die Tora-san auf seinen Reisen aufsucht, ist oft ein idyllisches Japan, das es nicht mehr gibt oder nie gab, das sich aber viele Japaner gern vergegenwärtigen. Yamadas Filmserie ist eine gekonnte Mischung aus Pathos und Komik, Ironie und Nostalgie. Mit Torasan hat er einem Archetyp der japanischen Imagination, dem einsamen Wanderer, eine unvergessliche Gestalt gegeben.

Das ziellose Wandern durch eine instabile Welt, die wenig Halt bietet, ist als Thema auch in der gegenwärtigen Literatur häufig anzutreffen. «Nichts wird sich je ändern. Ich werde weiter ohne Ende durch das Leben treiben. Und nichts wird mich daran hindern.» So etwa lässt Yoshimoto Banana ihren Roman *Amurita*[10] enden. Yu Miris Erzählung *Manatsu*, «Mittsommer», endet so: «An der von der Mittagssonne beschienenen Abzweigung erstreckte sich vor der Frau der Weg in unendliche Weite.»[11] An Prominenz noch übertroffen werden diese beide in den neunziger Jahren zu Ruhm gelangten Autorinnen von Murakami Haruki. Auch in seinen Erzählungen und Romanen ist das Gefühl eines unbestimmten Verlusts und der Vergänglichkeit, verbunden mit einem nostalgischen Verlangen nach einer fernen Vergangenheit, allgegenwärtig.

Die Vergänglichkeit, oft zugespitzt zum memento mori, dem die Kulturschaffenden Japans heute ebenso viel Platz in ihren Werken einräumen, wie ihre Vorgänger es früher taten, stand nun nicht

Reklame des Junshōji für eine Grabstätte

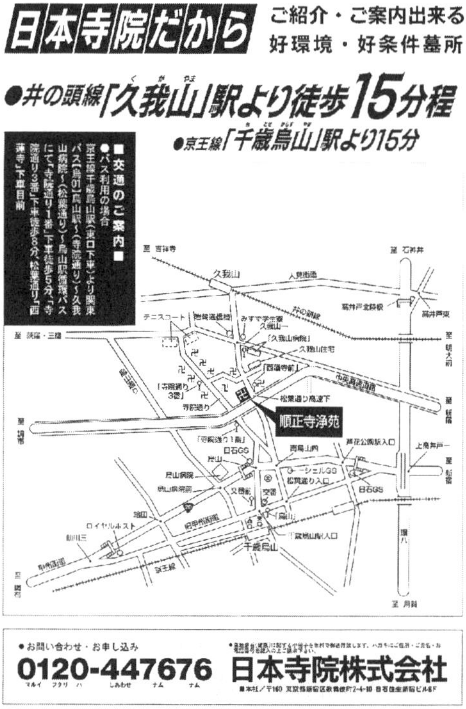

direkt mit der Vertreterin in Verbindung, die mich eines Samstagabends, wohl gegen ihren Willen, mit ihrem Anruf beunruhigte. Aber es ist durchaus damit zu rechnen, dass die Aussicht auf ein gemütliches Grab in günstiger Verkehrslage manche mehr lockt als andere. Vielleicht lockt sie mich nur deshalb nicht, weil ich nicht in Japan aufgewachsen bin, die japanische Geisteswelt nicht für selbstverständlich zu halten gewohnt bin, sehr wahrscheinlich sogar. Derartige Vorlieben müssen einem anerzogen werden, von der Mitwelt einsouffliert. So findet man den für eine Kultur charakteristischen Kompromiss zwischen Beständigkeit und Wandel, Dasein und Vergänglichkeit, der dem moralischen Bewusstsein des Kollektivs entspricht. Gräber markieren einen solchen. Während sie die einen schrecken, trösten sie die anderen, nicht zuletzt die Verkäufer.

In Japan ist der Anlass zu diesem Kompromiss ein großes Geschäft, ein kleiner Aberglaube und vor allem ein Stück sozialer Kitt. Die Grabverkäuferin arbeitet in einer wichtigen Branche. In der U-Bahn, mit der ich zufällig am Tag nach ihrem Anruf zur Gedenkfeier eines drei Monate zuvor verstorbenen Kollegen fahre, wird auf Plakaten für schöne Grabstätten geworben, für bescheidene und gehobene Ansprüche, in allen Preisklassen. Die drei Generationen einer Familie sieht man auf dem Bild: «Es ist doch beruhigend, wenn man seine Dinge geordnet hat», heißt es im Text. So finden sich auch in der Reklamebeilage meiner Tageszeitung neben Prospekten für Immobilien, Autos, Kleider, Küchenartikel und was man sonst so zum Leben braucht, regelmäßig großformatige Tiefdruckblätter mit idyllischen Fotos von Familie, Tempel und Friedhof auf der einen und sachlichen Informationen über Erbpacht der Grabstätte, Verkehrsverbindungen, Ausführungen und Preise des Gedenksteins etc. auf der anderen Seite. Wenn Betriebe besonderen Eifer von Mitarbeitern mit einer exklusiven Grabstätte belohnen, wird das nicht als Ironie empfunden. Über das Ende des Hierseins spricht man nicht mit gesenkter Stimme. Er wird nicht aus der gelebten Zeit verdrängt, nicht verschwiegen, da man die Impermanenz mit ins Leben hineingenommen hat. Der Schritt aus der Finalität in die Zeitlosigkeit ist nur ein kleiner.

«Hej, Yūji, wo bist du denn jetzt, und was tust du?» So beginnt und endet Ishihara Shintarōs 1996 erschienener Bestseller *Otōto* («Mein kleiner Bruder») über seinen vor ihm gestorbenen Bruder, den Filmschauspieler Yūji, der als Hauptdarsteller der Verfilmung von Shintarōs Roman *Taiyozoku*, «Der Sonnenstamm», Ende der fünfziger Jahre schlagartig berühmt geworden war. Am Schluss des Buchs erklärt Shintarō, das Gefühl des Verlusts sei der Vorstellung gewichen, sein Bruder Yūji sei irgendwo anders mit irgendwas beschäftigt. Das Ende ist keins, es gehört dazu, und wie allem Unvermeidlichen muss man ihm Form geben. Und das kostet Geld.

Erst kommt die Nachtwache. Die Angehörigen sitzen zu Hause oder in einem dafür hergerichteten Saal, wo ein Foto der Hauptperson auf einem Altar zwischen Blumen steht. Davor kniet ein Priester – rund neunzig Prozent aller Bestattungen werden nach buddhistischem Ritual vollzogen –, der gegen eine erkleckliche Summe Sutren vor sich hin murmelt. In Itami Jūzōs Filmsatire *Osōshiki*, «Das Begräbnis», weiß der Priester, noch während er beschäftigt ist, seinen Kunden mitzuteilen, dass der Beweis ihrer Dankbarkeit etwas höher auszufallen hat. Freunde, Bekannte, Kollegen kommen, um ihren Gruß zu entrichten, defilieren an Foto und Angehörigen vorbei und werfen ein paar Sandelholzspäne auf die glühende Asche in einem kleinen Weihgefäß. Jeder bringt in einem dafür vorgesehenen Umschlag *kōden* (Weihrauchgeld) mit, das am Empfang abgegeben wird. Als Gegenleistung erhält der Besucher eine Tüte mit einem Geschenk, bestimmte Esswaren etwa, ein seidenes Taschentuch. Ähnlich geht es am folgenden Tag bei der Trauerfeier zu. Geld wird gebracht und Dankesgaben werden mit nach Hause genommen. Innerhalb von 49 Tagen schicken die Angehörigen des Verstorbenen noch einen Dankesgruß und eine Erwiederungsgabe an die Teilnehmer von Nachtwache und Trauerfeier. Der Ritus hat seinen Sinn erfüllt: Der soziale Zusammenhalt ist bestätigt, alle Schulden sind beglichen. Alles in allem eine kostspielige Angelegenheit, von der vor allem die Tempel profitieren und die Geschäfte, die die Standardgeschenke verkaufen. Warenhäuser sind auf Umtausch eingestellt.

Dabei ist ein Kostenfaktor noch gar nicht berücksichtigt. So, wie das Leben in dieser flüchtigen Welt nur vorübergehend ist, trägt man auch seinen Namen nur zeitweise. In der buddhistischen nachirdischen Welt, in die man dann eingeht, trägt jeder Japaner einen posthumen Namen, *kaimyō*. So ist es Sitte. Seinen *kaimyō* wählt man nicht selbst. Während der Name, den man auf Erden führt, von staatlichen Behörden akzeptiert und registriert werden muss, kümmern sich um den fürs Jenseits die Sachwalter des Himmels. Das ist ihr Metier. Sie wissen für jeden einen passenden Namen zu finden. Davon sind jedenfalls die buddhistischen Priester überzeugt. Die Verleihung eines *kaimyō* gegen eine Schutzgebühr ist ein krisensicheres Geschäft, auf das die Tempel angewiesen sind. Die Einkünfte daraus machen ein gutes Viertel ihres Jahresbudgets aus, den bei weitem größten einzelnen Posten. Die Standardausführung eines *kaimyō* kostete Ende der neunziger Jahre ¥300 000,– rund € 3000,–. Der Name endet dann auf *shinji* oder *shinyo*, ‹Gläubiger› bzw. ‹Gläubige›. Soll oder will jemand stattdessen unter einem Namen erinnert werden, der auf das vornehmere *koji* bzw. *daishi* endet, so kostet das ¥700 000,– (€ 7000,–), und für die Luxusausführung, die den Ehrentitel *in* enthält, sind ¥1 000 000,– (€ 10 000,–) fällig. Denen, die es auf Erden gut hatten, werden auf diese Weise auch im Himmel die Logenplätze gesichert. Nicht zu teuer für die Ewigkeit vielleicht, aber für viele, die noch mit dem Hier und Jetzt kalkulieren, doch eine spürbare finanzielle Belastung. Ein Familienmitglied ohne *kaimyō* auf die letzte Reise gehen zu lassen ist freilich nicht so einfach, denn ohne *kaimyō* gibt es keine Grabstätte mit einem Ahnentäfelchen beim Tempel, die man an Fest- und Gedenktagen aufsuchen kann. Darauf wollen die meisten nicht verzichten, denn auf diese Weise setzt man sich über die Vergänglichkeit hinweg.

Die Toten sind weggegangen, aber nicht vergessen. In Japan wird ihrer oft in festgelegten Intervallen gedacht, was vielfach wieder das Geschäft belebt und Gelegenheit zur Festigung sozialer Beziehungen bietet. An der Gedenkfeier für den Kollegen teilzunehmen kostet rund ¥10 000. Dafür bekomme ich Zugang zu einem mäßigen Büffet. Den Toast bringt nach neun Reden der ranghöchste und älteste Anwesende aus, direkt an den Betroffenen bzw. sein blumengeschmücktes Foto gewandt: «Lieber Kollege, bis bald, ein Schluck auf dich!»

Das Ende wird nicht verschwiegen, nein, es wird zelebriert, immer wieder. Gedenkfeiern werden am ersten, dritten, siebten, dreizehnten, siebzehnten und dreiunddreißigsten Jahrestag des Todes abgehalten. Außerdem bringt man alljährlich bei der Tagundnachtgleiche im Frühling und Herbst Opfergaben zur Grabstätte, und auch zum Bonfest im Sommer, wenn die Toten zu Besuch kommen, wird ihrer mit Speise- und Trankopfern, Blumen und Weihrauch gedacht. So kontrollieren die Toten das Leben der Lebendigen noch lange nach ihrem Abschied aus dieser Welt, denn ihr Andenken zu bewahren ist mindestens ebenso sehr Pflicht wie Bedürfnis. Die Furcht davor, die nicht zur Ruhe gekommenen Seelen der Verstorbenen könnten sich rächen, war stets eine wirksame Sanktion für die Einhaltung des Ritus. Die Erfüllung des letzten Willens in dieser Welt ist für die Hinterbliebenen traditionell, wie Katsumata Shizuo erklärt[12], ein starker Zwang, der «der heiligen Pflicht», den Leichnam durch eine ordentliche Bestattung ins Reich der Ewigkeit zu schicken, wo er die Seelenruhe findet, gleichkommt. Durch den «Zwang», den die Toten auf die Lebenden ausüben, wird freilich zugleich der Finalität die Spitze genommen, wird sie verniedlicht, ja, geleugnet. Die Begrenztheit des Lebens, die durch die Betonung der Vergänglichkeit aller Dinge *(mujō)* nicht nur anerkannt, sondern zum Lebensprinzip gemacht wird, wird überlagert durch das Motiv der Rückkehr, der Aufrechterhaltung der Beziehung zu den Verstorbenen im Abhalten von Gedächtnisriten. Als die buddhistischen Bestattungsriten in Japan übernommen wurden, waren dreiunddreißig Jahre in einem Menschenleben eine lange Zeit. Solange man selber lebte, sollte und durfte ein nahe Stehender nicht vergessen, sein Tod nicht endgültig sein. Das Ende ist der Anfang der Erinnerung. Die tabulose Behandlung des Todes im Alltag als Teil des Lebens, die für den Umgang mit dem Ende in Japan charakteristisch ist, scheint zu der Vorstellung von der sich endlos wiederholenden Rückkehr der Toten ins Reich der Lebenden im Widerspruch zu stehen. Was hier zur Geltung kommt, sind zwei verschiedene Zeitbegriffe, ein linearer und ein zyklischer.

Anmerkungen Kapitel I

1 Rifkin 1987: 113.

2 Hijiya-Kirschnereits Buch, «Das Ende der Exotik» (1988), plädiert im Geiste der Orientalismuskritik dafür, Japan nicht mehr, wie es lange üblich war, als das verklärte ‹ganz Andere› zu behandeln, dem man ungestraft alles Unwahrscheinliche und Unbegreifliche nachsagen kann. Auch sie erkennt jedoch an, dass eine Distanz zu überwinden bleibt.

3 Vgl. z. B. Tsunoyama 1984; Sandbothe und Zimmerli 1994; Levine 1997.

4 Vgl. z. B. Durkheim 1925; Brandon 1965.

5 Prigogine 1997: 80.

6 Z.B. Maki 1981.

7 Für Assmann (1991) ist die «starre Unwandelbarkeit des Gesteins» kein äußerlicher Aspekt der ägyptischen Kultur, sondern ihr Wesensmerkmal, das sich an unbegrenzter Dauer und unendlicher Wiederholung orientiert.

8 Shiraiishi, Tanaka 1991.

9 Mita 1978: 215. Der Wortlaut von Hokkikō ist wie folgt:
Mado wa yotsuyu ni nurete, miyako sudeni toonoku, kita e kaeru tabibito hitori, namida nagarete yamazu. Yume wa munashiku kiete, kyō mo yami o sasurau, tooki omoi hakanaki nozomi, onai ware o sarinu. Ima wa mokushite yukan, nani o mata katarubeki, saraba sokoku itoshiki hito yo, asu wa izuko no machi ka.

10 Yoshimoto 1997.

11 Yū 1997: 118.

12 Katsumata 1984: 77.

BEGRIFFE DER ZEIT

> Der strömende Fluss fließt unaufhörlich, aber es ist nicht dasselbe Wasser. Was im stehenden Wasser treibt, vergeht wie Schaum, denn auf dem Wasser kann nichts verweilen.
>
> *Kamo no Chōmei*

Jede Gesellschaft existiert im Raum und in der Zeit, die Menschen leben in einem Gebiet oder ziehen von einem Ort zum anderen, und ihr Leben dauert eine Weile an. Sich als Gruppe selbst in Raum und Zeit zu lokalisieren ist eine Kulturleistung, deren Bedeutung für die Herausbildung einer kollektiven Identität kaum überschätzt werden kann. Aus der Grundbefindlichkeit der räumlichen und zeitlichen Koordinaten ihres Daseins eine Kosmologie zu schaffen, haben die Menschen von alters her viele Versuche unternommen, wobei die Zeit stets das größere Problem war. Die räumliche Neugier – was ist hinter dem Berg, was jenseits des Meeres? – ließ sich bis Einstein prinzipiell befriedigen, auch wenn es des Wagemuts bedurfte. Denn vor Einstein bestanden Abstände zwischen Objekten. In der Welt der Raumzeit jedoch gibt es Abstände nur zwischen Ereignissen, und die zeitliche Aufeinanderfolge von Ereignissen hängt zum Teil vom Beobachter ab. Freilich ist das heute fast ebenso schwer vorstellbar wie ehedem. Die Zeit entzog sich immer der Anschauung. Was ist jenseits der Zeit? Kann die Zeit aufhören? Hat sie einmal begonnen? Das waren höchst beunruhigende Fragen, die nicht nur den Bereich des Erfahrbaren, sondern selbst den des Denkbaren sprengten. Schon früh wurde die Vorstellung entwickelt, man könne die Zeit messen, was gewöhnlich durch Bezugnahme auf sichtbare, nämlich räumliche Veränderungen – den Schatten, den die Sonne wirft, die Bewegung der Gestirne, Ebbe und Flut, das Füllen und Entleeren von Gefäßen – geschah und zur Verwendung räumlicher Begriffe – vorher, nachher, im Lauf der Zeit – einlud. Das mit bloßem Auge leicht wahrnehmbare Zu- und Abnehmen des Mondes stand wegen seiner Regelmäßigkeit in allen frühen Zivilisationen am Anfang der Entwicklung eines über den Tag hinausreichenden Zeitbegriffs. Für einige, insbesondere die chinesische[1], wurde es so bestimmend, dass aus den Mondphasen ein prägendes Sozialisationsinstrument entstand. Abstrakte Begriffe davon, was Zeit ist und wie sie gemessen wird, wurden nur langsam entwickelt. Man behalf sich mit Metaphern.

Eine der ältesten und sinnfälligsten Metaphern ist die des Stromes.[2] Eine unaufhörliche Bewegung im Raum dient als Sinnbild der Zeit: das Universum als Fluss. Zuerst findet sich diese Metapher in der griechischen Antike. Heraklit, ein Mystiker aus dem fünften Jahrhundert v. u. Z. und Schüler des Pythagoras, lehrte, dass sich alles in ständigem Wandel befand. Nichts ist, alles wird. Berühmt geworden ist Heraklits in Platos *Theaetetus* erwähnter Vergleich aller Dinge mit einem Fluss: «Man kann nicht zweimal in denselben Fluss steigen; denn immer wird man von frischen Wassern umspült.»

In Japan stoßen wir im Kokinshū (905), der unter Daigo Tennō offiziell in Auftrag gegebenen Gedichtsammlung, auf das Bild von der Zeit als Fluss.

> Gestern und heute lebe ich, ganz wie der Asuka fließen die Monate und Tage dahin.
> *Kokinshū 341*

Hier wird die Zeit als Zukunft begriffen, was sich freilich in der einfachen Übersetzung nicht mitteilen lässt, da der Autor mit der Form des Ortsnamens *Asuka* spielt. Der Vers beginnt mit *kinō*, ‹gestern›, und *kyō*, ‹heute›, dann folgt die Erwähnung des Asukaflusses, mit dessen Namen auf morgen, *asu* bzw. *ashita*, angespielt wird: gestern, heute, morgen. Kamo no Chōmei (1156–

1216) war dieses Gedicht mit Sicherheit bekannt. Ob er indirekt von dem Gedanken Heraklits, möglicherweise durch arabische und dann chinesische Vermittlung eineinhalb Jahrtausende nach Platos Bericht, Kenntnis hatte, wissen wir nicht. Wie dem auch sei, sein berühmter Essay über das Leben, *Hōjōki*, beginnt mit den am Anfang dieses Kapitels zitierten Worten. Die Parallelität von Heraklits Metapher mit Kamo no Chōmeis Formulierung ist auffällig, aber der geistige Hintergrund, der Letzteren den Fluss als geeignetes Modell für das Sein wählen ließ, das sich aber trotz dieses Anscheins der Permanenz stetig verändert, ist die buddhistische Doktrin von der Vergänglichkeit aller Dinge *(mujō)*. Die Ähnlichkeit des Bildes ist unübersehbar, und es ist klar, dass es beiden Denkern um die Zeit ging, denn Veränderung ist der Zeit wesentlich. Das ist offenkundig, obwohl wir große Schwierigkeiten haben, diese intuitive Einsicht in eine stringente Theorie zu kleiden.

Wandel als Bewegung, als Wachsen, Altern, Erblühen, Welken, Abkühlen und Sich-Erwärmen, Dämmern, Erlöschen, Er- und Verklingen ist, was wir sinnlich wahrnehmen können, und diesen Wahrnehmungen geben wir gewöhnlich eine zeitliche Interpretation. Wenn wir das Zirpen der Zikade hören, gab es vorher einen Zustand, in dem sie nicht zirpte, und nachher wird es einen Zustand geben, in dem sie nicht zirpt. Das Zirpen ist etwas, was geschieht und somit vergeht, nicht etwas, was ist. So weit wären Chōmei und Heraklit einig. Aber es gibt einen wichtigen Unterschied zwischen dem spekulativen Weltbild des Pythagoräers und dem des japanischen Einsiedlers. Heraklit glaubte an ständigen Wandel und daran, dass alles, was entsteht, aus dem Verfall von etwas anderem entspringt. Aber seine Welt ist in ihrem ständigen Verfall ewig, denn ewig brennt das Feuer des Lebens. Nicht Materie zwar, aber Energie hat Bestand. Demgegenüber gibt es in der buddhistischen Weltsicht, die Kamo no Chōmei teilt, nichts Ewiges, weder in dieser noch in einer anderen Welt. Heraklits wie Chōmeis Metapher deutet auf einen linearen Zeitbegriff hin. In dem strömenden Fluss kann man den «Zeitpfeil» erkennen, aber während er in Heraklits Welt ewig fliegen wird, fällt er in der Chōmeis schließlich ins absolute Nichts.

Die Neigung, die Zeit als Problem der Philosophie zu thematisieren, war in Japan geringer als im Westen, wie auch die wissenschaftliche Neugier, obwohl bereits im *Nihon shoki*, Japans ältester offizieller Chronik (720), erwähnt wird, dass Tenji Tennō im Jahre

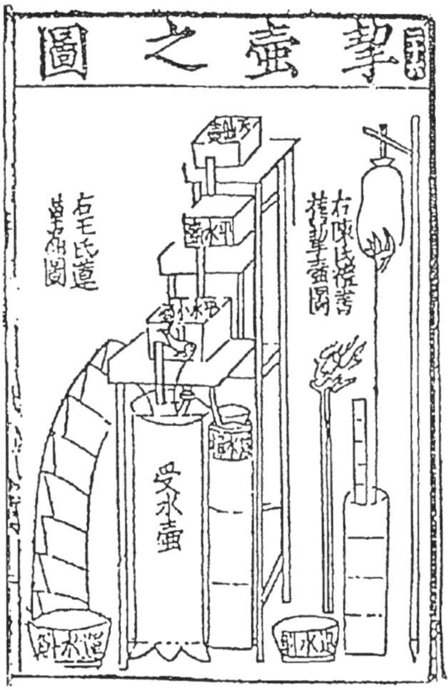

Wasseruhr, wie sie im *Nihon shoki* aus dem achten Jahrhundert geschildert wird.

671 nach chinesischem Vorbild mit eigener Hand eine Wasseruhr zum Messen der Zeit hergestellt habe. Was Zeitmessen eigentlich bedeutet, ob unserem subjektiven Zeitempfinden irgendetwas in der objektiven Welt entspricht und wie Zeit und Dauer sich zueinander verhalten, waren jedoch Fragen, für die sich in Japan nur wenige interessierten. Eine wichtigere Rolle spielte der wahrnehm-

bare Raum, die natürliche Umgebung, in der das Menschenleben stattfindet. Noch in der modernen Philosophie macht sich das bemerkbar, namentlich bei Watsuji Tetsurō (1889–1960), der in seinem Denken stark von Martin Heidegger beeinflusst war. An dessen Hauptwerk, *Sein und Zeit*, kritisierte er, dass Heidegger sich zu sehr mit dem Problem der Zeit befasste und das ebenso wichtige Problem des Raumes vernachlässigte. Watsuji machte es sich deshalb zur Aufgabe, eine Philosophie des menschlichen Daseins in seiner räumlichen Umgebung zu schaffen.[3] In dieser die Lebenswelt betreffenden Philosophie sind Raum und Zeit unabhängige Kategorien, so wie sie es sowohl im Westen als auch im Osten seit frühester Zeit waren.

Japans Weltbild wurde vor allem während der zur ersten kulturellen Blüte führenden Nara-Zeit (710–794) stark vom chinesischen beeinflusst. Zeit wurde darin linear gedacht, ohne dass diesbezüglich metaphysische Fragen problematisiert wurden. Da der Buddhismus, der in chinesischer Interpretation nach Japan kam, zwar die Wiedergeburt, nicht aber ein Leben nach dem Tod im Sinne der Apokalypse kennt, stellt sich die Frage nicht, wo, wann und in welcher Seinsweise die Seele nach dem Ende der uns hienieden vergönnten Frist und nach dem Ende der Zeit überhaupt existiert. Am Ende ist das absolute Nichts, das *nirvāna*, die Befreiung von der Zeit.

Wenn die Vergänglichkeit konsequent zu Ende gedacht wird, gibt es keine Ausflüchte und keinen Trost, kein jüngstes Gericht, keinen Himmel der Erlösung, keine Hölle, wo man ewig schmort, und auch keine hermeneutischen Zirkel, in denen man sich auf der Suche nach dem Verständnis der Zeit dreht wie der Hamster in der Trommel. Eine Eschatologie erübrigt sich. Es ist deshalb kein Wunder, dass die Ewigkeit in der japanischen Geistesgeschichte keine große Rolle spielt. Nur unter christlich angehauchten Philosophen ist sie ein Thema wie z. B. für Hatano Seiichi (1877–1950), der ihr sein letztes Buch, *Toki to eien* (Zeit und Ewigkeit) widmete. Hatano unterscheidet darin drei Zeitbegriffe: die natürliche Zeit, die er als erfahrene Vergänglichkeit charakterisiert; die kulturelle Zeit, die durch das Verhalten zu den Mitmenschen bestimmt ist; und die Ewigkeit, die Hatano in der Selbstlosigkeit christlicher Liebe – er spricht von *Agape*, der Liebe Gottes – findet.[4] Hatano löst sich damit von der Zeitlichkeit und gründet seine Philosophie in der Transzendenz, die der japanischen Tradition, insbesondere wo sie auf buddhistischem und konfuzianistischem Gedankengut fußt, eher fremd ist. Zeitlichkeit heißt Befindlichkeit im Sein. Zeit ist keine Koordinate, an der entlang sich etwas abspielt, sie ist das Sich-Abspielen, das Werden selber. Als Denkkategorie ist Zeit anders als im westlichen Denken, wo sie das Zentralproblem von Metaphysik und Ontologie darstellt, hauptsächlich in ihrer Bedeutung für den Menschen relevant. Wissenschaftliche und philosophische Fragen über die Zeit stehen hinter solchen ihrer sozialen Beherrschung zurück.

Kosmologien dienen, wenn wir einmal die Möglichkeit der unbefangenen Neugier beiseite lassen, der Bestimmung und Rechtfertigung unserer täglichen Verrichtungen, der Organisation unseres Lebens und der sozialen Ordnung. Vielleicht ist das ein Grund dafür, dass Kosmologien die Zeit als eine Dimension beinhalten, denn kollektives Handeln hat notwendigerweise Zeitbezug, es beruht auf Erinnerung und Antizipation. Die Zeit der Natur – verstanden als Rhythmus des Entstehens und Vergehens – muss deshalb von der Zeit der Gesellschaft unterschieden werden. Besonders betont hat den sozialen Aspekt der Zeit Emile Durkheim[5], der den Menschen neben den Naturgesetzen auch denen der Gesellschaft unterworfen sah. Dabei dachte er nicht an Gesetze im rechtlichen Sinne, sondern an das, was er *faites sociales*, soziale Tatsachen, nannte. Die Gesellschaft, das ist der Kern seiner Soziologie, hat durch kollektive Ideen Macht über den Einzelnen. Jede Art von Konvention, die den Einzelnen in seinen Handlungsmöglichkeiten beschränkt, ist ein *fait social*. In diesem Sinne verstand Durkheim auch Zeit als eine Idee, die gesellschaftlichen Ursprungs ist. Die

Triftigkeit dieses Gedankens illustriert die spezifische Form, die der linearen Zeitkonzeption in Japan gegeben wurde.

Im japanischen Kontext steht der lineare Zeitbegriff in engem Zusammenhang mit dem Geschichtsbewusstsein, mit dem Bewusstsein nämlich, dass es eine Vergangenheit gibt, die etwas für die Zukunft bedeutet, von ihr jedoch verschieden ist. Eine solche potenziell rationale Zeitauffassung fokussiert nicht die kosmische Zeit, sondern die menschliche Zeit, die als Abfolge von Generationen gedacht wird. Genealogien und offizielle Chronologien von Dynastien verkörpern und perpetuieren einen solchen linearen, aber gleichzeitig kumulativen Zeitbegriff, der an die Historie gebunden ist. Die verstrichene Zeit ist zwar nicht wiederholbar, aber als Bewusstseinstatsache ist sie nicht verloren. Die Zeit hat ein Gewicht, das ideologisch verfügbar ist, je größer, desto wertvoller. In aller Regel ist die Länge der historischen Zeit, auf die eine Gemeinschaft zurückblicken kann, das, was sie als den Schatz ihrer Erinnerung betrachtet, Gegenstand des Stolzes. Sie ist einer der wichtigsten Faktoren, die zur Herausbildung einer kollektiven Identität, insbesondere einer nationalen Identität, beitragen.[6] Geschichtsbewusstsein macht sich gewöhnlich an Institutionen fest, die in irgendeinem Sinn als ‹unsere› angesehen werden können: Dynastien, Grenzen, in moderner Zeit Verfassungen, Unabhängigkeitserklärungen.

In Japan ist die bei weitem wichtigste Institution, bezüglich deren sich das Geschichtsbewusstsein und mit ihm der identitätsstiftende Charakter der sozialen Zeit entfaltet, der Thron als Institution des Tennōs und nicht der Person. Dem jeweiligen Tennō und anderen Mitgliedern der kaiserlichen Familie wird Respekt gezollt und Verehrung; die Gefühle, die dem Kaiserhaus als Institution entgegengebracht werden, gehen darüber jedoch hinaus. Dass es in Japan auch Republikaner gibt, die die Monarchie als Relikt einer vergangenen Zeit betrachten und gern abgeschafft sähen, soll nicht verschwiegen werden. Dessen ungeachtet erfreut sich die Institution jedoch breiter Zustimmung in der Bevölkerung; denn sie wird weithin als Verkörperung der nationalen Identität betrachtet. Die Frage, ob der jeweilige Amtsinhaber ein guter oder ein schlechter Tennō ist, stellt sich für die meisten Japaner deshalb nicht. *Noblesse oblige*, die Maxime, die europäische Monarchen stolz sind zu verkünden, wenn nicht immer zu befolgen, ist auf den Tennō nicht anzuwenden, suggeriert sie doch, dass der Edle besonders an die herrschenden Normen gebunden ist, womit die Möglichkeit eingeräumt wird, dass er sie auch verletzen kann. Die japanische Erbmonarchie impliziert jedoch, dass der Tennō in eigener Initiative gar keine Handlungen unternehmen soll, die als gut oder schlecht bewertet werden können.

Der Thron steht für die Kontinuität des japanischen Volkes. Seine Inhaber, so lernen es die Kinder in der Schule, und so erzählen es einem auch Menschen, die sich gar nicht als engagierte Anhänger des Tennōtums betrachten, bilden die längste Dynastie der Welt, in ‹ungebrochener Erbfolge›. Vor dem Hintergrund der so stark von China beeinflussten Kultur ist das besonders bedeutsam, ja, es ist der wichtigste Aspekt der Institution, da er einen deutlichen Unterschied zur chinesischen Tradition markiert. Als ‹Sohn des Himmels› stand der chinesische Kaiser zwar über den gemeinen Menschen, aber er konnte als Herrscher fehlen und deshalb seinen erhabenen Status einbüßen. Ungerechte und unfähige Kaiser liefen Gefahr, einem Rivalen oder auch dem Volkszorn weichen zu müssen. Deshalb haben die Chinesen in ihrer Geschichte den Auf- und Niedergang von Dynastien gesehen und schließlich mit dem Schritt in die moderne Zeit den Kaiser in Pension geschickt, um zur Republik zu werden. In Japan hingegen hat der Thron alle Umbrüche der Geschichte überdauert, selbst den Schock der Modernisierung der bewegten Meiji-Jahre und die Niederlage im Zweiten Weltkrieg, in grader Linie vom Altertum bis heute, so jedenfalls will es das vorherrschende Verständnis des Tennōtums.

Aber nicht nur das. Mit dem unbestreitbaren Stehvermögen der japanischen Dynastie geben sich manche nicht zufrieden. Nicht nur wird die chronologische Linie gern ins Mythologische verlängert, worauf noch zurückzukommen sein wird; ihr wird auch eine nicht durch rationale Argumente anfechtbare Interpretation gegeben. Sie wird aus der menschlichen Zeit herausgehoben und damit von der Notwendigkeit menschlicher Legitimation befreit. Der Thron *(kōshitsu)* bedarf keiner Legitimation durch das japanische Volk, denn er ist der Ort, an dem «die Widersprüche des Selbst vereint sind, das ewige Jetzt, das Vergangenheit und Zukunft umfasst».[7] Wäre hier nur der Überschwang eines Kaisertreuen am Werk, könnte diese Ausführung uns nicht viel Aufmerksamkeit abnötigen. Sie stammt jedoch von Nishida Kitarō, dem bedeutendsten japanischen Philosophen des zwanzigsten Jahrhunderts. In seinem 1940 entstandenen Essay über die japanische Kultur denkt er über die Besonderheiten des japanischen Geistes nach, worin man – ähnlich wie in Martin Heideggers berüchtigter Freiburger Rektoratsrede von 1933 – einen Reflex des Zeitgeistes erkennen mag.[8] Nishidas Gedanken blieben über die Kriegszeit hinaus einflussreich und lieferten eine Quelle der Inspiration für die in den 1970er-Jahren entstandene Theorie bzw. Ideologie des japanischen Partikularismus, *nihonjinron*. Nishidas antirationale Gedanken über die Zeit, den Thron und die japanische Nation können deshalb nicht ignoriert werden. Dem historischen Bewusstsein, das notwendigerweise den Lauf der Zeit betont und wegen der in ihrem Rahmen gemessenen langlebigen Dynastie Grund zum Stolz bietet, misst er große Bedeutung bei. «Ich glaube, dass die Idee unseres japanischen Volkes auf dem Boden des Prinzips der Selbstgestaltung in der Geschichte entstanden ist»[9], sagt Nishida, die ideellen Wurzeln der Identität des Volkes betonend. Und weiter: «Der Ursprung der japanischen Geschichte ist der japanische Geist.»[10] Durch diese Wendung stellt er zwischen Geschichte und Mythos einen Zusammenhang her. Sich des Widerspruchs durchaus bewusst, stellt er dem Geschichtsbewusstsein ein mythologisches Bewusstsein zur Seite, das die Dimension der Zeit negiert: Japan, der japanische Geist, die japanische Kultur sind gerade nicht den Fährnissen der Geschichte, der Möglichkeit des Untergangs nämlich, ausgesetzt, sondern immer während. Nicht das absolute Nichts steht hier der Geschichte gegenüber, sondern «das ewige Jetzt, das Vergangenheit und Zukunft umfasst».

Nichts währt ewig zwar, was die Menschen betrifft, aber der japanische Geist, die japanische Nation *(kokutai)* verkörpert durch den Thron transzendiert das Schicksal des Einzelnen, aller Einzelnen. Die Zeitlosigkeit die auf diese Weise für die Institution des Tennōtums reklamiert wird, macht sie immun gegen jede ja notwendigerweise in der Zeitlichkeit verhaftete Opposition. Das Gefühl der Vergänglichkeit, das in Japan so nachdrücklich betont wird, leistet einer diachronisch-linearen Zeitkonzeption Vorschub. Zum Teil ist das ein buddhistisches Erbe, das zu der in Europa lange verbreiteten Ansicht beitrug, im Orient ändere sich nie etwas, da das Versprechen des absoluten Nichts die Menschen mehr dazu veranlasse, sich an der Vergangenheit als an der Zukunft zu orientieren, während sie sich im Einflussbereich der christlichen Kultur im Hinblick auf die Ewigkeit abrackern mussten und deshalb vorankamen. Dass sich in Japan das Gefühl der Vergänglichkeit trotzdem mit einer starken Zukunftsorientierung verbindet, muss vor dem Hintergrund der Konstruktion des Throns verstanden werden, der eine aus der weltlichen Zeit und dem von ihr implizierten ständigen Wandel abgelöste achronische Existenz hat.

In der historischen Erfahrung und im Geschichtsbewusstsein der Japaner gibt es keinen Mangel an abrupten wie an gleitenden Veränderungen: Kriege, Hungersnöte, Regierungswechsel, Verlagerungen des Regierungssitzes, Naturkatastrophen. Der Boden, auf dem sie leben, wankt, Berge speien Feuer. Das Beunruhigende des Erdbebens ist nicht nur die Gewalt der Natur, sondern auch die Gewissheit, dass es sich wiederholen wird, ohne dass man weiß, wann. Diesen Faktoren der Unsicherheit und Wandelbarkeit ihrer Existenz ist die nicht in der vergänglichen Welt gründende gerade Linie der Tradition des Tennōtums ein Gegengewicht an Gewissheit. Diese Konstruktion der in die zeitliche Existenz hineinwirkenden Zeitlosigkeit ermöglicht eine ideologische Instrumentalisierung des Tennōtums, wie sie zu der Zeit, als Nishida diesem Gedanken die philosophischen Weihen verlieh, in extremem Maße vollzogen wurde: Für das Einzige, was Bestand hat, ist kein Opfer zu groß. In weniger bewegten Zeiten tritt die Diskontinuität zwischen der lebensweltlichen Zeit und der mythologischen Zeitlosigkeit in den Hintergrund, aber der Thron bleibt auch dort dank ihrer ein Garant der Kontinuität, wenn nicht der Permanenz.

Die Zeitperspektive – vorwärts oder rückwärts gewandt, teleologisch oder auf das Jetzt zentriert – ist eine der Dimensionen der sozialen Zeit. In Japan, hatten wir gesehen, ist die zukunftsorientierte Perspektive trotz der Empfindlichkeit für das Ephemere stark ausgeprägt, ohne dass die Vergangenheit ausgeblendet würde. Im Gegenteil, die Vergangenheit engt die Zukunft ein, indem sie die Optionen des Handelns durch Sitten und Bräuche, Moralvorstellungen und kalendarisch festgelegte Ereignisse beschränkt. Wie man die Zukunft verwendet, ist dadurch zum Teil vorgegeben. Gedenkriten etwa machen die Zukunft scheinbar voraussehbar. Durch den Kalender wird der Jahreslauf strukturiert. Projektionen in die Zukunft setzen Vertrauen in Stabilität voraus, schaffen aber auch ein solches. «Lasst uns den Kindern eine schöne Stadt übergeben», ist ein an öffentlichen Plakatwänden in Tokio oft zu lesender Slogan, der eine zukunftsgerichtete Zeitperspektive zum Ausdruck bringt. Eine nicht teleologische Zukunftsorientierung innerhalb der menschlichen Zeit besteht in der Definition der Erwartbarkeit, was in einer Woche, in zwei Monaten, in drei Jahren geschieht. Ordnung und Sicherheit werden damit zwar nicht garantiert, aber zumindest suggeriert. Die Zeit zu reglementieren, der Zukunft etwas von ihrer Ungewissheit zu nehmen ist dafür das Mittel. Das Erdbeben ist in Japan die eklatanteste Bedrohung und effektivste Störung der menschlichen Ordnung. Man kann seiner nicht Herr werden, sich kaum dagegen schützen. Am ersten September aber finden überall in Japan und ganz besonders in Tokio Katastrophenübungen statt, denn dann ist der Erdbebengedenktag.

Am 1. 9. 1923 wurden große Teile Tokios und Yokohamas durch das große Kantōbeben verwüstet. Die Erinnerung an den Horror der unberechenbar entfesselten Naturgewalt und die durch sie verursachte Aufhebung der Ordnung versucht man durch verlässliches, regelmäßiges Gedenken zu bewältigen. Dem Abgrund der Unvorhersehbarkeit wird durch seine Einordnung in den strukturierten Jahreszyklus ein Platz in der verstehbaren Welt gegeben.

In der Projektion der Vergangenheit in die Zukunft manifestieren sich eine weitere Dimension der Zeit und ein Aspekt, wie wir Zeit verstehen. Sein Leben bewusst zu gestalten heißt, an Planbarkeit zu glauben, daran nämlich, dass, was ich jetzt tue, Folgen für später hat und nicht umgekehrt, dass es keine rückläufigen Kausalketten gibt, die Diachronie nur in einer Richtung verläuft. Gesellschaftliches Leben verlangt Antizipation und Planung: Was tun andere zu einem bestimmten Zeitpunkt, was kann ich tun, wann muss ich etwas tun? Ich weiß, dass es nicht klug ist, am Donnerstag einkaufen zu gehen, weil am Donnerstag die meisten Geschäfte der Ladenstraße in Hamadayama geschlossen sind. Ich weiß, dass meine Chancen für eine rasche Steuerrückerstattung am besten sind, wenn ich meine Steuererklärung am 16. Februar beim Finanzamt abgebe, dem Neujahrstag nach dem alten Kalender und zugleich dem ersten Tag, an dem das möglich ist. Das kann ich freilich nicht erst am 15. Februar beschließen, denn das verlangt vorausschauende Planung, jedes Jahr, und nicht nur von mir. Die Universität, für die ich arbeite, muss mir rechtzeitig eine Verdienstbescheinigung schicken, und alle anderen Firmen, Verlage, Zeitungen etc., von denen ich im Laufe des Jahres für Vorträge, Artikel etc. Geld erhalten habe, müssen das auch tun. Bescheinigungen muss ich außerdem darüber haben, dass ich zum Stichtag da wohnte, wo ich vorgebe zu wohnen, und dass ich der bin, der ich vorgebe zu sein, dass die Hypothek noch nicht abbezahlt, die Kinder noch im unterstützungsbedürftigen Alter, also nicht mehr als X Jahre alt sind, und so weiter. Und dann bin ich ja nicht der Einzige, der Steuern zahlt. Millionen von Leuten sind betroffen, ja, das ganze Land plant für den 16. Februar und die vier Wochen bis zum 15. März, während deren man seine Steuererklärung abgeben kann. Und viele steuerliche Angelegenheiten werden nicht nur für ein Jahr, sondern für etliche Jahre geplant. Fünf Jahre lang kann man eine Hypothek für ein selbst bewohntes Haus abschreiben. Um sie abzubezahlen, setzt man vielleicht 20 oder 30 Jahre an, für die man im Voraus plant. Planen muss auch die Bank, die, bevor sie einem die Hypothek gibt, eine Berechnung darüber anstellt, ob Alter, Gesundheitszustand, Einkommens- und Vermögensverhältnisse des Empfängers das Risiko, dass er sie nicht zurückbezahlen kann, gering genug erscheinen lassen. Gegen das verbleibende Risiko schließt sie eine Versicherung ab, die der Kunde bezahlt. Die Versicherungsgesellschaft lebt ihrerseits von der Differenz zwischen dem Planbaren und der Abweichung vom Plan, die sie bestrebt ist, besser berechnen zu können als der individuelle Kunde.

Mein Computer wird ungebeten mit einem Softwarepaket *The jinsei sekkei*, «der Lebensplan»[11], geliefert. Wenn ich weiß, wie alt ich bin, wie viele Kinder ich habe, wie viel ich verdiene, ob ich Golf spiele, was für ein Haus ich bewohne oder bewohnen will, ob bzw. was für Versicherungen ich habe, was für Aktien und Sparbücher ich habe, ob ich gern reise und was ich gern esse und noch einiges mehr – eine Datenkategorie *ETC* ist auch vorgesehen – und wenn ich bereit bin, dieses Wissen dem Computer in für ihn verdaulichen Datenhäppchen mitzuteilen, dann ist *The jinsei sekkei* bereit, mich wissen zu lassen, ob eine Existenz wie die meine überhaupt möglich ist, was ich tun muss, um sie den angestrebten Verlauf nehmen zu lassen, wann und mit was für einer Rente ich mich zur Ruhe setzen kann, etc. An die Stelle eines Schicksals treten mit *The jinsei sekkei* eine Reihe von «Optionen». Es ist alles geregelt. Alles ist vorhersehbar. Erstaunlich daran ist weniger, dass man ein solches Computerprogramm schreiben kann, als dass eine Firma die Erwartung hegt, dass davon Gebrauch gemacht wird. Denn das setzt ein tiefes Vertrauen darein voraus, dass sich die Komplexität des Lebens auf einen Stundenplan reduzieren lässt. Ein Zeitregime wird hier erkennbar, das Planbarkeit und eine relativ schmale Bandbreite der Variation möglicher Lebensläufe unterstellt.

Wann Menschen mit was für einer Ausbildung heiraten, Kinder auf die Welt bringen, genug verdienen, um ein Haus zu kaufen oder zu bauen, wie viel die Schulausbildung ihrer Kinder kosten wird, wie oft sie umziehen und wie lange sie leben werden, all dies ist bekannt, wenn es sich aus statistischen Häufigkeiten und Wahrscheinlichkeitsverteilungen bezogen auf eine bestimmte Population herleitet. Statistiker hüten sich davor, daraus Schlüsse auf Einzelfälle zu ziehen. Ebendazu jedoch lädt *The jinsei sekkei* ein und entspricht damit der verbreiteten Erwartung, dass das eigene Leben in erwartbaren Bahnen verläuft, *hitonami*, «wie bei anderen».

Im engen Zusammenhang mit der zeitlichen Dimension der Planbarkeit steht die der Reihenfolge. Ereignisse und Handlungen haben eine zeitliche Struktur, die ebenso wie die Zeitperspektive und die Zeitplanung Gegenstand der Variation ist. Was kommt zuerst und was kommt dann, sind Fragen, die nicht immer und nicht überall gleich zu beantworten sind. Denken wir zum Beispiel ans Heiraten, ans Geldausgeben, ans Arbeitsuchen und ans Sterben. Dass man sich erst kennen lernt und dann heiratet, ist die zwar in Europa, aber keineswegs überall übliche Reihenfolge. In Japan werden noch rund ein Drittel aller Ehen durch Vermittlung geschlossen. Der Hochzeit geht in vielen solchen Fällen nur ein höchst oberflächliches Kennenlernen voraus, obwohl die Familien von Braut und Bräutigam gründlich über den Hintergrund des Partners informiert sind. Erst heiraten und dann ins Bett ist eine weitere Norm, die sich auf die Abfolge von Handlungen bezieht. Bis Ende des Zweiten Weltkriegs galt sie zumindest für Frauen, aber seither hat der Anteil der Frauen, die vor der Ehe mit ihren oder anderen Männern sexuelle Beziehungen haben, stetig zugenommen. Mit der Zeitstruktur von Sex und Ehe hat sich die Norm verändert, die Erwartung, dass Frauen jungfräulich in die Ehe gehen, ist drastisch zurückgegangen.[12]

Ähnlich hat sich auch die zeitliche Ordnung des Wirtschaftens gewandelt. Erst Geld verdienen, dann ausgeben, hieß es einmal. Firmen halten sich daran schon lange nicht mehr, vielmehr geben sie regelmäßig Geld in Erwartung späterer Gewinne aus und befinden sich auf diese Weise manchmal jahrelang in den roten Zahlen, ebenso wie Regierungen. Defizitfinanzierung heißt seit John Maynard Keynes der ökonomischen Weisheit letzter Schluss aller öffentlichen Hände. Diese Art des Wirtschaftens hat sich auch in privaten Haushalten zusehends durchgesetzt. Man wohnt im eigenen Haus, das aber tatsächlich der Bank gehört, denn die Hypothek wird erst abbezahlt sein, wenn man aus dem Arbeitsleben ausscheidet. Besonders dank der Erfindung der Kreditkarte ist die zeitliche Abfolge von Verdienen und Ausgeben umgekehrt worden, in Japan langsamer allerdings als in Europa und Amerika.

Dass eine gute Ausbildung Voraussetzung für eine gute und lukrative Arbeit ist, galt in Japan lange als eiserne Regel. Erst das Studium absolvieren, dann eine Stellung suchen. Zu Zeiten der hohen Wachstumsraten und des Arbeitskräftemangels in den 1970er und 80er Jahren begannen jedoch die Firmen, Studenten schon vor dem Studienabschluss zu rekrutieren. Diese Praxis ist inzwischen zur Norm geworden, was nachhaltige Folgen hat; denn die Neigung der Professoren, einem Studenten den erfolgreichen Studienabschluss zu verwehren, der bereits eine Stelle in Aussicht hat, ist begreiflicherweise geringer, als wenn sie glauben können, das von ihnen zu vermittelnde Wissen sei wirklich eine Voraussetzung dafür, eine Stellung finden und ausfüllen zu können.

Der vielleicht dramatischste Bereich, in dem die Veränderung der zeitlichen Abfolge einer Veränderung des Lebens entspricht, ist der Tod. Erst hört das Herz auf zu schlagen und dann setzt der Tod ein. Die Transplantationsindustrie lebt davon, dass es oft umgekehrt ist. In Japan ist sie bisher nur spärlich entwickelt, verglichen jedenfalls mit Amerika und Europa. Organspenden sind Mangelware, nicht weil es keine Unfalltoten gäbe, sondern weil der Begriff des Gehirntods – erst ist man tot und dann hört das Herz auf zu schlagen – von der Gesellschaft nur zögernd akzeptiert wird. Ein Gesetz, das mögliche Organspenden bei Gehirntod regelt, wurde erst im Oktober 1997 verabschiedet. Als eineinhalb Jahre später dann in Kōchi die erste spendenwillige Patientin als klinisch tot diagnostiziert wurde, war das tagelang ein Medienereignis. Traditionell hängt man in Japan einer holistischen Vorstellung von Körper und Seele an, nach der die Toten in einem unversehrten Körper zur Ruhe gelegt bzw. eingeäschert werden sollen. Dass ihre Seelen zurückkehren und sich dafür rächen, dass man ihrem Körper ein Organ entnommen hat, kann man in Japan nie ganz ausschließen, im Volksglauben jedenfalls. Bis zu der scheinbar durch die Natur objektiv bestimmten Grenze zwischen Leben und Tod erweist sich somit die tatsächliche oder vermeintliche Abfolge von Handlungen und Ereignissen als eine soziale Dimension der Zeit.[13]

Zeit begreifen wir weiterhin als Dauer.[14] Wie lange man braucht, um eine Tätigkeit auszuführen, oder auf die Vollendung eines natürlichen Vorgangs warten muss, danach bestimmt sich die Seinsordnung der Dinge sowie unsere Wahrnehmung von ihnen. Letztere schwankt und ist notorisch unzuverlässig. Ein japanisches Märchen erzählt, wie wenige Augenblicke von einem Holzfäller als drei Jahre empfunden, ja, erlebt wurden.[15] Die Subjektivität der Zeitwahrnehmung ist ein bekanntes Phänomen, das in der Literatur oft thematisiert worden ist.[16] Kinder sprechen davon, dass es schnell morgen werden soll, weil morgen etwas passiert, worauf sie sich freuen. In einer solchen Redeweise werden Dauer und Zeitwahrnehmung nicht klar getrennt. Dass zwischen der tatsächlichen und der erinnerten Dauer eines Ereignisses große Unterschiede bestehen, zeigt sich oft in Berichten von Augenzeugen. Wer zehn Minuten auf die Feuerwehr warten muss, empfindet das als eine halbe Ewigkeit, während eine Stunde in angeregter Unterhaltung im Nu vorüber ist. In der Welt des Theaters gelten andere Gesetze der Dauer als in unserer Lebenswelt. Das Kabukitheater macht davon intensiv Gebrauch. Ein Szenenwechsel kann Winter in Sommer verwandeln, Tage, Monate oder Jahre vergehen lassen. Andererseits wird der Moment oft in die Länge gezogen, sei es um einem inhaltlichen Höhepunkt den dramatischen Nachdruck zu verleihen, sei es um einem Schauspieler Gelegenheit zu geben, eine kunstvolle Pose auszuspielen. Quasi in Zeitlupe zu spielen, eine Bewegung in ihrem Ablauf zu unterbrechen, den Ausdruck des Schreckens, des Zorns oder der Freude auf dem Gesicht erstarren zu lassen, sodass der Zuschauer den Moment länger auskosten kann, als er eigentlich währt, gilt als hohe Kunst. Aus dem Publikum erschallen dann anerkennende Rufe, *mattemashita*, «darauf haben wir gewartet!».

In der Lebenswelt jedoch lässt sich der Lauf der Zeit nicht einfach aufhalten, strecken oder verkürzen. Freilich hat die Dauer ihre objektive Bedeutung für den Takt des Lebens erst in moderner Zeit angenommen, seitdem man sich daran gewöhnt hat, Zeitintervalle in ereignisunabhängigen Einheiten zu messen. Das Instrument, mit dem wir das tun, ist die Uhr. Sozialpsychologen unterscheiden zwischen Ereigniszeit – es dauerte nicht länger, als die Nudeln kochen müssen, bis sie gar sind – und Uhrzeit – 2½ Minuten.[17] Dass Dauer im Wesentlichen als Ereigniszeit eine Rolle spielte, war bis in die Neuzeit für die meisten Menschen der Normalfall. Dauer als gemessene Uhrzeit greift erst mit der Industrialisierung, mit der Käuflichkeit der Arbeitsstunde bestimmend ins gesellschaftliche Leben ein. Der moderne Mensch ist ein Uhrmensch, der es nicht nur gelernt hat, die Dauer von Ereignissen mit objektiven Mitteln zu messen, sondern nach der Uhr lebt, sich selbst also für die Durchführung von Handlungen zeitliche Begrenzungen auferlegt. Nicht, wie lange etwas dauert, fragt er, sondern, wie lange etwas dauern darf. Japaner sind heute Uhrmenschen. Wie lange das Frühstück und der Weg zur Schule, zum Bahnhof dauern darf, wird schon Kindern von der Uhr diktiert. Der Toleranzspielraum für die, die länger brauchen, ist gering. Den Lebenstakt bestimmen weitgehend Zeitintervalle objektiver Dauer.

Neben Zeitperspektive, Abfolge, Planbarkeit und Dauer sind schließlich noch die Geschwindigkeit und die Synchronisation (zeitliche Koordination) Dimensionen der Zeit, die für die Untersuchung ihres sozialen Charakters besonders wichtig sind: Wie schnell wird etwas getan? Wer bestimmt das Tempo? Auf welche / wessen Handlungen wird eine Tätigkeit abgestimmt? Das «akademische Viertel» war einmal Symbol der in der akademischen Welt geltenden Freiheit im Umgang mit der Zeit. Anders als in der Schule konnten Professoren und Studenten es sich leisten, die Stunde ein Viertel nach dem Glockenschlag beginnen zu lassen. Ein Gong als hörbares Zeichen des Zeitregiments, dem man als Angehöriger einer Lehranstalt unterworfen ist, ist in deutschen Universitäten bis heute verpönt. Zu schulisch. Japanische Universitäten werden demgegenüber als Schulen verstanden, und der Gong bzw. gewöhnlich ein dem Geläut von Big Ben nachempfundenes Glockenspiel ruft Lehrer und Schüler in die Klasse.

In der Schule wird der Lebenstakt der Gesellschaft einstudiert und zum großen Teil auch das Tempo. Von wann bis wann die Schüler in der Schule zu sein haben, wie lange sie für eine Aufgabe, für die Bewältigung eines Pensums brauchen dürfen, wann sie was machen, all dies ist genau geregelt. Der Spielraum für Abweichungen ist gering. Sitzen bleiben kommt höchst selten vor, in der sechsjährigen Grundschule praktisch nie, denn neben dem Stoff, den jeder einzelne Schüler meistern muss, kommt es auf die Synchronisation der Klasse an, ein wichtiger Teil des Sozialtrainings. Die Vorstellung, dass es ein richtiges Alter und eine richtige Geschwindigkeit für die Aufnahme des jeweiligen Lehrstoffs gibt, ist tief verwurzelt. Wer schneller ist, muss warten, wer langsamer ist, wird mitgeschleppt. Die auf Wettbewerb angelegte Auslese bestimmt den Schulalltag erst später. Als das Erziehungsministerium 1997 die Richtlinien für die Aufnahmeprüfungen der Universitäten änderte und der staatlichen Universität Chiba erlaubte, in Ausnahmefällen hoch begabte Schüler aufzunehmen, die die Oberschule noch nicht abgeschlossen haben, war das eine kleine Revolution.

Das strikte Zeitregime, dem nicht nur jeder zu gehorchen hat, sondern von dem auch angenommen wird, dass es für jeden gut ist, wurde dadurch, wenn auch nur an der Peripherie, infrage gestellt.

Japan ist ein sehr bildungsbeflissenes Land. *Sensei* (Lehrer) ist ein Titel, der auch außerhalb der Schule in praktisch allen Bereichen der Gesellschaft als respektvolle Anredeform verwendet wird. Parlamentsabgeordnete sind ebenso *sensei* wie Trainer oder andere Personen, zu denen man aufblickt oder aufzublicken vorgibt; wie die Bardamen, die ihre Kunden ehrerbietig oder spöttisch *sensei* nennen. Wohin man auch geht, überall kann man darauf gefasst sein, dass eine Schulstunde inszeniert wird, denn die Schule ist in vieler Hinsicht Japans Modellinstitution, die Institution nämlich, in jener sich das kollektive Selbstverständnis entwickelt. Japaner sind eifrige Schüler. Sie glauben daran, dass man den Lauf der Dinge durch fleißiges Lernen und das Befolgen von Instruktionen günstig beeinflussen kann. Einer muss freilich immer den Part des *sensei* übernehmen und erklären, wann was zu tun ist. Im modernen Japan ist das oft der Staat. Kampagnen, in denen sich der Staat mit öffentlichen Appellen an die Bürger richtet, sind ein probates Mittel der sozialen Kontrolle. Als die Tokioter Stadtregierung Ende der neunziger Jahre auf überhand nehmende Teenagerprostitution *(enjokōsai)* und den Missbrauch von Klappmessern in den Schulen mit Plakataktionen (‹Rettet unsere Jugend!›) reagierte, knüpfte sie an eine lange Tradition an. Der Staat weiß, was gut und richtig ist, wie die Menschen ihr Leben einrichten, welche Werte sie hoch schätzen sollen. Wie sie mit ihrer Zeit umgehen sollen, gehört auch dazu. So führte etwa das Erziehungsministerium von 1920 bis 1926 eine Kampagne zur Verbesserung des täglichen Lebens *(Seikatsu kaizen undō)* durch. Mit Vorträgen und Ausstellungen ermahnte es vor allem Hausfrauen dazu, vernünftig hauszuhalten, preiswert und gesund zu kochen, zu sparen und ‹üble Bräuche und Gewohnheiten› abzulegen. Eine Wanderausstellung empfing die Besucher mit einer gewaltigen Uhr und einem Banner mit der Aufschrift:

‹Zeit ist Geld›.[18] In der Verwaltung der Zeit, das wird hier deutlich, treffen sich wirtschaftliche Rationalität und Moral. Die damals rasch voranschreitende Industrialisierung Japans verlangte eine Beschleunigung des Lebenstempos. Die Beamten des Erziehungsministeriums erkannten das und drängten mit der Kampagne zur Verbesserung des täglichen Lebens auf eine entsprechende Anpassung der Zeitverwaltung auch im privaten Bereich.

Die Zeitordnung konstituiert sich sozial. Der Staat nimmt darauf auf unterschiedliche Weise Einfluss, in Japan vergleichsweise viel. Regelmäßigkeit, bestimmte Dauer und starke Synchronisierung sind charakteristische Merkmale der sozialen Zeitordnung im heutigen Japan, die vom Staat gefördert werden. Der Einfluss des Staates auf das Zeitregime ist freilich keine moderne Erscheinung. Vielmehr war die Herrschaft über die Zeit in mehr als einer Hinsicht, solange es überhaupt geschichtliche Zeugnisse gibt, immer das Vorrecht der Machtelite.

Die Verbalisierung der Zeit ist öfter als Indiz dafür betrachtet worden, welche Begriffe sich eine Gemeinschaft von der Zeit macht, und die semantische bzw. etymologische Analyse als Einstieg in das Verständnis der Zeitbegriffe einer Kultur.[19] Dahinter steht die Auffassung, dass die einer Gemeinschaft wichtigen Inhalte lexikalisiert werden und dass die Sprache ein Spiegel der Gesellschaft und Kultur ihrer Sprecher sei. Die Sprache wird als Zeugin bemüht, die über die zeitliche Situierung des sozialen Lebens Auskunft geben kann; die Worte, die sie bereitstellt, gelten als unzweideutiger Ausdruck der zeitlichen Seinsordnung, die sich ihre Sprecher gegeben haben. So hob z. B. Motoori Norinaga (1730 bis 1801) in der Schrift «Gedanken über den wirklichen Kalender» (*Shinrekikō*, 1789) hervor, dass es nicht nur das sinojapanische Wort *reki* sondern auch das alte japanische Wort *koyomi* für ‹Kalender› gebe. Daraus wollte er schließen, dass es in Japan von alters her unabhängig vom chinesischen Kalender eine Zeitrechnung gegeben habe.[20] Dieses Argument passte zu Motooris nativistischer

Grundauffassung, nach der Chinas Einfluss auf Japans Kultur im Interesse einer geistigen Erneuerung herabgespielt und autochthone Entwicklungen herausgestrichen werden mussten. Genau das umgekehrte Argument finden wir bei dem französischen Ethnologen Laurence Caillet, der darauf hinweist, dass «das einzige rein japanische Wort für Zeit *toki*» sei, dessen Bedeutung der von französisch *quand*, ‹wann, wenn›, nahe komme.[21] Dies deute darauf hin, so gibt er zu bedenken, dass das japanische Zeitverständnis primär ein kontextuelles sei, wie es durch das Wort *toki* zum Ausdruck gebracht werde. Gewiss wird *toki* oft so verwendet, wie Caillet sagt: *aru toki*, ‹irgendwann; als›, *samui toki*, ‹wenn es kalt ist›, *toki no shushō*, ‹der damalige Premiermister›, etc. Das Wort hat aber auch viele andere Verwendungsweisen: *toki to tokoro* (Zeit und Raum), *toki ga tatsu* (die Zeit vergeht), *ichiban ii toki* (die schönste Zeit), *toki o kiru* (die Zeit begrenzen) etc. *Toki* hat zwei Grundbedeutungen, ‹Moment› und ‹Intervall› bzw. ‹Zeitpunkt› und ‹Zeitspanne›, eben die Bedeutungen, die wir mit unserem Wort *Zeit* – ‹um welche Zeit› vs. ‹eine lange Zeit› – verbinden.

Ein Argument auf ein Wort zu stützen, ist immer gefährlich. Zu leicht werden Schlüsse von der Sprache auf Begriffe, ja ganze Denkgebäude gezogen. Was genau den Menschen, die es schufen, einst das Wort *toki* bedeutete, wissen wir nicht mit Gewissheit. Das gilt auch für *koyomi*, ja für jedes Wort, denn Wortbedeutungen ändern sich mit der Zeit, die Sprecher passen sie ihren Bedürfnissen an. Nichts spricht für die Vorstellung, dass die ältere in irgendeinem Sinne die ‹eigentliche› Bedeutung eines Wortes sei. *Oyatsu*, z. B. ist eine am Nachmittag einzunehmende Zwischenmahlzeit. Weiter bedeutet das Wort heute nichts. Dass *yattsu* ‹acht› bedeutet, ist zwar allgemein bekannt, dass die Bezeichnung der Zwischenmahlzeit davon abgeleitet ist, da in einem alten Zeitsystem acht das Intervall zwischen 2 und 4 Uhr nachmittags bezeichnete, aber nicht. Daraus, dass das Wort *oyatsu* noch immer in Gebrauch ist, irgendwelche Schlüsse auf das ‹japanische Zeitverständnis› zu ziehen wäre mehr als riskant. Dürfen wir daraus, dass Sonnenfinsternis im Japanischen *nisshoku*, wörtlich: ‹Verschlingung der Sonne›, heißt, schließen, dass irgendjemand in Japan je glaubte, die Sonne sei verschlungen worden?

Das Lexikon der Zeit ist äußerst umfangreich. Wörter für Dauer *(kikan)*, Reihenfolge *(junban)*, Geschwindigkeit *(sokudo)*, Epoche *(jidai)*, Zeitalter *(nendai)*, Phase *(jiki)*, Periode *(shūki)*, Frist *(kigen)*, Zeitpunkt *(jikoku)* und -abschnitte *(jikan)*, Jahres- *(kisetu)* und Tageszeiten *(toki)*, Lebensalter *(yowai)*, Zeiten *(jisei)*, Zeitmaß *(tenpo)* und Intervall *(aida)* gibt es im Japanischen in großer Zahl, japanische, sinojapanische und aus anderen Sprachen entlehnte Wörter, wie z. B. *puresuto* von italienisch *presto*, *nau* von englisch *now* und *pōzu* von französisch *pause*. Kann man aus den neueren europäischen Wörtern schließen, dass es im Japanischen keine Wörter für und folglich keine Begriffe von ‹schnell›, ‹jetzt› und ‹Pause› gab und diese Lücken deshalb durch Entlehnungen gefüllt werden mussten? Mitnichten. Die Gründe und Mechanismen der Übernahme anderssprachiger Lexeme sind so einfach nicht. Sie beschäftigen uns hier nicht. Außerdem sind zeitbezogene Wörter nur ein Teil der sprachlichen Verarbeitung der Zeit.

Wie die Logik der Zeit grammatisch mittels Tempus (Präsens), temporaler Konjunktionen (wenn), Adverbien (damals), Präpositionen (während) und Fragewörtern (wann) kodiert wird, ist wesentlich komplizierter als die Wortbedeutungsanalyse.[22] Wie man dann und wann, früher oder später sagt, wie der Zeitpunkt, auf den man sich bezieht, von dem Sprechzeitpunkt unterschieden wird, wie der Sprecher sich und den Angesprochenen sprachlich in der Zeit verankert, das sind höchst komplizierte Fragen, die man mit dem Hinweis, dass es in einer Sprache ein Wort für diesen oder jenen Aspekt der Zeit gibt oder gerade nicht gibt, nicht beantworten kann. Was in einer Sprache mit lexikalischen Mitteln geleistet wird, geschieht in einer anderen mit solchen der Grammatik. Darauf, dass eine Sprache besser geeignet ist, dem Rätsel der Zeit auf die Spur zu kommen als eine andere, gibt es keinen Hinweis. Eine zeitlose Sprache gibt es ebenso wenig wie eine zeitlose menschliche

Existenz. Dem sprachlichen Befund soll deshalb nicht zu viel Bedeutung beigemessen werden. Er kann gelegentlich illustrativen Zwecken dienen, aber letztlich kann die semantische Analyse nicht die Beschäftigung mit dem Phänomen ersetzen. Sprachliche Konventionen ändern sich oft langsamer als soziale, wirtschaftliche und kulturelle Lebensumstände. Jede Epoche hat ihre Zeit und ihre Zeitvorstellungen, die dafür geprägten Wörter werden jedoch oft, wie *oyatsu*, noch lange mitgeschleppt. Im Wortschatz erinnert noch manches an die Epoche der natürlichen Zeit, die in Japan freilich längst vergangen ist.

Anmerkungen Kapitel II

1 Bredon und Mitrophanows Buch *The Moon Year* (1927) benutzt das Mondjahr des alten chinesischen Kalenders als Bezugsrahmen für eine umfassende Darstellung der chinesischen Kultur, die auch heute noch lesenswert ist.

2 Nakamura (1980) erörtert den «Fluss der Zeit» als ein klassisches Paradoxon: Etwas, was ist, aber nur sein kann, indem es vergeht. Dabei bezieht er sich allerdings ausschließlich auf die westliche Philosophie. Vgl. auch Smart (1949).

3 Das Wort *fūdo*, mit dem Watsuji (1963) sein Werk betitelte, ist ein Kompositum, das aus *fū*, ‹Wind›, und *do*, ‹Boden›, zusammengesetzt ist. Im Mittelpunkt seiner hier ausgeführten Gedanken steht die Überzeugung, dass menschliche Gesellschaften entscheidend von Klima und Landschaft, von ihrer natürlichen Umwelt also, geprägt werden. Im Zuge des wachsenden Umweltbewusstseins in den 90er-Jahren hat Watsujis Werk erneut viele aufmerksame Leser gefunden.

4 Hatano 1945: 218 f.

5 Durkheim 1925; vgl. dazu Gimmler (1997), die neuere Literatur zur sozialen Zeit referiert.

6 Bewusste nationale Identitäten, die sich oft als Nationalismen äußern, sind eine Erscheinung der Neuzeit. Das Geschichtsbewusstsein erfüllt in diesem Zusammenhang, wie viele Nationalismusforscher betonen, eine wichtige Funktion. Vgl. exemplarisch Hobbsbawm (1990).

7 *Kōshitsu to iu mono ga mujunteki jiko dōitsutekina sekai toshite, kako mirai o tsutsumu eien no ima toshite [...] shikō denakereba naranai.* Nishida (1988: 340).

8 Eine gründliche Diskussion der Frage, inwieweit die Kyotoer Schule um Nishida Kitarō nationalistischen und rechtsradikalen Tendenzen folgte und Vorschub leistete, findet sich in Heisig und Maraldo (1994).

9 Nishida *op. cit.* 341.

10 *ibid.*

11 *The jinsei sekkei* [Der Lebensplan]. Tokio: Efupīpuranetto, 1998.

12 Vgl. Iwao 1993: 105–108.

13 Noch im Frühjahr 1999 war das Gesundheitsministerium in Tokio damit beschäftigt, Richtlinien für die Bestimmung des Gehirntods von Patienten unter 6 Jahren zu erarbeiten. Wie schwierig die zeitliche Abgrenzung des Lebens tatsächlich ist, verdeutlichte der Fall eines Babys in der Universitätsklinik der Präfektur Hyōgo, dessen Herz am 14. 2. 1999 aufhörte zu

schlagen, mehr als zehn Monate nach Feststellung seines Gehirntods. «Ich habe noch nie von einem gehirntoten Patienten gehört, der noch so lange gelebt hat.» Mit diesem Kommentar brachte Dr. Murakawa Seishiro, ein Sprecher des Krankenhauses, die Problematik deutlich zum Ausdruck. Vgl. NHK chikyū hōtei Internet Forum (www.nhk.or.jp / forum / life).

14 Von Philosophen, die versucht haben, den Begriff Zeit zu bestimmen, ist die gemessene Dauer oft als der wesentliche Aspekt herausgestrichen worden, insbesondere seit John Locke einen entsprechenden Vorschlag machte. «Die Dauer, dargestellt durch bestimmte Perioden und gekennzeichnet durch bestimmte Maße oder Epochen, ist das, was wir, wie ich glaube, am angemessensten *Zeit* nennen» (Locke, Book II, chpt. XIV, 17).

15 «In der Mückenwelt vergehen drei Jahre wie ein Augenblick.» *Japanische Märchen*, hg. von Yasuko Asaoka. Frankfurt / M.: Insel Verlag, 1991, 116 bis 119.

16 Vgl. Lauer 1981.

17 Vgl. Levine 1997 [1998]: 122 f.

18 Vgl. Garon (1997 : 129). Garons Buch ist eine überzeugende Studie der Beeinflussung der öffentlichen Moral durch staatliche Kampagnen. Er konzentriert sich dabei auf die vier sozialpolitischen Bereiche Wohlfahrt, Prostitution, Religion und das Verhältnis der Geschlechter.

19 Vor allem bei Kulturen der Antike, deren Tradition abgebrochen ist (vgl. z. B. zu Ägypten Assmann 1991 : 35 f.), hat dieser Ansatz seine Berechtigung, schon weil andere Befunde, aus denen auf die Zeitbegriffe einer untergegangenen Kultur geschlossen werden kann, spärlich oder ohne Rekurs auf die Worte schwer zu interpretieren sind. So ist z. B. das Monument von Stonehenge, das offenbar eine Sonnenuhr ist, so mysteriös, weil Texte für seine Deutung fehlen.

20 Motooris Argument zitiert Aoki (1982 : 6).

21 Caillet (1998 : 27). Eisenstadt (1995 : 327) zitiert die hier erwähnte Stelle aus Caillets zuerst 1986 veröffentlichtem Aufsatz zustimmend, schreibt sie jedoch fälschlich Jane Bachnik zu.

22 Vgl. z. B. Goodman 1964; Prior 1967; Comrie 1985.

ZEIT DER NATUR

10. Juni, Tag der Zeit

In den zersiedelten Stadtschaften, wo die große Mehrheit der Japaner heute lebt, sucht man nach Erinnerungen an die Natur weitgehend vergeblich. Wenig deutet darauf hin, dass die natürliche Umwelt geachtet oder für wichtig gehalten wird. Von kanalisierten Flüssen, halb abgetragenen Bergen, einbetonierten Küsten und asphaltierten Wanderwegen bis hin zu Getränkeautomaten und Lautsprechern in den entlegensten Tälern finden sich in Japan überall Spuren der Gewalt, die der Mensch der Natur bedenkenlos antut. Dennoch pflegen viele Japaner ein Selbstbild von Naturverbundenheit.[1] Sensibilität für die Schönheit der Natur halten viele für eine spezifische Eigenschaft ihrer Kultur, denn Natur hat Tradition, und darauf kommt es an. Natur ist Kultur in Japan. In Dichtung und Malerei, Religion und Philosophie hat die Natur in der Tat eine herausragende Stellung. Schon im *Manyōshū* werden Berge und Flüsse als Heiligtümer verehrt, nach dem shintoistischen Glauben ist kein Kraut, kein Steinchen auf dieser Erde zu gering, um einem heiligen Geist *(kami)* als Heimstatt zu dienen, die ganze Natur ist das Reich der *kami.* Die Tuschmalerei konzentriert sich auf Motive der Natur, Gedichtanthologien sind häufig nach Jahreszeiten geordnet. Beim Bonsai-Züchten und Blumenstecken erhalten natürliche Gewächse ebenso ihre stilvolle Gestalt von Menschenhand wie der Ton, aus dem der Töpfer eine Schale mit höchst artifiziellen ‹natürlichen› Unebenheiten formt. Wichtiger als die Natur ist die Tradition der Naturverbundenheit. Diese Betonung der Nähe zur Natur ist ein Kulturprodukt, das heute, wo unberührte Natur immer weiter aus dem Blickfeld der meisten Japaner schwindet, viel deutlicher ist als noch um die Jahrhundertmitte. Damals waren rund 45 Prozent der arbeitenden Bevölkerung in der Landwirtschaft beschäftigt und somit der

Natur etwas näher. Am Ende des letzten Jahrhunderts waren es nur noch 4,8 Prozent. An der Kunsteisbahn, dem Kunstschnee auf der Piste in der Halle, der Sommerfrische am künstlichen Strand im geheizten Schwimmbad und anderen Einrichtungen, durch die natürliche Zeitgrenzen verschoben oder aufgehoben werden, erfreuen sich die Konsumenten unabhängig von der Jahreszeit.

Die Nähe zur Natur spielt sich vor allem zu Hause im Wohnzimmer auf dem Bildschirm ab. Dem Wetterbericht wird aufs Jahr hochgerechnet mehr Programmzeit eingeräumt als dem Sport; wenn ein Taifun etwas stärker, ein Regenguss etwas heftiger ist als gewöhnlich, kann er im Fernsehen leicht abendfüllende Ausmaße annehmen. Das hat nicht nur funktionale, sondern auch ästhetische und symbolische Gründe. Obwohl alles getan wird, um die städtischen Milieus so zu gestalten, dass die Menschen so wenig wie möglich vom Wetter gestört werden und unabhängig vom Klima ihren Verrichtungen nachgehen können, wird doch Tag für Tag so über das Wetter berichtet, als bestimme es den Lebensrhythmus der urbanen Bevölkerung wie den der Bauern. Die Kirschblütenfront hat Kyūshū etwas früher als gewöhnlich erreicht. Am 25. März wird sie in Tokio sein, am 28. in Maebashi und am 31. in Mito. Die Blätter der Ahornbäume in Saitama haben begonnen, sich zu färben. Die Tageshöchsttemperatur liegt heute vier Grad unter dem Mittelwert und entspricht der von Mitte Februar in einem Durchschnittsjahr. So wenig Niederschlag im Juni hat Shikoku seit 25 Jahren nicht mehr erlebt. Und so weiter. Durchaus unsensationelle Naturerscheinungen sind nachrichtenwürdig. Dass sich die Schwäne in Hokkaido wie in jedem Frühjahr auf den Flug nach Sibirien vorbereiten oder dass in Aomori die Apfelernte begonnen hat, verdient in den Hauptabendnachrichten von NHK oft genug ebenso viel Aufmerksamkeit wie ein Staatsstreich in irgendeinem fernen Land oder sonstige Nachrichten. Obwohl Schul- und Arbeitstag, Fahrpläne und Ladenöffnungszeiten von der Saison unabhängig sind, ist die Jahreszeit ein unverzichtbares Dekor. In gepflegten Häusern

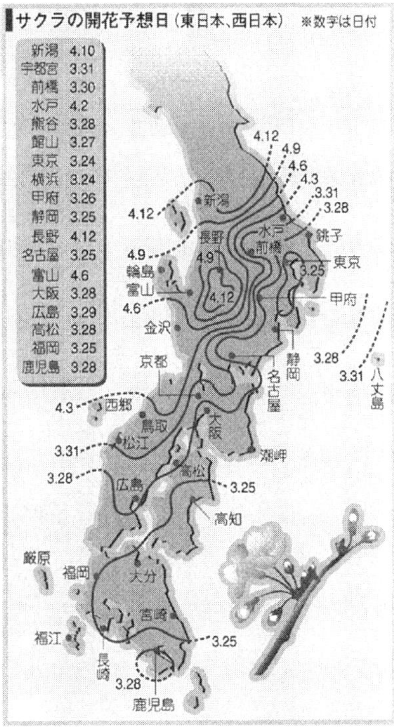

ちょっと早く咲けそうです。

ソメイヨシノ

気象庁は三日、東・西日本のサクラ（ソメイヨシノ）の開花予想を発表した。開花は多くの地域で平年より三日から六日早くなりそうだ。

開花日は、近畿から中国地方にかけての一部や四国の太平洋側、九州南部などが平年並みで、そのほかは三日から六日早くなる。最も早い高知市が二十二日、東京は二十四日、大阪市は二十八日と予想されている。開花から満開までの期間は一週間程度という。

Die Kirschblütenfront nach der Voraussage des Wetteramts *(Kishōchō). Asahi Shimbun*, 4. März 1999, Seite 1. Wann die Yoshino-Kirsche voraussichtlich an den angegebenen Orten aufblühen wird, zeigen die Linien auf der Karte an.

und Gasthöfen ziert stets ein saisongerechtes Blumengesteck den Eingang oder die dafür vorgesehene Nische im Empfangszimmer *(tokonoma)*, zu dem eine passende Kalligraphie oder ein Rollbild *(kakejiku)* ausgewählt wird. Die vier großen Sumowettkämpfe, die in vollklimatisierten Hallen stattfinden, heißen Frühlings-, Sommer-, Herbst- und Winterturnier. Die meisten traditionellen Riten stehen mit dem Wechsel der Jahreszeiten in Zusammenhang.

«Erstaunlich kalt ist es geworden.» – «Das junge Grün beginnt zu sprießen.» – «Tag für Tag nimmt die Hitze zu.» – «Noch ist der Herbst fern.» – «Vom Gezirp der Insekten ist die Luft erfüllt.» – «Die Jahreszeit der Pflaumenblüte ist gekommen.» So lauten einige der Formeln, mit denen man einen Brief einleitet. Für jeden Monat, für jede Jahreszeit gibt es eine ganze Reihe mehr oder weniger feststehender Wendungen, die der geübte Korrespondent kennt, der weniger geübte im Briefsteller[2] in reicher Auswahl findet. Ohne eine saisonale Floskel kann man keinen Brief beginnen, das gebietet die Etikette. Diese Formeln nehmen auf jahreszeitbedingte Naturerscheinungen Bezug und tragen so dazu bei, das Gefühl zu perpetuieren, man führe ein Leben am Puls der Natur. *Samui desu ne*, «kalt ist es, nicht wahr», sagt Frau Koike, ihren nachbarlichen Gruß entrichtend, oder etwas dergleichen, je nach Wetter und Jahreszeit. Der alte ästhetische Begriff der Empathie mit der Natur *(mono no aware)*, der im ersten Kapitel zur Sprache kam, ist ein Bezugspunkt dieser Tradition, die sich konzeptuell deutlich vom wissenschaftlichen Verständnis der verobjektivierten Natur in der westlichen Tradition unterscheidet. Wenn John Locke stellvertretend für andere Aufklärer feststellte, die Verneinung der Natur sei der Weg zum Glück[3], unterstrich er den Gegensatz von Mensch und Natur, aus dem unser Anspruch auf die Beherrschung der Natur folgt. In der japanischen Ontologie erscheint der Mensch demgegenüber weniger als Antipode der Natur denn als ihr Teil. Er fügt sich somit dem Rhythmus der natürlichen Welt, der sich am deutlichsten im Wechsel von Tag und Nacht und in dem der Jahreszeiten manifestiert.

Tag und Nacht sind zweierlei. Im Schöpfungsmythos, wie er im *Kojiki* (712) berichtet wird, zeugen die göttlichen Wesen Izanagi und Izanami Amaterasu Ōmikami, Susanoo no Mikoto und Tsukumi no Mikoto. Amaterasu wurde der Himmel anvertraut, Susanoo die Nacht und Tsukumi das Meer. Der Soziologe Maki Yusuke hat diese mythologische Dreifaltigkeit dahingehend als Dichotomie umgedeutet, dass Himmel und Meer zusammen den Tag symbolisieren und der Nacht gegenüberstehen.[4] Beide, Tag und Nacht, seien räumlich als zwei verschiedene ‹Reiche› gedacht. Sie waren nicht durch den immer währenden Lauf der Zeit miteinander verbunden, sondern standen sich als gegensätzliche, unversöhnliche Territorien gegenüber. In dem einen herrschten andere Kräfte als in dem anderen. Für die dieser Deutung folgende polare Gegenüberstellung von Licht und Dunkel, die durch die Sonnengöttin Amaterasu in die Welt kam, spricht der Reflex der chinesischen Lehre von Yin und Yang, den man darin erkennen kann. Zuerst wurde sie im «Buch der Wandlung» *(Yi jing)* formuliert, das aus der Zeit der Zhou-Dynastie (1027–256 v. u. Z.) stammen soll. Die beiden Wesenszustände Yin – Dunkelheit bzw. Mond – und Yang – Licht bzw. Sonne – heißt es da, stammen vom *t'ai-chi*, der Quelle des Universums, ab. Das Spannungsverhältnis zwischen ihnen verursacht alle in der Welt beobachtbare Veränderung. An erster Stelle stand der Gegensatz von Licht und Dunkel. Er bestimmte das Leben weit mehr als die Vorstellung von einer kontinuierlichen Zeit, die durch Tag und Nacht skandiert wird. Ein klarer Begriff vom Vierundzwanzigstundentag trat erst später ins Bewusstsein der Menschen, dem Wechsel von Helligkeit und Dunkelheit hingegen passten sie ihren Lebensrhythmus an. In einer Gesellschaft, die von der Landwirtschaft lebt, liegen die Gründe hierfür auf der Hand. Auf dem Feld wird gearbeitet, solange es hell ist.

Es bestand freilich schon in frühester geschichtlich dokumentierter Zeit das Bedürfnis, die beiden Intervalle von Hell und Dunkel weiter zu unterteilen, die Geheimnisse der wahrnehmbaren Rhythmen zu ergründen und die Zeit zu messen. Die Zeitmessung ist der Anfang der Wissenschaft, die Verfeinerung der Messmethoden und -instrumente ein Maß ihres Fortgangs. Seit wann die Sonnenuhr[5] in Japan bekannt ist, wissen wir nicht, aber in China war sie schon vor zweieinhalbtausend Jahren in Gebrauch. Für einen Lebensrhythmus, der sich an Auf- und Untergang der Sonne orientiert, ist die Sonnenuhr ein durchaus geeignetes Zeitmessinstrument, obwohl es zwei offensichtliche Mängel hat. Man kann die Zeit nur tagsüber messen, und das Maß ist nicht konstant. Wenn man die Zeit misst, indem man den Schatten eines nach dem Pol ausgerichteten Gnomons auf einer Scheibe verfolgt, auf der gleichmäßige Abstände eingezeichnet sind, stellt man fest, dass der Schatten die Abstände in unterschiedlicher Geschwindigkeit durchläuft. Das liegt daran, dass die Umlaufbahn der Erde um die Sonne nicht rund, sondern elliptisch ist, sowie an der Neigung der Erdachse zur Umlaufbahn. Die Geschwindigkeit, mit der die Sonne ihre Bahn über den Himmel zu ziehen scheint – die scheinbare Sonnenzeit –, variiert deshalb mit der Jahreszeit. Schon in der Antike wurden daher verschiedene Methoden zur Berechnung und Anzeige der mittleren Sonnenzeit entwickelt. Außerdem suchte man nach anderen Möglichkeiten, die Zeit auch nach Sonnenuntergang zu messen.

Schon um 2000 v. u. Z. kannte man in Ägypten die Klepshydra oder Wasseruhr. In China ist sie seit der Epoche der streitenden Reiche (viertes Jahrhundert v. u. Z.) belegt. Die Dauer des Voll- oder Leerlaufens eines Messgefäßes diente hier als Maß der Zeit. Die Schwierigkeit bestand darin, den Wasserfluss konstant zu halten. In China wurde diese Technologie sehr verfeinert. Ein Beamter der frühen Han-Dynastie (202 v. u. Z. bis 9 u. Z.) erwähnt in seinen Aufzeichnungen die Faktoren, die die Genauigkeit der Klepshydra beeinträchtigen.

> Als ich Sekretär am Hof und mit der Aufsicht über die Klepshydras betraut war, fiel mir auf, dass Abweichungen je nach Trockenheit und Feuchtigkeit, Kälte und Wärme unterschiedlich waren. Man musste sie im Morgengrauen und bei Einbruch der Dunkelheit korrigieren, indem man sie mit dem Schatten der Sonne verglich.[6]

Auf die Sonne wurde also weiterhin Bezug genommen. Die Abweichungen bei der Sonnenzeitmessung waren regelmäßiger als die der Wasseruhr. Bei der einfachsten Auslaufwasseruhr floss das Wasser durch eine Öffnung am Boden des Gefäßes hinaus. Am sinkenden Wasserspiegel konnte man an der Innenseite die Zeit ablesen. Eine andere Methode bestand darin, das Gefäß auf eine Waage zu stellen, die sich senkte oder hob, je nachdem, ob es eine Auslauf- oder Einlaufwasseruhr war, und so die Zeit in Gewichteinheiten maß. Als die Technologie ausgereift war, wurde der steigende oder sinkende Pegel in dem Messgefäß mit einem Anzeiger verbunden, mittels dessen auf einer Skala die Zeit abgelesen werden konnte.

Ein ebensolches Gerät, genannt *rokoku*, ‹Tropfzeit›, soll nach dem Nihon Shoki (720) Tenji Tennō (Regierungszeit: 661–671) noch als Kronprinz eigenhändig gebaut haben. Der Eintrag in der offiziellen Chronik nennt das Jahr 6 der Regierungszeit seiner Mutter Saimei (594–661), entsprechend 660 u.Z., und den fünften Monat, aber keinen Tag. Aufgrund der Auslegung späterer Eintragungen in der Chronik wurde der 25. 4. 671 als der Tag bestimmt, an dem mit der Verwendung der Wasseruhr begonnen wurde. Nach dem heutigen Kalender ist das der 10. Juni. Da es jedoch, wie der Astronom Aoki Shinkō betont[7], ursprünglich gar keine Tagesangaben gab, lässt sich eine solche auch nicht durch Umrechnung ermitteln. Im Jahre Taishō 9 (1920) wurde dessen ungeachtet der 10. Juni offiziell zum «Gedenktag der Zeit» *(toki no kinenbi)* ernannt. Uhren hatten inzwischen in der Bevölkerung größere Verbreitung gefunden, die Notwendigkeit, sich nach ihnen zu richten, war dringlicher geworden. Zugleich zog eine Epoche herauf, in der mehr Gewicht auf ein geschärftes Traditionsbewusstsein gelegt, Japans lange Geschichte betont und nach Errungenschaften gesucht wurde, auf die man stolz sein konnte. Der Gedenktag zu Ehren der ersten in Japan dokumentierten Erwähnung der Zeitmessung hat insofern eine vielschichtige Bedeutung. Er ist ein treffendes Beispiel dafür, wie die Menschen jeder Epoche sich ihre eigene Zeit und ihre eigene Vorstellung von der Zeit machen.

Der Zeit zu gedenken ist ein Zeichen der Zeit. Klepshydras gab es in Japan wohl schon vor Tenji Tennōs in den Annalen festgehaltener und heute gedachter Tat, aber dass die Technologie aus China übernommen wurde, steht außer Zweifel. Den Tag der Zeit kann man als institutionalisiertes Memento des Topos der Vergänglichkeit *(mujō)* verstehen und als Würdigung der japanischen Tradition der handwerklichen Produktion von Präzisionsinstrumenten, die sich trotz der Flüchtigkeit alles irdischen Seins entwickelt hat. Außerdem symbolisiert er zugleich das alte chinesische Kulturerbe und die neuzeitliche Hinwendung zum Westen mitsamt ihrem durch die Modernisierung so drastisch veränderten Zeitbewusstsein. Schließlich gemahnt er an die Willkürlichkeit von Gedenktagen und die Notwendigkeit, ihnen eine Rationalität zu geben. Sagen zu können: Genau an diesem Tag vor einer genau bezifferbaren Anzahl von Jahren, ist weniger wichtig, als sagen zu können, woran man denken soll oder erinnern will. Denn Gedenktage sind ein Mittel der sozialen Kontrolle, sie gestalten die Gegenwart. Mit ihnen zeigt die Gesellschaft, was jetzt und in Zukunft wichtig ist und sein soll.

Die Menschen auf den Beginn der japanischen Zeittechnologie aufmerksam zu machen und zu ermahnen, die Zeit gut zu nutzen, war an dem neu geschaffenen Tag der Zeit wichtiger, als daran zu erinnern, dass Geräte und vielleicht auch das Konzept der Zeitmessung einst aus China nach Japan kamen. Außer der Klepshydra wurden aus China auch andere Geräte der Zeitmessung übernommen. Feueruhren waren weit verbreitet. Sie maßen die Zeit durch das Abbrennen von Zündschnüren oder Weihrauch in Form von Räucherkerzen oder Pulver. Die so genannten *kōtokei* oder Weihrauchuhren wurden ursprünglich in Tempeln verwendet, woran in Japan heute noch das jährlich am 13. März im Tōdaiji in Nara veranstaltete Wasserschöpffest erinnert.[8] Sie fanden jedoch auch in Geishahäusern Verwendung, wo sie auf diskrete Weise die verstreichende Zeit markierten und im Sommer gleichzeitig die Mücken vertrieben. Sehr akkurat waren diese Uhren nicht, aber für das ungefähre Messen von Zeitspannen mussten sie ausreichen, war man im Übrigen doch auf die öffentliche Kundgabe der Zeit angewiesen.

Die Kundgabe der Zeit lag immer in den Händen der Herrschenden. Ebenfalls bereits im Nihon Shoki wird in der Neujahrseintragung für das Jahr 675 das *Onmyōryō* oder Ying-und-Yang-Amt erwähnt. Diesem nach chinesischem Vorbild eingerichteten Amt gehörte nach dem Gesetzeskodex jener Zeit *(ritsuryōsei)* neben dem Astrologen *(onmyōji)*, dem Astronomen *(tenmongakusha)* und dem Kalendermacher *(koyomi no hakase)* der Zeitverwalter *(rokoku no hakase)* an. Sie alle waren als *onmyō no tsukasa* mittlere Beamte des Hofes in Nara, der damaligen Hauptstadt (710–794). Mit dem Amt wurde das dualistische Prinzip von Yin und Yang aus China übernommen, und die Verwaltung der Zeit blieb wie die Wahrsagerei ein Geheimnis, das vor Uneingeweihten gehütet wurde. Anders als in China wurde das Amt wie andere Ämter auch erblich. Es geriet unter die Kontrolle der Familien Abe und Kamo. Nach der Heian-Zeit (794–1185) wurde es von den Tsuchimikado weitergeführt. In regelmäßigen Abständen den Takt der Zeit anzugeben blieb dennoch eine öffentliche Angelegenheit, die sich immer mehr auf das Leben der Gemeinschaft auswirkte.

Die Zeitverkündung war ein Akt der Herrschaft. Sie erfolgte mittels einer Trommel, der Tempelglocke *(bonshō)* oder mit Schlaghölzern. Engelbert Kaempfer (1651–1716), der deutsche Arzt, der 1690 im Dienst der niederländischen Handelsfaktorei nach Nagasaki kam, erwähnt in seiner «Geschichte und Beschreibung von Japan» den öffentlichen Charakter der Zeitverkündung.

> Der letzte öffentliche Bedienstete ist der Glöckner, welcher die Zeit mit einem schwielenden Zunderlauf abmisst und die Stunden mit einem Glockenschlag (welche Glocke man an dem gelegensten Ort, an dem Bergrücken nahe bei dem Tempel Daikoosji angebracht hat) anzeigt. Das andere Geläut der großen Tempelglocken zeigt nur der Sonnen Auf- und

Untergang an oder ladet etwa zuweilen zum Anhören der Erklärung eines geistlichen Textes ein.

An anderer Stelle beschreibt er das rege Leben im Hafenviertel Nagasakis, das ihm wohl vertraut war, da die Faktorei selbst im Hafen war und die Bediensteten sich nur selten davon entfernen konnten. Eine Tempelglocke war da nicht zur Hand, aber es wurde, wie er bemerkt, immer viel gelärmt.

> Des Nachts hört man im Hafen auf den Wachtbarken und in den Gassen der Stadt nach geringer Zwischenzeit ein rasendes Lärmen der Wächter, die mit zwei Hölzern aneinander schlagen und mit lautem verdrießlichem Geklapper ihre Wachsamkeit und die Zahl der Nachtstunden anzeigen.[9]

In der Edo-Zeit (1603–1867) hatte sich die Praxis der Zeitkundgabe mit Glocke und Trommel im ganzen Land durchgesetzt, die Synchronisierung der Gesellschaft war weit vorangeschritten. *Taikō yagura*, Trommeltürme, gab es als sichtbare Zeichen des Zeitregimes bei jedem Schloss. An einigen Orten, wie in dem Städtchen Kaibara in der Präfektur Hyōgo, wurde noch bis vor dem Zweiten Weltkrieg allmorgendlich um 7 Uhr die große Trommel geschlagen, um anzuzeigen, dass es für die Kinder Zeit war, in die Schule zu gehen. Von einem hoch entwickelten Zeitbewusstsein und der zeitlichen Regelung des Alltags in der Edo-Zeit zeugen viele explizite Hinweise auf die Tages- oder Uhrzeit. Ein berühmtes Beispiel ist das Reisetagebuch *(Tabi nikki)* des Dichters Kawai Sora (1649–1710), der seinen Lehrer Bashō, gerade als Engelbert Kaempfer nach Nagasaki kam, auf seiner langen Reise nach Nordjapan begleitete und getreulich alles aufzeichnete, was ihnen begegnete. «Am 18. um die Stunde des Hasen *(u no koku)* war ein Erdbeben.» – «Um die hohe Stunde des Drachen *(tatsu no jōkoku)* hörte es auf zu regnen.» – «Um die Stunde des Pferdes *(uma no koku)* verließen wir Takakukaku Zaemons Herrberge.» Sora kannte die Uhrzeit vermutlich dank der Zeitverkündung durch

Trommel oder Glocke. Es gab zu seiner Zeit jedoch auch kleine Sonnenuhren für die Reise. Die Zeit, zu der sich etwas zutrug, das können wir diesen Eintragungen entnehmen, war ein Gegenstand der Aufmerksamkeit. Man war es offenkundig gewohnt, auf die Uhrzeit zu achten.

Im 18. Jahrhundert kündete der Glockenschlag in Japan die herannahende Neuzeit an. Die zeitliche Reglementierung des Alltags lassen Hausordnungen *(kakun)*, Erlasse der Feudalklans und zu Sprichwörtern geronnene Maximen der Lebensführung aus der Edo-Zeit à la «Morgenstund hat Gold im Mund»[10] erkennen. «Handwerker, die am Schloss bauen, müssen sich bis 6 Uhr morgens bei der Verwaltung melden», heißt es zum Beispiel in einer Verordnung der Gujō-Klans, und in Tottori wurde festgelegt, dass «Frauen allein bis abends um 6 auf die Straße gehen dürfen».[11] Man gewöhnte sich an eine zeitorientierte Disziplin, eine gute Vorbereitung, wenn man das so anachronistisch sagen darf, für die strenge Taktung des Lebens im Zeitalter der Industrialisierung. Die Zeitmessung war freilich noch sehr grob.

Im Europa der Renaissance machte die Metapher vom Universum als Uhr Furore.[12] Der liebe Gott war zum Mechaniker geworden, zum Uhrmacher, der das Räderwerk geschaffen hatte und in Gang hielt. Geistig und materiell begannen sich die Menschen, ausgehend von Italien, wo im 14. Jahrhundert die ersten mechanischen Uhren hergestellt worden waren, von der Zeit der Natur loszusagen. Bereits um die Mitte des 16. Jahrhunderts kamen Taschenuhren auf, mit denen das Zeitregime aus der öffentlichen in die private Sphäre der Menschen eindrang. In Japan aber maßen die Wächter, die Engelbert Kaempfers Nachtschlaf in Nagasaki störten, die Zeit noch Ende des 17. Jahrhunderts mit einem schwielenden Zunderlauf. Zu der Zeit war Japan kein Entwicklungsland. Diesen Begriff gab es damals nicht, noch wäre seine Verwendung in dem Maße sinnvoll gewesen wie Mitte des 20. Jahrhunderts in Bezug auf die aus kolonialer Herrschaft in die Unabhängigkeit entlassenen Länder. Wer aber die Technik der Zeitmessung und die zeitliche Strukturierung des Lebens in Japan und Europa im 17. und 18. Jahrhundert aufmerksam verglichen hätte, hätte den Kern des technologischen Rückstands erkennen können, der den Japanern selbst offenbar wurde, als die Edo-Zeit Mitte des 19. Jahrhunderts zu Ende ging.

«Die Stunde des Hasen» oder «um die Stunde des Pferdes» könnte man, wenn man so disponiert ist, missverstehen als eine besonders poetische Ausdrucksweise wie «die blaue Stunde». Als der Dichter Sora sich ihrer bediente, boten sich ihm jedoch kaum Alternativen. Hase, Drache, Schlange, Pferd, Schaf, Affe, Hahn, Hund, Wildschwein, Ratte, Stier und Tiger sind die zwölf Tierkreiszeichen, mit deren Hilfe sich chinesische Astronomen und Astrologen, deren Metiers lange nicht deutlich voneinander geschieden waren, die Welt ordneten. Himmelsrichtungen und Zeiten wurden auf dem Tierkreis abgebildet. Die Technik der Zeitmessung nach Stunden im Tagesrhythmus und nach Tagen im Jahresrhythmus, Uhr und Kalender, übernahmen die Japaner von China. Der Tierkreis war ein zentraler Bestandteil ihrer Ontologie, im Norden die Ratte, im Osten der Hase, im Süden das Pferd, im Westen der Hahn. Dazwischen im Nordosten Stier-Tiger, im Südosten Drache-Schlange, im Südwesten Schaf-Affe und im Nordwesten Hund-Wildschwein. Zu Soras Zeit freilich, im ausgehenden siebzehnten Jahrhundert, waren diese Bezeichnungen idiomatisch, ähnlich unseren Monatsnamen heute rein konventionelle Marken. So wie es nur selten Anlass gibt, sich daran zu erinnern, dass der siebte Monat seinen Namen zu Ehren Gaius Julius Caesars trägt, genügte es durchaus, zu wissen, wann die Stunde des Hasen war. Warum sie so hieß, war für die Zeitorientierung ohne Belang. Irgendwie mussten die Punkte auf der gewöhnlich kreisförmigen Skala, auf der die Zeit abgebildet wurde, benannt werden.

Die Chinesen hatten bereits im elften Jahrhundert, 1092 in Kaifeng, der Hauptstadt der Nördlichen Sung-Dynastie, eine wassergetriebene astronomische Uhr konstruiert. Das Potenzial der an sich revolutionären Technik blieb jedoch lange ungenutzt. Diese Uhr war ein Observatorium. Ein mit ihr verbundenes Teleskop konnte auf einen Stern gerichtet werden und diesen dann automatisch verfolgen. Das gelang durch die Mechanik konstanter Wasserzufuhr in Schöpfrädern, die sich in fixen Intervallen bewegten.[13] Die Zeitmessung wurde dadurch auf ein neues Niveau gehoben. Entscheidend war die Erfindung eines Schöpfrads mit einem Bremsmechanismus, einer Hemmung, die dem Rad genau dann weiterzugehen erlaubte, wenn eine bestimmte Menge Wasser in eine Schöpfkelle geflossen war, sodass sie schwer genug war, die Hemmung zu lösen und sich zu entleeren. Die Hemmung rastete dann vor der nächsten Schöpfkelle wieder ein. Bei ununterbrochenem Wasserzustrom war das alle 24 Sekunden. Dieser Takt war kein natürlicher mehr, sondern ein mechanischer, von Menschen geschaffener. Eine wichtige technologische Voraussetzung der Emanzipation von der Zeit der Natur war damit erfüllt. Unabhängig von Tag und Nacht konnte die Zeit gemessen werden, im immer gleichen Takt.

Innovationen in der Technologie der Zeitmessung reflektieren gewöhnlich veränderte sozioökonomische Notwendigkeiten, aber sie wirken sich auch auf das Leben der Menschen und ihre Zeitwahrnehmung aus. Verzögerungen bei technologieinduzierten Veränderungen von Lebensgewohnheiten und Zeitwahrnehmung deuten oft auf soziale Unterschiede hin, Unterschiede nämlich, die die Verfügbarkeit neuen Wissens betreffen. Dass man Daten mit einer Geschwindigkeit von zehn Megabits pro Sekunde übermitteln kann, wenn man seinen Computer etwa über ein Kabelfernsehnetzwerk mit dem Internet verbindet, ist für Menschen, die gar keinen Computer benutzen, ohne jede Bedeutung. So hatte auch die Erfindung der wassergetriebenen astronomischen Uhr in China auf das Leben dort im elften Jahrhundert und in den folgenden Jahrhunderten kaum Auswirkungen außer für die Astronomen. In Japan blieb sie, sofern überhaupt bekannt, folgenlos. Zwar baute man auch hier Sternwarten, wie die von Torigoshi, die der unübertroffene Landschaftszeichner Hokusai Katsushika (1760 bis 1849) auf einem Holzschnitt seines Zyklus «Hundert Ansichten des Fuji» abgebildet hat. Das gehörte zur traditionellen Astronomie nach chinesischem Vorbild, zu deren wichtigsten Aufgaben die Berechnung Unglück verheißender Sonnenfinsternisse zählte.[14]

Astronomen der Sternwarte von Torigoshi mit dem Fuji im Hintergrund. Holzschnitt von Hokusai Katushika (1760–1849) aus dem dritten Band des Zyklus «Hundert Ansichten des Fuji», 1849.

Daher die enge Verbindung zu Horoskop und Wahrsagerei. Für die Verbesserung der Zeitmessung wurde der mechanische Zeittakt nicht genutzt. Man hielt an der Stunde des Hasen und dem alten System der Zeitmessung fest, das sich am Sonnentag orientierte.

Nach diesem System gab es wie eh und je Tag und Nacht *(chūya)*. Tag war es für die Japaner, solange die Sonne Protonen auf ihre Retinae feuert, Nacht, wenn sie sich ihren Blicken entzog. Beide wurden in sechs Intervalle, genannt *koku* oder *toki*, eingeteilt, eben die zwölf «Stunden» des Tierkreises, die jedoch anders als der mechanische Takt von genau 24 Sekunden nicht unbedingt alle gleich lang waren. Von Osten (der Stunde des Hasen), wo die

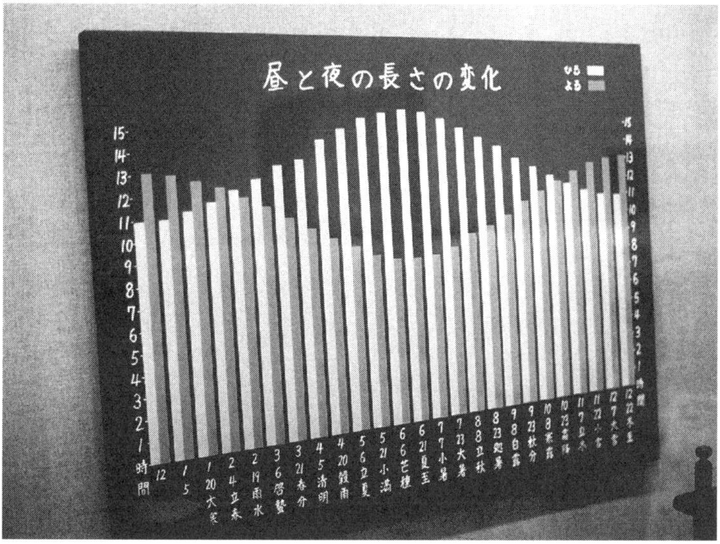

Die Länge des Tages und der Nacht im Jahresverlauf; X-Achse: Monate, Y-Achse: Stunden.

Sonne aufgeht, bis Westen (der Stunde des Hahns), wo sie untergeht, war Tag und von Westen bis Osten Nacht. Die sechs *koku* des Tages und der Nacht waren in ihrer Länge nicht bestimmt, sondern variierten wie auf einer Sonnenuhr, also mit der Jahreszeit und der geographischen Breite. Im Winter war der Weg von Ost nach West kürzer als der von West nach Ost, und im Sommer war es umgekehrt. Entsprechend schrumpften und dehnten sich die sechs *koku* des Tages und der Nacht. Die Stunde des Schafs, *hitsuji no koku*, bezeichnete also ungefähr die Zeitspanne von ein bis drei Uhr nachmittags. Durch Trommelschlag oder Gong wurde sie verkündet, um 13 : 29 zur Zeit der Wintersonnenwende, um 13 : 52 bei Frühlingsanfang, um 14 : 03 bei der Frühjahrstagundnachtgleiche, um 14 : 08 bei Sommeranfang, um 14 : 20 bei der Sommersonnenwende, 14 : 16 zu Herbstanfang, 13 : 47 bei der Herbsttagundnachtgleiche und um 13 : 22 zu Winteranfang. Dies galt allerdings nur für Edo; in Osaka und Kyoto, sagen wir, wäre alles rund 15 bis 20 Minuten später gewesen. Zumindest hätte es so sein sollen, wenn die Glöckner und Trommelschläger jener Zeit das System streng befolgt hätten.

Wegen der saisonalen und geographischen Variation nennt man diese Zeitrechnung das unbestimmte Zeitsystem *(futeijihō)*. Konstant waren danach nicht die Intervalle, sondern bestimmte Zeitpunkte, nämlich die des Sonnenauf- und -untergangs. Sonnenaufgang war um sechs Uhr, denn sechsmal wurde die Trommel geschlagen, wenn sich die Sonne am östlichen Horizont zeigte, *ake mutsu*, ‹morgens 6›, und sechsmal, wenn sie hinter dem westlichen verschwand, *kure mutsu*, ‹abends 6›. Ungefähr stimmen *ake mutsu* und *kure mutsu* mit 6 und 18 Uhr überein, aber das ist Zufall. Die Bedeutung ist eine ganz andere, da nach dem heutigen System die Uhrzeit von Sonnenauf- und -untergang variiert, nicht aber die Länge der Intervalle dazwischen. Eine Stunde ist eine Stunde, sagt man heute. Sonnenaufgang ist um sechs, sagten die Hüter der Zeit im vormodernen Japan. *Ake mutsu*, ‹morgens sechs›, hieß es wegen der Zahl der Trommel- oder Gongschläge, das klingt vertraut, ist aber irreführend, denn schon ‹morgens sieben› gibt es gar nicht mehr nach dem alten System. Die Stunde des Drachen – etwa zwischen 8 und 10 Uhr – wurde mit fünf Gongschlägen verkündet und deshalb auch *itsutsu doki*[15], ‹Stunde Fünf› genannt, gefolgt von der Stunde der Schlange – *yotsu doki*, ‹Stunde Vier› – mit vier Schlägen. Dann kam im Süden, auf halbem Wege zwischen Ost und West, die Stunde des Pferdes, Mittag, mit neun Schlägen. An sie erinnern noch heute die Wörter für ‹Mittag›, *shōgo*, ‹Vormittag›, *gozen*, und ‹Nachmittag›, *gogo*, deren gemeinsames Kompositumsglied *go* die sinojapanische Lesart des

Kanjis ist, mit dem man im chinesischen Tierkreis *uma*, ‹Pferd›, schreibt. Vor und nach bzw. genau zur Stunde des Pferdes also. Die größte Zahl von Gongschlägen, neun, markierte den Mittag. Dann ging es bis Mitternacht mit der Zahl wieder abwärts, acht, sieben, sechs *(kure mutsu)*, fünf, vier. Weniger gab es nicht. In der Übersicht sieht das so aus:

Unbestimmte Zeit

Name der Stunde	Gongschläge	
ake mutsu doki	6	Sonnenaufgang
asa itsutsu doki	5	morgens fünf
asa yotsu doki	4	morgens vier
hiru kokonotsu doki	9	mittags neun (12:00)
hiru yattsu doki	8	mittags acht
yū nanatsu doki	7	abends sieben
kure mutsu	6	Sonnenuntergang
yoru itsutsu doki	5	nachts fünf
yoru yotsu doki	4	nachts vier
akatsuki kokonotsu doki	9	Tagesanbruch (24:00)
akatsuki yattsu doki	8	acht in der Morgendämmerung
akatsuki nanatsu doki	7	sieben in der Morgendämmerung [16]

Die Länge jeder dieser zwölf Intervalle variierte im Laufe des Jahres zwischen 100 und 158 (heutigen) Minuten. Im Jahresmittel betrug sie zwei Stunden, änderte sich jedoch genau genommen jeden Tag, insgesamt war das wenig praktikabel. In der Edo-Zeit wurde deshalb das Jahr in 24 Jahreszeiten (*kisetsu*, auch *sekki*) unterteilt, während deren die Länge von Tag und Nacht und die der *koku* konstant gehalten wurde. Die *koku* waren die Grobeinteilung, die ausreichten, zu verstehen, wenn Trommel oder Glocke ertönte, dass es noch eine Weile bis zum Mittag war oder dass Eile geboten war, wenn man seine Arbeit noch vor Einbruch der Dunkelheit beenden wollte. Vor allem in den Städten gab es freilich auch Gelegenheiten, die nach einer etwas feineren Zeitmessung verlangten. Die *koku* waren demgemäß in je zehn *bu* von 0 bis 9 gegliedert, meist mit dem Kanji für ‹Teil› geschrieben, das heute in der Lesart *fun* bzw. *pun* ‹Minute› bedeutet.

Insgesamt ein recht komplexes System, das sich von unserer gewohnten Zeitrechnung so sehr unterscheidet, dass wir Mühe haben, beispielsweise die Zeitangaben in Soras Reisetagebuch richtig zu verstehen. Wenn wir uns zum Beispiel dafür interessieren, wann genau das Erdbeben war, das sich, wie er berichtet, um die Stunde des Hasen zugetragen haben soll, müssen wir uns darüber Klarheit verschaffen, wo er zur Zeit der Aufzeichnung war und in welcher Jahreszeit. Sonst bleibt die Zeitangabe allzu vage. Das System war jedoch, wie Sawada[18] betont, duchaus nicht irrational, sondern entsprach den Bedürfnissen einer Agrargesellschaft. Sich von dem System zu lösen war deshalb nicht einfach. Jahrhundertelang war das Paradigma der aus China übernommenen Zeitrechnung, das so viele weltanschauliche Implikationen hatte, beherrschend, ja, exklusiv gültig, immer verstanden als Zeit der Natur. Die konzeptuellen Strukturen dieser Zeitordnung waren fest verankert. In einigen Vokabeln kann der Spracharchäologe sie noch immer aufdecken.

Dass, wie erwähnt, die Wörter für ‹Stunde›, ‹Minute›, ‹Mittag› etc. noch stets verwendet werden, ist an sich wenig bemerkenswert. Viele Wörter bleiben in Gebrauch, obwohl sich ihre Bedeutung ändert. Von einem Wort sollte man deshalb nie voreilig auf einen Begriff schließen, den sich seine Benutzer von einer Sache machen. Das Wort *shōgo*, ‹Mittag›, wird mangels eines anderen heutzutage auch von denen benutzt, die nicht wissen, wie das System der unbestimmten Zeit funktionierte, oder denen der Ursprung des Worts im chinesischen Zodiak überhaupt unbekannt ist. Und dennoch können diese linguistischen Spuren einer vergangenen Zeit unser Interesse beanspruchen. Der Bereitschaft, an Formen festzuhalten, die Inhalte aber radikal zu ändern, begegnet man in Japan oft. Diese Bereitschaft ist bezeichnend für die Art und Weise, wie die Nation in der Zeit existiert und mit der Zeit umgeht. Die Beherrschung der Zeit hat gewiss einen wichtigen technologischen

Aspekt, die verfügbare Technik ist eine wirksame Kraft, die in Wirtschaft und Gesellschaft Veränderungen herbeiführen kann. Sie ist jedoch nicht allein determinierend. Vielmehr wirkt sie mit der Beherrschung der Zeit als Kulturtechnik und Mittel der sozialen Kontrolle zusammen. Für die kulturelle Überformung technischer Neuerungen bietet Japan viele Beispiele, auch auf dem Gebiet der Zeitmessung.

In China setzte man die Erde bereits im elften Jahrhundert mit den Sternen in Beziehung, wodurch die Zeitmessung und das Zeitverständnis ein hohes Niveau erreichten. Gesellschaftlich allerdings blieb das ohne einschneidende Folgen. Anders war es in Europa, wo es um 1300 zum ersten Mal gelang, eine mechanische Uhr herzustellen. Diese Erfindung wirkte sich vergleichsweise schnell auf das tägliche Leben vieler Menschen aus. Nicht nur wetteiferten Städte, Fürsten und Kirchen darum, den höchsten Uhrturm und die prächtigste Uhr zu bauen, die Technologie wurde durch Verkleinerung und Verfeinerung auch rasch weiterentwickelt. Man spürte den großen Wert der mechanischen Uhr, wenn man auch ihr Potenzial für die Transformation der Gesellschaft im Einzelnen vielleicht noch nicht erkannte. Uhren waren deshalb nicht nur wegen des technischen Könnens, das sie verkörperten, ungeheuer wertvoll.

In japanischen Besitz gelangte die erste mechanische Uhr 1551, ein Jahr nachdem der portugiesische Missionar Francisco Xavier, von Malakka kommend, in Kagoshima gelandet war. Seine Absicht war es, ganz Japan zu bekehren. Dabei führte ihn sein Weg auch nach Yamaguchi, wo ihn der mächtige Daimyō Ōuchi Yoshitaka (1507–1551) empfing. Xavier versprach sich von dieser Begegnung gute Empfehlungen für seinen Besuch am kaiserlichen Hof und brachte ein sehr kostbares Gastgeschenk mit, eine Uhr. Der portugiesische Jesuit konnte seine Pläne freilich nicht verwirklichen. Ōuchi musste noch im selben Jahr abdanken und starb von eigener Hand, während Xavier Japan wieder verließ, ohne vom

Go-Nara Tennō (reg. 1526–1557) empfangen worden zu sein. Zurück blieb jedoch die Uhr, die, von ihrem Schenker wohl weder erwartet noch gewollt, das Leben der Heiden viel nachhaltiger beeinflussen sollte als der geistige Segen, den Xavier ihnen eigentlich hatte bringen wollen.

Ähnlich wie die ersten Feuerwaffen, die etwa zur gleichen Zeit nach Japan gelangten, verkörperte Xaviers Gastgeschenk den technologische Vorsprung der von den Japanern so genannten «südlichen Barbaren» (*nanban*). Beide Erfindungen waren für die Begründung der Vormacht Europas auf diesem Planeten gleichermaßen bedeutsam. Das Ticken der mechanischen Uhr veränderte die Weltordnung nicht weniger als der Donner der Kanonen. Technologisch haben Uhren und Gewehre sehr viel miteinander gemein. Beides sind mechanische Präzisionsinstrumente, bei denen es darauf ankommt, durch das zeitlich genau koordinierte, kontrollierte und immer gleiche Zusammenwirken der einzelnen Teile eine kalkulierbare Wirkung zu erzielen. Als wirksame Mittel sozialer Kontrolle – kulturkritisch gesprochen: als Werkzeuge der Unterdrückung und gezielten Ausbeutung im Industriezeitalter – erfüllen sie auch partiell ähnliche Funktionen. Retrospektiv erscheint die Skepsis, mit der diese europäischen Erfindungen in Japan aufgenommen wurden, daher sehr verständlich, obwohl das barbarische Teufelswerk sicher nicht nur oder bewusstermaßen aus diesem Grund abgelehnt wurde.

Genaueres über Xaviers Uhr ist nicht bekannt, da sie verloren gegangen ist. Aber über die niederländische Handelsfaktorei in Nagasaki kamen weitere Uhren ins Land. Die älteste erhaltene stammt aus Madrid. Sie wurde 1581 gebaut und 1612 vom spanischen Vizekönig Mexikos nach Japan geschickt, an Tokugawa Ieyasu (1543–1616), den Begründer des Tokugawa-Shogunats (1603–1867), das die Geschicke des Landes während der Edo-Zeit lenkte. Es handelt sich um eine laternenförmige Reise-Standuhr mit Federantrieb. Heute wird sie in dem Tokugawa Ieyasu geweihten Toshogū auf dem Berg Kuno in Shizuoka aufbewahrt.

Der Eindruck, den das scheinbar von allein sich bewegende Räderwerk auf die Japaner machte, muss enorm gewesen sein. Sie hatten nichts Vergleichbares, wohl aber eine Einstellung zu handwerklichem Können, das sie die mechanische Uhr als ein Hightech-Produkt erkennen ließ, das ihr eigenes Können weit überstieg. Von dem hohen Wert, den sie technischer Kunstfertigkeit schon damals beimaßen, spricht ihre ganze Kultur. Direkte Kenntnis haben wir davon jedoch nicht, denn was von den südlichen Barbaren ins Land gebracht wurde, war Verschlusssache. Seit Anfang des siebzehnten Jahrhunderts verfolgte die Militärregierung der Tokugawa eine Politik der nationalen Abschottung, die in erster Linie die Ausweisung römisch-katholischer Missionare und Kaufleute sowie das Verbot ihrer Religion zum Gegenstand hatte, aber auch die strenge staatliche Kontrolle aller anderen materiellen und geistigen Importe beinhaltete. Die neue Technologie blieb für die Masse der Bevölkerung deshalb vorerst ohne Bedeutung. Das lag freilich nicht nur an der ablehnenden Haltung der herrschenden Schicht gegenüber europäischen Einflüssen. Für das tägliche Leben war die mechanische Uhr zunächst nicht von Nutzen. Das geltende Zeitsystem stand ihrer unmittelbaren Verwendung im Wege. Das Zifferblatt sprach eine Sprache, die niemand verstand. Ganz abgesehen von den konzeptuellen Schwierigkeiten war auch der Nachbau des feinen Mechanismus nicht einfach. Eine Feder als Energiequelle zu benutzen war ein völlig neues Konzept, das an die allerdings schon recht hoch entwickelte Guss- und Schmiedetechnik neue Ansprüche stellte. Die Zahnräder hatten eine Form, die der des Stichblatts der Samuraischwerter nicht unähnlich war. «Die traditionelle Technik wurde daher sogleich für die Herstellung von Zahnrädern angewandt.»[19] Federn waren schwieriger. Den ersten in Japan gefertigten Uhren dienten deshalb Gewichte als Energiequelle. Wann und von wem sie gebaut wurden, ist nicht bekannt, da alles, was aus Europa kam, hinter einem Schleier der Heimlichtuerei verschwand. Neugier und Ehrgeiz trieben Handwerker an einigen Fürstenhöfen dazu, sich die neue Kunstfertigkeit schließ-

Holzschnitt eines Uhrmachers der Edo-Zeit. Aus einer Serie von Handwerkerskizzen (1826).

lich dennoch anzueignen. Als ihre indirekten Zeugen tauchen im achtzehnten Jahrhundert Uhren und Uhrmacher in Literatur und bildender Kunst auf.

Die Uhren, die wir auf diesen Bildern sehen, sind *made in Japan. Wadokei* heißen sie deshalb, ‹japanische Uhren›. *Daimyō tokei* ist ein anderer Name, unter dem sie bekannt sind, ‹Fürstenuhren›, denn wegen ihrer Seltenheit und des ungewöhnlichen technischen Könnens, das ihre Herstellung verlangte, waren sie für normale Menschen unerschwinglich.[20] Nur Fürsten konnten sich einen solchen Luxus leisten, sie waren Statussymbole, die Macht und Reichtum signalisierten wie platingefasste Chronometer und diamantbesetzte Schmuckuhren heute. Im *Chūshingura* zum Beispiel, dem vielleicht berühmtesten Kabukistück, das ursprünglich

Chūshingura (Die 47 Samurai), achter Akt, zweite Szene, «Abendglocke». Text im Kreis: «Lauter als die Abendglocke des Mii-Tempels ist die Weckeruhr zu hören.» Holzschnitt aus den 1790er Jahren von Utagawa Toyokuni (1769–1825).

fürs Marionettentheater geschrieben und zuerst 1748 aufgeführt wurde, gibt es eine Szene, in der eine Uhr vorkommt.[21] «Lauter als die Abendglocke des Mii-Tempels ist die Weckeruhr zu hören», heißt es in der Illustration. Und an anderer Stelle sagt Honzō, der Diener, zu seinem Herrn Wakanosuke: «Es ist erst ein Uhr, noch Zeit genug, zu ruhen. Ich werde sehen, dass der Wecker neben Euerem Kissen gestellt ist. Eilt, Ihr braucht den Schlaf.»

Wadokei waren keine Kopien der europäischen Uhren. Zwar übernahmen die japanischen Uhrmacher zunächst die entscheidenden Elemente der Technik, sie fügten jedoch auch mechanisch und konzeptuell etwas hinzu.[22] In der Sicht vieler Historiker kommt der japanischen Uhr der Edo-Zeit deshalb für die Entwicklung Japans und für das Verständnis von Japans Umgang mit technologischer Innovation besondere Bedeutung zu. Denn «hier zeigt sich das Wesen der japanischen Technik, nein, man kann ruhig sagen, der japanischen Kultur. Der erste Spatenstich auf einem neuen Gebiet und die Entwicklung werden im Westen vollbracht, während es,

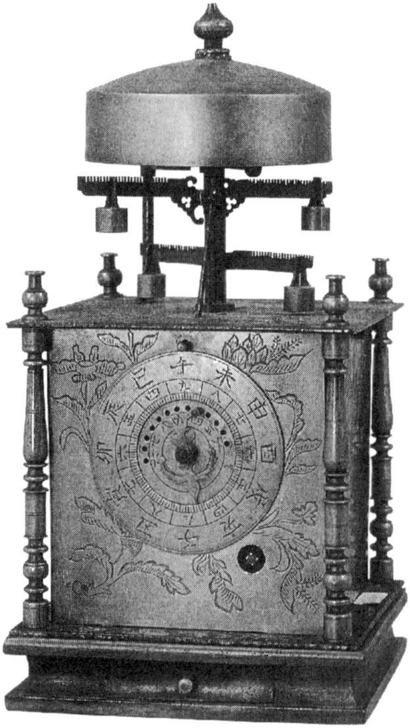

Makura(«Kissen»)-Uhr mit doppelter Unruhe und Wecker der Edo-Zeit. Uhrwerk zum Aufziehen mit Schlüssel, Höhe 21,5 cm, Breite 11 cm, Tiefe 11 cm

wie hier deutlich wird, eine Besonderheit Japans ist, ein Produkt zur Reife zu bringen.»[23] Darüber, ob die *Wadokei* ein ausgereiftes Produkt war, lässt sich streiten; unbezweifelbar jedoch ist, dass sie in der Geschichte der Zeitmessung und der Mechanik einen besonderen Platz einnimmt. Durch den Import der mechanischen Uhr aus Europa stießen zwei Zeitsysteme aufeinander, das bestimmte und das unbestimmte. Was sollte man mit einem Gerät anfangen, das der geltenden Zeiteinteilung nicht angepasst war? Die Vorzüge – sofern es denn solche sind – der entpersonifizierten Zeitkundgabe durch die mechanische Uhr auszunutzen, gab es zwei Möglichkeiten: das hergebrachte Zeitsystem aufzugeben oder die neue Technologie zu modifizieren. In Japan entschied man sich für Letztere. Ob das eine unmittelbare und bewusst her-

«Mechanismus der schreibenden Puppe». Illustration und Erläuterung aus «Karakuri zui» (Mechanik in Bildern) von Hosokawa Hanzō Yorinao (3 Bände, 1796)

beigeführte Folge der Abschließungspolitik war, wissen wir nicht, da es keine historischen Zeugnisse gibt. Es ist jedoch durchaus denkbar, dass die ersten Uhrmacher ihr Interesse an der europäischen Erfindung den Machthabern schmackhafter zu machen suchten, indem sie ihr ein japanisches Gesicht gaben. Andererseits fügten sie sich nur dem Sachzwang, die neue Technik dem geltenden Zeitregime anzupassen. Wie dem auch sei, der Schock der unerwarteten Begegnung mit der technologischen Überlegenheit der südlichen Barbaren wurde durch die *Wadokei* sicher abgefedert. Man versuchte die Innovation in den gegebenen konzeptuellen Rahmen einzuordnen. Diesen konstituierte einerseits das überkommene Zeitsystem und andererseits der Stellenwert, den man mechanischen Geräten beimaß.

Faszinierend war für die Japaner das Uhrwerk an sich, denn mit dem Bau von Automaten beschäftigten sie sich schon seit dem fünfzehnten Jahrhundert. So finden wir denn auch die aus-

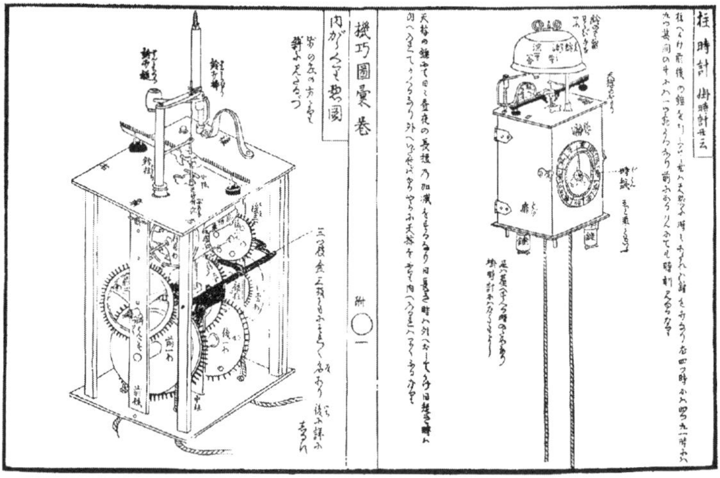

«Wanduhr». Illustration und Erläuterung aus «Karakuri zui» (Mechanik in Bildern) von Hosokawa Hanzō Yorinao (3 Bände, 1796)

führlichste Darstellung des Mechanismus der *Wadokei* in einem Buch, das allerlei andere Maschinen beschreibt, dem *Karakuri zui*, «Mechanik in Bildern», (1796) von Hosokawa Hanzō Yorinao[24]. Der später als Karakuri Hanzō, ‹Mechanki-Hanzō›, bekannte Autor kompilierte in seinem Buch das mechanische Wissen seiner Zeit. Es war eine Mechanik nach Vorbildern, die er oft in der Natur fand. Seinen allgemeinen Ansatz beschreibt Hanzō so: «Um eine komplizierte Maschine zu bauen, muss man es [das Vorbild] lange betrachten und befühlen und seinen Mechanismus ergründen. Zum Beispiel wenn man einen Fisch im Wasser den Schwanz bewegen sieht, formt man danach das Steuerruder und nach den Flossen die Ruder.» Fähigkeiten und Bewegungsabläufe, die man an Lebewesen beobachten konnte, nachzumachen, darauf kam es an. In seinem dreibändigen Werk schildert Hanzō vor allem mechanische Puppen. Zur Unterhaltung an den Fürstenhöfen konnten solche Puppen Teetassen herbeibringen *(cha hakobi ningyō)*, Kapeister schlagen *(godan gaeri)*, flöten und trommeln *(koteki jidō)*, schreiben *(iroha ningyō)* und andere Kunststücke vollbringen. Einen erkennbaren praktischen Nutzen hatten sie nicht, obwohl die ihnen eigenen Mechanismen sehr kompliziert waren. Äußerlich waren sie nichts weiter als eine raffinierte Spielerei, aber von japanischen Technikhistorikern[25] werden sie gern als Vorläufer der Industrieroboter betrachtet, bei deren Entwicklung im zwanzigsten Jahrhundert Japan eine so bedeutende Rolle gespielt hat. Auch Uhren waren zunächst solche Mechanismen, die eine Herausforderung für die Handwerker und ein Spielzeug der Reichen waren. Die spielerische Verwendung des hochbrisanten Schießpulvers für das kurzweilige Feuerwerk in China ist eine Parallele, die sich aufdrängt, wobei die Chinesen das Schießpulver allerdings nicht übernommen, sondern selbst erfunden hatten.

Hanzō beschrieb in *Karakuri zui* mehrere Typen von *wadokei*, insbesondere die Wanduhr *(hashira tokei)*, die Standuhr *(yagura tokei)* und die Maßuhr (*shaku tokei*). Das allgemeine technische Problem war, einen Mechanismus zu entwickeln, der die variable Stundeneinheit abbilden konnte. Zu Hanzōs Zeit war dieses Problem bereits gelöst. Wie und von wem die Problemlösung gefunden wurde, ist nicht bekannt. Die ersten *Wadokei* waren jedoch ebenso ungenau wie unpraktisch. Um die zwölf *koku* der zwei variablen Tageshälften abzubilden, musste das Zifferblatt auf den Vierundzwanzigstundentag bezogen sein. Es hatte zunächst nur einen Zeiger, der in 24 Stunden einmal herumging. (Hanzō beschreibt auch einen Typ, bei dem der Zeiger fixiert ist und das Zifferblatt rotiert.) Da jedoch die *koku* der beiden Tageshälften außer zweimal im Jahr bei der Tagundnachtgleiche unterschiedlich lang waren, musste die Uhr zweimal am Tag, nämlich um *akemutsu* und um *kuremutsu*, justiert werden. Die Unruh, die den Gleichlauf der Uhr gewährleistet, war mit verschiebbaren Reguliergewichten versehen. Je weiter vom Drehpunkt sie aufgehängt waren, desto langsamer bewegte sich die Unruh, und desto länger war die *koku*, die von der Einteilung auf dem Zifferblatt abgemessen wurde. Der

Besitzer der Uhr durfte nicht vergessen, sie morgens und abends zu stellen, sonst betrug die Abweichung schon binnen weniger Tage Stunden. Auch bei gewissenhaftem regelmäßigem Stellen war die Genauigkeit freilich sehr dürftig. Der nächste Entwicklungsschritt jedoch war zumindest konzeptuell sehr interessant. Er bestand in der Ausrüstung der Uhr mit einer doppelten Unruh, einer für tags und einer für nachts, und einem Mechanismus, durch den um *akemutsu* und um *kuremutsu* automatisch zwischen beiden hin und her geschaltet wurde. Diese Kupplung löste die Unruhen abwechselnd aus ihrer Verankerung, ähnlich wie ein Einbrecher eine Schiebetür von außen aus der Führung hebt, und wurde deshalb ‹Einbrechereisen› *(nusutogane)* genannt. Dank dieser Neuerung brauchte die Uhr nur noch alle 14 Tage justiert zu werden, wenn die Länge von Tag und Nacht der Jahreszeit angepasst wurde. Die kontinuierliche Variable der Länge der beiden Tageshälften wurde so in diskrete Einheiten gegliedert und mechanisch handhabbar. Dieser Schritt in der Entwicklung der *Wadokei* ist es, dessentwegen sie als Quelle der japanischen Robotertechnik betrachtet werden. Als weitere Funktionen kamen der regelmäßige Glockenschlag, der Wecker und der Kalender hinzu.

Damit hatte die *Wadokei* um die Wende des 18. Jahrhunderts den Gipfel der technischen Verfeinerung erreicht. Doch schon wenig später landete sie auf dem Müllplatz der Geschichte oder im Museum – ein nutzlos gewordenes Souvenir einer vergangenen Zeit. Am 3. 12. im fünften Jahr Meiji (1872) wurde durch ein Regierungsedikt das System der bestimmten Zeit eingeführt, das die *Wadokei* nicht darstellen konnte und nicht sollte.

Die *Wadokei* war ein paradoxes Artefact. Sie sollte zwei gegensätzliche Zeitkonzepte und zwei Traditionen miteinander versöhnen. Um den Lauf der Zeit aufzuhalten und das System der unbestimmten Zeit zu bewahren, gingen ihre Erfinder mit der Zeit und machten sich die fremde, fortschrittliche Technologie zu Eigen. Sie entwickelten sie weiter, aber nicht auf dem von den europäischen Uhrmachern vorgezeichneten Weg, sondern nach Maßgabe der Begriffe, die sie sich selbst von der Zeit machten. Die mechanische Uhr verkörpert den Abschied des Menschen von der Zeit der Natur. Die *Wadokei* jedoch gab vor, der natürlichen Zeit mechanisch Ausdruck zu verleihen. Mit Pendel und Feder war das Ende der Zeit der Natur herbeigeführt worden, das man in Japan künstlich aufzuhalten suchte. Neuerungen zu übernehmen, um an Gewohntem festhalten zu können, sich bei der Übernahme und Verfeinerung von neuen Technologien von überkommenen Praktiken leiten zu lassen, das ist eine Geisteshaltung, die die Begegnung Japans mit Europa charakterisiert. Die meisten Menschen blieben davon freilich lange unberührt. Die Fürstenuhren waren im Alltag der ländlichen Bevölkerung nicht zu hören. Sonnenauf- und -untergang bestimmten weiterhin den Tag. Sich mit dem Problem der Zeitmessung zu beschäftigen kam kaum jemandem in den Sinn. Man lebte im immer gleichen Kreislauf des Jahres, von Aussaat zu Ernte im bekannten Wechsel der Jahreszeiten, der keinen Fortschritt kennt. Sicher zu stellen, zum richtigen Zeitpunkt die Felder zu bestellen und zu fluten, die Feste des landwirtschaftlichen Jahres saisongerecht zu feiern waren die einzigen Gründe, die Zeit im Auge zu behalten. Dabei verließ man sich auf die, die etwas von dem komplizierten Geschäft des Kalendermachens verstanden.

Anmerkungen Kapitel III

1 Auf die Ambivalenz japanischer Einstellungen zur Natur ist immer wieder hingewiesen worden, wobei meist hervorgehoben wird, dass Natur und Kultur in der japanischen Tradition weniger als Gegensätze empfunden werden als in der griechisch-christlichen. Vgl. z.B. Eisenstadt (1995: 324 f.), Kalland (1994).

2 Da der Briefstil streng geregelt ist und gepflegter Sprachgebrauch hoch bewertet wird, gibt es Briefsteller in großer Zahl, ein sicheres Geschäft für Verlage, die alljährlich neue Ausgaben produzieren. Zu den saisonbezogenen Formeln heißt es in einer Ausgabe: «Nach der Grußformel fügt man einige Worte ein, die das Gefühl für die Jahreszeiten zum Ausdruck bringen. Das ist ein speziell japanischer Brauch. Unter Dichtern scheint es schon in der Heian-Zeit üblich gewesen zu sein, die Jahreszeiten mit feststehenden Redewendungen zum Ausdruck zu bringen.» Tegami jitsuyō bunreishū [Briefe, Sammlung praktischer Beispiele]. Tokio: Shinsei shuppansha, (1997: 28).

3 John Locke, An Essay Concerning Human Understanding, Buch II, Kapitel XXI, Abschnitt 72.

4 Maki (1981: 94 f.).

5 In Ägypten gab es Sonnenuhren bereits im dritten Jahrtausend v. u. Z. Die ältesten bekannten chinesischen Sonnenuhren stammen aus dem vierten Jahrhundert v. u. Z. (Needham 1981: 144).

6 Needham (1981: 152).

7 Aoki (1982: 27).

8 Sawada (1996: 96).

9 Kaempfer (1777–1779: Viertes Buch, zweites Kapitel, S. 28 und erstes Kapitel, S. 14 f.

10 *Hayaoki san mon no toku*, ‹früh aufstehen bringt Gewinn›, oder *hayaoki subeshi*, ‹man muss früh aufstehen›, hieß es in vielen Hausordnungen von Geschäften und Bauern.

11 Tsunoyama (1984: 110 f.).

12 Vgl. Macey (1980).

13 Vgl. Needham (1986). Im Uhrenmuseum in Shimosuwa in der Präfektur Nagano wurde die astronomische Uhr aus Kaifeng 1997 nach alten Dokumenten rekonstruiert. Vgl. http://shinshu.online.co.jp/museum/gishodo/

14 Otani et al. (1996).

15 *Toki*, in Zusammensetzungen oft *doki*, ist heute das allgemeinste Wort für ‹Zeit›. Das Kanji, mit dem es geschrieben wird, hat die sinojapanische Lesart *ji*, womit die Uhrzeit und in Verbindung mit *kan* die Stunde von sechzig Minuten bezeichnet wird, *jikan*.

16 Die Darstellung lehnt sich an Yoshimoto Manpei (1966:130) an. Bei Yoshimoto finden sich auch detaillierte Umrechnungstafeln, denen sich entnehmen lässt, welcher Uhrzeit nach dem heutigen System die einzelnen Zeitpunkte entsprechen.

17 Tsunoyama (1984:47).

18 Sawada (1996:24).

19 Sawada (1996:21).

20 Im Tokioter Stadtteil Nezu ist das Daimyō Tokei Museum, die einzige Sammlung von Wadokei in Japan. Vgl. Kamiguchi 1998.

21 Die Uhr im Chūshingura ist ein unfreiwilliger Anachronismus. Obwohl die Handlung des Stücks auf einen Vorfall zurückgeht, der sich 1701 zutrug, wurde sie wegen ihrer politischen Brisanz ins vierzehnte Jahrhundert transponiert, eine Zeit, zu der mechanische Uhren in Japan noch unbekannt waren.

22 Wie genau die Adaptierung der europäischen Uhr und ihre Transformation zur Wadokei vor sich ging, ist nicht in den Einzelheiten bekannt, da es praktisch keine Textzeugnisse dazu gibt. Die frühen Uhrmacher waren Handwerker, deren Kunst mündlich vom Meister zum Schüler tradiert wurde. Die staatliche Kontrolle aus Europa nach Japan kommender Kenntnisse war ein weiterer Grund, weshalb die meisten Handwerker darauf verzichteten, ihre Kenntnisse schriftlich festzuhalten.

23 Kimura (1986).

24 Hosokawa (1796).

25 Vgl. z. B. Tsunoyama (1984:96 f.), Sawada (1996:48 f.).

ZEIT DER FESTE

Einer Sutra gleich
bewundernswürdig bist du,
alter Kalender
Buson (1716–1784)

Samstag, 5. Februar, Neujahr, *shōgatsu*. So steht es auf dem Kalender in der Küche, von dem ich jeden Tag ein Blatt abreiße. Außerdem ist *sakujitsu*, der erste Tag des Monats, und *senshō*, der erste Tag im buddhistischen Sechstagezyklus, an dem man wichtige Angelegenheiten früh erledigen soll. Von größeren Projekten sollte, wer gläubige oder abergläubische Neigungen hat, freilich lieber absehen, denn es ist auch *sanrinbō*, und wer an einem solchen Tag zum Beispiel beginnt, ein Haus zu bauen, muss nicht nur befürchten, dass es abbrennt, sondern dazu noch drei *(san)* weitere Häuser in der Nachbarschaft *(rin)*. Dass *mizunoto* ist, will man vielleicht auch in Betracht ziehen, jedenfalls wenn man dem buddhistischen Kalender in seinem Leben einen Platz einräumt. *Mizunoto* nimmt hier die dreißigste Stelle im System der zehn Stämme und zwölf Zweige ein. Das Tierkreiszeichen für den heutigen Tag ist *mi*, Schlange. Doch dazu später.

Für die meisten Leute freilich ist der fünfte Tag des zweiten Monats des zwölften Jahres der Ära Heisei ein ganz normaler Arbeitstag. Aber Neujahr? Im Kalender steht bei genauerem Hinsehen nicht nur *shōgatsu* sondern *kyūshōgatsu*, ‹das alte Neujahr›, das nach dem alten Kalender nämlich. Auch heute noch steht es da, in dem andernorts als 2000 bekannten Jahr. Am ersten Januar hatten wir ja gerade erst wie jedes Jahr Neujahr gefeiert, das einzige Fest, an dem das ganze Land wirklich lahm liegt. Tokio ist dann wie ausgestorben, jedes Jahr. Man bleibt zu Hause, isst und trinkt übermäßig und sieht die ganze Nacht fern, und irgendwann finden Jahr für Jahr doch immer wieder viele Menschen Zeit für *hatsumōde*,

doyobi
Samstag

jibun ga kimeta mokuhyou ni chosen shiyou
eigene Vorsätze erfüllen

mizunoto[5]
Wasser – Yin

mi[2]
Schlange

sanpeki[3]
drei Blau
Jupiter

sensho[4]
vormittags günstig
nachmittags ungünstig

Das Jahr Heisei 12

kyu ichigatsu tsuitachi
1.1. nach altem Kalender

uruu
das Schaltjahr

nigatsu
Februar

ryu
Wasserschlange
nijyu hasshaku
chinesisches Horoskop

ten'ichi tenjyo[1]
Glückstag für Ausgehen

sapporo yukimatsuri
Schneefestival in Sapporo

kyu shogatsu
das Neujahr nach altem Kalender

shuzengoto wa kichi
Glückstag für Reparatur
kongi, kura zukuri, kaiten kyo
Unglückstag für Hochzeitszeremonie, Speicherbau, Neuöffnung des Geschäftes

tsuitachi
der erste Tag des Monats

(1) Einer von neun ausgewählten Tagen (senjitzu) im Kalender, die Gutes oder Schlechtes verheißen.

(2) Das sechste der zwölf Tierkreiszeichen des chinesischen Zodiac (junishi).

(3) Eine der neun zyklischen Planetenkombinationen (kyusei) von 7 Farben, 9 Zahlen und 5 Planeten bzw. den nach ihnen benannten Elementen, die in der chinesischen Orakelwissenschaft nach dem Buch der Wandlungen (Yi jing) eine wichtige Rolle spielen.

(4) Eine Position im Sechstagezyklus (rokuyo), der auf Wahrsageschemen zurückgeht. Genauer Ursprung ungeklärt.

(5) Eines der fünf Elemente in Kombination mit Yin, eine Position, die sich im Lauf des Sexagesimalzyklus (jukanjunishi) sechsmal wiederholt.

Kalenderblatt vom 5. Februar 2000

den ersten Gang zum Tempel. *O-shōgatsu*, so heißt der erste Monat und das Fest, mit dem er beginnt, das wichtigste im ganzen Jahr. Aber wann ist o-*shōgatsu*? Am 15. Januar, dem Tag, an dem heutzutage alle Zwanzigjährigen die Volljährigkeit feiern und zu einem Festakt zur Stadtverwaltung gehen, steht in meinem Kalender noch einmal *shōgatsu*, *koshōgatsu*, ‹kleines Neujahr›. Auf dem Land wird *koshōgatsu* noch hie und da gefeiert, mit Löwentanz *(shishimai)* und rituellen Zeremonien *(niwataue)* unter freiem Himmel, die den ganzen Zyklus des Reisanbaus darstellen. Wann also ist Neujahr? Einmal im Jahr, gewiss, und jedes Jahr, aber wann?

Bis in die Neuzeit hatte das Jahr weder Vergangenheit noch Zukunft, es war Wiederholung. Der Zirkel der Jahreszeiten war immer gleich, er bestimmte das Leben der Menschen, die sich vom Landbau ernährten. Dass unser Jahr eine veränderliche Zeitspanne ist, die beständig länger wird, da sich die Rotationsgeschwindigkeit der Erde um die Sonne verringert [1], ist eine neue Erkenntnis, die noch kaum begonnen hat, das Zeitbewusstsein der Menschen zu beeinflussen. Dank seiner Rekursivität leistet das Jahr einer zyklischen Zeitvorstellung Vorschub. ‹Was ist heute für ein Tag›, fragen wir und beziehen uns damit auf eine periodische Einordnung, einen Wochentag, einen Tag im buddhistischen Sechserzyklus, einen Tag im Monat, einen Jahrestag. Jeder Tag kehrt jedes Jahr wieder, nach Jahresfrist kommen die Tagundnachtgleiche im Frühling, die Sommersonnenwende, der Winteranfang; und wieder kehren die Feste, das Fest der Fruchtbarkeit, das Fest der Ernte, das Fest des neuen Jahres. So jedenfalls kann man es sich vorstellen und damit von der erschreckenden Wahrheit ablenken, dass die Abfolge der Tage keineswegs zirkulär ist, sondern linear, dass jeder Erdentag unwiederbringlich vorbei ist, wenn ein neuer anbricht, der auf ihn folgt. Es ist tröstlicher, in Zyklen zu denken, wenn wir unser Leben einrichten, Perioden zu betonen, auch wenn im Hintergrund der lineare Lauf der Zeit präsent ist, an dem die menschliche Gattung und jedes ihrer

Mitglieder nur ein Stück weit teilhat. Obwohl die Babylonier, die Inder, die Griechen, die Chinesen und die Mayas Zyklen kannten, die Jahrzehnte, ja, Jahrhunderte währten[2], waren Mond- und Sonnenjahr überall die wichtigsten Einheiten zyklischer Zeitrechnung. Die Berechnung ihrer genauen Länge war deshalb ein Problem, das die Menschen schon in frühester Zeit bewegte.[3] Es gab Anlass zur Entwicklung der Astronomie und der Mathematik.

Im antiken und mittelalterlichen China war die Mathematik im Wesentlichen eine Hilfswissenschaft der Astronomie, deren Hauptanliegen Kalenderberechnungen waren. In Japan war es ähnlich. «Besonders wichtig war der *Shou-shih*-Kalender, dessen Beherrschung der letzte Schritt zum Diplom für traditionelle Mathematik *(wasan)* war. In der Edo-Zeit erschienen dazu zahlreiche Kommentare.»[4] Dazu gab es reichlich Anlass, denn der Kalender war kompliziert und in vieler Hinsicht unbefriedigend. Das chinesische Mondjahr hatte 354,3672 Tage, der Monat 29,53 059 Tage[5]. So genau die Beobachtung und Berechnung der Astronomen jedoch auch waren, war doch die Abstimmung auf das Sonnenjahr schwierig. Zusätzliche Tage oder Monate mussten regelmäßig eingeschaltet werden, um die Verschiebung des Mondjahrs gegen die Jahreszeiten zu verhindern. Da das in Japan meist später geschah als in China, stimmten japanische und chinesische Datumsangaben nicht immer überein. In jedem Fall verlangte das Kalendermachen Kenntnisse, die nur Spezialisten besaßen, die staatlich bestallten *koyomi no hakase*, die das Kalendergesetz *(rekihō)* machten.

Nicht nur deshalb war der Kalender immer ein wichtiger Teil des Gesellschaftssystems. Der Kalender erinnert nicht nur, er legitimiert und gewährleistet die herrschende Ordnung. Er schafft zeitliche Ordnung und damit Ordnung schlechthin, wie schon William Moore[6] bemerkte. Gibt es eine beste oder eine universelle Zeitordnung? Die der ganzen Welt durch Mission, Kolonialismus und heute Microsofts «Windows»-System aufgezwungene *Anno-*

Domini-Ordnung, deren oppressiver Charakter im Jahr-2000-Problem kulminierte, wird von manchen als lange ersehnte Errungenschaft begrüßt, durch die endlich dieselbe Zeitrechnung für die gesamte Menschheit gilt. Kritiker jedoch verweisen auf den Unterschied zwischen Macht und Universalität. Paul Ricoeurs Überlegungen dazu sind noch immer von Belang: «Das menschliche Denken hat kein universelles Kategoriensystem hervorgebracht, das dazu in der Lage ist, eine universell gültige Erfahrung von Zeit und Geschichte darzustellen. [...] Die einzig denkbare Universalität ist die Öffnung einer jeden Kultur zu allen anderen.»[7] Diese Maxime zu beherzigen fällt schwer, denn die Zeitordnung unseres Alltags erscheint so selbstverständlich, dass sie sich gewöhnlich der Reflexion entzieht.

Dabei wird der diffuse Zeitfluss durch die zyklischen Konzepte der verschiedenen Kalender auf durchaus willkürliche Weise strukturiert. Die Zeit wird durch Kalender verwaltbar. Sie bringen die politischen Organisationsprinzipien und die Grundwerte der Kultur zum Ausdruck, und indem sie die Aktivitäten von Gruppen langfristig im Jahresrhythmus synchronisieren, fördern und stabilisieren sie ihren Zusammenhalt und das Bewusstsein ihrer Identität. Jeder Kalender stellt einen Bezugsrahmen dar, dessen Rekursivität Sicherheit verleiht und Gewohnheiten definiert. Gewohnheiten befreien das individuelle und kollektive Handeln vom Begründungszwang und reduzieren so die Komplexität des Lebens. Viele wichtige Aspekte des sozialen Lebens erhalten durch Gewohnheit Form. Die gedankenlose Befolgung der Kalendervorschriften bestätigt Jahr um Jahr seine Macht über das Leben der Menschen und seine Funktion als Matrize der Kultur, die eine Gruppe von einer anderen absetzt. Dass man in Anam (Vietnam), Korea und Japan jahrhundertelang nach dem im Jahre 822 u.Z. erstellten *Xuā-ming*-Kalender Chinas lebte, rechtfertigt es mehr, diese Länder dem chinesischen Kulturkreis zuzurechnen, als die meisten anderen Kulturprodukte.

Den Mondkalender übernahm man in Japan schon Anfang des siebten Jahrhunderts aus China im Zuge einer großen, von Prinz Shōtoku (574–622 u.Z.) durchgeführten Verwaltungsreform. Sowohl symbolisch als auch praktisch war das ein äußerst wichtiger Akt der Herrschaft. Mit einer buddhistisch inspirierten Verfassung gab der Staatsmann dem Volk die Zeit, die offizielle Ordnung, durch die das Leben zeitlich geregelt wurde. Korrekturen des chinesischen Kalenders wurden in Japan nachvollzogen. 862 wurde der *Xuā-ming*-Kalender (japanisch: *Semmyōreki*), ‹der Kalender nach kaiserlichem Erlass›, übernommen. Diese offizielle Bezeichnung ließ keinen Zweifel an seiner regulierenden Funktion. Nach diesem Kalender begann mit jedem Neumond ein neuer Monat. Bei der Bestimmung der Daten jahreszeitbezogener Feste bzw. von Zeitpunkten, die für den Reisanbau wichtig waren, ergaben sich daraus Schwierigkeiten, da das Sonnenjahr keine volle Zahl von Monaten enthielt. Zwölf Monate waren ungefähr 353 Tage, dreizehn Monate ungefähr 383 Tage. Das offizielle Jahr des Mondkalenders hatte zwölf Monate, wodurch es notwendig wurde, gelegentlich einen dreizehnten Monat einzuschalten, was immer nur aufgrund eines offiziellen Beschlusses geschah. Der Kalender nahm also einerseits auf die Mondphasen und andererseits auf die Sonne Bezug, weswegen er als lunisolarer Kalender *(taiintaiyōreki)* bezeichnet wird. Unterschiede zwischen dem natürlichen und dem offiziellen Jahr waren ein inhärentes Merkmal dieser Zeitrechnung, an der der japanische Staat dessen ungeachtet rund tausend Jahre lang festhalten sollte.

Japanische Namen der alten Mondmonate

Mutsuki	1. Monat	Fumizuki	7. Monat
Kisaragi	2. Monat	Hazuki	8. Monat
Yayoi	3. Monat	Nagazuki	9. Monat
Uzuki	4. Monat	Kannazuki	10. Monat
Satsuki	5. Monat	Shimotsuki	11. Monat
Minazuki	6. Monat	Shiwasu	12. Monat

Für die Bauern, die beim Reisanbau mit der Aussaat im Frühjahr, der Umpflanzung der Setzlinge in der Regenzeit und der Ernte im Herbst den Jahreszeiten folgen mussten, war dieses System, nach dem das offizielle Jahr bis zu knapp einem Monat gegenüber dem Sonnenjahr variieren konnte, zu ungenau. Um den richtigen Zeitpunkt für ihre verschiedenen Arbeiten zu bestimmen, brauchten sie einen Kalender für das Sonnenjahr, den sie ebenfalls aus China übernahmen. Inoffiziell hatte dieser alte Sonnenkalender auf dem Land fast überall Gültigkeit. Seine Terminologie wird zum Teil noch heute verwendet, manche der in ihm festgelegten Feste werden in ländlichen Gegenden noch heute begangen. Nach diesem Kalender hatte das Jahr zwölf Monate genau gleicher Länge, genannt *setsu*. Jeder *setsu* oder ‹Abschnitt› umfasste ungefähr 30,44 Tage, ein Jahr kam somit auf 365,28 Tage, eine wesentlich genauere Annäherung, als sie der lunisolare Kalender erlaubte.[8] Der Anfang eines *setsu* hieß *sekki*, die Mitte *chūki*. Das Maß der Länge des Sonnenjahres war die Dauer von einer Wintersonnenwende *(tōji)* bis zur nächsten. Der Beginn des Jahres war der Anfang des *setsu*, auf dessen *chūki* die Wintersonnenwende fiel, ungefähr der 6. Dezember nach dem gregorianischen Kalender.

Das ganze Jahr war in 24 *sekki* und *chūki* eingeteilt, die im vorigen Kapitel erwähnten «Jahreszeiten», zu denen die variable Länge von Tag und Nacht der Uhr angepasst wurden. Jeder dieser Punkte hatte einen bedeutungsvollen Namen und war mit bestimmten Assoziationen verbunden. Auf meinem Küchenkalender sind sie noch stets vermerkt, obwohl fast niemand mehr die zugrunde liegende Berechnung versteht. Das war freilich früher, als man noch den inoffiziellen alten solaren und den offiziellen lunisolaren Kalender benutzte, kaum anders. Es war die Pflicht der Herrschenden, ihren Untertanen die Zeit zu geben, sie wissen zu lassen, wann sie arbeiten mussten und Feste feiern durften.[9]

Wann war also Neujahr? Nach dem offiziellen Kalender wurde das folgendermaßen berechnet. Der lunare Monat, der den ersten *chūki*-Punkt des alten Sonnenkalenders enthielt, wurde als elfter

Gregorianischer Kalender	Alter Sonnenkalender	*Sekki* und *chūki*	Wortbedeutung	kulturelle Bedeutung
4. Februar	1. 1.	立春 risshun	Frühlingsanfang	Altes solares Neujahr
18./19. Februar		雨水 usui	Regenwasser	Schneeschmelze
5./6. März	1. 2.	啓蟄 keichitsu	Ende des Winterschlafs der Insekten	wärmeres Wetter
20./21. März		春分 shunbun	Frühlingstagundnachtgleiche	
4./5. April	1. 3.	清明 seimei	rein und klar	angenehmes Wetter
20./21. April		穀雨 kokuu	Getreideregen	Keimen der Aussaat im Regen
5./6. Mai	1. 4.	立夏 rikka	Sommeranfang	
21. Mai		小満 shōman	kleine Reife	Wachstum
5./6. Juni	1. 5.	芒種 bōshu	Getreidebärte und Samen	Umpflanzung der Reissetzlinge
21./22. Juni		夏至 geshi	Sommersonnenwende	
7./8. Juli	1. 6.	小暑 shōsho	kleine Hitze	zunehmend heiß
22./23. Juli		大暑 taisho	große Hitze	Hochsommerhitze
7./8. August	1. 7.	立秋 risshū	Herbstanfang	
23./24. August		処暑 shosho	erträgliche Hitze	Herbstwinde
7./8. September	1. 8.	白露 hakuro	weißer Tau	Herbstwetter, Zugvögel
23. September		秋分 shūbun	Herbsttagundnachtgleiche	
8./9. Oktober	1. 9.	寒露 kanro	kalter Tau	sich färbendes Laub
23./24. Oktober		霜降 sōkō	Frosteinfall	erster Frost
7./8. November	1. 10.	立冬 rittō	Winteranfang	
22./23. November		小雪 shōsetsu	kleiner Schnee	leichter Schneefall
7./8. Dezember	1. 11.	大雪 taisetsu	großer Schnee	Winterwetter
21./22. Dezember		冬至 tōji	Wintersonnenwende	
5./6. Januar	1. 12.	小寒 shōkan	kleine Kälte	zunehmende Kälte
20./21. Januar		大寒 daikan	große Kälte	tiefer Winter

Die 24 *setsu* des lunisolaren Kalenders

Monat des offiziellen Jahres gezählt, der mit dem zweiten *chūki*-Punkt als zwölfter Monat. Der Monat mit dem dritten *chūki*-Punkt war demnach (wenn es keinen dreizehnten Monat gab) der erste Monat, *shōgatsu*. Neujahr fiel somit auf den Neumond, der dem dritten *chūki*-Punkt vorausging, und koinzidierte mit *risshun*, Frühlingsanfang. Es war ein variabler Festtag also, bezogen aufs Sonnenjahr, der nach dieser Rechnung jedoch immer zwischen dem 21. Januar und dem 19. Februar lag. Zur Einschaltung eines dreizehnten Monats *(urūzuki)* kam es ungefähr alle 30 Monate oder siebenmal in 19 Jahren. Denn die Zeitspanne zwischen zwei *chūki*-Punkten war etwa einen Tag länger als der offizielle Mondmonat, sodass sich der *chūki*-Punkt stets von der Mitte der Lunation verschob. Wenn ein *chūki*-Punkt wenige Stunden vor Neumond fiel und der Nächste gleich nach Neumond war, wurde der nächste offizielle Monat «eingeschaltet», nämlich doppelt gezählt. Er erhielt die gleiche Nummer wie der vorausgegangene, und damit näherte sich der lunisolare Kalender wieder dem Sonnenjahr an.

Bleibt noch das ‹kleine Neujahr›, *koshōgatu*. Es wird am ersten Vollmond im neuen Jahr gefeiert, ein ‹kleiner› Festtag im Gegensatz zum ‹großen›, offiziellen Neujahr, *ōshōgatu*. *Koshōgatsu* ist ein Fest häuslichen Charakters, das vor allem auf dem Land begangen wird, wo man die shintoistischen *toshigami*, die Jahresgötter, willkommen heißt und um eine gute Ernte bittet. *Toshi*, hier zeigt sich wieder die enge Verbindung zwischen Kalender und Landwirtschaft, bedeutete ursprünglich sowohl ‹Reis› als auch ‹Jahr›. Der Jahreszyklus war der Zyklus des Reisanbaus. In der Gegend um Kyoto und Osaka nennt man das Fest auch *onna shōgatsu*, ‹Weiberneujahr›, da sich um seine Ausrichtung vor allem die Hausfrauen kümmern. *Koshōgatsu* wird heute, wenn überhaupt, am 15. Januar gefeiert. Nach dem lunisolaren Kalender der Edo-Zeit wäre es 2000 auf den 19. Februar gefallen und *ōshōgatu* auf den 15. Februar. Heute ist *koshōgatsu* nur noch ein Datum, die Mondphase wird außer Acht gelassen. Der erste Vollmond 2000 war am 21. Januar. Dass man den Festtag überhaupt noch zur Notiz nimmt, im Küchenkalender erwähnt, zeigt uns, wie man an Traditionen festhalten und sie gleichzeitig fundamental umwandeln kann. Da *koshōgatsu* nicht nur zeitlich durch den lunisolaren Kalender definiert ist, sondern auch seine Bedeutung durch die Mondphase erhält, könnte man erwarten, dass er obsolet wird, wenn dieses Bezugssytem nicht mehr verwendet wird. Gewohnheiten jedoch sitzen tief. Dass *anno domini* nicht das Geburtsjahr des historischen Jesus von Nazareth ist, hat, nachdem man das einmal erkannt hatte, niemanden dazu bewogen, die Jahreszählung zu ändern. Das Zeitregime einer Gesellschaft kann kein Einzelner ändern, denn der Kalender verkörpert mehr als nur eine Gliederung der Zeit.

Als in Japan im Jahre 604 u. Z. der lunisolare Kalender eingeführt wurde, war dieses Jahr 604 das erste Jahr eines Sexagesimalzyklus, nach dem die Zeit im antiken China gemessen wurde. Dieser Zyklus kombiniert zwei Mengen von Symbolen, die zehn Stämme (*jikkan* bzw. chin. *shih kan*) und die zwölf Zweige (*jūnishi* bzw. chin. *shih-er chih*), und ist danach sinojapanisch als *jikkan jūnishi*, abgekürzt *kanshi*, bzw. japanisch als *etomawari* bekannt. Nach Letzteren wurden ursprünglich die Monate des Jahres gezählt, während Erstere die Monatstage in drei Zehnergruppen zählten. Lange bevor diese Zählweisen nach Japan kamen, waren sie zu einem System verbunden worden, das 60 Kombinationen ergab, nämlich alle möglichen Paare der beiden Mengen. Die Symbole der zwölf Zweige kamen bereits im vorigen Kapitel zur Sprache, es sind die Tierkreiszeichen, nach denen die Tagesabschnitte *(koku)* benannt wurden und die sich auf den Zifferblättern der *Wadokei* finden: Ratte, Ochse, Tiger, Hase, Drache, Schlange, Pferd, Schaf, Affe, Hahn, Hund und Wildschwein. Die zehn Stämme bezeichnen die zehn möglichen Kombinationen der fünf Elemente (Holz, Feuer, Erde, Metall und Wasser) mit Yin und Yang: Holz-Yin, Holz-Yang; Feuer-Yin, Feuer-Yang. Neben dieser Yin-Yang-Bezeichnung gibt es für die Stämme noch die sinojapanischen Namen. Im Sexagesimalzyklus werden Stämme und Zweige so miteinander kombiniert, dass am Anfang der erste Stamm, *kō* bzw. *kinoe*, mit dem ersten Zweig, *ne*, steht, gefolgt von der zweiten Kombination aus dem zweiten Stamm, *otsu* bzw. *kinoto* mit dem zweiten Zweig, *ushi*, und so immer weiter, bis alle 60 Kombinationen gebildet worden sind.

Der Sechzigerzyklus ist zunächst nur ein System der Zeitrechnung, nach dem ursprünglich Tage gezählt wurden und das später auf Jahre ausgedehnt wurde. Jedes Jahr nimmt in einer Folge von 60 eine bestimmte Position ein. Wenn die Folge erschöpft ist, beginnt der Zyklus von neuem, das nächste Mal im Jahr 2044. Dem darin enthaltenen Zwölferzyklus der Tierkreiszeichen wird heute mehr Beachtung geschenkt. Zwar werden auch die Tage fortlaufend nach dem Zodiac gezählt, folkloristische Bedeutung hat jedoch eher das Jahr. Das erste Jahr des Zyklus ist ein Jahr der Ratte, ebenso wie das dreizehnte, fünfundzwanzigste, siebenunddreißigste und neunundvierzigste. Analog wiederholt sich jedes der zwölf Tierkreiszeichen fünfmal im Laufe des Sexagesimalzyklus.

Zu Neujahr gibt es eine große Auswahl von Karten mit stilisierten, realistischen, poppigen und verniedlichenden Bildern des Tiers, das an die Reihe kommt. Briefmarken mit Häschen, Mäuschen oder Pferdchen werden gedruckt, je nachdem, denn der Jahreswechsel ist die Gelegenheit, sich bei Freunden und Bekannten in Erinnerung zu bringen, soziale Beziehungen durch einen schriftlichen Gruß zu bestätigen. Haushalte verschicken Hunderte von Postkarten. Briefkästen werden schon Wochen vorher in Neujahrspost und andere Post unterteilt. Die Postämter werden umgeräumt, um den Ansturm zu bewältigen. So setzt man Wegmarken im Lauf der Zeit. Im Jahr des Hasen zog ich nach Tokio, und im Jahr des Hasen ziehe ich wieder weg. Ein Dutzend Jahre ist rund. Im Jahr des Hasen geboren, wird der Sohn dieses Jahr also zwölf. So rechnet man und fragt diskret nach jemandes Tierkreiszeichen, wenn man sein Alter erfahren will.

	子	丑	寅	卯	辰	巳	午	未	申	酉	戌	亥
Sinojapanische Namen der Zweige	shi	chū	in	bō	shin	shi	go	bi	shin	yū	jutsu	gai
Tiername	ne	ushi	tora	u	tatsu	mi	uma	hitsuji	saru	tori	inu	i
	Ratte	Ochse	Tiger	Hase	Drache	Schlange	Pferd	Schaf	Affe	Hahn	Hund	Wildschwein

Die zwölf Zweige

Sinojapanische Namen der Stämme	甲	乙	丙	丁	戊	己	庚	辛	壬	癸
	kō	*otsu*	*hei*	*tei*	*bo*	*ki*	*kō*	*shin*	*jin*	*ki*

Die zehn Stämme

Fünf Elemente	木 ki Baum		火 hi Feuer		土 tsuchi Erde		金 kane Metall		水 mizu Wasser	
Yang und Yin *e* und *to*	e	to	e	to	e	to	e	to	e	to
Name	*kinoe*	*kinoto*	*hinoe*	*hinoto*	*tsuchinoe*	*tsuchinoto*	*kanoe*	*kanoto*	*mizunoe*	*mizunoto*

Die zehn Stämme als Kombinationen von Yin und Yang mit den fünf Elementen

Und natürlich verbinden sich mit den Tierkreiszeichen bestimmte Vorstellungen – das stürmische Wildschwein, der ausdauernde Ochse –, die dazu einladen, den Zyklus als Mittel des Horoskops und des Wahrsagens zu verwenden.[11] Die Beamten des Yin-und-Yang-Amts waren von alters her ohnehin gehalten, nicht nur Kalender und Uhrzeit zu überwachen, sondern auch zu ermitteln, wann günstige und ungünstige Tage waren. Die Zeitrechnung nach diesem System war Teil einer ganzen Kosmologie, die mit den Elementen, den Himmelsrichtungen und den Himmelskörpern in Zusammenhang stand. Die so bedeutsam erscheinenden Zeichen des Tierkreises fanden sich überall wieder, auf der Windrose, der Uhr und im Zyklus der Jahre. Das musste etwas zu bedeuten haben, und wer über Himmelskörper etwas sagen konnte, war gewiss dazu berufen, auch über das Schicksal zu sprechen. Astronomie und Astrologie lagen dicht beieinander, der Kalender wurde zum Almanach.

Eine in der Edo-Zeit besonders populäre Methode des Wahrsagens, die auf dem *jikkanjūnishi* fußte, sind die ‹zwölf Wachen›, *jūnichoku.* Dabei handelt es sich um zwölf Attribute wie «erfüllt», «verschlossen», «offen», «kaputt», die in zyklischer Folge Tagen zugeordnet werden, wobei mit dem ersten Tag der Ratte im elften Monat begonnen wird. Um allerlei Unternehmungen zu planen, muss man über die zwölf Wachen Bescheid wissen, was freilich nicht so einfach ist. Denn neben diesem Zwölferzyklus gibt es auch noch den Sechstagezyklus, *rokuyō*, den man unbedingt beachten muss, wenn man sein Schicksal nicht herausfordern will. Wann ein Geschäft abzuschließen, ein Hausbau zu beginnen, zu heiraten, ein Begräbnis zu veranstalten ist, das sind schwierige Fragen, die man nicht beantworten sollte, ohne den Kalender zu konsultieren; besser noch jemanden, der sich mit dem Kalender auskennt, im Zweifelsfall den Priester.[12] So hielt man es in Japan seit dem Mittelalter. Die Vorstellung, dass es günstige und ungünstige Zeitpunkte für die Ausführung bestimmter Tätigkeiten gab, war aus der Landwirtschaft vertraut. Die Beachtung der Jahreszeiten, der Gestirnsformationen und Elemente entsprach nur der nötigen Umsicht, die der Bauer walten lassen musste, um die Früchte seiner Arbeit sicher heimbringen zu können; wieso sollte das nicht auch für das Schneiden der Haare gelten oder noch folgenschwerere Verrichtungen wie zum Beispiel das Schließen einer Ehe! Die zehn Stämme, zwölf Zweige, fünf Elemente, zwölf Wachen und sechs Tage mussten alle berücksichtigt werden, und das war zunächst nur eine Kalkulation, die für den Laien schon ohne Okkultismus ganz undurchsichtig war. Es wurde kein Orakel befragt, sondern eine Rechenaufgabe gelöst. Die Schicksalsberechnung war weniger Sterndeutung als die Anwendung kalendarischer und Zeitrechnungsfaktoren auf die persönliche Lebensführung. Diesen Charakter hatte das Horoskop, das die Kalendermacher stellten.

Und im Kalender wurden auf derselben Grundlage die Daten für Feste vermerkt, buddhistische und shintoistische. Letztere, die *matsuri*, wurzeln in Riten, die sich auf den Reisanbau beziehen, und sind deshalb mit den Jahreszeiten synchron: Bitten um eine gute Ernte im Frühjahr, Abwehr natürlicher Kräfte – Überschwemmungen, Stürme, aber auch Epidemien –, die die Ernte bedrohen, im Sommer und Erntedank im Herbst. Die Jahreswende gibt Anlass zum größten Fest im Winter. Im Sommer Feuerwerk, im Herbst Jahrmarkt am Schrein. Die Kinder müssen dann unbedingt zum Hachimanjinja laufen, wo die Händler ihnen wassergefüllte Luftballon-Yoyos, Ikayaki (in Soyasauce gebackenen Tintenfisch), Zuckerwatte, mit Eiswaffeln zu fangende Goldfische und allen möglichen anderen Tand andrehen, das Profane mit dem Heiligen in schöner Eintracht. Opfergaben werden den Göttern dargebracht und ihre Stellvertreter profitieren davon.

Im Mittelpunkt der Shintofeste steht der Schrein. Getragen werden sie von der Gemeinschaft, deren Mitglieder ihre Zusammentreffen und das mit den Göttern zelebrieren. Sie sind nach den vier Jahreszeiten klassifiziert und wiederholen sich größtenteils jährlich, denn als sie entstanden, war Japan eine reine Agrargesell-

十二月

梵鐘（寺院で用いられる大鐘。梵は神聖・清浄の意。鐘楼に吊り、撞木で鳴らす。銅と錫の合金。除夜の鐘で親しまれる。日本最古は京都妙心寺、六九八年のもの。）

26

十二月（師走）

◉暮らしの歳時記　雷＝雷といえば夏を思い浮かべますが、夏に雷が多いのは太平洋側。日本海側では雪を降らせる雲が積乱雲なので冬場が多く、雷混じりの雪は雷雪と呼ばれます。ちなみに新聞の天気図に雷雨のマークはありますが雷雪はありません。

日	曜七	六曜	干支	九星	おもな行事	旧暦	日出入	直十二	宿廿八
一日	金	仏滅	みづのと巳	四緑	鉄の記念日　映画の日　歳末助け合い運動　世界エイズデー　天一天上	旧十一月 六日	6:32 16:28	破	婁
二日	土	大安	きのえ　午	三碧	秩父夜祭り（～3日）	七日	6:33 16:28	危	胃
三日	日	赤口	きのと　未	二黒	栃木野木神社提灯もみ	八日	6:34 16:28	成	昴
四日	月	先勝	ひのえ　申	一白	◐上弦一二時五五分　人権週間	九日	6:35 16:28	納	畢
五日	火	友引	ひのと　酉	九紫	納めの水天宮　一粒万倍日	十日	6:35 16:28	開	觜
六日	水	先負	つちのえ戌	八白	小田原秋葉権現火防祭　一粒万倍日	十一日	6:36 16:28	閉	参
七日	木	仏滅	つちのと亥	七赤	大雪　京都千本釈迦堂大根だき（～8日）　一粒万倍日	十二日	6:37 16:28	閉	井
八日	金	大安	かのえ　子	六白	釈尊成道会　納めの薬師　針供養　太平洋戦争開戦記念日　一粒万倍日　不成就日	十三日	6:38 16:28	建	鬼
九日	土	赤口	かのと　丑	五黄	障害者の日　京都鳴滝大根だき（～10日）　漱石忌	十四日	6:39 16:28	除	柳
十日	日	先勝	みづのえ寅	四緑	世界人権宣言記念日　埼玉大宮氷川神社大湯祭　納めの金毘羅　三りんぼう	十五日	6:40 16:28	満	星
十一日	月	友引	みづのと卯	三碧	○望一八時〇三分　沢庵禅師忌	十六日	6:40 16:28	平	張
十二日	火	先負	きのえ　辰	二黒	興教大師だらに会	十七日	6:41 16:28	定	翼
十三日	水	仏滅	きのと　巳	一白	東京浅草観音すす払い開帳	十八日	6:42 16:29	執	軫
十四日	木	大安	ひのえ　午	九紫	東京高輪泉岳寺義士祭	十九日	6:42 16:29	破	角

大雪　十二月七日　四時三七分

初候　空塞り冬となる
次候　熊穴に籠る
末候　鮭魚群がる

大根には止咳作用と抗アレルギー作用があります。いちょう切りにして水飴と容器に入れ一晩置いた大根の汁は手軽で、この季節重宝します。

生活メモ

◉季節のあいさつ　○寒冷の候　○師走の風が追いかけるように吹き　○本年もいよいよ押し迫ってまいりました　○新春を迎えるお支度に忙しいことと存じます

◉健康　手荒れは洗剤などで皮脂が落ちたところに摩擦刺激などが加わって進行します。水仕事はまとめてやったり、ゴム手袋の下に綿の手袋をはめたり、またハンドクリームを欠かさず、できるだけ手袋で保護するなどこまめな手入れが大切です。ひどくなりそうだったら、早めに専門の病院へ。

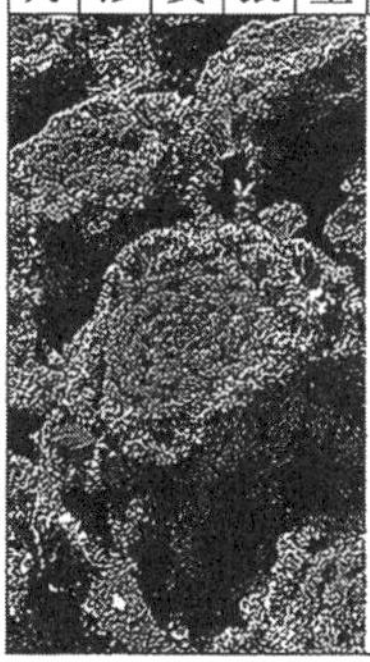

ハボタン

Dezemberblatt des Busanhō-Kalenders der buddhistischen Shingonsekte für das Jahr Heisei 12 (2000)

schaft, deren naturbezogener Produktionszyklus die regelmäßige Wiederkehr als wichtigste Komponente der Zeiterfahrung im Vordergrund stehen ließ. Neben diesen eher volkstümlichen Festen des Agrarjahrs stehen die *nenchū gyōji*, jährliche Veranstaltungen, die aus China übernommen wurden und ursprünglich offizielle Zeremonien buddhistischer und konfuzianistischer Provenienz waren. Im Laufe der Edozeit, die durch die Stärkung des Bürgertums *(shimin)* gekennzeichnet war, wurden jedoch auch die *nenchū gyōji* von immer breiteren Bevölkerungskreisen begangen. *Shichigosan* (Sieben-fünf-drei) Mitte November zum Beispiel war einst eine Hofzeremonie mit Übergangsriten für drei- und fünfjährige Knaben und drei- und siebenjährige Mädchen. Schon in der Edozeit war daraus jedoch ein allgemeines Volksfest geworden. Auch die buddhistischen Feste, wie *Obon* Mitte August, wenn die Rückkehr der Toten gefeiert wird, haben sich im Laufe der Zeit von oben nach unten in der Gesellschaft durchgesetzt, denn der aus China bzw. Korea nach Japan gelangte Buddhismus erfreute sich zunächst der Unterstützung der Aristokratie und wurde im achten Jahrhundert unter Shōmu Tennō (701–756 u.Z.) zur Staatsreligion erhoben.

Die shintoistischen *matsuri* und die offiziellen *nenchū gyōji* waren wichtige Ereignisse. Sehr verantwortungsvoll war deshalb die Aufgabe der *koyomi hakase*, der Beamten des *onmyōryō*, die die offiziellen Kalender schrieben. Ihr Werk verkörperte die enge Beziehung zwischen Gottesdienst, staatlicher Macht und Gelehrsamkeit. Der Kalender war deshalb ein Gegenstand der Verehrung. Zwar gab es seit der Kamakurazeit (1185–1233) in Kana geschriebene Kalender, die auch Menschen ohne höhere Bildung lesen konnten[13], aber der offizielle Kalender war voller komplizierter chinesischer Zeichen, die bei weitem nicht jeder kannte, und selbst wer sie lesen konnte, verstand nicht unbedingt ihre Bedeutung, geschweige denn ihren symbolischen Sinn. ‹Einer Sutra gleich› nannte der Dichter Buson (1716–1784) den Kalender und meinte damit sowohl die äußerliche Erscheinung als auch seinen geistigen

Inhalt. Wie Leporellos gefaltete Bücher, wurden die Kalender in einer Form vertrieben, in der man heute noch Sutren findet. Nicht nur der äußeren Form wegen aber waren die Gefühle, die der Dichter dem Kalender entgegenbrachte, religiöser Art. Der offizielle Kalender seiner Zeit vereinigte in sich Elemente von Laotses Lehre des Buchs der Wandlungen, des Buddhismus, des Shintoismus und der Astronomie. Wie eine Sutra war er ein Behälter der Weisheit und des kollektiven Wissens, der Problemlösungen und Erklärungen (und was dafür gehalten wurde), die von Generation zu Generation weitergegeben wurden.

Kalender sind konservativ. Da sie das Hergebrachte verkörpern und scheinbar allen dienen, ist die Neigung groß, Abweichungen gegenüber den Zyklen der Himmelskörper zu tolerieren, zumal solche zunächst nur von Spezialisten erkannt werden und das normale Leben kaum beeinflussen. Trotz offensichtlicher Schwächen blieb der seit 862 verwendete amtliche Kalender *(Semmyōreki)* daher jahrhundertelang in Gebrauch.

Kalender	Autor	Jahr der Einführung
Genka	Kashō Ten	692
Gihō	Li Jun-pu	697
Taien	Ichigyō	764
Goki	Kaku Kenshi	858
Semmyō	Jō Kō	862
Jōkyō	Shibukawa Harumi	1685
Hōryaku	Tsuchimikado (Abe) Yasukuni	1755
Kansei	Takahashi Yoshitoki	1798
Tenpō	Shibukawa Kagesuke	1844

Die erste große Herausforderung dieses Zeitregimes brachten die christlichen Missionare, die im 16. Jahrhundert nach Japan kamen. Zu dieser Zeit war die europäische Astronomie der japanischen bzw. chinesischen bereits überlegen, und die christlichen Seelenretter sahen in der Fähigkeit, exaktere Aussagen über den Himmel zu machen als die Einheimischen, einen guten Ansatzpunkt, die armen Verblendeten von der Richtigkeit ihrer Lehre zu überzeugen.[14] Im 17. Jahrhundert versuchte das Tokugawa-Shogunat diese Bedrohung der geistigen Souveränität Japans durch die Abschließungspolitik abzuwehren, was zu drastischen Zensurmaßnahmen führte. Diese waren so wirksam, dass die in Europa erzielten Fortschritte in der Astronomie und in der Zeitmessung in Japan weitgehend unbekannt blieben.[15] Das allgemeine intellektuelle Klima war düster, der Wissenschaftstransfer aus Europa auf die streng kontrollierten Kontakte über die niederländische Handelsniederlassung in Nagasaki beschränkt. Selbst die europäische Chronologie blieb deshalb bis an die Schwelle zum 19. Jahrhundert unverstanden. Die *Anno-Domini*-Zählung war zwar bekannt, aber niemand wusste, was sie bedeutete. Vielmehr wurde sie nach dem Vorbild der in Japan bzw. in China geltenden Zeitordnung interpretiert.

> Die Gründung Hollands wurde von japanischen Schriftstellern genau datiert, die mit der christlichen Bedeutung der westlichen Chronologie nicht vertraut waren und annahmen, dass 1787 oder welches Jahr es auch war, die Anzahl der Jahre seit diesem Ereignis bezeichnete.[16]

Das entsprach der Vorstellung, dass der Kaiser der Herr der Zeit war, dem es oblag, «dem Volk die Zeit zu geben», und der oder dessen Dynastie deshalb als Ausgangspunkt der Zeitrechnung galt. Wie wenig selbstverständlich eine andere als die gewohnte Zeitrechnung ist, zeigt sich hier sehr deutlich, denn eine Zeitrechnung ist eine kognitive Schablone, der jedes Ereignis und auch das eigene Leben eingeordnet werden muss. Ohne eine solche Schablone haben wir keine Orientierung und können nichts verstehen. Drastische Veränderungen solcher Bezugssysteme verlangen nach einer grundlegenden Neuorientierung. Dafür besteht nur selten die Bereitschaft.

Die Verbreitung des Studiums astronomischer Schriften aus Europa wurde durch die Zensur zwar weitgehend verhindert, aber manche Kenntnisse sickerten doch durch. Shibukawa Shunkai (1639–1715), auch als Shibukawa Harumi bekannt, studierte alle astronomischen und kalenderkundlichen Schriften, deren er habhaft werden konnte. Außerdem stellte er selbst jahrelang astronomische Beobachtungen an, was unter Kalendergelehrten seinesgleichen durchaus nicht die normale Praxis war, da die sich mehr mit Berechnungen nach vorhandenen Tabellen beschäftigten als mit der Beobachtung von Himmelskörpern. Aufgrund seiner Beobachtungen konnte Shibukawa feststellen, dass der *Semmyō*-Kalender zwei Tage vom Sonnenkalender abwich. Er schuf seinen eigenen *Jōkyō*-Kalender, und, was fast ebenso bemerkenswert war, es gelang ihm, die Tokugawa-Regierung dafür zu gewinnen. 1684 wurde der *Jōkyō*-Kalender offiziell übernommen. Damit war ein erster Schritt zur Aufhebung des alten chinesischen Zeitregimes getan. Shibukawas Kalender war gewiss ein Fortschritt, aber nur ein kleiner, denn an den Grundprinzipien des lunisolaren Kalenders hielt er fest.

Trotz der offenkundigen Überlegenheit der europäischen Astronomie war die Zeit noch nicht reif dafür, sie anstelle der chinesischen den Kalender bestimmen zu lassen. So, wie die japanischen Uhrmacher versuchten, mit der *wadokei* am alten System der Zeitmessung festzuhalten, dabei aber doch dem europäischen in der Mechanik der Uhr geronnenen Zeitdenken unter der Hand sich zu etablieren erlaubten, kamen die Ergebnisse der europäischen Astronomie mit verschiedenen Kalenderreformen seit 1685, teils in chinesischem Gewand, langsam nach Japan. Denn in China nutzte man bei der Korrektur des Kalenders schon gewohnheitsmäßig die Kenntnisse der christlichen Missionare. 1720 lockerte der achte Tokugawa-Shogun Yoshimune (1684–1751) die Zensurbestimmungen und erlaubte, dass europäische Bücher, die nicht unmittelbar mit der Religion zu tun hatten, weiteren Kreisen zugänglich wurden. Er verfolgte damit u. a. den Zweck, den Kalender

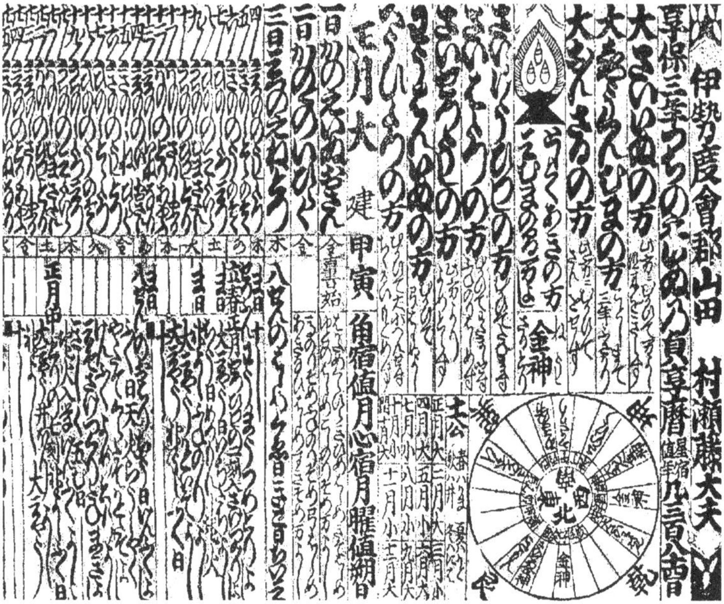

Titelblatt des Jōkyō-Kalenders von Shibukawa Harumi für das Jahr Kyōhō 3 (1718)

zu verbessern, denn von den Vorzügen europäischer Wissenschaft und Technik hatte er sich auch auf anderen Gebieten überzeugt. Umwälzende Reformen wurden jedoch von konservativen Kräften am Hof in Kyoto verhindert. Vier Jahre nach Yoshimunes Tod wurde 1755 der *Jōkyō*-Kalender wieder abgeschafft. Den Hofschranzen in Kyoto war er immer ein Dorn im Auge gewesen, weil sein Autor, Shibukawa Harumi, im astronomischen Amt des Shoguns in Edo arbeitete. Rivalisierende Astronomen der Kyotoer Familie Tsuchimikado (die später Abe hieß) setzten alles daran, dass Shibukawas Kalender nicht verbessert, sondern ersetzt wurde. Unter Federführung von Tsuchimikado Yasukuni wurde der *Hōryaku*-Kalender geschaffen, der wieder eine bloße Revision des *Semmyō*-Kalenders war und dazu keine sehr brillante, denn Yasukuni fehlte es an gründlichen astronomischen Kenntnissen. Die Schwächen des Kalenders traten schon acht Jahre nach seiner Einführung offen zutage, als eine von ihm nicht vorausgesehene Sonnenfinsternis stattfand.

Erst mit dem *Kansei*-Kalender von 1798 wurden in stärkerem Maße westliche Berechnungsmethoden übernommen. Der Astronom, der ihn erstellte, Takahashi Yoshitoki (1764–1804), stützte sich auf aus dem Niederländischen übersetzte Bücher. Yoshitokis Sohn Kageyasu (1785–1829) setzte den von seinem Vater eingeschlagenen Weg fort. Er wurde Kartograph und Astronom und bemühte sich intensiv um die Akquisition niederländischer Bücher, um die Begrenztheit der traditionellen raumzeitlichen Ordnung zu überwinden. Seine Neugier wurde diesem Aufklärer in einer antiaufklärerischen Zeit schließlich zum Verhängnis. Von Franz von Siebold, dem Würzburger Arzt, der bei der niederländischen Handelsfaktorei in Nagasaki im Dienst stand und 1826 nach Edo kam, erhielt er verschiedene Schriften, u. a. Krusensterns «Reise um die Welt». Als Gegenleistung überließ Kageyasu Siebold von ihm selbst hergestellte Karten des japanischen Archipels, was als Hochverrat galt. Er kam dafür ins Gefängnis, wo er 1829 starb. Da er seinem Urteil dadurch zuvorgekommen war, wurde noch sein Leichnam formell hingerichtet. Dreizehn Jahre nach Kageyasus Tod wurde noch einmal ein Versuch unternommen, die Zeit in Übereinstimmung mit den Erkenntnissen der europäischen Astronomie neu zu ordnen, ohne den alten Kalender aufzugeben. Im Zuge der *Tenpō*-Reform von 1842 entwarf Shibukawa Kagesuke, ein Adoptivsohn der Shibukawa-Familie des berühmten Shibukawa Harumi, einen reformierten Kalender, wobei er hauptsächlich niederländische Bücher zurate zog. Das Bezugssystem des chinesischen Kalenders wurde dennoch auch hier beibehalten. Die Regierenden glaubten noch immer, Herren der eigenen Zeit zu sein und bleiben zu können. Nur 30 Jahre sollte es jedoch dauern, bis auch die *Tenpō*-Reform obsolet geworden war.

Der alte Kalender hatte trotz seiner Schwächen, die durch die wiederholten Reformen offenbar geworden waren, eine enorme

Macht über die Menschen, ihre Moral, ihre Staatstreue und ihre Zeitvorstellungen. Mit dem Zodiac und dem System der zehn Stämme und zwölf Zweige fußte er auf der chinesischen Kosmologie, verkörperte die buddhistisch-konfuzianistische Moraltradition und bezog zudem die shintoistische Einteilung des Agrarjahres mit all seinen Festen mit ein. Der offizielle Kalender der Edozeit wurde vom Ise-Schrein, dem Wohnsitz der Sonnengöttin Amaterasu Ōmikami und damit wichtigsten Shintoheiligtum, gedruckt, wobei den Vorgaben der Astronomen des Shogunats genau zu folgen war. Dieser als *Isegoyomi* bekannte Kalender vereinigte wie kaum eine andere Institution auf sinnfällige und handgreifliche Weise die verschiedenen geistigen Strömungen, die sich im Laufe der Jahrhunderte zur japanischen Kultur verbunden hatten. Zugleich war dieser Kalender freilich auch Ausdruck der regionalen Vielfalt, die Japan kennzeichnete, als die Edozeit zu Ende ging. Das Japan der Tokugawa war zwar stark zentralisiert, aber die Regionen hatten durchaus ihre eigene Identität und ihr eigenes Gewicht. Und sie hatten ihre eigenen Kalender mit regionalen Eigenheiten.[18]

Neben dem Ise-Kalender gab es eine ganze Reihe regionaler Kalender.[19] Seit der Einführung des *Jōkyō*-Kalenders 1684 bedurften derartige Kalender der Imprimatur des Shogunats. Die Beamten in Edo kontrollierten peinlich genau, dass alle Angaben zu offiziellen Festtagen, Datum, Wochentag und dem Sexagesimalzyklus der zehn Stämme und zwölf Zweige mit dem offiziellen Kalender übereinstimmten und die Zeitangaben für Sonnenauf- und -untergang darauf abgestimmt waren. Nur die Verzeichnung regionaler Feste und Gedenktage wurde zugestanden, im Übrigen waren die Regionalkalender mit dem der Regierung in Edo identisch. Die Drucklegung unautorisierter Kalender war verboten. Die Zensur als staatliche Kontrolle der Zeit war streng und effektiv. Dadurch war die Synchronisierung der Nation tatsächlich schon weit gediehen, als Japan schließlich den Schritt in die Neuzeit nicht länger aufschieben konnte. Dessen waren sich freilich viele Menschen nicht bewusst, denn sie lebten nach dem Kalender von Sendai oder

Kagoshima, von Nara *(Nanbukoyomi)*, Mishima oder Aizu. Die Edo-Zeit war provinziell, das Bewusstsein einer japanischen Zeit kaum entwickelt, das einer Weltzeit gar nicht. Und doch wurde in der Edo-Zeit durch das zentralistische Regime des Shogunats der Weg bereitet, auf dem Japan, als die Tokugawa nicht mehr die Herren der Zeit waren, in die neue Zeit ging.

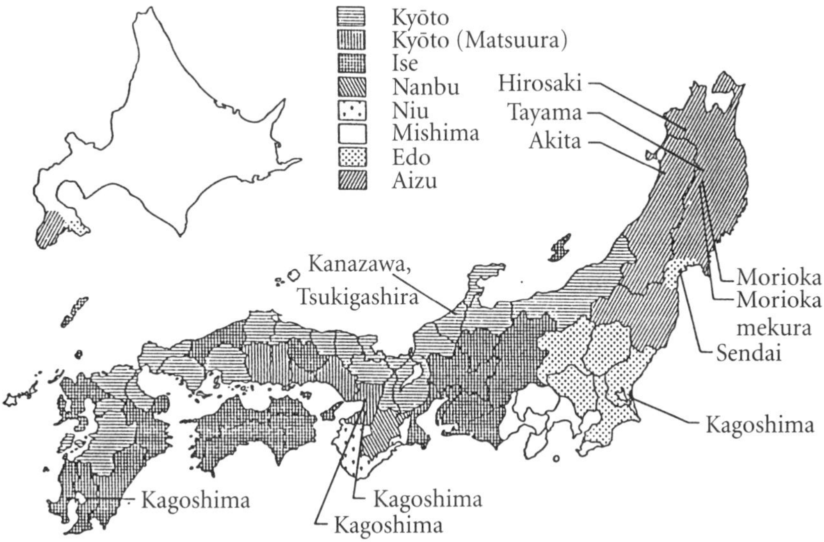

1872 in Japan gebräuchliche regionale Kalender (nach Okada 1993:341)

Anmerkungen Kapitel IV

1 Seit Beginn unserer Zeitrechnung ungefähr um zehn Sekunden.

2 Die Voraussage von Sonnenfinsternissen war die größte Herausforderung für die Astronomen. Schon im Altertum gab es dafür exakte Berechnungen. Vgl. Aveni (1995); Borst (1993); Coe (1993).

3 Schon im Neolithikum beschäftigte der Jahreszyklus die Menschen und spielte, wie Gosden gezeigt hat, für ihre soziale Organisation eine wichtige Rolle. Ohne zeitliche Ordnung, argumentiert er, sei gar kein soziales Leben möglich, das durch das komplexe Ineinandergreifen von öffentlicher und habitueller Zeit im zeitlichen Zyklus des Jahres entstand (Gosden 1994:189).

4 Nakayama (1974:257).

5 Uchida (1992:235).

6 Moore (1963:8); vgl. auch Adam (1994); Rifkin (1987:71). Okada (1999:11 f.) geht so weit, zu behaupten, dass eine Gesellschaft ohne Kalender keinen Bestand haben könne.

7 Ricoeur (1977:24, 20).

8 Die genaue Länge des tropischen Sonnenjahres beträgt 365,242 199 Tage.

9 *Matsuri* sind die ursprünglich mit dem Shintoismus verbundenen Zeremonien, die eng mit dem landwirtschaftlichen Jahreszyklus, speziell dem Reisanbau verbunden sind. Sie werden traditionell von Shintopriestern und Zeremonienmeistern geleitet, deren Ämter zum Teil erblich waren. Ein Anzeichen der Wichtigkeit dieser Feste für das soziale Leben und die Ausformung der japanischen Kultur kann man darin erblicken, dass das älteste japanische Wort für «Regierung» *matsurigoto* – wörtlich etwa ‹festliche Angelegenheit› – lautet, das heute freilich anders geschrieben wird als *matsuri*.
Yanagida Kunio, der Vater der japanischen Volkskunde, hat als Erster auf den in der Sprache geronnenen Zusammenhang von Fest und Regierung hingewiesen. «*Matsuru*, ‹feiern›, ist nichts anderes als das Wort *matsurau*, in heutiger Diktion *o-soba ni naru*, ‹an (jemandes) Seite sein›. Es mit ‹Dienst› wiederzugeben ist auch gut.» (1956:53) Die Differenzierung von religiösen Zeremonien bzw. Gottesdienst, Festen und Staatsdienst ist ein Merkmal der modernen Gesellschaft. In vormoderner Zeit bestand zwischen ihnen eine enge Verbindung.

10 Ein weiterer Name für ‹das kleine Neujahr› ist *hana shōgatu*, ‹Blumenneujahr›, da bei der Gelegenheit Reiskuchen in Blütenform dargereicht und Blumen als Schmuck verwendet werden, wohingegen bei *Ōshōgatu*

der Hauseingang mit Kiefernzweigen *(kadomatsu)* verziert wird. Zu weiteren Einzelheiten vgl. Okada und Akune (1993 : 89 f., 215).

11 «Kalender und Wahrsagen standen so eng miteinander in Zusammenhang wie die beiden Seiten einer Münze» (Otani, 1996 : 1).

12 Viele buddhistische Sekten veröffentlichen noch immer jedes Jahr ihren eigenen Kalender, wie z. B. die Shingonsekte, deren *Buzan hōreki* ich konsultiere und dem ich entnehme, dass heute, am 2. 6. 2000, ein besonders günstiger Tag ist, um etwas Neues zu beginnen. Es ist *taian* nach dem Sechserzyklus, der beste Tag überhaupt, und *naru* nach den ‹zwölf Wachen›, ein Glück verheißender Tag für neue Projekte, aber nicht für Gefechte.

13 Die so genannten *kanagoyomi* kamen zusammen mit der Verbreitung der einfachen Kana-Silbenschrift in Gebrauch und wurden sowohl in Katakana als auch Hiragana gedruckt, freilich nie in großer Auflage (Uchida 1992 : 233).

14 Nakayama (1974 : 257). Propagatio fidei per scientias, die Verbreitung des Glaubens durch die Wissenschaft, hieß die Devise speziell der Jesuiten. Vgl. Bedini (1975).

15 «Dafür, dass sich die japanische Astronomie nicht selbständig entfalten konnte, war das geschlossene feudalistische Gesellschaftssystem, das die Abschließungspolitik beinhaltete, zweifellos die Hauptursache» (Uchida 1992 : 36). Der Astronom Uchida, der bis Anfang der achtziger Jahre bei der Sternwarte in Tokio arbeitete, bemerkt außerdem, dass sich der Umstand, dass die Astronomie in Familientraditionen weitergegeben wurde und Ämter erblich waren, negativ auf den Fortschritt der Wissenschaft ausgewirkt habe (ebd. 148).

16 Keene (1952 : 60).

17 Der Wissenschaftshistoriker Nakayama Shigeru stellt die Begegnung Japans mit der europäischen Wissenschaft als einen Paradigmenwechsel dar. In Bezug auf die Astronomie bemerkt er, dass der Einfluss des westlichen Paradigmas nicht zur Zerstörung des traditionellen Paradigmas führte. Vgl. Nakayama (1974 : 257–59).

18 Uchida (1992 : 246 f.)

19 Für Einzelheiten dazu vgl. Uchida (1992 : 242 f.), Okada (1993 : 340 ff.).

DIE NEUE ZEIT

Die Übergangszeit in die japanische Moderne miterlebt zu haben gibt einem das Gefühl übernatürlichen Alters; denn hier befindet man sich nun in der Neuzeit, wo überall von ‹Velos› und ‹Bazillen› und ‹Einflusssphären› die Rede ist, und kann sich dabei noch deutlich ans Mittelalter erinnern.

Basil Hall Chamberlain, Things Japanese

Wie man die Uhr liest

Im Westen unterteilt man einen Tag und eine Nacht in 24 Stunden, die je einer halben alten japanischen Stunde entsprechen. Diese wiederum wird in 60 Teile geteilt, die Minuten *(minute)* heißen. Diese Minute wird wiederum in 60 Teile geteilt, die *second* heißen. Eine *second* gleicht in etwa einem Pulsschlag.

Nun ist das Zifferblatt der Uhr in zwölf geteilt, sodass sich der kleine Zeiger im Laufe eines Tages und einer Nacht zweimal und der große Zeiger 24 mal im Kreis dreht. Wenn wir nun von mittags oder nachts zwölf ausgehen, so zeigen der kleine und der große Zeiger genau übereinander liegend auf 12. Rückt dann der kleine Zeiger weiter nach rechts und zeigt auf 1 Uhr, hat der Große das Zifferblatt einmal umrundet und 60 Minuten zurückgelegt. Kehren wir noch einmal zu dem Punkt von 12 zurück. Wenn der kleine Zeiger von da nach rechts vorrückt und zwischen 1 Uhr und 2 Uhr angekommen ist, hat der lange Zeiger auf dem Zifferblatt eine halbe Runde gemacht und dabei 30 Minuten zurückgelegt, sodass er genau bis 6 gekommen ist. Um zu wissen, wie viel Uhr es ist, muss man also zunächst nachsehen, wo der kleine, und dann, wo der große Zeiger steht. Wenn z. B. der kleine Zeiger zwischen 9 und 10 steht und der große auf 2, sagt man, dass es zehn nach neun ist. Und wenn der kleine Zeiger den Punkt mitten zwischen 9 und 10 überschritten hat und sich der 10 nähert, während der große Zeiger bis auf 8 vorgerückt ist, so sagt man dazu zwanzig Minuten vor zehn. Diese zwanzig Minuten bedeuten mit anderen Worten, dass der große Zeiger bis 12 noch zwanzig Minuten hat; denn man muss wissen, dass der große Zeiger immer von 12 ausgehend die 60 Punkte auf dem Zifferblatt abzählt, um anzugeben, die wievielte Minute welcher Stunde es ist. Die Uhr in der Abbildung steht auf 23 Minuten nach 9.[1] – So Fukuzawa Yukichi.

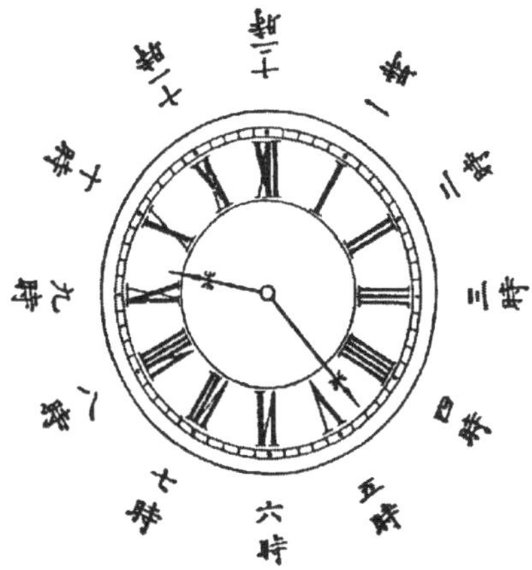

Illustration aus Fukuzawa Yukichis *Kaireki ben* (1873); außen chinesische Zahlen zur Erläuterung

Fünfjährige beherrschen sie gewöhnlich, aber wie wenig selbstredend unsere analoge Uhr dennoch ist, erhellt aus diesen Zeilen, mit denen Fukuzawa (1835–1901) seinen Zeitgenossen erklärte, wie die Uhr zu lesen ist. Alles musste er erklären, die Einheiten der Zeitmessung, die Bedeutung des Zifferblatts, die der beiden Zeiger und ihrer Bewegung, den «Uhrzeigersinn», die seltsame Diskrepanz zwischen den angezeigten Zahlen des Zwölfstundentags und der Abzählung der Minuten vor bzw. nach der vollen Stunde. Für ‹Minute› gebrauchte Fukuzawa das Wort *funji* – heute *fun* – und gab in Klammern englisch *minute* an, und für ‹Sekunde› verwendete er nur das englische Wort. *Byō*, das heutige Wort für ‹Sekunde›, war damals noch nicht gebräuchlich. Wofür war eine Sekunde gut? Schon der sechzigste Teil einer Stunde war eine Zeiteinheit, die für die meisten Menschen ohne jede Bedeutung war. Verrichtungen, die auf die Sekunde genau ausgeführt werden mussten, gab es im Alltag gar nicht. «Eine *second*», erläutert Fukuzawa auf charakteristisch plastische Weise, «gleicht in etwa einem Pulsschlag.» Jeder konnte sich aufgrund dieses Vergleichs eine Vorstellung von der Größenordnung machen, in der nach dem neuen Zeitsystem Dauer gemessen wurde, aber niemand tat das.[2] Zudem war sich Fukuzawa bewusst, dass die Verwendung herkömmlicher Begriffe nur eine metaphorische sein konnte. Gewiss, auch vorher hatte man die Zeit gemessen, ja, wie wir sahen, waren in der Edo-Zeit schon manche Vorbereitungen für ein von der Uhr regiertes Leben getroffen worden. Die Taktung des Tages durch regelmäßige Verkündung der Zeit war vielen Menschen schon vertraut, doch geschah dies in einem anderen Rhythmus, der sich stärker an der variablen Länge des Tages im Wechsel der Jahreszeiten orientierte. Eine Stunde war nur metaphorisch gesprochen eine halbe japanische Stunde, da Letztere ja in ihrer Länge variabel, Erstere aber bestimmt war. In der von Fukuzawa erklärten Uhr konnte niemand mehr die Zeit der Natur wiederfinden. *Ushitora*, ‹Ochse-Tiger› oder Nordost, die Richtung, in der man auf dem 24-Stunden-Zifferblatt die zweite Stunde nach Mitternacht fand, bedeutete nichts mehr. Denn die japanischen Uhren *(wadokei)* verkörperten nicht nur ein weniger genaues, sondern ein grundsätzlich anderes Zeitsystem. Mit den Tierzeichen auf dem Zifferblatt waren sie nicht nur äußerlich altmodisch geworden, sondern für den Alltag praktisch wertlos, da sie sich nicht mit dem neuen System synchronisieren ließen. Die neue Uhr brachte eine neue Zeit, die Neuzeit.

Mit einem Sinn für das richtige *timing* veröffentlichte Fukuzawa seine Schrift, die auch die Zensurbehörde rechtzeitig passiert hatte, pünktlich zum 1. 1. 1873. ‹Pünktlich›, weil mit diesem 1. 1.

eine neue Zeit nun auch offiziell anbrach. *Kaireki ben*, «Erklärung der Kalenderreform», ist eine kleine Broschüre, mit der Fukuzawa in leicht verständlicher Sprache die Grundzüge des neuen Zeitsystems darlegte, die Uhr und den Kalender. Kraft kaiserlichen Dekrets galt vom 1. 1. 1873 in Japan der gregorianische Kalender. Fukuzawa wusste, was die Stunde geschlagen hatte. Wie wenige erlebte und gestaltete er die Neuerungen, die Japan seit Mitte des Jahrhunderts umwälzten, mit, ohne jemals ein Staatsamt zu übernehmen. Er gehörte zu den Ersten, die das Land verlassen konnten – was in der Edo-Zeit unmöglich war –, und verbrachte fast das ganze Jahr Bunkyū 2 (1862) als Dolmetscher einer offiziellen Delegation auf einer Reise durch Europa. Vier Jahre später besuchte er Amerika. Japans Zukunft sah er in der Aneignung der Errungenschaften der westlichen Zivilisation und in der Befreiung von den Traditionen der geistigen Kultur Chinas. «Die chinesische Philosophie als Grundlage der Bildung», schrieb er später in seiner Autobiographie[3], «war für unsere offensichtlichen Unzulänglichkeiten verantwortlich.» Zu diesen gehörte nicht zuletzt die ungenaue Zeitrechnung und der gebrechliche, immer wieder korrekturbedürftige lunisolare Kalender. Zweierlei Schwächen kreidete er der konfuzianistischen Lehre an, «in der materiellen Kultur einen Mangel im Studium der Zahlen und der Logik und in der geistigen Kultur einen Mangel an Ideen und Freiheit»[4]. Statt starren Festhaltens an Bräuchen und Traditionen plädierte Fukuzawa für mehr Beweglichkeit und mehr Wissenschaftlichkeit. Die westliche Zeitordnung zu übernehmen bedeutete für ihn eine Orientierung an der Zukunft statt an der Vergangenheit. China war die rückständige Vergangenheit, der Westen die fortschrittliche Zukunft. Das chinesische durch das westliche Zeitregime zu ersetzen war mehr als eine technische Umstellung, es war eine geistige und materielle Revolution.

Kalenderreformen haben immer mit Macht und Kultur und mit der Macht der Kultur zu tun. Der julianische Kalender war der Kalender Julius Caesars, mit dem dieser im Jahre 709 a. u. c. (*ab urbe condita*, ‹seit der Gründung der Stadt›, nämlich Roms) die alte Zeitrechnung abschaffte und der Zeit seinen Stempel aufdrückte. Die Rechtfertigung war, dass der neue Kalender genauer war als der alte, der nur aus 355 Jahrestagen bestand. Das galt auch für Gregors Reform eineinhalb Jahrtausende später.[5] «Der radikalste Versuch, die zeitliche Identität einer ganzen Kultur durch die Manipulation des Kalenders umzuwandeln, wurde während der französischen Revolution gemacht», schreibt Jeremy Rifkin in seinem berühmten Buch *Time Wars*[6]. Die Nationalversammlung in Paris beschloss 1793 ein neues Kalendersystem, um den Einfluss der Kirche zu brechen. Die Zeit sollte entchristlicht, der Kirche ein wichtiges Instrument sozialer Kontrolle aus der Hand genommen werden. 1792 wurde zum Jahr 1, die Monate hießen nicht mehr September, Oktober, November etc., sondern Vendémiaire, Brumaire, Frimaire etc. Die Beseitigung von Unregelmäßigkeiten brachte auch zum Ausdruck, dass man Glauben durch Rationalität ersetzen wollte. So rational wie das noch heute im französischen Staatsarchiv in Paris verwahrte Urmeter als Längenmaß sollte auch das Zeitmaß werden. Zwar hatte der Revolutionskalender zwölf Monate, er war aber ansonsten dezimal. Das waren schwere Eingriffe in das hergebrachte Zeitsystem.[7] Dennoch kann Rifkins Einschätzung nicht uneingeschränkt gelten, wenn wir die Kalenderreform der Meiji-Restauration mit der der französischen Revolution vergleichen, denn sicher war Erstere nicht weniger dramatisch als Letztere. Und sie war sehr viel folgenreicher. Der französische Revolutionskalender wurde 1806 von Napoleon wieder abgeschafft, womit dieser einem verbreiteten Wunsch der Bevölkerung entgegenkam und gleichzeitig seine Macht unter Beweis stellen konnte. Die Meiji-Kalenderreform hingegen hatte Bestand. Das unterschied sie auch von einem anderen, ähnlich ehrgeizigen Unterfangen, mit dem Josef Stalin 1929 einen säkularen Kalender in der UdSSR einführen wollte. Er scheiterte wie die französischen Revolutionäre.

Der Erfolg der Kalenderreform offenbare den autoritären Charakter der Meiji-Restauration, haben manche Historiker zu bedenken gegeben. Während die französische Revolution von unten kam, wurde die Meiji-Restauration von der Elite bzw. von einer Gegenelite inszeniert, ohne dass das einfache Volk viel Einfluss nehmen konnte.[8] Gewiss, in Japan waren reformwillige Mitglieder der oberen Stände die treibende Kraft, aber die breite Bevölkerung war doch keineswegs ausgeschlossen. Fukuzawa Yukichi und seine Mitstreiter etwa in der *Meirokusha*, der im Jahre Meiji 6 gegründeten wissenschaftlichen Gesellschaft, drängten auf Volksaufklärung, weil ihnen bewusst war, dass so einschneidende Veränderungen, wie sie durch den plötzlichen Kontakt mit den imperialen Mächten notwendig geworden waren, nicht gegen das Volk durchgesetzt werden konnten.

Fukuzawa war ein überzeugter Aufklärer. Er trat für die freie Rede und Meinungsfreiheit ein und für die Ersetzung der elitären chinesischen Schriftsprache durch eine solche, die der gesprochenen Sprache näher war und deshalb weniger Schulbildung verlangte. Er gründete 1858 eine niederländische Sprachschule und später eine englische, aus der die angesehene Keiō-Universität wurde. Und er schrieb unermüdlich über alle Aspekte der Gesellschaft, die er für reformbedürftig hielt, wobei er sich nicht nur an seinesgleichen wandte, sondern oft auch an die breite Masse. Seine Schriften fanden enorme Resonanz, denn er bemühte sich um einen verständlichen Stil und nahm immer Themen auf, die die Menschen bewegten. Tausende von Schulen und privaten Akademien, die in dieser Zeit aus dem Boden schossen, verwendeten seine Bücher. Seinem Werk *Sekai kunizukushi* («Die Länder der Welt») wuchs in manchen Schulen geradezu Kultcharakter zu. So populär waren seine Schriften, dass sie den staatlichen Zensoren suspekt wurden, und sie einige von ihnen sogar verboten.[9] *Kaireki ben* aber wurde von den Ämtern der Städte und Gemeinden en masse gekauft[10], da sie nichts anderes hatten, um die Bevölkerung über die Kalenderreform aufzuklären.[11] Fukuzawa hatte keinen

Zweifel an den Vorzügen des gregorianischen Kalenders und der europäischen Uhr. Nicht nur erschwerte das alte Zeitregime die Kommunikation mit dem Westen, die ihm für die Erneuerung Japans unverzichtbar erschien; nicht nur war der gregorianische Kalender schlicht besser, weil er auf präziseren Berechnungen beruhte; seine Übernahme erlaubte es auch, die organisatorischen und kognitiven Strukturen aufzulockern, die das soziale Leben durch den alten Kalender regelten und gegen Neuerungen abschirmten. Fukuzawa war sich nicht zu fein dafür, die Funktionsweise eines mechanischen Geräts zu erklären, denn er wusste, dass die Uhr, ebenso wie der Kalender, eine neue Ordnung verkörperte.

Freilich war die Einführung des neuen Zeitsystems nicht gut vorbereitet. Am 8. 9. des Jahres Meiji 5 erließ die Regierung ein kaiserliches Edikt, mit dem die Kalenderreform beschlossen wurde. Am 12. des Monats wurde es öffentlich verkündet, sodass nur rund zehn Wochen blieben, bis es in Kraft trat. Die drei Jahrhunderte zuvor vom Heiligen Stuhl in Rom durchgeführte Kalenderreform wurde acht Monate vor ihrem Inkrafttreten im Oktober 1582 mit einer päpstlichen Bulle bekannt gemacht, was allgemein als überhastet und zu kurzfristig kritisiert wurde. Die Lebensgeschwindigkeit der beginnenden Meiji-Zeit war kaum schneller als die des gregorianischen Europa. Hier wie dort gab es noch keinen motorisierten Transport, standen Massenmedien mit dem Druck von Flugschriften erst am Anfang. In noch viel größerem Maße als Gregors Reform kam die der jungen Meiji-Regierung Hals über Kopf. Der dritte Tag des zwölften Monats Meiji 5 wurde zum 1. Januar 1873 gemacht[12], und viele Bürger wussten nicht, wie ihnen geschah. Plötzlich war Neujahr, ohne dass man Zeit für den großen Hausputz und alle anderen Vorbereitungen für das Fest gehabt hätte. Schlimmer noch, das Neujahrsfest nach dem neuen Kalender war etwas ganz anderes. Sagte man nicht *geishun*, ‹Frühlingswillkomm›, oder *shinshun*, ‹neuer Lenz›, wenn man Neujahrsgrüße austauschte? Nach dem alten Kalender war das ganz wörtlich zu nehmen. Nach dem neuen jedoch war Neujahr mehr als einen Monat früher, im Winter also. Das Gefühl für die Jahreszeiten, das immer so wichtig war, wurde dadurch empfindlich gestört. Zu Neujahr schrieb man Gedichte, die etwas mit dem Frühling zu tun hatten. Von den Menschen wurde diese Verschiebung der Jahreszeiten sehr stark empfunden, weil das Neujahrsfest so besonders wichtig ist. Ein «Phantomjahr» nannten die Zeitungen das coupierte Jahr indigniert und fragten spöttisch, ob man wohl die Arbeit von dreißig Tagen in einem verrichten sollte. Da sei das Neujahr der Tokugawa doch wirklich besser gewesen.[13]

Und die, die in den verbleibenden, aber niemals gewesenen Tagen des Jahres Meiji 5 Geburtstag hatten, wann wurden die ein Jahr älter? Wurden die Menschen nicht einfach um einen Monat ihres Lebens geprellt? Ebenso die Toten, obwohl es ihnen vielleicht nicht so drauf ankam: Wenn ein Todestag sich im Dezember jährte, wann sollte man des Verstorbenen gedenken? Lange im Voraus mit Vorbedacht für ein bestimmtes Datum geplante Hochzeiten sollten nun an einem ganz anderen stattfinden? Und was war mit dem Horoskop? Maturierten Kredite, die eine Laufzeit von einem Jahr zum Beispiel bis zum 15. 12. Meiji 5 hatten, nun am 12.1. Meiji 6? Und wie war es mit solchen, die auf mehrere Jahre vergeben worden waren? Sollten sie nach Tagen abgerechnet werden oder nach Monaten oder nach Jahren? Wo die 29 getilgten Tage des kurzen Jahres Meiji 5 geblieben waren, verstand fast niemand, noch worin die Vorzüge des neuen Zeitsystems gegenüber dem alten bestanden. Da kam Fukuzawas Broschüre gerade recht.

Die Erde, schrieb er, umrunde die Sonne wie ein Kreisel, der sich unterdessen selber drehe. Warum es sinnvoll sei, diese irdischen Bewegungen zur Grundlage des Kalenders zu machen statt der des Mondes, erläuterte er anhand von einleuchtenden Beispielen. Die Regelmäßigkeit des Erdumlaufs erlaube es, den Kalender so einzurichten, dass die Tagundnachtgleiche immer auf dasselbe Datum falle, den 21. 3., was viel praktischer sei, als wenn man nach dem lunaren Kalender jedes Jahr aufs Neue feststellen müsse, auf welchen Tag sie und mit ihr der Frühlingsanfang falle.

Er sprach auch ein Problem an, das mit der Monetarisierung der Wirtschaft, die in der Edozeit große Fortschritte gemacht hatte, immer dringlicher geworden war. Durch den Sonnenkalender, erklärte er, würden Verluste vermieden und Unwägbarkeiten in Berechnung und Buchhaltung, wie der alte offizielle Kalender sie regelmäßig durch die notwendige Einschaltung von Monaten verursachte. Und Fukuzawa, immer wieder der Aufklärer, führte auch noch aus, dass seine Broschüre dazu diene, zu verhindern, dass nur die Gebildeten die Kalenderreform verstünden, während Ungebildete ihr nur mit Argwohn und Unverständnis begegneten.[14]

Zu Misstrauen gab es Grund genug. Denn die Regierung beschloss die Reform nicht nur, ohne sich der Zustimmung der Bevölkerung zu versichern; das hatte bei solchen Gelegenheiten noch nie eine Regierung getan. Sie nutzte die Reform auch zu ihrem Vorteil, um ihre angespannte Finanzlage zu verbessern. Seit dem Staatsstreich im Jahre Keiō 3 (1868 u. Z.), durch den das Shogunat entmachtet wurde, hatte die neue Regierung große Ausgaben unternommen, um eine kaiserliche Armee aufzubauen, mit der sie ihre Macht im Innern konsolidieren und sich auf Eventualitäten in einer unsicheren Welt nach außen vorbereiten wollte. In den Jahren unmittelbar vor der Kalenderreform waren die Militärausgaben explodiert. Der Staat war in Geldnot und musste sehen, wo er sie lindern konnte. Auf diese Weise Einsparungen zu machen, den Staatsdienern einen Monat keine Gehälter zu zahlen, war eine willkommene Gelegenheit. Aber nicht nur die Beamten mussten Haare lassen. Wegen der kurzen und ungründlichen Vorbereitung der Reform einerseits und ihrer drastischen Natur andererseits ergaben sich für viele erhebliche Unbequemlichkeiten und für manche wirtschaftliche Schwierigkeiten. Wie waren Löhne, Mieten, Zinsen, Kredite usw. abzurechnen? Wie sollte man Verträge einhalten, die zum Beispiel für den 12. Monat, Meiji 7 nach dem alten Kalender eine Zahlung vorsahen? Wem nützte die verlorene Zeit, wem kam sie zugute? Da das nicht per Gesetz geregelt wurde, vergrößerte die Umstellung des Kalenders nur noch die herrschende Unsicherheit.

Nicht jeder war mit der Reform einverstanden. Da der Kalender, wie wir sahen, ein Bezugssystem ist, das tief in der Kultur verwurzelt ist und wichtige Funktionen für die Organisation des sozialen Lebens erfüllt, stoßen schon kleine Korrekturen auf Widerstand, umso mehr tief greifende Reformen. Dass es auch in diesem Fall Widerstände gab, ist deshalb nicht verwunderlich. In Fukui etwa wurde schon drei Monate nach Inkrafttreten der Reform bei Protesten verlangt, dass westliche Kleidung und Haartracht verboten, der Unterricht von Fremdsprachen eingestellt und der Sonnenkalender wieder abgeschafft werden sollte.[15] In Fukuoka stellten die ihres feudalen Status verlustig gegangenen Samurai eine Reihe von Forderungen, die sich gegen die Reformmaßnahmen der Regierung richteten, darunter die Abschaffung des neuen Kalenders. In Tottori waren auf den Straßen Parolen zu hören, die sich gegen die Jurisdiktion der imperialen Mächte über ihre Staatsangehörigen auf japanischem Territorium (die «ungleichen Verträge»[16]) und gegen den neuen Kalender richteten.[17] Beides waren unwillkommene Neuerungen, die Japan durch die westlichen Mächte aufgezwungen wurden. So war die nicht ganz abwegige Wahrnehmung. Die Stimmung im Land war nicht gut. Allerlei Feiertage fielen aus, jahreszeitbedingte Feste konnten nicht wie gewohnt oder gar nicht gefeiert werden. Die durch die Asynchronie von Mond- und Sonnenjahr verursachten Unannehmlichkeiten des alten Kalenders schien der neue nur noch zu vergrößern. Das Kultusministerium war sehr darauf bedacht, gleichzeitig mit der Kalenderreform die Verwendung des alten Kalenders zu verbieten, und bereitete einen entsprechenden Erlass für die Verbreitung des Kalenders *(hanreki kisoku)* vor. Zwar wurde der Vertrieb des alten Kalenders für das Jahr Meiji 6 untersagt, was den Großhändlern in Tokio und Osaka gewaltige Verluste bescherte[18], aber wegen der starken Unzufriedenheit in der Bevölkerung musste das Ministerium die Passage, die die weitere Verwendung des alten Kalenders verbot, vor seiner Veröffentlichung aus dem Erlass streichen.

Dessen ungeachtet und trotz der in Protesten artikulierten Reaktion gegen die Reform und allgemeinen Unwillens behielten die Befürworter des neuen Kalenders die Oberhand. Dass die Reform letztlich recht schnell und reibungslos durchgesetzt werden konnte, war freilich nicht selbstverständlich. Vor allem angesichts der erwähnten vergeblichen Versuche revolutionärer Regimes in Frankreich und in der Sowjetunion ist der Erfolg der Meiji-Reform durchaus erklärungsbedürftig.

Ob eine Reform des Zeitsystems gelingt oder scheitert, ob die Menschen sie ablehnen oder akzeptieren, dafür gibt es in jedem Fall viele Gründe, da das Zeitregime so viele Aspekte des sozialen Lebens berührt. Vier Faktoren trugen zum Gelingen der Zeitreform von Meiji 6 in Japan bei. Erstens war eine Kalenderreform, oberflächlich betrachtet, gar nichts Ungewöhnliches. Wie fundamental das Zeitregime durch die Übernahme des gregorianischen Kalenders verändert wurde, blieb den meisten Menschen zweifellos zunächst verborgen. Viele erinnerten sich noch an die Tenpō-Reform vor 28 Jahren und waren sich bewusst, dass der Kalender gelegentlich verändert worden war. Die Einschaltung von Monaten, durch die Mond- und Sonnenkalender in Übereinstimmung gebracht, aber gleichzeitig auch merkliche Verschiebungen der Jahreszeiten verursacht wurden, hatte praktisch jeder miterlebt. Nur wer sich wirklich mit dem Problem beschäftigte, erkannte den qualitativen Unterschied dieser Reform. Für das Gros der Bevölkerung kam es einmal mehr zu einem Eingriff in das Zeitregime, mit dem es sich abfinden musste.

Die Bereitschaft dazu betrachten manche als einen weiteren Faktor des Erfolgs der Reform. Der Soziologe Sakuta Keiichi z. B. konstatiert: «In der japanischen Gesellschaft gibt es eine alte Tradition des Akzeptierens der Umstände und der Anpassung an sich verändernde Situationen.»[19] Im gleichen Sinne hatte schon Nakae Chōmin (1847–1901), einer der Intellektuellen, die die Meiji-Restauration am gründlichsten reflektierten, bemerkt, dass die Japaner realistisch seien und «eine große Fähigkeit haben, den Erfordernissen der Zeit durch Veränderungen gerecht zu werden, statt unnachgiebig auf Altem zu beharren. [...] Dreihundert Lehnsherren überließen ihr Land widerstandslos dem Kaiser. Das war möglich, weil sie nicht unnachgiebig waren. Dieselbe Eigenschaft erklärt, wie die Japaner so plötzlich von ihren traditionellen Sitten und Bräuchen zu denen des Westens übergehen konnten, ohne weiter an der Vergangenheit zu hängen.»[20] Die große Anpassungsfähigkeit, die viele im Zusammenhang mit der Meiji-Restauration hervorgehoben haben, ist freilich nicht gleichbedeutend mit der Bereitschaft, die Vergangenheit im Sinne einer für das kollektive Selbstverständnis wichtigen Idee über Bord zu werfen. Vielmehr gehört der kreative Umgang mit der Vergangenheit zu dieser Anpassungsfähigkeit, Vergangenheit nämlich als ideologische Manövriermasse, die umgeformt und nach Bedarf selektiv als Bezugsebene verwendet werden kann. Dadurch wird es trotz radikaler Umbrüche möglich, die Determinanten der Zukunft in der Vergangenheit zu finden. Die Tatsache, dass der Tennō eingespannt wurde, um das Regime, das an die Stelle des Shogunats trat, zu legitimieren, also eine bestehende, altehrwürdige Institution auszunutzen, um Neues zu realisieren, ist ein handfestes politisches Beispiel dafür. Bei der Einführung des Sonnenkalenders machte sich dieselbe Haltung bemerkbar. Ein solcher Kalender sei für Japan, das seinen Ursprung auf die Sonnengöttin Amaterasu Ōmikami zurückführt, besonders angemessen. Mit diesem Argument sollte der neue Kalender schmackhaft gemacht werden. Nicht worum es eigentlich ging, nämlich die Synchronisierung Japans mit der westlichen Welt, wurde betont, sondern die besondere Rolle der Sonne in der japanischen Mythologie. Diese selektive Ausnutzung der Tradition wird uns noch in anderem Zusammenhang beschäftigen. Hier sei nur festgehalten, wie bedeutsam der Umgang mit der Vergangenheit in den bewegten Meiji-Jahren für die Anpassung an ein neues Zeitregime war.

Der dritte Faktor, der den Erfolg der Zeitreform begünstigte, hängt mit der Adaptation der Vergangenheit eng zusammen, die Beibehaltung der Feiertage.[21] Man tat so, als ob sich die vertraute Struktur des Jahres nicht änderte, hatte man erst einmal das unregelmäßige Jahr, in dem die Reform stattfand, hinter sich. Bohnen warf man weiter am oder um den 2. 2., um die Dämonen zu vertreiben *(setsubun)*. *Hina matsuri*, das Puppenfest am 3. 3., das ursprünglich ein Reinigungsritus war, wurde ebenso beibehalten wie das *Tango*-Fest, das früher der Abwehr von Krankheit und Unglück galt und in der Edo-Zeit zum Knabenfest am 5. 5. wurde, anlässlich dessen ab Mitte April vor dem Haus Stoffkarpfen *(koinobori)* in den Wind gehängt wurden. Am 7. 7. feierte man weiterhin *Tanabata*, das romantische Sommerfest, bei dem zwei von einer zürnenden Gottheit getrennte Sterne einmal im Jahr wieder zusammengeführt werden. Und so fort, rund um das Jahr. Dass sich die Feiertage ebenso wie das Neujahrsfest, auf das wir im vorigen Kapitel zu sprechen kamen, ursprünglich nach dem Mondkalender richteten, war nicht hinderlich. Entweder man bestimmte sie auch weiterhin nach dem Mondkalender, oder man wies ihnen fixe Daten – 3. 3., 5. 5., 7. 7. – im neuen Kalender zu. In zwei Systemen zu denken, daran gewöhnten sich die Menschen schnell. Gewisse Ungereimtheiten waren dadurch leichter zu akzeptieren. Warum sollte man nicht weiterhin zu Neujahr den Frühling willkommen heißen! Und so erhalte ich noch heute Neujahrskarten, auf denen *geishun*, *shinshun* oder irgendeine andere auf den Frühling bezogene Formel steht. Neujahr feiert man zwar am 1. Januar, aber das Frühjahr kommt ja mit Sicherheit. Warum also soll man es nicht etwas früher begrüßen? Man lebt in der neuen Zeit, benutzt aber die alte als Dekor. Durch die Überlagerung der beiden Zeitsysteme im Bewusstsein der Menschen entstand eine neue Tradition, die nämlich, den Jahreszeiten immer etwas vorauszueilen.

Viertens schließlich waren die Japaner Kummer gewohnt. Die letzten Jahre des Shogunats waren durch Bauernaufstände, Proteste gegen zu hohe Steuern, eine Strafexpedition der Regierung gegen den abtrünnigen Chōshū-Klan und offene Rebellion des städtischen Bürgertums vor allem in Osaka und anderen westjapanischen Städten gekennzeichnet. Die Macht des Shoguns zerbröckelte. Der Kōmei-Tennō (1846–1866) starb und wurde von dem vierzehnjährigen Meiji-Tennō beerbt. Der erwähnte Staatsstreich am 9. 12. Keiō 3 in Kyoto brachte das Ende des Shogunats und leitete die Restauration der Monarchie ein. Die Kalenderreform kam vier Jahre danach, vier tumultöse Jahre, in denen alles in Bewegung zu geraten schien. Das Jahr Keiō 4 wurde in Meiji 1 umbenannt. Der Tennō, dessen Vorgänger während der ganzen Tokugawa-Zeit in Kyoto residiert hatten, zog nach Edo und gab der dortigen Residenz den Namen ‹Tokio-Schloss›. Im Jahr darauf wurde auch Edo selber umbenannt und als Tokio zur Hauptstadt Japans erklärt.

Im Jahre Meiji 2 verloren die Daimyō ihre Rechte als Feudalherren, und im nächsten Jahr wurden die feudalen Stände abgeschafft. Namen, die sie als Amtsinhaber und Lehnsherren kenntlich machten, wurden von der Regierung verboten, und kurz darauf, im achten Monat Meiji 3, wurde auch Bürgerlichen das Recht verliehen, ihre Namen registrieren zu lassen.[22] Die 302 Lehnsdomänen wurden abgeschafft und durch zunächst ebenso viele Präfekturen ersetzt, aus denen durch Zusammenfassung schließlich 72 Präfekturen als Verwaltungseinheiten wurden. Das Gewaltmonopol der ständischen Ordnung wurde gebrochen. Die Samurai mussten ihre Schwerter ablegen. Nicht mehr sie und die Daimyō, denen sie dienten, besaßen das Privileg bewaffneter Macht, sondern nur noch der Staat, der die allgemeine Wehrpflicht einführte. Durch die Freigabe des Handels mit Land – vor allem motiviert durch den Wunsch der Regierung, die Staatskassen durch seine Besteuerung anzufüllen – wurde die Voraussetzung geschaffen, Steuern von Individuen statt wie bisher vom ganzen Dorf einzuziehen.

Neben die Kasernen, die die Meiji-Regierung in ihrem Reformeifer als eines der Attribute eines modernen Staats erbauten, stellten sie die Schulen als ein weiteres. Ein Erziehungsministerium wurde geschaffen, mit Mori Arinori, der in England und Amerika gewesen war, als erstem Minister. Unter seiner Leitung wurde beschlossen, dass in jeder Gemeinde eine Schule gebaut und die Eltern angehalten wurden, ihre Kinder dorthin zu schicken. Die allgemeine Schulpflicht wurde eingeführt und mit ihr die Intensivierung der zeitlichen Reglementierung des Lebens der Bevölkerung, und zwar der gesamten. «Die Standesunterschiede, die die Schulbildung bisher zum alleinigen Vorrecht der Samurai und Fürsten machten, wurden negiert, Gleichheit für Adlige, Samurai, Bauern, Handwerker und Kaufleute ebenso wie für Frauen, Knaben und Mädchen wurde gefordert.»[23] Die Tempelschulen der Edo-Zeit hatten gute Grundlagen für eine rasche Anhebung des Bildungsniveaus der Gesellschaft gelegt. Dass Fukuzawa Yukichis Buch *Gakumon no susume*, «Empfehlung der Wissenschaft», Meiji 3 mit einer Startauflage von über 200 000 herauskam, ist ein Indiz dafür. Um die gleiche Zeit wurde die erste Zeitung mit Bleisatz gedruckt, die *Yokohama mainichi shimbun.*

Eine weitere Neuerung, die alle Menschen betraf, war die Einführung des Familienregisters *(koseki)* und der Meldepflicht. Die Stellung des Individuums wurde dadurch hervorgehoben, der Staat nahm immer mehr absolutistische Züge an. Auch an neues Geld mussten sich die Leute gewöhnen. Eine Staatsbank wurde gegründet, und im Jahr Meiji 4 trat an die Stelle lokaler Währungen der Lehnsdomänen *(hansatsu)* durch das im Mai verkündete Münzgesetz der Yen als einheitliche Währung.[24] Das komplexe bisherige Währungssystem wurde dadurch vereinfacht und speziell für den Devisenhandel und äußeren Zahlungsverkehr besser handhabbar, aber für die Menschen war es vor allem eine Umstellung.

Im gleichen Jahr wurde noch ein riesiger Schritt unternommen, um den Vorsprung des Westens aufzuholen, im Transportwesen. Als in England bereits ein halbes Jahrhundert Eisenbahnen verkehrten, wurde in Japan die erste gebaut. Zu diesem Zweck stellte das im Dezember Meiji 3 eingerichtete Ministerium für öffentliche Bauarbeiten englische Ingenieure in Dienst. Starker Widerstand gegen das Projekt innerhalb der Regierung musste überwunden werden, aber am 14. 10. Meiji 4 konnte die Zugverbindung zwischen Tokio und Yokohama eingeweiht, der reguläre Zugverkehr am nächsten Tag aufgenommen werden. Plötzlich ging alles schneller, die zunehmende Geschwindigkeit war mit Händen zu greifen, aber auch die Nervosität des mit all diesen drastischen Veränderungen konfrontierten Volkes. Unruhen und immer wieder aufflackernde Revolten bestimmten den Alltag. Mancherorts formierte sich die Reaktion gegen all das Neue. Ausländer aus Europa und Amerika, so wenige sich im Land aufhielten, waren ihres Lebens nicht immer sicher. Für die von den einen gewollte Modernisierung wurden sie dringend gebraucht, während sie in den Augen anderer eine Bedrohung der japanischen Integrität darstellten.

In dieser turbulenten Zeit unternahm die Meiji-Regierung neben allen anderen Reformen auch die Kalenderreform, die überhastet durchgesetzt wurde. Der Kabinettsbeschluss 337 Meiji 5 erklärte in seiner Präambel, dass der gebräuchliche Mondkalender alle 2 bis 3 Jahre die Einschaltung eines Monats erforderlich mache und dass sich davor und danach die Jahreszeiten verschöben. Der Sonnenkalender hingegen verlange nur alle vier Jahre die Einschaltung eines Tages, was auch nach 7000 Jahren noch so sein werde. Er sei also viel genauer, wodurch viele Unbequemlichkeiten vermieden würden. Deshalb werde künftig der Sonnenkalender verwendet. Die ersten beiden Absätze der Erklärung besagen dann: (1) «Es wird festgesetzt, dass der kommende 3. 12. zum 1. 1. Meiji 6 wird. (2) Ein Jahr wird in 365 Tage und 12 Monate unterteilt. Alle vier Jahre wird ein Tag eingeschaltet.» Damit hatte sich Japan zumindest für offizielle Zwecke dem im Westen gebräuchlichen Zeitregime angeschlossen. Das war das Hauptziel der Reform. Anders als die Reform Gregors, angelegentlich deren

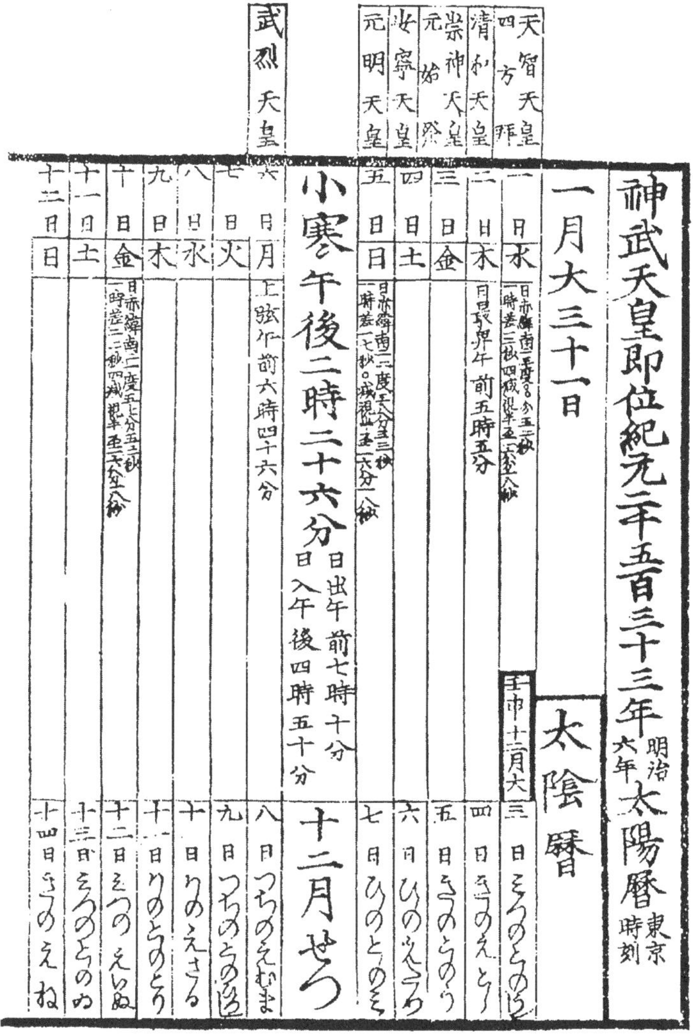

Blatt aus Japans erstem Sonnenkalender für Januar Meiji 6, 1873. Die Angaben beziehen sich zum Teil auf die alte Zeitrechnung. In der rechten Spalte wird das Jahr als 2533 nach der Thronbesteigung des sagenumwobenen Jinmu Tennō gekennzeichnet, erst danach als Meiji 6. Darunter wird vermerkt, dass es ein Sonnenkalender nach Tokioter Zeit ist. Die mittlere Spalte enthält Zeitangaben zu Sonnenauf- und -untergang, wobei die Tagesbezeichnung, *Shōkan*, «kleine Kälte», dem 6. oder 7. Januar des lunaren Kalenders entspricht.

der Vatikan ausnahmsweise die Sache der Vernunft verfocht, war sie nicht das Resultat eigener, von den Initiatoren in Auftrag gegebener Bemühungen um ein besseres Verständnis der Zeit, die auf Erden abläuft. Zwar hatten manche Astronomen in der Edo-Zeit an der Verbesserung des Kalenders gearbeitet, diesem Ziel waren sie jedoch nur insofern näher gekommen, als sie sich die Erkenntnisse der «südlichen Barbaren» zu Eigen machten. Astronomen waren an der Entscheidung deshalb kaum beteiligt. Den Aufklärern dieser Epoche war es gewiss auch um mehr Wissenschaftlichkeit zu tun, aber der übergeordnete Zweck der Kalenderreform war die Synchronisierung des Lebensrhythmus mit dem des Westens. Ob man den gregorianischen Kalender übernehmen sollte oder nicht, war in diesem Moment weniger eine wissenschaftliche als eine politische Frage.

Zur Übernahme des westlichen Zeitregimes gehörte auch die Siebentagewoche. Dass diese seit tausend Jahren in Japan bekannt und mittlerweile integrierte Tradition war, erleichterte die Reform. Denn die Einheit der Woche war bereits in der Heianzeit (794 bis 1185) aus China nach Japan gekommen. Dorthin hatten die Nestorianer sie gebracht, die seit dem sechsten Jahrhundert über Syrien und Persien nach Vorder- und Zentralasien vorgedrungen waren. Dieser christlichen Sekte anhängende Kaufleute und Missionare hatten im achten Jahrhundert im westchinesischen Changan (heute Xian) – der bedeutenden Stadt am Beginn der Seidenstraße, nach deren Vorbild Heian gebaut wurde –, ein Kloster mit einer großen Gemeinde gegründet. Auf die chinesische Gesellschaft übten die Nestorianer nachhaltigen Einfluss aus. Unter anderem übernahm sie die von ihnen in sogdischer Sprache verwendeten Namen der Wochentage, die mit den Planeten assoziiert waren. Als die Meiji-Reformer den christlichen Kalender einführten, war die christliche Woche also längst subversiv wirksam. Für die Japaner stellte sie freilich einen chinesischen Zyklus dar, der mit den Planeten und der Sterndeuterei in Zusammenhang stand, nicht mit der jüdisch-christlichen Tradition. Auch spielte sie für das Zeitsystem, das ja im Wesentlichen sexagesimale und dezimale Zyklen verwendete, keine wichtige Rolle. Der Sonntag wurde nicht geheiligt und erst einige Jahre nach der Kalenderreform von 1873 zum offiziellen Feiertag erklärt.

Den Tag des Herrn zu ehren war den Japanern freilich schon viel früher empfohlen worden, nämlich von den christlichen Missionaren, die im 16. Jahrhundert ins Land kamen. Sowohl die Bedeutung des liturgischen Kalenders als auch was es heißt, in einer anderen Zeit zu leben, lässt sich anhand ihrer Bemühungen illustrieren. Die Kalenderreform Papst Gregors XIII. fand statt, als katholische Missionare zweier Orden bereits in Japan waren, die Jesuiten und die Franziskaner. Erstere kamen aus Portugal, Letztere aus Spanien. Diese beiden katholischen Länder gehörten zu denen, die die päpstliche Reform sofort akzeptierten und umsetzten, was den im Ausland befindlichen Kirchenvertretern umgehend mitgeteilt werden musste, da diese sonst an den verkehrten Tagen zu den verkehrten Heiligen beten würden. Pflichtschuldig wurde Gregors Botschaft von den beiden Orden an ihre Brüder im fernen Japan weitergegeben. Jeder tat das auf seine Weise. Die portugiesischen Schiffe segelten ums Kap der Guten Hoffnung nach Goa, Malakka und Macao und von dort nach Nagasaki. Die spanischen Schiffe hingegen kamen von Mexiko über den Pazifik. In einer Welt, die noch keine Datumsgrenze kannte, hatte das zur Folge, dass der Kirchenkalender der in östlicher Richtung reisenden Jesuiten um einen Tag von dem der in westlicher Richtung reisenden Franziskaner abwich. «Mit anderen Worten, in Japan hinkten die Anhänger der spanischen Franziskaner mit dem Datum und der Beachtung der Heiligen-Tage den portugiesischen Jesuiten um einen Tag hinterher.»[24] Während die Franziskaner noch Fastnacht feierten, mussten die Jesuiten bereits in Sack und Asche gehen. Dass die japanische Regierung von diesen Leuten, die vorgaben, demselben Gott zu dienen, sich aber nicht einmal darauf einigen konnten, ob Fasching oder Aschermittwoch war, schließlich genug hatten und ihnen die Tür wiesen, kann niemanden verwundern. Es war auch keine sehr gute Reklame für den neuen Kalender.

Diesen zu übernehmen, bestand freilich ohnehin keine Neigung, denn in Japan lebte man nach dem offiziellen Mondkalender, auch die Christen. Gleichwohl spielte der Kirchenkalender für die Strukturierung des Lebens der seit Francisco Xavier stetig gewachsenen christlichen Gemeinde eine wichtige Rolle. Bis 1618 wurde er alljährlich von der Missionspresse der Jesuiten gedruckt. Danach war das nicht mehr möglich, denn die christliche Religion war verboten. Schon Toyotomi Hideyoshi (1536–1598) hatte die zersetzende Kraft und politische Bedrohung der christlichen Mission erkannt und die Priester des Landes verwiesen. Unter dem Tokugawa-Shogunat wurde die Ausübung der Religion schließlich ganz verboten, der jedoch trotzdem zahlreiche Anhänger treu blieben. Manche fielen den Verfolgungen zum Opfer, andere gingen in den Untergrund, woher sie ihren Namen haben: *kakure kirishitan*, ‹versteckte Christen›. Für sie wurde von Macao aus noch gelegentlich ein Exemplar des Kirchenkalenders ins Land geschmuggelt, das letzte, als *Bastian no higuri*, ‹Bastians Kalender›, bekannt, 1634.

Diesen Kalender zu verwalten oblag dem ‹Registerführer› *(chōkata)*, dessen wichtigste Aufgabe es war, ihn aus der Form des Sonnenkalenders in die des Mondkalenders umzusetzen. Die von den Jesuiten begonnene Tradition, deren ursprünglicher Zweck es war, es den Konvertiten zu erleichtern, den liturgischen Kalender in den gewohnten Jahresrhythmus einzupassen, wurde von den *kakure kirishitan* fortgeführt, als die Missionare fort waren und sie ihren Glauben nicht mehr öffentlich praktizieren konnten. Auch nach der Aufhebung des Verbots ihrer Religion in den frühen Meiji-Jahren hielten sie daran fest, denn sowenig ihre Vorfahren das Verbot der Tokugawa-Regierung akzeptierten, so wenig waren sie geneigt, sich in Glaubensfragen von den europäischen Missionaren, die 200 Jahre später als Zugeständnis an die imperialen

Mächte erneut ins Land kommen durften, Vorschriften machen zu lassen oder auch von der Meiji-Regierung. Beide, die Missionare und die Meiji-Regierung, waren sich in einem einig, sie waren für den gregorianischen Kalender, wenn auch aus verschiedenen Gründen. Für die Regierung ging es, wie wir sahen, darum, den Schritt in die moderne Zeit zu wagen und sich dem Rhythmus des Westens anzupassen. Die Missionare hingegen wollten unter der Herde ihrer Schäfchen, die 200 Jahre ohne Hirten gewesen war, die Autorität Roms wiederherstellen. Kirchenkalender und Dogma mussten die *kakure* akzeptieren, sonst durften sie keine Christen sein. Manche von ihnen gaben nach und kehrten in den Schoß der Kirche zurück, andere aber ließen die Missionare Missionare sein und hielten an ihrem synkretistischen Glauben fest und mit ihm an dem alten Kalender. «Diese Tradition des Mondkalenders», schrieb Kataoka noch 1974[27], «wird von den *kakure kirishitan* noch immer aufrechterhalten.» Nach diesem Kalender ist *hana mairi*, ‹Blumenweg› oder Palmsonntag, um den 25. 1., *agari*, ‹Auferstehung›, also Ostern, um den 3. 2., *yonjū nichime*, ‹der vierzigste Tag› oder Christi Himmelfahrt um den 13. 3., *gotanjō*, ‹Geburtstag›, nämlich Weihnachten, am 10. 11., und so fort. Die *kakure* bereicherten diesen lunaren Kirchenkalender noch um Gedenktage für ihre eigenen Märtyrer und schufen damit eine idiosynkratische Zeitordnung.

Indem sie daran festhielten, spielten die *kakure* im Kleinen nach der Meiji-Restauration die Rolle weiter, die Japan zuvor im Großen gespielt hatte. Sie grenzten sich nämlich mit ihrem eigenen Kalender von einer Umgebung ab, deren Autorität sie nicht akzeptieren wollten, und bewahrten so die Abgeschlossenheit ihrer geistigen Provinz. Ohne es zu wollen, demonstrierten sie damit zugleich, wozu ein Kalender dient. Ebenso wichtig wie für die Zeiteinteilung ist er für die Verankerung der kulturell definierten Identität der Gemeinschaft. Es ist nicht nur eine Ironie der Geschichte, dass die Einzigen, die den christlichen Kalender nicht annahmen, als in Japan die Zeit dazu gekommen war, die japanischen Christen waren.

Es ist auch ein Ausdruck der Reaktion gegen die immer weiträumigeren Identifikationsangebote, die die Moderne mit sich brachte. Mehr als japanische Christen wollten sie *kakure kirishitan* sein, Japaner schon und Christen auch, aber doch innerhalb dieser beiden großen Gruppen noch einmal abgesetzt. Auch nach der Öffnung des Landes und der Aufhebung des Verbots ihrer Religion benutzten sie ihren eigenen Kalender neben dem offiziellen, ganz so wie zu den Zeiten, als sie sich nur im Verborgenen nach ihm richten konnten. Er war ein Stück ihrer Identität, das sie sich nicht nehmen lassen wollten. Fernab vom Zentrum der Macht, an der äußersten westlichen Peripherie des Archipels praktizierten sie einen Lokalpatriotismus der Zeit.

Unterdessen machte sich das neue Zeitregime im ganzen Land sukzessive bemerkbar, in den Städten schneller natürlich als in ländlichen Gemeinden. Für eine steigende Zahl von Menschen erlangten Kalender und Uhr praktische Bedeutung. So verkündete eine Bekanntmachung der neu gegründeten Eisenbahngesellschaft aus dem Jahr der Kalenderreform «Vorschriften für Zugreisen», in denen es u.a. heißt: «Wer mit dem Zug zu fahren beabsichtigt, muss sich spätestens 15 Minuten vor dem hier angezeigten Zeitpunkt am Bahnhof einfinden, den Fahrschein kaufen und sonstige Vorbereitungen treffen.»[28] Dass sich die Menschen hinsichtlich des Zeitpunkts der Abfahrt nach den Verkehrsmitteln und nicht diese nach jenen zu richten hatten, wurde immer deutlicher, immer mehr führte man ein Leben mit und nach der Uhr.

Die Uhr selbst wurde zum Prestigeobjekt. Die besten Absolventen der im Jahr Meiji 10 gegründeten Universität von Tokio sowie der Militär- und Marineakademien erhielten zum Andenken vom Tennō eine silberne Taschenuhr. Diese ‹kaiserliche Geschenkuhr› *(onshi tokei)*, wie sie bald hieß, war ein äußerst begehrtes Zeichen der Anerkennung, um das ehrgeizige Studenten jedes Jahr wetteiferten. Die zunehmende Wichtigkeit der Uhr im öffentlichen Leben illustriert eindrucksvoll ein Holzschnitt von Inoue Tankei aus

Verkündung der Meiji-Verfassung am 11. Februar 1889 im geheimen Staatsrat unter dem Vorsitz von Itō Hirobumi (im Bild hinten 2. v. r.). Den Ratssaal ziert eine Standuhr, deren Position direkt neben dem Tennō auf ihre große symbolische Bedeutung hinweist. Holzschnitt von Inoue Tankei (Ausschnitt).

der Mitte der Meiji-Zeit, als die kaiserliche Regierung fest im Sattel saß und Japan mit wachsendem Selbstbewusstsein auf seine Rolle als aufstrebende Weltmacht vorbereitete. Festgehalten wird darauf die Verkündung der Meiji-Verfassung am 11. 2. Meiji 22 (1889) im geheimen Staatsrat unter Vorsitz von Itō Hirobumi (1841–1909), ein geschichtlicher Augenblick, in dem die Architekten des absolutistischen Meiji-Staates innehalten und stolz Zwischenbilanz des seit der Restauration Erreichten ziehen konnten. Den Ratssaal ziert eine imposante Standuhr, deren Position direkt neben dem Tennō auf ihre große symbolische Bedeutung hinweist. Sie scheint zu den im Kreis versammelten Mitgliedern des Staatsrates zu gehören, die sie freilich alle überragt. In der Mitte der oberen Bildhälfte zieht das Zifferblatt mit römischen Zahlen den Blick des Betrachters auf sich, ebenso wie das Pendel darunter, das die einzige Linie beschreibt, die von den senkrechten Parallelen abweicht, die die um sie herumgruppierten, aufrecht sitzenden Honoratioren bilden; selbst der Tennō und der große Staatsmann Itō wirken klein neben ihr.

Das Leben ohne Uhr gestaltete sich zusehends schwieriger, besonders für Soldaten, die Japans Großmachtanspruch erst 1894/95 gegenüber China und dann 1904/5 gegenüber Russland geltend machen mussten. Sie waren alle im Besitz einer Uhr, wie man einer Strophe des im japanisch-russischen Krieg populären Soldatenlieds *Senyū*, «Waffenbrüder», von Miyoshi Kazuoki entnehmen kann.

Waffenbrüder

Leer und kalt ist ihre Seele
heimgekehrt, in der Tasche
geht, oh weh, nur noch die
Uhr, tick tack.

Um die Handlungen vieler Menschen, die sich an verschiedenen Orten aufhalten oder einander nicht sehen, zu koordinieren, benötigt man eine Uhr. Militärische Operationen sind der klassische Fall, aber auch die Schule und die Eisenbahn verlangen Pünktlichkeit. In der Meiji-Zeit wurde sie zu der hoch geschätzten Tugend, die sie heute in Japan ist. Uhren wurden zu Denkmälern.

Die «Königin von Ginza» beispielweise, die Uhr nämlich auf dem Geschäft, das Hattori Kintarō, der Gründer von Seiko Co., 1895 an der Kreuzung von Ginza 4 chōme errichtete. Noch immer befindet sich auf dem Dach des traditionsreichen Uhrmachers und Juweliers Wako, wie das Geschäft heute heißt, ein Uhrturm. Die

Die «Königin von Ginza», der Uhrturm auf dem Wakō-Haus an der Kreuzung von Ginza 4 chōme (Reklame einer Immobilienfirma)

Zifferblätter weisen in die vier Himmelsrichtungen. Als 1932 eine neue Uhr installiert wurde, schmückte sie das höchste Gebäude der Gegend und konnte noch vom Bahnhof Yurakuchō aus gesehen werden. Mittlerweile ist die Sicht durch die vielen Hochbauten verstellt. Aber die Uhr ist immer noch ein Wahrzeichen der Ginza, von deren Glocke sich die Mitglieder der «Gesellschaft der der Neujahrsglocke in Ginza Lauschenden» dortselbst in der Nacht zum 1. Januar das neue Jahr einläuten lassen. Wenn wir uns vor Wako verabreden, können wir uns nicht verpassen. Jeder kennt das Geschäft. In der Literatur kommt es oft vor, und dann weiß jeder, wo die Handlung spielt. In der Meiji- und der auf sie folgenden Taishō-Zeit versinnbildlichte sie noch mehr als heute die rasch voranschreitende Entwicklung der städtischen Gesellschaft.

Nagai Kafū (1879–1959), der von der Moderne angeekelt war und den Verlust des alten Japan, das mit dem großen Kantō-Erdbeben 1923 unterging, wie kein anderer Schriftsteller beklagte, erwähnt den Uhrturm in seinem Meisterwerk «Romanze östlich des Sumidagawa». Sein Ich-Erzähler sucht in dieser Novelle die Gesellschaft des Freudenmädchens O-yuki, weil er in dem sich schnell wandelnden Tokio keinen anderen Ort mehr findet, «wo er Tee trinken und von alten Zeiten reden kann». Selbst «von der Zeit zurückgelassen», spricht er von «der Trübsal verflossener Zeiten» und beschreibt O-yuki als «geschickte und doch wenig wortgewandte Künstlerin, die die Vergangenheit heraufbeschwören kann». In den «müßigen Anmerkungen», die er der Erzählung hinzufügte, lesen wir:

> «Während wir so sprachen, war es plötzlich spät geworden, und die Glocke, die vom Uhrturm bei Hattori zwölf schlug, klang damals irgendwie ungewohnt. Als der wissbegierige Alte die Glocke hörte, erzählte er allerlei Geschichten, wie dass die Glocke auf dem Uhrengeschäft Kobayashi, das bis zum Erdbeben in Yakanchō war, Anfang der Meiji-Zeit zu den acht Sehenswürdigkeiten von Shinbashi zählte. Und ich erinnerte mich daran, wie ich Meiji 44 jeden Abend, während ich im ersten Stock des Freudenhauses darauf wartete, dass die Frauen zurückkamen, angestrengt nach

der Uhr dort horchte. […] Vor dem Teehaus auf der Straße stellten sich um diese Stunde die Droschken ein, um auf die nach Hause fahrenden Mädchen und Betrunkenen zu warten. Da die Glocke von Hattori für die Bars und Cafés das Signal war, die Lichter zu löschen, begann dann mit einem Mal in den nun finsteren Straßen, die so überfüllt waren, dass es kein Fortkommen gab, das Gedränge der ohne Rücksicht auf die Fahrgäste sinnlos hupenden Droschken.»[29]

Die Uhr zu lesen, hatten die Menschen schnell gelernt. Dass Fukuzawa Yukichi sie erklären musste, war schon vergessen, als die Meiji-Zeit zu Ende ging. Die Glocke von Hattori war das Signal, das die Bewegungen der Menschen regulierte und sie in Gedränge und großer Hast weiter voranstolpern ließ. Die vier kurzen Jahrzehnte genügten, Japan in die Moderne zu katapultieren. Das Tempo des Lebens – der Arbeit, des Transports, der Verbreitung von Nachrichten – nahm mit dem Leben nach der Uhr ständig zu. Die durch die Meiji-Reformen freigesetzte Energie und der Wille zur nationalen Selbstbehauptung, der seine Initialzündung durch sie erhalten hatte, trieben die Entwicklung unaufhaltsam voran. Aber dabei fühlte sich so mancher wie Kafū «von der Zeit zurückgelassen» und schaute lieber zurück als nach vorn.

Anmerkungen Kapitel V

1 Fukuzawa (1981 : 207 f.).
2 Der Pulsfrequenz als Zeitmaß begann man in Europa Ende des 15. Jahrhunderts Beachtung zu schenken. Am Anfang stand dabei, wie Dohrn-van Rossum (1992 : 264) bemerkt, die Suche nach einem verbindlichen Zeitmaß in der Musik. Es folgten astronomische Zeitbestimmungen mithilfe des Pulses. Dazu, umgekehrt die Pulsgeschwindigkeit für diagnostische Zwecke der Medizin zu messen, kam es erst später, als sich die mechanische Uhr als Zeitmessinstrument durchgesetzt hatte, obwohl ein schneller Puls schon im Altertum als Hinweis auf gesundheitliche Veränderungen betrachtet wurde.
3 Fukuzawa (1960 : 215).
4 *ibid.*
5 Die ideologischen Aspekte des Kampfes um den Kalender, insbesondere die Bestimmung des Osterdatums, in Europa werden ausführlich von Duncan (1998) erörtert.
6 Rifkin (1987 : 75).
7 Weitere Einzelheiten zum französischen Revolutionskalender bei Zerubavel (1977).
8 Die Modernisierung, argumentiert z. B. in diesem Zusammenhang Akamatsu (1986 : 269), sei von einer Elite für eine Elite durchgeführt worden.
9 Irokawa (1985 : 66) berichtet eine Episode von einem Lehrer in Fujisawa an der Tōkaidō 1872, die einen Eindruck von dem Gefühl der Befreiung vermittelt, das diese Epoche für viele kennzeichnete. Immer wenn er Unterricht hatte, führte er seine Klasse ans Meer, um sie dort Fukuzawas Buch von der weiten Welt rezitieren zu lassen.
10 Uchida (1992 : 183) spricht von «vielen hunderttausend Exemplaren, die binnen kurzer Frist verkauft waren».
11 Fukuzawa Yukichi blieb nicht der Einzige, der über die Kalenderreform schrieb. Nach ihrem Inkrafttreten erschien eine ganze Flut von Büchern und Broschüren dazu, woran zu erkennen ist, wie groß der Informationsbedarf war. *Shinreki meikai* [Erklärung des neuen Kalenders] von Kuroda Yukimoto, *Taiyōreki zukai* [Illustrierte Erklärung des Sonnenkalenders] von Hashizume Kanichi, Hanai Shizukas *Taiyōreki zokukai* [Der Sonnenkalender für jedermann], Shimamura Yasushis *Shinreki kummō* [Erläuterung des neuen Kalenders], *Inyōreki hikakuhyō* [Vergleichstabelle für Mond- und Sonnenkalender] von Nagamigawa Hikojirō, Ōkusa Takanoris *Taiyōreki hayamihyō* [Der Sonnenkalender auf einen Blick] und Azu-

mano Shinsaburōs *Shinreki shukan* [Brief zum neuen Kalender] sind nur einige der 1873 erschienenen Titel. Keiner davon fand freilich ein so breites Publikum wie *Kaireki ben*, was Fukuzawas Bekanntheit ebenso zu danken war wie dem knappen Umfang und der sachlichen und einfachen Darstellungsweise seiner Schrift.

12 Durch die Reform Papst Gregors XIII. folgte auf den 4. Oktober der 15. Oktober 1582. Gemessen daran war die Meiji-Kalenderreform erheblich drastischer. Gregor eliminierte elf Tage, um den Kalender zu korrigieren, die Meiji-Reformer volle vier Wochen.

13 Zitiert nach Uchida (1992 : 182).

14 Fukuzawa (1981 : 203, 206).

15 Okada (1994 : 244 f.).

16 Mit den «ungleichen Verträgen» sind eine Reihe diplomatischer Abkommen gemeint, die das Tokugawa-Shogunat sich in den 1850er- und 60er-Jahren mit den Vereinigten Staaten, den Niederlanden, Russland, Großbritannien und Frankreich zu schließen gedrängt sah. Sie beschränkten Japans Zollautonomie und beinhalteten das Recht dieser Mächte, ihre in Japan ansässigen oder durchreisenden Bürger in konsularen Kammern nach eigenem Recht abzuurteilen. Die Meiji-Regierung bemühte sich um die Revision dieser Verträge, was nach vielen Anläufen erst Mitte der neunziger Jahre gelang.

17 Uchida (1992 : 186 f.).

18 Terai (1995 : 173).

19 Zitiert nach Kuwabara (1985 : 27).

20 Zitiert nach Kuwabara (1983 : 80 f.).

21 Auch Caesars Kalenderreform ließ Fest- und Feiertage weitgehend unberührt, wie auch das alte System der Aufzählung der Monatstage nach Kalenden, Nonen und Iden. Eben diese auffälligen und emotional bedeutsamen Aspekte des Kalenders trachteten die Kalenderreformer der französischen Republik hingegen zu ändern, was sicher eine wesentliche Ursache ihres Scheiterns war.

22 Plutschow (1995 : 190 f.) argumentiert in seiner umfassenden Studie der japanischen Namenkultur, dass sich in der Namengesetzgebung der Meiji-Regierung das Gedankengut der französischen Revolution bemerkbar macht: Alle Menschen sind gleich, und das Individuum ist verantwortlich vor dem Gesetz.

23 Tōyama (1968 : 178 f.) stellt im Einzelnen dar, wie die allgemeine Schulpflicht nach preußischem Vorbild im Interesse der Stärkung des Staates auf egalitäre Weise durchgesetzt wurde.

24 Die im Jahr Meiji 5 ausgegebenen Halbe-Yen-Noten waren in Deutschland hergestellt worden.

25 Okada (1994 : 4).

26 Eine starke Fraktion um Saigo Takamori wollte die verfügbaren finanziellen Ressourcen für den Ausbau der Streitkräfte verwenden und betrachtete die Investition großer Summen in den Bau der Eisenbahn als Vergeudung. Vgl. Yamamoto (1986 : 23).

27 Zitiert nach Turnbull (1998 : 138).

28 Zitiert nach Sanada (1987 : 180).

29 Nagai (1971 : 199 f.).

ERFUNDENE ZEIT

Die Aufgabe des Historikers ist es heute, wissenschaftlich erwiesene Tatsachen anzuerkennen und sie dem Volk frei vom Einfluss staatlicher Macht mitzuteilen.

Ienaga Saburō

Es war im April 1998, dachte ich. Die Produktion Toei hatte in ihr Studio in Yurakuchō zur Vorführung eines Films eingeladen, der im Mai im ganzen Land in zweihundert Kinos anlaufen sollte. Vor dem Eingang des Gebäudes, draußen auf der Straße verteilten einige junge Leute Handzettel, Mitglieder der Gewerkschaft der Filmschaffenden, *Zen eien kumiai*, wie sich herausstellte, die gegen den Film protestierten. *Puraido. Unmei no toki*, ‹Stolz. Die Schicksalsstunde›, ist ein Film des Regisseurs Itō Shunya, der das Heldenlied General Tōjō Hidekis singt. Sein Todestag würde sich dieses Jahr an Kaisers Geburtstag zum fünfzigsten Mal jähren. Am 23. Dezember 1948 wurde er nach Abschluss des Tokioter Kriegsverbrechertribunals als einer der Hauptschuldigen am Pazifischen Krieg im Gefängnis in Sugamo gehenkt.[1] Wie eine eigens gegründete Bürgerinitiative gegen den Film nahm die Gewerkschaft Anstoß daran, wie der Film mit der Vergangenheit umging. Sie war der kaum von der Hand zu weisenden Meinung, *Puraido* leugne und beschönige geschichtliche Tatsachen, indem er Japans Angriffskrieg als bloßen Akt der Selbstverteidigung darstelle. Außerdem zeigt er, was für ein stolzer Mann Premierminister Tōjō war, auf den stolz zu sein es allen Grund gibt – so die Botschaft des Films.

Die erste Szene des Films versetzt uns in eine andere Zeit. Er beginnt mit einer Ansprache Tōjōs, überzeugend dargestellt von Tsugawa Masahiko, anlässlich des 2600-jährigen Jubiläums der Thronbesteigung Jinmu Tennōs. Nach dieser Zählung hätten wir, als wir

「プライド―運命の瞬間」は賛美か

伊藤俊也監督

この映画、上映前から大騒ぎだ。かねて国内の労組や進歩的文化人から「問題映画だ」と批判されてはいたのだが、そこに北朝鮮と中国政府も参加、「過去の侵略をねじ曲げている」「東条英機を賛美している」と今や非難の大合唱。が、その内容は、愚直な軍人・東条英機が、国民から嘲笑されながら、東京裁判の法廷でアメリカ人検事と戦う様子を事実通りに再現したもの。ねじ曲げた部分はどこにもない。

まず、その問題映画『プライド―運命の瞬間』製作の舞台裏の話から――。

というのも、幸か不幸かこの映画は、世間から右寄りと見なされているスポンサーの出資で製作されたもの。そのせいで、完成前から「どうせ軍国主義映画だろう」というレッテルを安易に張られた面がなきにしもあらず、なのだ。

製作・配給元の東映に製作までのいきさつを聞くと、

「この映画の企画は三年半前、東京映像制作というところから持ち込まれました。それは、東日本ハウスという注文住宅会社が創立三十周年を記念して映画を作ることを決め、そのために設立した会社です。ただ、そのときの東京映像制作側の希望は、極東国際軍事裁判（東京裁判）で日本の有罪に反対したインドのパール判事の映画を作ってくれ、というものでした。向うの希望は東条英機の映画ではなかったのです」（福永邦昭・東映映画宣伝部長）

実は、その東日本ハウス（店頭市場公開企業）のオーナーで会長（当時）でもあった中村功氏が政治好きで知られる人物。自ら青年自由党なる政党を作り、その党首におさまっている。「東京裁判史観による教科書を見直せ」という運動にも熱心だ。

で、「あの中村氏が作らせる映画なら右翼映画だろう」という思い込みが一部の映画関係者の間に広がり、映画ができる前から「東条賛美だ」と決めつける者が出る始末だったのだ。が、東映の説明によれば、むしろそのスポンサーが驚くような提案を、東映側が行なったのである。

「東映は企画が持ち込まれた段階で、当社の伊藤俊也監督にパール判事で映画ができるかどうか検討してくれ、と指示しました。伊藤監督は六〇年安保を東大で闘い、当社に入ってからも組合委員長として経営側と激しくやりあった人で、決して右翼ではありません。ただ非常に勉強家ですから、東京裁判関係の文献を大量に読み、パール判事ではドラマは作れない、東条英機ならできる、という結論を出したのです。それをスポンサーに伝えたところ、むしろ向うが驚いていました。完成した映画が三時間四十一分の大作になり、東条英機のドラマのほかに、インドの独立運動やパール判事の家庭の様子もでてくるのは、スポンサーの要望を汲んだためでしょう。本筋の東条英機と東京裁判の部分については監督が自由に製作しています。その部分は二時間ぐらいです」

そのストーリーは、東条英機がGHQ（占領軍）のMPに家を囲まれ、A級戦犯として逮捕される寸前に、ピストル自殺を図って未遂に終るところから始まる。「生きて虜囚の辱めを受けず」の戦陣訓を作ったのが、陸相時代の東条だ。東京裁判の法廷に引き出されたときの苦悶は並大抵のものではない。国民からの非難と嘲りの声も高い。戦争未亡人が東条を運ぶ護送車の前に飛び出してきて、「死ね」と叫びながら割腹自殺する姿

'98.5.21　146

Tsugawa Masahiko als General Tōjō Hideki beim Tokioter Kriegsverbrecher-tribunal, in dem Film *Puraido. Unmei no toki,* ‹Stolz. Die Schicksalsstunde›, von Itō Shunya, 1998.

den Film sahen, das Jahr 2658 geschrieben. Heisei 10 und 1998 waren den meisten Zuschauern sicher geläufiger, aber niemand im Publikum lachte, obwohl die Sache doch durchaus ihre lächerlichen Seiten hatte. Ein moderner Staat veranstaltet große Zeremonien unter erheblichem Kostenaufwand, um eine Fiktion zu feiern. So war es 1940 tatsächlich geschehen. Sondermarken zum 11. Februar 1940 bzw. 2600 wurden gedruckt. Der greise Richard Strauss wurde beauftragt, ein geeignetes Stück für den Staatsakt zu komponieren, der dann mit viel Pomp in Gegenwart japanischer Würdenträger und ausländischer Gesandter im kaiserlichen Palast begangen wurde. Historiker wurden angehalten, die 26 Jahrhunderte der japanischen Geschichte zu würdigen, was nicht wenige von ihnen, ohne mit der Wimper zu zucken, taten. Das Erziehungsministerium berief eine Kommission, die die historischen Stätten untersuchen sollte, an denen Jinmu Tennō weilte.[2] Die Mitglieder dieser Kommission konnten keinen Zweifel haben, dass sie es sich genauso gut zur Aufgabe hätten machen können, den Pfirsich zu suchen, aus dem der Knabe Momotarō entsprungen war. Denn Jinmu Tennō war ebenso historisch wie Momotarō.

Man stelle sich vor, die Europäische Union würde den Tag, an dem Zeus sich in einen Stier verwandelte und Europa hinwegtrug, um sie zu verführen, als Gründungstag feiern! Gibt es Europa denn nicht schon seit dem Neolithikum, als der Wolkenballer den schönen Menschenkindern nachstellte?! Wer würde angesichts des Zeustempels in Olympia an der Existenz des treulosen Göttervaters zweifeln?

Nun mögen wohl, als Jinmu Tennōs Thronbesteigung gefeiert werden sollte, sich so manche gefragt haben, ob sie ihre Zweifel an Jinmus Existenz bekennen sollten. Doch zunächst noch ein Blick auf den Film. Überraschend an diesem Aprilmorgen 1998 war, dass dieses insgesamt als Fingerübung kinematographischer Geschichtsklitterung freundlich beschriebene Opus die aus heutiger Sicht eher peinliche Begebenheit des 2600-jährigen Jubiläums nicht einfach ignorierte. Für die Darstellung seines Gegenstands,

Tōjōs Rolle im Tokioter Tribunal, und seinen weiter gehenden Zweck, den Ultranationalismus jener Zeit zu exkulpieren, war sie unerheblich. Aber Drehbuchautor und Regisseur waren offensichtlich der Meinung, diese Episode in den Film einbauen zu können, ohne Gefahr zu laufen, den Protagonisten lächerlich zu machen. Das deutet auf eine unterschwellige Bereitschaft hin, den Unterschied zwischen Mythos und Geschichte, wenn nicht zu leugnen, so doch nicht sehr wichtig zu nehmen; auch heute noch.

Jinmus Inthronisierung als erster Tennō ist ein prägnantes Beispiel einer erfundenen Tradition im Sinne Hobsbawms. Gemeint ist damit nach seiner Definition

> eine Reihe durch gewöhnlich explizit oder stillschweigend akzeptierte Regeln geleiteter Praktiken ritueller oder symbolischer Art, die durch Wiederholung bestimmte Werte und Verhaltensnormen vermitteln sollen, was automatisch eine Kontinuität mit der Vergangenheit impliziert. (Hobsbawm 1983 : 1)

In der Geschichte des Jinmu Tennō können wir etliche Elemente dieser Definition wieder finden. Der Mythos, auf den sich die Tradition stützt, ist schon alt, er wird bereits in Japans erster Chronik berichtet, dem *Nihon Shoki*, das im Jahre 720 u. Z. dem Kaiser vorgelegt wurde. Besser gesagt, die Verfasser des *Nihon Shoki* waren die Schöpfer der Tradition. Danach war Kanmu Yamato iwarehiko im «Zeitalter der Götter» erst einmal 1 792 470 Jahre lang auf Erden vagabundiert, war von Kyūshū durch die Setonaikai nach Osaka und Nara gezogen, um dann im hohen Alter Kashihara bei Nara zum Sitz seines Palasts zu erwählen und im Jahre 660 v. u. Z. dortselbst den Thron zu besteigen. Am elften Tag des dritten Monats im Jahre 76 danach starb der von den Göttern abstammende erste Menschenkaiser in seinem Schloss. Posthum bekam er dann chinesischem Brauch folgend einen anderen Namen: Jinmu Tennō. Im Schrein von Kashihara wird er noch heute verehrt, sein Jubiläum nach derselben Zählung noch heute begangen. In einem

Schrein mag das angehen, denn an solchen Kultstätten besteht man ja nicht unbedingt auf harten Fakten. Aber in Regierungskreisen?

Das Jahr von Jinmu Tennōs Thronbesteigung gilt der Annalistik als Jahr 1 der japanischen Geschichte. Das *Ninhon Shoki* ist die erste der ‹Sechs Reichsgeschichten› *(rikkokushi)*, die Japans Platz in der Geschichte offiziell definieren. Mit dem *Nihon Shoki* und der präzisen Datierung der Regierungszeit Jinmu Tennōs wurde diese Tradition erfunden, auf die man dann im Laufe späterer Jahrhunderte immer wieder zurückgriff, mal mehr, mal weniger. Der zeitgenössische Historiker Sakamoto Tarō beschreibt, wie es zu der Datierung kam. Als Ende des sechsten Jahrhunderts u. Z. kalenderkundige Experten aus China oder Korea nach Japan kamen, machte man sich am Hof von Kaiserin Suiko (592–628) daran, sich das zuzulegen, was ein zivilisiertes Reich nach chinesischem Vorbild brauchte, eine offizielle Chronik; aus Mythos musste Geschichte werden. Das Jahr 601 u. Z. war das 58. eines chinesischen Sechzigerzyklus und stand im Zeichen von *kanoto-tori*, was große Wirren, wenn nicht revolutionäre Veränderungen verhieß. Dieses Jahr als Ausgangspunkt nehmend, rechneten die Gelehrten 21 Zyklen zurück, um wiederum bei einem *kanoto-tori*-Jahr anzulangen, das wegen der in den Sternen stehenden großen Veränderungen, die der Göttersohn Jinmu zweifellos den Menschen brachte, als geeignetes Jahr für die Festsetzung seiner Thronbesteigung 1260 Jahre zuvor erschien.[3] Seitdem – wohlverstanden nicht seit 660 v. u. Z., sondern seit die Kalendermacher dieses Datum festgesetzt hatten – war der japanische Tennō wie der chinesische Kaiser Herr der Zeit. Besonders wichtig war das Datum von Anfang an, weil mit ihm ein Pflock eingeschlagen war, an den sich das unendliche Band der japanischen Geschichte knüpfen ließ. Die nachfolgenden Tennōs brauchten es dann nur noch ohne Unterbrechung durch die Geschichte zu ziehen. Ihren Chronisten blieb es überlassen, die Stellen, an denen das Band gelegentlich zerriss und wieder angeknüpft werden musste, wie im 14. Jahrhundert u. Z., als ein südlicher gegen einen nördlichen Hof stand, zu ignorieren oder in ihrer Bedeutung herabzuspielen. Die Kontinuität der göttlichen Abstammungslinie war das Wesentliche. Große Bedeutung kam darüber hinaus dem Umstand zu, dass die japanischen Annalisten es vermieden, die Gründung des japanischen Kaisertums an ein externes Datierungssystem zu koppeln. «Im Rahmen der offiziellen japanischen Annalistik wurde immer nur nach japanischen Zeitangaben datiert, es wäre unvorstellbar gewesen, japanische Herrscher in einen Rahmen zu stellen, deren Parameter von Herrschern anderer Reiche stammten. Das hätte das japanische Kaisertum einem fremdländischen Herrscher untergeordnet.»[4]

Das darf man nicht vergessen, wenn man einen Film wie *Puraido* richtig genießen und die Kalenderreform zu Beginn der Meiji-Zeit richtig verstehen will. Die vor dreizehn Jahrhunderten begonnene Annalistik ist selbst schon Geschichte, gewiss, aber wenn wir Japans Existenz in der Zeit im Blick haben, können wir sie nicht ganz ausblenden. Die Vermittlung historischer Spuren in die Gegenwart ist mit dem Prozess des Übersetzens aus einer fremden Sprache verglichen worden.[5] Allein die fremden Worte durch uns geläufige zu ersetzen genügt nicht. Ihrem Sinn nähern wir uns nur an, wenn wir uns ein Bild davon machen können, vor welchem Hintergrund sie gesprochen wurden.

Heute ist es müßig, zu betonen, dass Jinmu Tennō eine mythologische, keine historische Figur ist. Jeder weiß es. 1940 freilich wusste das auch jeder, und trotzdem sagte es niemand. Die Zensur war bereits so streng, das Risiko, gegen ihre Auflagen zu verstoßen, so groß, dass niemand mehr wagte, der Wahrheit die Ehre zu geben. Fast niemand. Tsuda Sōkichi (1873–1961) hatte bereits 1913 geschrieben, dass die Geschichte vom Zeitalter der Götter keine historischen Tatsachen enthalte.[6] Das war kaum anstößig, obwohl manche seiner Historikerkollegen es schon damals vorzogen, die Reichsannalen von Anfang bis Ende als faktische Darstellung zu betrachten. Das in der Taishō-Zeit (1912–1926) herrschende liberale Klima ließ einen Standpunkt wie den Tsudas zu. Er war der Meinung, Historiker hätten die Aufgabe, herauszufinden, was in der Geschichte geschehen ist, und machte so weiter. Über seinen Büchern sitzend verpasste er dabei den Zug, auf den die meisten seiner Zunftgenossen in der beständig unfreier werdenden Shōwa-Zeit aufsprangen, um sich aus dem Reich der Geschichtswissenschaftler und Diener der Erkenntnis in das der Kolporteure und Knechte der Macht transportieren zu lassen. Den Fahrplan bestimmte die Regierung als Sachwalterin der Zeit. Am 11. 2. 1940 war der große Bahnhof. «Japans führende Historiker beteiligten sich an einem Regierungsprojekt, um eines historischen Datums zu gedenken, an das sie nicht glaubten.»[7] Dafür, dass Tsuda nicht mit von der Partie war, bekam er die Quittung, gerade als General Tōjō seine Rede für Jinmus 2600. Jubiläum vorbereitete. Am 10. Februar wurde sein zwanzig Jahre zuvor erschienenes Buch *Kojiki oyobi Nihon Shoki no kenkyū*, «Studien zum Kojiki und Nihon Shoki», verboten. Im Jahr darauf wurde er gemeinsam mit seinem Verleger Iwanami Shigeo wegen Majestätsbeleidigung angeklagt. Beide wurden schließlich verurteilt.

Die nur von sehr Phantasiebegabten ohne weiteres nachvollziehbare Begründung der Anklage war, dass, wer die historische Existenz von Jinmu Tennō leugnete, auch die Göttlichkeit seines Nachkommens, des seinerzeitigen Shōwa Tennō in Abrede stellte. Und das war ein Verbrechen gegen den Staat. Etwas schrullig nimmt sich ein solcher Gedankengang aus, doch stand er in einer, wenn nicht ehrwürdigen so doch langen Tradition. Der Tennō herrschte, wie gesagt, seit Begründung der Annalistik über die Zeit, und zwar auch in dem Sinne, als letztlich von ihm abhing, was in der Zeit geschah und geschehen war. Die Annalen waren auf ihn ausgerichtet, Ereignisse waren nur insofern von Belang, als sie ihn betrafen. Wovon er keine Kenntnis erhielt, war nicht erwähnenswert. Geschichte, solange es sie im Sinne aufgezeichneter und datierter Begebenheiten gibt, stand immer im Dienst des Herrschers. Sich von dieser Prämisse zu befreien, um sich der Vergangenheit ohne staatliche Reglementierung zu bemächtigen, war ein langwieriger Prozess. Noch Motoori Norinaga (1730–1801) war der Ansicht, dass man den im *Kojiki* dargestellten Schöpfungsmythos akzeptieren müsse, weil sich der Ursprung des Universums der Erkenntnis entziehe.[8] In der Meiji-Zeit, als der frische Wind der wissenschaftlichen Neugier und der politischen Reformen durch Japan wehte, begann man, sich von dieser Tradition loszusagen, Geschichte als Historiographie und nicht mehr als Instrument der Herrschaftsglorifizierung zu interpretieren. Schon im Jahre Meiji 2 erklärten Tsuda Shinichirō und Nagano Takunoshin in einer Denkschrift, dass die Thronbesteigung Jinmus nur ein Aberglaube sei. Nicht alle freilich teilten ihre Meinung, und die Vorstellung, dass der Staat aktiv in die Geschichtsschreibung eingreifen kann, verlor noch lange nicht ihre Legitimität. Sie wurde immer wieder reaktiviert und hat auch heute noch ihre Anhänger.

Japanische Herrscher in ein Zeitsystem zu stellen, deren Parameter von Herrschern anderer Reiche stammten, war, wie wir oben sahen, nie akzeptabel, weil das zu sehr nach Unterwerfung roch. Ebendies jedoch war es, was die Übernahme des gregorianischen Kalenders faktisch bedeutete. 1873 war das Jahr eines fremden Herrn. Das war ein harter Brocken, zumindest für Traditionalisten. Um ihn leichter verzehrbar zu machen, besann man sich auf das erprobte Mittel des Etikettenschwindels, man nannte die Dinge nicht beim Namen. Zwar wurde das christliche Zeitsystem, Kalender und Uhr, akzeptiert, aber das auf Meiji 5 folgende Jahr wurde nicht 1873, sondern Meiji 6. Das entsprach der üblichen Praxis, obwohl eine so einschneidende Neuerung wie der Wandel der Zeit eigentlich danach gerufen hätte, eine neue Jahresdevise zu verkünden.

Seit der Nara-Zeit (710–794 u. Z.) wird die japanische Geschichte nach chinesischem Vorbild mit Jahresdevisen eingeteilt. Bis in die Meiji-Zeit war es üblich, die Jahresdevisen *(nengō*, auch *gengō)* in unregelmäßigen Abständen zu ändern. Immer wenn ein neuer

Tennō den Thron bestieg, wurde die Zeit geändert, das war jedoch nicht die einzige Gelegenheit, bei der das geschah. Neue Jahresdevisen wurden auch ausgerufen, um bestimmter Ereignisse zu gedenken, eine unglückliche Periode zum Abschluss zu bringen oder das Schicksal positiv zu beeinflussen. Dabei wurden auch die astrologischen Bedeutungen der Zeichen des Sexagesimalzyklus berücksichtigt. Die Jahresdevisen koinzidieren daher nicht mit den Regentschaften der Kaiser. Der Heisei Tennō ist nach offizieller Zählung der 125., Jahresdevisen gab es aber bisher mehr als 350. Zusammen mit dem Sexagesimalzyklus ergibt sich so ein dreischichtiges Datierungssystem, das Jahr der Ära des Tennō, das Jahr der jeweiligen Devise und das Jahr im Sexagesimalzyklus. Da außer dem jung auf den Thron gekommenen und zählebigen Shōwa Tennō bisher kein Tennō länger als sechzig Jahre im Amt war, erlaubt die Kombination von Ärajahr und Jahr im Sexagesimalzyklus eine eindeutige, wenn auch etwas unpraktische Datierung. Unpraktisch ist insbesondere, dass das Ableben der Kaiser nur selten ans Jahresende fällt, was zur Folge hat, dass viele Jahre unter zwei Namen bekannt sind. Das letzte Jahr Ninkō z. B. ist auch das erste Jahr Kōmei (1846 u. Z.). Die Jahresdevisen trugen zur Datierung nichts bei außer zusätzlichen Komplikationen, die man unweigerlich hatte, wenn man das Jahr, in dem man lebte, mit einer früheren Zeit in Beziehung setzen wollte. Lebte man z. B. im Jahre Bunkyū 1, so war das genau 60 Jahre nach Motoori Norinagas Tod im Jahr Kansei 12, das freilich auch das Jahr Kyōwa 1 (1801 u. Z.) gewesen sein könnte. Man müsste schon wissen, in welchem Monat Norinaga starb und ob das vor oder nach dem Wechsel der Jahresdevise war. Es ist bei diesem System also nicht ganz einfach, den Überblick zu behalten. Während der zwanzig Jahre unter Kōmei Tennō, die der Meiji-Zeit unmittelbar vorausgingen, gab es sieben verschiedene Jahresdevisen: *Kōmei*, 1846–1866; *Kaei*, 1848–1854; *Ansei*, 1854–1860; *Man'en*, 1860–1861; *Bunkyū*, 1861–1864; *Genji*, 1864–1865; und *Keiō*, 1865–1868. Gründe für den häufigen Wechsel der Jahresdevisen in dieser Zeit waren vor allem Katastrophen, ein Palastbrand, ein Erdbeben, eine Flutwelle und eine Feuersbrunst. Kaum hatte man sich an eine Jahresdevise gewöhnt, wurde schon wieder eine neue ausgerufen.

Diese Jahreszahlen in unserer Zeitrechnung auszudrücken ist freilich nur eine höchst unzulängliche Hilfskonstruktion. Sie ist mehr als unzulänglich, denn die Menschen, die im Jahr Kyōwa 1 oder Kansei 12 lebten, lebten keineswegs im Jahr 1801, ebenso wenig wie der damalige Shōgun in Tokio residierte. Dass Konstantin der Große seine Herrschaft in Istanbul begründete, würde man auch nicht sagen. Edo und Tokio sind in gewissem Sinne zwei Namen ein und desselben Ortes, der jedoch nicht nur im Koordinatensystem der Landkarte existiert, sondern auch in der Zeit. Edo war nicht dieselbe Stadt wie Tokio, und Kansei 12 war nicht 1801, schon weil es ein Jahr des Mondkalenders und nicht des Sonnenkalenders war. Die Neigung, die zu einer Ortszeit sich abspielenden Ereignisse dem Zeitraster des Betrachters zu unterwerfen, ist im Allgemeinen noch größer als die, anachronistische Ortsnamen zu verwenden, um dem Leser zu helfen, der z. B. Konstantinopel und Edo auf keiner zeitgenössischen Karte finden kann. Dass man mit Daten noch unbedenklicher umgeht, mag an der Vorstellung liegen, die Zeit schreite so oder so voran und es komme weiter nicht darauf an, in welche Abschnitte man sie einteile. Aber A. D. war weder das Bezugssystem der Menschen, die in Kansei 12 lebten, noch war es zu jener Zeit ein auch nur annähernd universelles Bezugssystem. Außer in Kansei 12 lebten sie im Jahr 22 der Ära des Kōkaku Tennō und in der Edo-Zeit, aber diese Periodisierungen mit einer Jahreszahl der christlichen Ära gleichzusetzen bzw. durch eine solche zu ersetzen impliziert ebenso sehr eine eurozentrische Weltgeschichte wie der «Ferne Osten» und der Nullmeridian eine eurozentrische Weltkarte.

Sicher leben heute wesentlich mehr Japaner A. D. als in der Edo-Zeit. Die Grundlage dafür wurde durch die Kalenderreform in der frühen Meiji-Zeit gelegt. Mit sehr viel mehr Berechtigung lässt sich deshalb sagen, dass Meiji 6 das Jahr 1873 war, als dass

Kansei 12 das Jahr 1801 war. Denn natürlich bedeutete die Übernahme des Kalenders des Christenpapstes Gregor auch die Übernahme des zugrunde liegenden Referenzsystems, weitgehend jedenfalls. Gerade deshalb entschied man sich bei der Reform jedoch, einstweilen nur den Kalender und das Zeitsystem, nicht aber die Jahreszählung zu übernehmen. Auch wurde beschlossen, aus diesem Anlass keine neue Jahresdevise auszugeben. Auf Meiji 5 folgte Meiji 6. Per Regierungsdekret wurde zudem festgelegt, dass von Stund an Jahresdevisen und kaiserliche Äranamen zusammenfallen, während der Regierungszeit eines Tennō also keine neuen Jahresdevisen verkündet werden sollten. Dieses *Issei ichigen* (‹eine Ära, eine Devise›) genannte Prinzip wird seither praktiziert, ist aber erst 1974 gesetzlich verankert worden. Meiji 6 war also einerseits ein tiefer Einschnitt, andererseits jedoch Kontinuität, eine vertraute Verpackung mit vollständig neuem Inhalt.

Und das war nicht die einzige Maßnahme, die Kontinuität suggerieren und Tradition schaffen sollte. Gleichzeitig mit der Kalenderreform wurde beschlossen, die Jahreszählung an den Beginn der japanischen Geschichte zurückzubinden, an die Thronbesteigung Jinmu Tennōs nämlich. Am 1. 1. Meiji 6 wachten die Menschen dementsprechend auch im Jahr 2523 auf, wie dem ersten in Japan verwendeten Sonnenkalender zu entnehmen ist (vgl. Abb. S. 137). Ein und dieselbe Reform beinhaltete so ein Bekenntnis zu mehr Rationalität und Wissenschaftlichkeit und die antiaufklärerische Gegenbewegung, die in der Aufwertung des Mythos zum historischen Faktum zum Ausdruck kommt. Die französische Revolution verkündete das Jahr 1, die Meiji-Restauration das Jahr 2523. Ab Meiji 6, auch das wurde mit der Reform beschlossen, war der 11. 2. 660 v. u. Z. der offizielle Reichsgründungstag. Übersehen hatte man in der Eile lediglich das Problem der Schaltjahre, die erforderlich sind, weil ein tropisches Jahr knapp einen Vierteltag länger ist als 365 Tage. Im gregorianischen Kalender sind deshalb Jahre, die durch 4 teilbar sind, Schaltjahre. Ausgenommen sind nur die Jahre, die durch 100 teilbar sind mit Ausnahme wiederum derer, die durch 400 teilbar sind. Diese Berechnung setzt das A. D. als Anfang voraus, lästigerweise für eine Zeitrechnung, die vor A. D. beginnt. Notgedrungen bestimmte deshalb 25 Jahre nach der Kalenderreform im Jahre Meiji 31 die kaiserliche Verordnung Nr. 90, wann in der Zeitrechnung nach Jinmu Tennō Schaltjahre sind. Darin heißt es: «Schaltjahr ist, wenn die Zahl der Jahre seit Jinmu Tennōs Inthronisierung durch 4 teilbar ist, aber wenn diese um 660 verminderte Zahl durch 100 teilbar ist, ist dieses Jahr außer wiederum bei dem Quotienten 4 ein normales Jahr.»[9] Die Verordnung suggeriert, dass die Berechnung der Schaltjahre auf das Jahr von Jinmus Inthronisierung Bezug nimmt, und verschleiert den Umstand, dass es allein darum geht, diese Bezugnahme zu neutralisieren und die Berechnung auf A. D. zu beziehen. Der dem vermeintlichen Datum von Jinmu Tennōs Inthronisierung mit der Kalenderreform verliehene Nimbus der Historizität wurde dadurch noch verstärkt. In der erfundenen Tradition sollte er künftig eine wichtige Rolle spielen. Die Autorität der staatlichen Dekrete, mit denen es an die Geschichte geknüpft worden war, machte dieses Datum zu einem Ansatzpunkt, an dem der Hebel angesetzt werden konnte, um die gerade auf das Gleis der Wissenschaftlichkeit gesetzte Geschichtsschreibung noch einmal entgleisen zu lassen.

Der neue Reichsgründungstag wurde alsbald Teil des symbolischen Instrumentariums des Staates. Am 11. 2. Meiji 22 wurde die Meiji-Verfassung verkündet bzw. vom Tennō dem Volk «geschenkt».[10] Itō Hirobumi (1841 – 1909), der Vorsitzende der Kommission, die mithilfe des deutschen Rechtsgelehrten Herman Roesler die Verfassung entworfen hatte, war davon überzeugt, dass Japan nach preußischem Vorbild eines starken Staates unter einem absoluten Monarchen bedurfte, um die Herausforderungen der Zeit bestehen zu können. In seinem einflussreichen Kommentar zur Verfassung zitierte er zunächst die alte Chronik *Kojiki* (712 u. Z.): «Der heilige Thron wurde zu der Zeit errichtet, als Himmel und Erde voneinander geschieden wurden», und fuhr dann fort, die Heiligkeit des Tennō festzustellen: «Der Kaiser ist vom Himmel herabgestiegen, göttlich und heilig; er steht über allen Untertanen.»[11] Minister des Inneren, erster und viermaliger Premierminister, Minister des kaiserlicher Haushalts und später Gouverneur von Korea, war Itō einer der Schöpfer des modernen japanischen Staates. An die Heiligkeit des Tennō glaubte er als eine politische Notwendigkeit. In ihr sah er die Möglichkeit, Religion und Nationalismus, wie er sie auf Reisen in Amerika und Europa als politische Kräfte kennen gelernt hatte, etwas entgegensetzen zu können, um die Bevölkerung auf den Nationalstaat zu verpflichten, der Japan werden musste. Die Reinterpretation des schintoistischen Naturkults zur Staatsreligion durch einen Erlass, der im Jahre Meiji 4 aus Schintoschreinen Ausübungsstätten «nationaler Riten» *(kokka no saishi)* machte, war dafür ein ebenso geeignetes Mittel wie die Vereinnahmung der Geschichtsschreibung für politische Zwecke. Drei Jahre nach Verkündung der Verfassung, die Religion und Staat in der Person des Tennō vereinigte, musste der Historiker Kume Kunitake seinen Lehrstuhl an der Kaiserlichen Universität Tokio räumen, weil er sich skeptisch über den Schintoismus und das Zeitalter der Götter geäußert hatte. Das war ein deutliches Zeichen dafür, dass der wissenschaftliche Eifer, der im Zuge der Meiji-Reformen angefacht wurde, sich nicht bedingungslos austoben durfte, insbesondere nicht auf dem Territorium, auf das der Staat bereits Rechte angemeldet hatte: dem der Geschichte. «In der Wissenschaft [wurde] die Soziologie, am meisten aber die Geschichtswissenschaft unterdrückt.»[12]

In den Jahren, die zum Pazifischen Krieg führten, als die Flutwelle des Ultranationalismus alle Dämme des Rationalismus einriss, wurde der antiaufklärerische Anspruch des Staates auf die Vergangenheit dann immer kompromissloser artikuliert. Geschichte durfte nur sein, was den Machthabern genehm war. 1937 veröffentlichte das Erziehungsministerium eine Denkschrift über das nationale Wesen, *Kokutai no hongi.* Historikern der Kaiserlichen Universitäten Tokio, Kyoto und Sendai und andere renommierte Wissenschaftler wie der Philosoph Watsuji Tetsurō gehörten zu den Verfassern. Sie richtete sich an Lehrer und Schüler und machte eindeutige Vorgaben für die in der Schule zu vermittelnde Positionierung Japans in der Geschichte. Am Anfang des Textes heißt es:

> Die ununterbrochene Reihe der Tennōs, die das Orakel vom Gründer der Nation erhielten, herrscht ewig über das japanische Reich. Das ist unser ewiges und unwandelbares nationales Wesen *(kokutai)*. […] Das nationale Wesen ist die ewige und unwandelbare Grundlage unserer Nation und strahlt glänzend durch unsere Geschichte.[13]

Ganz so wie Itō Hirobumi in seinem Kommentar zur Verfassung markiert *Kokutai no hongi* den Beginn der japanischen Geschichte im Zeitalter der Götter, bescheinigte dem legendären ersten Inhaber des Chrysanthementhrons einen Platz in derselben und betonte die göttliche Natur und Bestimmung Japans. Die damals unter Historikern bereits verbreitete Bereitschaft, Forschung und Lehre zu trennen, einen Unterschied zwischen dem, was man wusste, und dem, was man lehrte, zu machen, wurde durch diese ministerielle Anleitung zur Selbstzensur noch wesentlich verstärkt. Zu dem, was in den Schulen wider besseres Wissen gelehrt wurde, gehörte an zentraler Stelle die Historizität Jinmu Tennōs und die ununterbrochene Erbfolge des kaiserlichen Geschlechts seiner Nachkommen. Denn aus ihr folgte die Göttlichkeit des Shōwa Tennō, in dessen Namen die Machthaber handelten. Jinmu Tennō hatte in der Weltsicht der Militaristen, die in der Kriegszeit die Weltsicht aller Japaner sein sollte, einen festen Platz. Nicht nur war er der göttliche Ahn des Gottkaisers in der Vergangenheit, der das nationale Wesen verkörperte, von ihm wusste man auch, was die Bestimmung dieses nationalen Wesens in der Zukunft war. «Während des Zweiten Weltkriegs wurde Jinmus kaiserliches Edikt, nach dem die ‹acht Ecken der Welt unter ein Dach zu bringen› waren *(hakkō ichiu)*, selbst im Ausland als Propaganda verwendet.»[14] Vergangenheit war Zukunft, Japans Anspruch, zur Führungsmacht Asiens zu werden, war historisch vorgegeben!

Mit dem Slogan von den Acht Ecken der Welt unter einem Dach begründeten die Architekten von Japans Großostasiatischem Commonwealth *(Daitōa kyōeiken)* ihre Expansionspolitik. Die eigenen Untertanen und die neuen in den eroberten Gebieten mussten die auf der Figur Jinmu Tennōs fußende Begründung der historischen Notwendigkeit von Japans Vormachtstellung in Asien für bare Münze nehmen, buchstäblich. Münzen, die von der japanischen Regierung zwischen 1942 und 1944 in den Besatzungsgebieten ausgegeben wurden, waren nach Jinmu Tennō datiert: 1, 5 und 10 javanesische Cent, 4 birmanische Ann, 20 malaisische Cent.[15] Was dem einen sein A. D., ist dem anderen sein A. J. T. Geld ist kraft der Autorität, die es in Umlauf bringt, aufgrund seines abgegrenzten Geltungsbereichs und dank der Bezeichnung der staatlichen oder imperialen Entität, die es trägt und seine Benutzer mit sich zu tragen zwingt, schon immer ein Mittel politischer Symbolik und Kommunikation gewesen.[16] Mit der Zeit würden sich die Menschen, die diese Cents und Ann benutzten, schon daran gewöhnen, Jinmu Tennō als den großen Planer des Dachs für die acht Ecken anzusehen, der vor genau 2600 und so vielen Jahren den Thron bestieg. Allein blieb ihnen für die Gewöhnung nicht genug Zeit. Jinmu verschwand alsbald wieder aus ihrem Gesichtskreis und aus ihren Kassen. Die japanischen Besatzer zogen ab, Jinmu, der ‹göttliche Ritter›, mit ihnen. Wie jene hatte er künftig nur noch in Japan eine Heimstatt.

Durch die Niederlage zweifellos geschwächt zwar, gehörte Jinmu Tennō doch zu den Überlebenden des Pazifischen Krieges. Wer ihn sucht, kann ihn noch immer finden in Japan. Der Miyazaki-jingū in Kyūshū z. B. ist Jinmu-sama, wie er von der Bevölkerung zärtlich genannt wird, geweiht. In Kuriyama erinnert eine Gedenktafel daran, dass Jinmu auf den Berg gestiegen ist, und auch in Sanu in der Präfektur Wakayama gibt es eine seinem Verweilen an diesem

Münzen, die von der japanischen Regierung 1942 und 1943 in den Besatzungsgebieten ausgegeben wurden: 1, 5 und 10 javanesische Cent, oben; 4 birmanische Ann, Mitte, 20 malaisische Cent, unten. Die Jahreszahlen 2602 und 2603 beziehen sich auf das Jahr 660 v. u. Z., in dem Jinmu Tennō angeblich den Thron bestieg.

Ort gewidmete Stele. Beim Kashihara-jingū ist sein kaiserliches Mausoleum. Standbilder von Jinmu gibt es vielerorts, wie in Kawaguchi-chō in der Stadt Tsuchiura. Und es gibt eine reiche Literatur über ihn und sein Leben. «Was uns Lehrbücher über Jinmu Tennō nicht beibringen», verspricht ein Buch zu enthüllen, das 1999 erschien, während ich diese Zeilen schrieb, aber lediglich die Geschichte seiner sagenhaften Reise von Kyūshū nach Osten nacherzählt, wie sie im *Nihon Shoki* steht.[17] Nicht zufällig erschien es in dem Verlag der rechtslastigen Zeitung *Sankei Shinbun*. Denn nicht allen liegt Jinmu gleichermaßen am Herzen, nicht alle haben gleich viel Interesse daran, den Unterschied zwischen *mukashi mukashi, aru toki*, «es war einmal, vor langer, langer Zeit» und «vor 2600 und so vielen Jahren am 11. 2., exakt» zu leugnen. Jinmus Todestag wird im kaiserlichen Shinto-Tempel *(Kōreiden)* noch stets alljährlich am 3. 4. nach dem gregorianischen Kalender begangen. Das konservative Hofamt pflegt die Tradition. Wie der Heisei Tennō selbst darüber denkt, dringt aus seinem gut abgeschirmten Palast nicht nach außen, aber offiziell wird er als 125. Tennō gezählt, und das bedeutet, dass Jinmu einer seiner Vorfahren ist. Um von der Geburt, vom Tod und von der Inthronisierung eines der ihren zu berichten, pilgern Mitglieder der kaiserlichen Familie der Tradition gehorchend regelmäßig nach Ise zur Sonnengöttin und nach Kashihara zu ihrem Sprössling Jinmu.

Traditionen sind Traditionen, und gerade um traditionelle kalendarische Daten sollte man nicht zu viel beckmesserisches Aufhebens machen, wenn sie mit historischen Daten nicht übereinstimmen. Am 6. Januar feiern manche die Heiligen Drei Könige, am 3. April gedenken andere Jinmu Tennōs Tod. Allein, Jinmu Tennōs Andenken ist durch seine politische Instrumentalisierung für den Staatsschinto irreparabel korrumpiert. Die Ehrerbietung, die ihm in rechten Kreisen entgegengebracht wird, ist Indiz einer geistigen Strömung, die mit dem Insistieren auf der Heiligkeit des Kaiserhauses nicht nur für eine extreme Variante des Nationalismus steht,

Titelseite von Aki Izumois Buch *Kyōkasho ga oshienai jinmu tennō* [Jinmu Tennō, wie er nicht im Lehrbuch steht]. Sankei shinbunsha, 1999

sondern auch daran festhält, dass die Geschichtsschreibung nicht der Wahrheitsfindung, sondern der Imagepflege und der Indoktrination zu dienen hat. Nach dem Pazifischen Krieg unternahmen die amerikanischen Besatzungsbehörden große Anstrengungen mit *reeducation*, um Jinmu zu entthronen.[18] Trotzdem ist diese antirationalistische Strömung nie völlig versiegt, der Kampf um die Geschichte als Ort der Bestimmung von Japans Identität niemals beendet worden. Im Mai 2000 verkündete Premierminister Mori der staunenden Öffentlichkeit, dass Japan ein Gottesstaat sei mit dem Tennō im Zentrum.

Historiker, die in Geschichtsbüchern nur verifizierbare Begebenheiten verzeichnet sehen wollen, und darunter auch solche, an die sich niemand gern erinnert, können ihrem Handwerk noch immer nicht unangefochten nachgehen. Noch immer behält sich der Staat das Recht vor, zu entscheiden, was Kindern in Geschichtsbüchern beigebracht wird. Oft genug hat das Erziehungsministerium das Zulassungsverfahren für Schulbücher dazu missbraucht, missliebige Geschichtsdarstellungen zu unterdrücken.[19] Über die Rolle des Shōwa Tennō und die Frage seiner Verantwortung für den Krieg wird überhaupt erst seit seinem Tod 1989 diskutiert, und auch nur sehr behutsam. Dreißig Jahre lang musste der Historiker Ienaga Saburō vor Japans Gerichten dafür kämpfen, dass er in einem Geschichtsbuch die Plünderung Nankings durch die Kaiserliche Japanische Armee 1937 und die berüchtigte Armee-Einheit 731 erwähnen durfte, die in China und Singapur Experimente mit biologischen Waffen durchführte. Erst 1993 wurde ihm Genugtuung zuteil. Das Landgericht in Tokio entschied, dass das Ministerium seine Befugnisse missbraucht hatte, als es Ienaga 1963 zwang, die Geschichte umzuschreiben. Und noch immer strich das Ministerium die Segel nicht, sondern ging bis zur letzten Instanz. 1997 wurde das Urteil von Japans oberstem Gericht bestätigt.

Auch die Erwähnung der staatlich organisierten Zwangsprostitution von Frauen – deren Zahl auf mindestens 100 000 geschätzt wird – in Frontbordellen während des Krieges fand nur gegen den erbitterten Widerstand des Ministeriums Mitte der neunziger Jahre Eingang in die Schulbücher. So lange war es dem Staat gelungen, dieses dunkle Kapitel von Japans Geschichte auszublenden. Die bisher wichtigste Dokumentation über die «Trostfrauen» *(ianfu)* hat 1992 der Historiker Yoshimi Yoshiaki vorgelegt. Der bescheidene Mann fällt durch seine weißen Haare über dem jugendlichen Gesicht auf, wenn er über den Campus der Chuo Universität am westlichen Stadtrand von Tokio geht. Meistens trifft man ihn jedoch in seinem bis auf eine kleine Arbeitsecke mit Bücherregalen voll gestellten Arbeitszimmer an. Dort erzählte er mir von den anonymen Drohbriefen, die er erhielt, als sein Buch veröffentlicht wurde. Manchmal nur ein Foto von seinem Haus. An die Morddrohungen und das Attentat auf Motoshima Hitoshi musste er dabei denken. Der Bürgermeister von Nagasaki war am 18. Januar 1990 niedergeschossen worden. Aus rechtsradikalen Kreisen verlautete, das sei «die göttliche Strafe» dafür, dass er öffentlich erklärt hatte, der Shōwa Tennō trage einen Teil der Verantwortung für den Krieg. Gewalt gegen die Wahrheit und die, die sie aussprechen, lässt sich am rechten Rand noch immer rechtfertigen, wenn es um Japans Ehre geht. Nationalismus mündet da in blinde Staatstreue, die vom Staat begangenes Unrecht verneint. Die Gewalt, die den Frauen während des Krieges im staatlichen Auftrag angetan wurde, war Teil der Kriegführung. Die meisten waren keine Japanerinnen, sondern Koreanerinnen und andere Asiatinnen, die freilich als Zeichen der kolonialen Unterwerfung japanische Namen tragen mussten. Viele hatten Militärpässe und wurden mit Militärtransporten an die Front verfrachtet. Nach dem Krieg durfte das alles nicht mehr wahr sein, geschweige denn in Schulbüchern erwähnt werden. Die Reflexe des Erziehungsministeriums arbeiteten noch immer so: Was Geschichte war, bestimmte der Staat.

Es sind historische Tatsachen wie diese, um die es bei dem Kampf um die Geschichte wirklich geht. Allein über Jinmu Tennō würden sich gewissenhafte Historiker wie Ienaga Saburō, Yoshimi

Yoshiaki, Takashima Nobuyoshi, der auch gegen das Erziehungsministerium prozessierte, und viele andere, die Konflikte mit dem Staat nicht scheuen und dabei selbst ihre persönliche Sicherheit riskieren, kaum echauffieren. Aber Jinmu Tennō ist eine Chiffre für eine Vision von Japans Geschichte, die antihistorisch und ideologisch ist. Antihistorisch ist sie, da sie von dem ewigen, unwandelbaren Wesen der Nation ausgeht. Wer ein solches Wesen unterstellt und sich damit identifiziert, kann nicht ertragen, dass ein Schatten auf es fällt. Dieser mangelnde Abstand zur Ewigkeit aber zwingt zu ideologischer Verzerrung. Wahr kann nur sein, was Japans Glanz nicht trübt. Was im Namen des Tennōs geschah, wie z. B. die von der Kaiserlichen Japanischen Armee während des Kriegs in China verübten Gräueltaten, zu kritisieren, betrachten manche noch immer als lèse-majesté, schlimmer noch, als Angriff auf die Nation. Deshalb ziehen sie es vor, zu bezweifeln, dass das Massaker von Nanking und andere unrühmliche Exzesse überhaupt stattgefunden haben. Akademischen Respekt versucht dieser Denkschule seit Mitte der neunziger Jahre eine Gruppe von Intellektuellen um Fujioka Nobukatsu, Professor an der namhaften Universität von Tokio, zu geben. «Liberale Geschichtsschreibung» *(Jiyūshugi shikan)* nennt sie sich programmatisch. Die mehr als 500 Mitglieder zählende Vereinigung prominenter Hochschullehrer und Persönlichkeiten des öffentlichen Lebens verficht die Meinung, dass Geschichtsschreibung nicht «masochistisch» sein dürfe, will sagen, nichts, was einen selbst verletzt, anerkennen darf. Vor allem in Schulbüchern darf das nicht sein, denn die Geschichtsbücher sind der Ort, an dem Geschichte gemacht wird. Immer, wenn für Japan ehrenrührige Zeugnisse veröffentlicht werden, fühlen sie sich aufgefordert, die Dinge zurechtzurücken. Niemand war überrascht, dass die Gruppe auch zu den Ratgebern gehörte, die der Produzent von *Puraido* bemüht hatte, um General Tōjō in dem Film gebührend würdigen zu können. Nebenbei wurde das Massaker von Nanking zu einem Hirngespinst der Japan übel wollenden Ankläger des Tokioter Tribunals gemacht.

Solche Bemühungen um eine kosmetische Geschichtsschönung bleiben freilich nicht ohne Widerspruch. Progressive Historiker beiderlei Geschlechts setzen sich öffentlich dafür ein, die Verbrechen, die während des Krieges unter dem Sonnenbanner begangen wurden, nicht länger totzuschweigen. Lehrergewerkschaften und mutige Gelehrte und viele andere, wie die Gewerkschaft der Filmschaffenden, die gegen *Puraido* protestierte, kämpfen seit vielen Jahren gegen die Knebelung durch das Erziehungsministerium, die sie als Beschneidung der von der japanischen Verfassung garantierten Meinungsfreiheit sowie der Freiheit von Forschung und Lehre anprangern.

Ein weiterer Ort, an dem derselbe Streit um die Vergangenheit und die Rolle, die sie in Zukunft spielen soll, ausgefochten wird, sind Kriegsgedenkstätten. Die einen wollen Dokumentation, die anderen Reverenz; die einen die Problematisierung der Rolle des Staates, die anderen eine unbefleckte Vergangenheit. 1992 wurde ein vom Gesundheitsministerium erarbeiteter Plan für die erste nationale «Stätte des Gedenkens der Kriegstoten und des Gebets für Frieden» vorgelegt, die im Tokioter Stadtteil Kudan errichtet werden sollte. Historiker stellten bei näherer Betrachtung fest, dass die Frage der Kriegsschuld in dem Plan völlig unberührt blieb und den Opfern japanischer Aggression kaum Beachtung geschenkt wurde. Zu seiner Rechtfertigung schob das Ministerium das legalistische Argument vor, dass es allein für japanische Hinterbliebene zuständig sei. Tatsächlich bestätigte es mit seinem Plan jedoch nur die alte Regel, dass keine liberaldemokratische Regierung bereit ist, sich mit dem Hinterbliebenenverband anzulegen. Dieser hat sich bisher nicht mit einem Geschichtsbild abfinden können, nach dem die Toten aller Beteiligten des Pazifischen Krieges weitgehend Opfer der japanischen Führung und ihrer aggressiven Politik waren. Den Krieg zu führen war nationale Pflicht, schließlich galt es die acht Ecken der Welt unter ein Dach zu bringen, wie Jinmu Tennō es befohlen hatte.

An den Plänen für ein Museum zur Erinnerung an die Zerstörung Tokios durch amerikanische Bomber im März 1945 kritisierten die «Liberalen Geschichtsschreiber» und andere rechte Gruppen, dass darin auch das Thema «Tokio als militärische Stadt» behandelt werden sollte. Statt das Andenken an die Toten zu ehren, würde auf diese Weise Japan die Schuld am Krieg zugeschoben, monierten sie. Wo der Toten gedacht werden soll, daran zu erinnern, weshalb sie starben, geht vielen Konservativen und nicht nur Rechtsradikalen gegen den Strich.

Die Frage, warum sich Japaner mit dem Problem der Kriegsschuld so schwer tun und bisher wenig produziert haben, was mit dem öffentlichen Diskurs über «Vergangenheitsbewältigung» in Deutschland vergleichbar ist, haben viele gestellt und unterschiedlich beantwortet. Ian Buruma zum Beispiel sieht in dem Unterschied eine Bestätigung von Ruth Benedicts bekannter Formel, wonach Japan eine Kultur der Scham sei im Gegensatz zu der christlichen Kultur der Schuld.[20] Seiner Schuld entrinnt man nicht, sie holt einen ein, und sei es beim Jüngsten Gericht. Die Schuld einzugestehen ist der erste Schritt zur Erlösung. Für Scham jedoch gibt es gar keine Instanz der Absolution. Man kann allein hoffen, dass die Gründe der Beschämung in Vergessenheit geraten. Vielleicht liegt hier tatsächlich ein Motiv dafür, über die Schuldfrage lieber zu schweigen, als ihr durch jahrzehntelange Diskussionen auf den Grund zu gehen. Vor kulturalistischen Fallgruben sollte man jedoch auf der Hut sein; denn einmal hineingestürzt, erkennt man über ihrem Rand nur noch Schicksal, will sagen eine unveränderliche, aus der Geschichte herausgehobene Kultur. Just eine solche Wahrnehmung aber beruht auf der Voraussetzung eines japanischen Sonderwegs für immer und ewig. «Das Gefühl einer der Welt gemeinsamen Geschichte» ist danach, wie Nishibe Susumu es ausdrückt, «nur eine Chimäre».[21]

Es muss zu denken geben, dass Beschwörungen der Ewigkeit, der göttlichen Bestimmung und des unwandelbaren nationalen Wesens immer wieder aus derselben Richtung derer kommen, die auf Japans

Partikularismus nicht als Folge historischer Entwicklungen, sondern als gottgegebenes Vorrecht beharren. Die Anhänger einer solchen Vision, nach der Japan auch heute noch in einer anderen Zeit lebt, müssen unweigerlich in die kulturalistische Falle treten, die sie selbst ausgehoben haben. Sie sind fast gezwungen, vor historischen Tatsachen die Augen zu verschließen; denn Makel auf seinem eigenen, unwandelbaren Wesen einzugestehen ist weit schwerer, als sich für ein historisch bedingtes Fehlverhalten zu entschuldigen. Die Idee, ein Stück von sich selbst aufzugeben, wenn man zugibt, dass in Japans Namen Schlimmes getan wurde, woran die höchsten Repräsentanten der Nation maßgeblich beteiligt waren, steht gemeinsam mit dem Glauben an die göttliche Abstammung seiner Kaiser, die das unwandelbare Wesen verkörpern, der Anerkennung einer Weltgeschichte im Weg, an der auch Japan beteiligt ist.

In der Stadt Tsuruhama der Präfektur Ishikawa haben Archäologen im Februar 1999 ein Ruder ausgegraben, dessen Alter auf 6000 Jahre geschätzt wird. Es muss somit etwa 300 Jahre vor dem ältesten Ruder gefertigt worden sein, das man bis dato in Japan gefunden hatte. Immer mehr Artefakte aus der Jōmon-Zeit fördern die beharrlichen Ausgräber zutage. In dieser nur vage umrissenen Epoche vom elften Jahrhundert bis zur Mitte des ersten Jahrtausends v. u. Z. suchen die Wissenschaftler heute nach den Frühformen des menschlichen Lebens auf dem japanischen Archipel. Viele Menschen verfolgen Nachrichten von archäologischen Entdeckungen mit großem Interesse, denn die Frage nach der Herkunft und Frühgeschichte der Japaner bewegt sie, wie alles, was mit ihrer Identität in Zusammenhang gebracht werden kann. Anstoß nimmt daran niemand, nicht die Rechtsradikalen, nicht das Hofamt. Mit der Radiokarbonmethode datierbare archäologische Funde oder linguistische Belege, die auf frühe Kontakte mit Südasien oder dem kontinentalen Festland deuten, werden toleriert, obwohl sie mit dem Schöpfungsmythos unverträglich sind. Gut etablierte Mythen sind meist immun gegen die Forschungsergebnisse aus den Studierstuben der Gelehrten. Aber es ist nicht nur das. Die Zeitvorstellungen, die in einer Epoche vorherrschen, sind nicht absolut und flächendeckend. Verschiedene Ideen über die zeitliche Lokalisierung der Nation können koexistieren. Sie wandeln sich, und nicht unbedingt schlagartig.

Wie dramatisch haben sich nicht im Laufe der letzten beiden Jahrhunderte die unseren Planeten betreffenden Zeitvorstellungen verändert! Georges Louis Leclerc comte de Buffon (1707–1789), der große Aufklärer, gab das Alter der Erde in seinem monumentalen Werk *Histoire Naturelle* mit 75 000 Jahren an. Noch zu Beginn des zwanzigsten Jahrhunderts rechneten viele Naturwissenschaftler in Millionen Jahren. Heute wird das Erdalter mit zwischen 4,5 und 4,6 Milliarden Jahren angegeben. Die ältesten fossilen Spuren organischen Lebens werden auf 3,9 Milliarden Jahre geschätzt. Der Zeithorizont unseres Bewusstseins ist ungeheuer ausgedehnt worden, um schließlich eine fundamentale Neuformulierung unserer Begriffe von Raum und Zeit zu erzwingen. Dem mussten wir nicht nur unser Verständnis von der Natur anpassen, sondern auch unsere Vorstellungen von der Geschichte der Menschheit darin.

Auch in Japan hat sich der begriffliche Zeithorizont ausgedehnt, nur mit einer zeitlichen Verzögerung im Vergleich zum Westen. In der Meiji-Zeit war ein Zeitrahmen von 2600 Jahren – ein Lidschlag im Erdzeitalter und nur etwas mehr in der Geschichte der Menschheit – konzeptuell lang genug, um an ihrem Beginn den Übergang von der mythologischen in die geschichtliche Zeit anzusiedeln. Selbst als 1940 das Jubiläum der Inthronisierung Jinmu Tennōs gefeiert wurde, konnte das unter dem Druck des totalitären Regimes noch durchgehen. Viele gaben ihm zweifellos nach, weil sie nie Anlass dazu hatten, darüber nachzudenken, wie lange das Zeitalter der Götter zurückliegen könnte. In dem Maße jedoch, wie die Weltzeit Japan eingeholt hat, sind die Möglichkeiten auf lokalen Zeitvorstellungen zu beharren, geschwunden. Mit dem Beginn des Atomzeitalters war es damit endgültig vorbei. Es hat unser Zeitverständnis grundlegend verändert, in Japan besonders abrupt.

Anmerkungen Kapitel VI

1 Dass der Geburtstag des damaligen Kronprinzen von den Alliierten bzw. den das Wort führenden Amerikanern mit Vorbedacht als Datum für Tōjōs Hinrichtung gewählt wurde, um in Zukunft ein mögliches Wiederaufleben des Tennōkults durch den Beigeschmack einer bitteren Erinnerung zu dämpfen, ist vermutet, aber nie bewiesen worden.

2 Die Kommission hieß *Jinmu Tennō seiseki chōsa iinkai* und bestand aus etwa 60 Mitgliedern. Vgl. Brownlee (1997 : 182).

3 Sakamoto (1970 : 91).

4 Goch (1998 : 114) schreibt weiter, dass «somit die Geschichte Japans ab Jinmu Tennō eindeutig datierbar [wurde]», womit er vermutlich meint, dass durch die festgelegte Reihe von Kaisern und Kaiserinnen eine klare Ordnung geschaffen wurde, nicht dass Jinmu Tennō und seine ersten 14 Nachfolger tatsächlich in der Geschichte standen.

5 Duara (1995 : 73 f.). Duara beschäftigt sich mit der chinesischen Geschichte, wobei ihn speziell das Problem der Rückprojektion moderner Begriffe wie dessen der Nation auf vormoderne Gegebenheiten interessiert. Seinem Ansatz folgend kann ähnlich die japanische Geschichte als Prozess wiederholter Transformation der Vergangenheit verstanden werden.

6 Ich folge hier der Darstellung von Brownlee (1997 : 186 – 200).

7 Brownlee (1997 : 184).

8 Man sollte freilich nicht vergessen, dass sich in Europa selbst Aufklärer wie John Locke (1632 – 1704) noch ernsthaft mit Gottesbeweisen beschäftigten.

9 Zitiert nach der Website des Nationalen astronomischen Observatoriums in Tokio, www.wnn.or.jp / wnn-n / tenmon / tenmon246

10 Vgl. Abb. S. 143.

11 Itō (1906 : 6).

12 Inoue (1993 : 403).

13 Zitiert nach der englischen Übersetzung in Hall (1949 : 59).

14 Sakamoto (1970 : 91).

15 Die Abbildung stellte freundlicherweise das Währungsmuseum des Forschungsinstituts der Japanischen Staatsbank *(Nihon ginkō kinyū kenkyūsho)* zur Verfügung.

16 Weinstein hat gezeigt, dass Münzen schon im Altertum ein wichtiges «Massenmedium politischer Kommunikation» waren. «In gewissem Sinne liegt es nahe, dass Münzen diese Funktion erfüllten, da sie definiti-

onsgemäß politisch sind und die einzige tägliche Berührung darstellten, die manche Menschen mit dem Staat hatten» (Weinstein, 1993 : 220).

17 Izumoi (1999).

18 Die Säuberung der Geschichtsbücher von mythologischen und nationalistischen Passagen war ein wichtiges Anliegen der Besatzung, die «mit besonderer Heftigkeit auf Jinmu Tennō einschlug». (Sakamoto 1970 : 91). Vgl. Auch Caiger (1969).

19 Für nähere Einzelheiten vgl. Coulmas (1993 : 99 f., 1997).

20 «Die schuldgeplagten Deutschen empfinden die Notwendigkeit, ihre Sünden zu beichten, ihre Schuld abzuladen, damit ihnen vergeben wird. Die Japaner wollen schweigen, und sie wollen vor allem, dass die anderen schweigen; denn nicht auf Schuld vor Gott kommt es an, sondern auf die öffentliche Scham, die Peinlichkeit, das ‹Gesicht›.» (Buruma, 1994 : 253)

21 Vgl. Itō Kenichi (1999 : 99).

LITTLE BOY LÄSST DIE ZEIT STILLSTEHEN

> Entscheidend für unsere heutige Situation ist nicht nur, dass das räumliche Stellensystem unserer Erde zusammengeschrumpft ist; sondern auch, dass die Stellen im System unserer Zeit zusammengerückt sind.
>
> *Günther Anders*

Trinitite heißt eine bestimmte Art aus geschmolzenem Sand geliertes Glas. Es wurde am 16. Juli 1945 in der Wüste im amerikanischen Bundesstaat New Mexico geschaffen. Spuren davon finden sich immer noch in White Sands, ungefähr 250 km südlich von Albuquerque, wo ich den Sommer 1995 verbrachte. Nach der Dreifaltigkeit war dieser Stoff benannt worden, weil er ein Abfallprodukt der Testzündung war, die das Atomzeitalter einläutete. Sie trug den Kodenamen «Trinity», denn seine Initiatoren befanden sich in einem heiligen Krieg.[1]

Wenn man Menschen vermittelt, dass es der Therapie eines psychisch Kranken diene, ihm Elektroschocks zu verabreichen, und dass es äußerst wichtig sei, die Behandlung nicht zu unterbrechen, sind die meisten von uns bereit, die Stromstärke mit einem Regler ständig zu erhöhen, auch wenn wir den Patienten, der unserem Blick verborgen ist, furchtbar schreien hören. Das ergaben psychologische Experimente, die zeigen, in welch erschreckendem Maße sich Menschen von Autoritäten steuern lassen.[2] Die Herden von Wissenschaftlern und Technikern, die Trinity möglich machten, brauchten kaum davon überzeugt zu werden, einem edlen Zweck zu dienen. Sie folgten. Als bekannt wurde, dass Little Boy – die obszön so benannte Bombe – Hiroshima zerstört hatte, jubelten die Wissenschaftler, die dazu beigetragen hatten, und «reservierten sich im besten Hotel der Stadt einen Tisch für den Abend, um das Ereignis zu feiern».[3]

Woran erinnern sich die Menschen, wenn sie Hiroshima denken? In Hiroshima, in New Mexico, in Tokio, in Washington, in Seoul und andernorts? Was sollen, was dürfen sie erinnern? Was müssen sie vergessen? Die lebendige Erinnerung reicht nicht mehr als achtzig Jahre zurück, und die Kontrolle der individuellen Erinnerung ist begrenzt, aber Orte des kollektiven Gedächtnisses sind Orte der Politik, Orte, an denen Interessen aufeinander prallen, Konflikte ausgetragen, Geschichtsbilder geformt werden. Auf Gedächtnistafeln und an Mahnmalen, in Museen und Ausstellungen, in offiziellen Verlautbarungen, in Schulbüchern und Nachschlagewerken, in Filmen, bei Demonstrationen, in Feierstunden, Gottesdiensten und an Gedenktagen formt sich die gesellschaftliche Erinnerung im Wechselspiel öffentlich wirksam werdender Einflüsse. Der 6. August ist heute ein Tag, der in Japan alljährlich weit über Hiroshima hinaus zur Kenntnis genommen und dem von Menschen überall in der Welt, die bewusst im Atomzeitalter leben, symbolische Bedeutung gegeben wird. Allein ist der Inhalt des Gedenkens nicht überall gleich. Noch im Angesicht der Bedrohung der Gattung unterscheidet sich die Arithmetik des Todes je nach Blickwinkel. Hiroshima war Etappe des Krieges, und trotz der neuen Qualität des Tötungshandwerks, die durch die Beherrschung der Kernspaltung entstand, gab es Sieger und Besiegte, Täter und Leidende.

In Albuquerque erinnerte ich mich sehr plötzlich daran, dass ich zwanzig Jahre zuvor in Hiroshima wohnte. Zwei Jahre war ich dort, in denen ich die Stadt ein wenig kennen lernte. Viele Restaurants und Bars gab es da, pro Kopf der Bevölkerung mehr als in anderen japanischen Städten, wurde mir gesagt. Geschäftig war die Stadt und hässlich. Meinem Freund D. hatte man ein Foto vom Universitätscampus geschickt, der so aussah wie auf Hawaii. Er war schockiert, als er kam, denn wie auf Hawaii waren nur die beiden Palmen am Eingang. Auf vielleicht fünfundzwanzigjährigen Stämmen reckten sich die Wedel in den blauen Himmel. Viel älter konnten sie nicht sein, denn drei Jahrzehnte zuvor stand kein Baum in Sendamachi. Hinter dem Eingang sah der Campus aus wie ein um einen Sportplatz aufgebautes Barackenlager. Das war freilich keine Besonderheit von Hiroshima, viele staatliche Universitäten Japans hatten damals so ein verstaubtes, armseliges Aussehen. In Albuquerque erinnerte ich mich an damals in Hiroshima. Wäre nicht gerade ein halbes Jahrhundert Hiroshima durch die Medien gemangelt worden, hätte ich das vielleicht nicht getan, denn ich war keineswegs nach Albuquerque gekommen, um in der Nähe von White Sands zu sein und auf diesem Schießplatz, der zur Feier des Tages von Trinity dem Publikumsverkehr geöffnet wurde, nach Trinititesplittern zu suchen. Ich war gekommen, um Studenten zu unterrichten und Kollegen zu treffen, die vermutlich nicht einmal wussten, was Trinitite war.

Ebenso war ich zwanzig Jahre zuvor weniger nach Hiroshima gekommen als nach Japan, zufällig Hiroshima. Und die Menschen in Hiroshima unterstützten mich nach Kräften dabei, mehr an Japan als an Hiroshima zu denken. Wie oft wurde ich nach Miyajima mitgenommen, der berühmten Insel mit dem im Meer stehenden Torii des Itsukushima-Schreins! Oder zum Mandarinenpflücken, oder zu irgendeinem Markt. Mich zum Friedensmuseum zu begleiten, erbot sich nie jemand. Unaufgefordert sprachen die Menschen in Hiroshima nicht von Hiroshima. Und wie ich mich in Albuquerque erinnerte, dachte ich zwanzig Jahre früher in Hiroshima auch nicht immer an Hiroshima. Ich schrieb eine Doktorarbeit; ich lernte eine Frau kennen; ich ging abends am Ōta spazieren und sah Schwärme von Fledermäusen; ich kaufte mir zu kleine Gummistiefel, weil es größere nicht gab; ich unterrichtete. Ein Student sagte mir, als ich im Regen an der Straßenbahnhaltestelle stand, dass Heidegger gestorben sei und dass er das schlimm finde. Mir fiel dazu nichts ein. In Hondōri, der überdachten Ladenstraße, beschäftigten sich die Geschäftsleute unterdessen mit der Verbreitung von schlechtem Geschmack. Ich kaufte trotzdem eine Hose. Schließlich machte McDonald's eine Hamburgerbraterei auf. Im Kaufhaus Sogō gab es ein gutes chinesisches Restaurant.

Ich wurde oft für einen Amerikaner gehalten, weil seit der Besatzungszeit die meisten Weißhäutigen, denen Japaner begegneten, Amerikaner waren. Gegen mich gerichtete Ressentiments habe ich dabei nie empfunden. Es dauerte lange, bis ich anfing zu sehen, wie und was erinnert wurde. Mehr als ein Jahr verging, bevor ich mich zum ersten Mal in das Friedensmuseum traute. Konnte man da etwas anderes finden als das für Unbeteiligte unbegreifliche Grauen der Apokalypse? Vor dem Museum spielten Kinder. Ein kleiner Junge trug ein T-Shirt mit den Stars and Stripes darauf. Das überraschte mich. In Gesprächen erfuhr ich, dass viele Menschen eine gänzlich unpolitische Haltung zu Hiroshima hatten, die Schuldfrage gar nicht stellten. Die Zerstörung ihrer Welt hatte ein solches Ausmaß, dass sie den Überlebenden als Katastrophe ohne Verursacher erschien. Viele Menschen differenzierten freilich auch sehr bewusst zwischen der Verantwortlichkeit der Regierungen und der ihrer Bürger und verdammten Letztere nicht für das, was Erstere getan hatten.

Später las ich, dass eine Gruppe von Frauen, die Hiroshima zum Teil mit bleibenden Gesundheitsschäden überlebten, einen Brief an Major Claude Eatherly, einen der Piloten, schrieben, um ihn zu trösten. Er, schrieben sie, sei ebenso ein Kriegsopfer wie sie; denn er hatte Furchtbares getan oder doch mitgetan, ohne davon vorher eine Vorstellung zu haben.[4] Von jedem der Besatzungsmitglieder des Flugzeugs, das die Atombombe transportierte, wie von den meisten der fast 120 000 Mitarbeiter des Manhattan-Projekts konnte man sagen, dass sie unschuldig ihren Beitrag zu der Katastrophe leisteten. Freilich war es von den beteiligten Piloten allein Eatherly, der sich nach der Demobilisierung bei der Rückkehr in seine Heimatstadt nicht als Held feiern ließ. Er zog sich zurück und landete schließlich in einer Nervenklinik, weil er die Ungeheuerlichkeit, an der er beteiligt war, nicht ertrug und nicht vergessen konnte. Er wollte sich für den Frieden stark machen und seinen damals in den fünfziger Jahren weltweit bekannten Namen in den Dienst derer stellen, die versuchten, die Menschen gegen die nukleare Rüstung zu mobilisieren. Die Air Force wollte das jedoch nicht, da dadurch ihre Kontrolle über die Erinnerung an Hiroshima bedroht wurde. Deshalb blieb Major Eatherly auf wohlmeinende Empfehlung der Air Force in der Klinik für Geistesgestörte, bis er schließlich ausbrach.

Wie die Air Force und überhaupt das offizielle Amerika Hiroshima erinnert sehen wollten, enthüllte eine kleine Nachricht noch 1995. Auf dem Entwurf einer amerikanischen Briefmarke zum Gedenken hieß es: «Atomic bombs hasten war's end, August 1995.» Die japanische Regierung protestierte. Die Briefmarke wurde nicht gedruckt.

Die Botschaft der nicht gedruckten Briefmarke war ein Echo des 1945 von den amerikanischen Militärs und der Regierung in Washington in die Welt gesetzten Mythos, der rechtfertigen sollte, was denkende Menschen, sobald Einzelheiten von Hiroshima und Nagasaki[5] bekannt wurden, als Untat begriffen. Andere Meinungen konnten sich nur schwer bilden und noch schwerer artikulieren. Zunächst spielte die japanische Regierung die Bedeutung der Bomben propagandistisch herunter, obwohl sie sofort die Vermutung hegte, dass Hiroshima von einer Atombombe zerstört worden war, und darum bereits am 6. August beschloss, Japans führenden Kernphysiker Nishina Yoshio dorthin zu schicken.[6] Außerdem war die Berichterstattung in den Wirren der folgenden Wochen äußerst erschwert, und dann, ab Mitte September 1945, wurde sie der strikten Kontrolle der amerikanischen Besatzung unterworfen. Alle Publikationen unterlagen der Zensur, aber Berichte über Hiroshima und Nagasaki wurden systematisch unterdrückt. Von japanischen Kamerateams zwischen August und Dezember 1945 aufgenommene Filmdokumentationen wurden beschlagnahmt und bis Mitte der sechziger Jahre geheim gehalten. Besonders streng war die Zensur bei Berichten, die sich auf die radioaktive

Verseuchung bezogen, da diese unvermeidlich Fragen der moralischen Legitimität des Einsatzes solcher Waffen aufwarfen und die Gefahr bargen, Amerika in ein schlechtes Licht zu rücken. Schließlich hatte Präsident Truman die Atombombe nicht allein in seinen Memoiren als «the greatest thing in history» gepriesen.[7] Die Atombombe war nicht nur ein Triumph amerikanischer Wissenschaft, sondern auch ein Segen, da sie den Krieg abkürzte und dadurch viele Menschenleben rettete. Das sollte die Erinnerung werden, auf die kein Makel fallen durfte. Schon vier Wochen nach Hiroshima wurde dem australischen Journalisten Wilfred Burchett, der allen Schwierigkeiten zum Trotz bis zu dem Trümmerfeld, das von der Stadt übrig war, vorgedrungen war und berichtete, dass noch immer Menschen und Tiere an den Folgen der durch die Bombe freigesetzten Radioaktivität starben, von amerikanischen Militärs beschieden, dass er auf japanische Propaganda reingefallen sei.[8]

Die Zensur des US-Militärs verfolgte einerseits den Zweck, nichts an die Öffentlichkeit dringen zu lassen, was die Bevölkerung gegen die Besatzer aufbringen könnte. Andererseits sollte sie verhindern, dass Amerikas Image als Vorkämpfer der gerechten Sache geschädigt wurde. Nicht einmal unpolitische Darstellungen der Leiden der Opfer kamen an der Zensur vorbei, literarische Versuche der Bewältigung nur sehr zögernd. Die Folge war, «dass die Welt jahrelang nicht das volle Ausmaß dessen erfuhr, was geschieht, wenn nukleare Waffen verwendet werden. [...] Die Implikationen für die Menschen wurden verborgen. Die Zensur unterdrückte nicht nur bestimmte Tatsachen, sie hinderte auch Überlebende daran, von ihren Erfahrungen zu berichten, Erfahrungen, die nur sie gemacht hatten und die dem Rest der Menschheit geholfen hätten, zu verstehen, wohin es mit der Welt gekommen war.»[9]

Die Besatzungsbehörden sahen die Zensur durch ihren Auftrag gerechtfertigt, Japan zu einem Freund der USA zu machen, der durch die sich rasch verhärtenden Fronten des Kalten Krieges zusehends Gewicht bekam. Auch mussten sie vermeiden, dass die japanische Regierung Hiroshima und Nagasaki propagandistisch ausschlachten konnte, um Berichten über die Gräueltaten der Kaiserlichen Japanischen Armee auf den asiatischen Kriegsschauplätzen zu begegnen und das Recht der Alliierten infrage zu stellen, über sie zu Gericht zu sitzen; denn wenn ein Schatten auf die moralische Integrität des Richters fällt, wird die Legitimation eines Kriegsverbrechertribunals noch problematischer, als sie ohnehin schon ist.[10] Diese Sorge war begründet, wie sich bald anlässlich des Tokioter Tribunals zeigen sollte, als der einzige nicht weiße Richter Radhabinhol Pal aus Indien nicht nur die Jurisdiktion des Gerichtshofs kritisierte, sondern auch die Bombardierung Hiroshimas und Nagasakis mit den Taten der Nazis im Zweiten Weltkrieg verglich.[11] Unterdessen wurde in Amerika weiter an dem Bild gemalt, auf dem die Atombombe als rettender Ausweg aus dem mörderischen Krieg erschien. Berichte, die wie John Herseys «Hiroshima» Menschen an die Stelle von Zahlen setzten, konnten dagegen nur wenig ausrichten.

In der wissenschaftlichen Diskussion ist der Mythos, die Atombomben hätten das Kriegsende beschleunigt und seien auch nur abgeworfen worden, um das zu erreichen, inzwischen gründlich demontiert worden.[12] Im kollektiven Gedächtnis jedoch hat er einen festen Platz. Lisa Yoneyama spricht dementsprechend von der «Neigung der Japaner, den Krieg allein durch die Erinnerung daran im Gedächtnis zu behalten, Opfer der auf Hiroshima und Nagasaki abgeworfenen Atombomben geworden zu sein.»[13] Jede Kriegshandlung zielt letztlich auf die möglichst schnelle Herbeiführung des Sieges. Abgesehen von dieser allgemeinen Maxime des Kriegshandwerks war der Einsatz der Atombomben, wie inzwischen erwiesen ist, aber nicht primär durch die Erwartung motiviert, das Kriegsende so schneller herbeizuführen. Man weiß auch, dass er Japans Kapitulationsbereitschaft nicht ausschlaggebend beeinflusste. Dennoch lebt die Vorstellung fort, dass Hiroshima und Nagasaki nicht nur gerechtfertigt waren, weil Japan einen Angriffskrieg geführt hatte, sondern auch letztlich einem guten Zweck dienten, da sie mehr Menschenleben retteten als kosteten. Propaganda wurde zur Erinnerung.

Woran erinnerte man sich in Amerika fünfzig Jahre nach Trinity? Auf dem Campus der Universität von New Mexico redete man 1995 auch darüber, dass die von der Smithsonian Institution in Washington anlässlich des fünfzigsten Jahrestages der Massentötung der Bevölkerung Hiroshimas und Nagasakis geplante Ausstellung im National Air and Space Museum abgeblasen worden war. Die Enola Gay sollte ausgestellt werden, das Flugzeug, das Little Boy abwarf, aber auch Fotos von Opfern und vom ganzen Ausmaß der Zerstörung. Heroismus und unschuldiges Leid sollte die Ausstellung nebeneinander präsentieren und so zum Nachdenken anregen.[14] Sie hätte die Erinnerung vielleicht ein wenig korrigieren können. Aber die nationalistischen Kreise, die selbst aus dem Abstand eines halben Jahrhunderts nicht bereit waren, den edlen Zweck auch nur zur Diskussion zu stellen, waren stark genug, um die Ausstellung zu verhindern.

Das öffentliche Gedächtnis ist ein heiß umkämpftes Territorium. Denkmäler und Ausstellungen täuschen darüber hinweg, weil sie dem Besucher nichts von den ihnen vorausgegangenen Auseinandersetzungen mitteilen, sich als Fakten geben und nicht als eine Ansicht oder einen Kompromiss.

Wie viel Zeit auch immer vergeht, die Erinnerung an Hiroshima schwindet nicht aus den Herzen der Menschen. Mehr als ein halbes Jahrhundert nach der Katastrophe lebt die Welt noch immer unter der Bedrohung nuklearer Waffen. Aber wir geben die Hoffnung nicht auf und wiederholen unseren Appell: Menschen und Kernwaffen können nicht koexistieren.[15]

So beginnt die Friedensbotschaft, die der Bürgermeister von Hiroshima, Hiraoka Takashi, bei den inzwischen zur Tradition gewordenen Feierlichkeiten am 6. August 1996 verkündete. Hiroshima, so können wir lesen, ist immun gegen den alles abschleifenden Lauf der Zeit. Hiroshima markiert eine Zeitenwende. Überlebende sprachen oft davon, dass die Zeit stehen blieb. Was bei der ungefähr 580 m über dem Shima-Krankenhaus im Hypozentrum ausgelösten thermonuklearen Kettenreaktion geschah, sprengte alle bis dahin geltenden Zeitvorstellungen. Wie konnten in Sekunden Zigtausende getötet, eine Stadt ausgelöscht werden? Als ebenso erschreckend wie die furchtbare Intensität des Explosionsaugenblicks erwies sich die Dauer der Katastrophe. Je weiter die Menschen vom Hypozentrum entfernt waren, desto später stellten sich die Strahlenschäden bei ihnen ein. Noch nach Jahrzehnten litten Überlebende an ihren Verletzungen, darunter viele, die am 6. August gar nicht in der Stadt waren, sondern deren Überreste erst Tage später auf der Suche nach ihren Toten betraten. Selbst Ungeborene wurden betroffen. Und die Gemeinschaft, so können wir Hiraoka auch verstehen, wird noch viele Generationen mit der Erinnerung leben. Die globale Wirkung der Atombombe auf die Menschheit ist, wie Ōe Kenzaburō in seinen Aufzeichnungen aus Hiroshima[16] betont hat, noch völlig unklar. Die medizinischen Spätfolgen der Strahlenverseuchung wurden erst im Laufe der Zeit entdeckt, wie man auch erst langsam erkannte, dass für diese neue Waffe weder geographische noch zeitliche Grenzen galten bzw. davor Schutz boten. Dass die neue Technologie uns alle, «Freund» und «Feind», auslöschen konnte, gerann nur langsam zur allgemein anerkannten Einsicht. In der ausgebrannten Wüste von Hiroshima selber freilich sahen viele die Endzeit. Zu einem der eindringlichsten Symbole wurde nicht zufällig eine Taschenuhr, die um 8 Uhr 15 stehen blieb, unmittelbar nach der Explosion der Bombe. Nikawa Kengo, ihr Besitzer, fuhr zu dem Zeitpunkt mit dem Fahrrad über eine Brücke, 1,6 km vom Hypozentrum entfernt. Er erlag seinen Verletzungen. Die Uhr befindet sich im Friedensgedächtnismuseum von Hiroshima, wie es heute heißt.

Dieses Museum ist das Ergebnis fünfzigjährigen Ringens um die Gestaltung der Erinnerung. In seiner jetzigen Form wurde es 1994 fertig gestellt. Wo noch Mitte der siebziger Jahre, als ich zum ersten Mal dort war, ein unschöner Betonklotz stand, befinden

Nikawa Kengo fuhr mit dem Fahrrad über die Kan'on-Brücke, 1,6 km vom Hypozentrum entfernt. Er erlag seinen Verletzungen. Sein Sohn Nikawa Kazuo stiftete seine unmittelbar nach der Explosion stehen gebliebene Taschenuhr dem Friedensgedächtnismuseum von Hiroshima. (Abbildung: Friedensgedächtnismuseum, Hiroshima.)

sich seither zwei große elegante Flachdachbauten, die durch eine Brücke miteinander verbunden und mit Parkplätzen für die Touristenbusse umgeben sind, inmitten des Friedensparks. Das Atombombenehrenmal der Stadt Hiroshima, die Friedensglocke, das Friedensdenkmal der Kinder, die Friedensflamme und über fünfzig weitere Grabmale und Gedenkstätten, die an Gruppen von Menschen, einzelne Stadtteile und andere Aspekte des nuklearen Holocausts[17] erinnern, sind auch in dem Park. Millionen von Touristen kommen alljährlich aus allen Teilen des Landes und aus aller Welt, besonders im Sommer. Am 6. August kommen die heutigen Bewohner der Stadt nicht vorbei, sosehr sie auch bestrebt sind, ein normales Leben zu führen. Am 6. August setzen sie abends kleine Laternen in großer Zahl in den Fluss, an allen sechs Armen des Deltas, in dem die Stadt liegt. Zum Andenken an die Toten treiben die kleinen Lichter auf dem dunklen Wasser, hin und her gespült im Wechsel der Gezeiten, bis sie untergehen. Dieser Brauch, der sich in das buddhistische Totenfest Obon einpasst, wurde von den Bewohnern Hiroshimas, den Opfern und Hinterbliebenen selbst begonnen. Inzwischen freilich sind Hiroshima und der 6. August ein Symbol, an dessen Darstellung viele beteiligt sein wollen.

Den Überlebenden ist die Pflege der Erinnerung an etwas, was nur sie erfuhren, entglitten, noch bevor ihre öffentliche Gestaltung begann. Die Stimmen der Opfer waren oft zu leise, um gehört zu werden. Zuerst wurden sie von der Zensur der amerikanischen Besatzer erstickt, dann erschienen japanische Interessengruppen auf dem Plan. Die Regierung in Tokio hatte in den ersten Nachkriegsjahren kein Ohr für Hiroshima. Der Wiederaufbau des zerstörten Landes hatte Vorrang. Entschädigungen, ja selbst die medizinische Versorgung der Opfer kamen erst nach Jahren in Gang. Sonderbehandlungen und Kostenbefreiung für strahlenbedingte Gesundheitsschäden wurden durch bürokratische Anerkennungsverfahren erschwert. Erst 1957 trat das A-Bomben-Gesundheitsgesetz in Kraft. Der Staat statuierte durch diese Haltung ein trauriges Exempel der Diskriminierung der Opfer in der japanischen Bevölkerung. «Versicherungen weigerten sich, Überlebenden von Hiroshima und Nagasaki Kranken- und Lebensversicherungen zu verkaufen. Sie fanden keine Ehepartner. Manchmal wurden sie so behandelt, als hätten sie eine ansteckende Krankheit. Deshalb behielten sie ihre Erfahrung für sich und blieben im Hintergrund. Ihre Hilfsorganisation, die einige Freiwillige leiteten, musste ein Pseudonym annehmen.»[18]

Jahrelang wollte man sich in Tokio nicht an Hiroshima erinnern, denn das konnte nur die Verbesserung der Beziehungen zu Washington erschweren. Schließlich blieb Japan wenig anderes übrig, als sich als gelehriger Schüler Amerikas zu betragen. Die Besatzer diktierten eine neue Verfassung[19], die als Grundlage eines neuen, demokratischen Japans dienen sollte. Amerika musste Vorbild sein; einzugestehen, dass dieses Vorbild moralische Mängel hatte, konnte es nur schwieriger machen, das zu akzeptieren. Eine ausführliche öffentliche Debatte über die moralische Legitimität der Bombe während der Besatzungszeit war nicht möglich, und danach hätte sie das Verhältnis zu den USA nur belastet. Die Regierung in Tokio zog es deshalb vor, Hiroshima und Nagasaki möglichst wenig Aufmerksamkeit zu schenken. Als Suzuki Zenko 1980 der Gedenkzeremonie am 6. August beiwohnte, war er seit 1946 erst der dritte Premierminister, der den Weg nach Hiroshima gefunden hatte, obwohl es ihrer 13 (bzw. 12 Personen, Yoshida Shigeru zweimal) gegeben hatte. Dass er bei der Gelegenheit kein gern gesehener Gast war, ist kaum verwunderlich. Regierungsvertreter wurden als Störenfriede empfunden, die unter Polizeischutz in dicken Limousinen kamen, um einen Termin wahrzunehmen, an Verständnis für den Schmerz und die Nöte der Opfer gebrach es ihnen. Das war ihr Ruf.[20]

Hiroshima hat aus Tokio nie viel Unterstützung erhalten. Für die Pflege der Erinnerung an die nukleare Zerstörung der Stadt und eine zukunftsgerichtete Gestaltung kamen aus Tokio keine Impulse. Hiroshima verkörperte mehr als jeder andere Ort die japanische Niederlage, woran die Machtelite nicht gern erinnert werden wollte. Zwar waren auch andere Städte ähnlich verheerend zerstört, namentlich Tokio, aber sie waren nicht auf dieselbe Weise zerstört worden. Japan (und Deutschland) hatten den Wettlauf um die Bombe verloren. Dass die gigantischen Anstrengungen, die Japan seit der Meiji-Restauration unternommen hatte, um seinen technologischen Rückstand aufzuholen und mit dem Westen gleichzuziehen, fruchtlos geblieben waren, manifestierte sich in der Asche von Hiroshima. Der während des Krieges viel beschworene japanische Geist, der die überlegene westliche Technologie schließlich bezwingen musste, hatte versagt. Schlimmer noch, die Verwestlichung, in die so viel Anstrengung investiert worden war, hatte nicht das gebracht, was man erwartet hatte, nicht Macht und Reichtum und eine Stellung unter den Großen der Welt, sondern völligen Ruin. Bevor die amerikanische Zensur die Kontrolle übernahm, schrieb die *Asahi Shinbun*[21]: «Wir haben gegen die Wissenschaft des Feindes verloren.[…] Das wurde durch eine einzige auf

Hiroshima abgeworfene Bombe deutlich.» Aus der Sicht Hiroshimas war die Niederlage unvermeidlich gewesen. Anders als andere Kriege hätte dieser nicht so oder so ausgehen können. Hiroshima und Nagasaki offenbarten, dass Japan nicht nur geschlagen, sondern deklassiert war. In diesem Sinne konstatiert John Dower, einer der prominentesten Historiker der japanischen Nachkriegszeit, dass «die meisten Überlebenden die atomare Explosion als Zerbrechen ihrer Identität erlitten, die Bombardierungen vom 6. und 9. August für Japan als Ganzes jedoch geradezu einer Veränderung des Zeitverständnisses gleichkamen»[22]. In den hektischen Meiji-Jahren, der Zeit der ersten intensiven Berührung mit dem Westen, glaubten viele in Japan, in die Moderne eingetreten zu sein, in die Zeit des Westens. Am Ende des Zweiten Weltkriegs aber kämpften sie mit Kamikazefliegern, während der Gegner mit dem Atomtod der Zeit selber eine neue Bedeutung gab. Die Niederlage war total, und während man andere Städte wieder aufbauen, die Spuren der Katastrophe aus ihnen entfernen konnte, verbot sich in Hiroshima ein solcher Umgang mit den Folgen eines Krieges. Hiroshima selber musste zu einem Mahnmal werden, zur definierenden Wegmarke in ein neues Zeitalter.

Die LDP-geführte Regierung hat für die Atombombenopfer nie viel Interesse aufgebracht, aber Hiroshima konnte sie auf die Dauer nicht ignorieren, denn der 6. August wurde über die Jahre zu einem Gedenktag mit überregionaler Ausstrahlung. Antiatom- und Friedensbewegungen formierten sich und gerieten bald ins Spannungsfeld der politischen Auseinandersetzung. 1955 wurde der Japanische Rat gegen Atom- und Wasserstoffbomben *(Gensuibaku Kinshi Nihon Kyōgikai)* ins Leben gerufen, eine Bürgerbewegung, die bald von der Kommunistischen Partei Japans dominiert wurde, der sie als Plattform der Opposition diente. Nicht bereit, das Feld der Friedensliebe der Linken zu überlassen, konterte die LDP 1961 mit der Gründung des Volksrates für Frieden und gegen Kernwaffen *(Kakuheiki Kinshi Heiwa Kansetsu Kokumin Kaigi)*.

Die Sozialistische Partei zog 1965 mit dem Japanischen Kongress gegen Atom- und Wasserstoffbomben *(Gensuibaku Kinshi Nihon Kokumin Kaigi)* nach. Hiroshima am 6. August wurde dadurch zum Schauplatz innenpolitischer Auseinandersetzungen, die mit den Opfern immer weniger zu tun hatten. Wie Ōe Kenzaburō es in seinem erwähnten Essay beschrieben hat, wurden die Atombombenopfer bei den alljährlichen Demonstrationen und Feierlichkeiten zusehends an den Rand gedrängt und distanzierten sich deshalb ihrerseits immer mehr davon. Hiroshima wurde von Interessengruppen und vom Staat für eigene Zwecke missbraucht.

Wenn man Regierungsvertreter hörte, hatte *Japan* die nukleare Zerstörung erfahren. Den Topos von «Japan als erstem und einzigem Land, das von der Atombombe getroffen wurde» schuf Satō Eisaku, der Hiroshima am 6. August 1970 als erster Premierminister besuchte. Seitdem ist er fester Bestandteil der politischen Rhetorik anlässlich des 6. August.[23] In öffentlichen Verlautbarungen hieß es immer wieder und heißt es noch heute regelmäßig, dass Japan das einzige Land sei, das den Atomtod kennen gelernt hatte. Für die Menschen in Hiroshima war es freilich nicht Japan, sondern ihre Stadt, waren sie es und ihre Angehörigen. Das war es ja, was sie von dem Japan, das Tokio repräsentierte, unterschied. Die Regierung in Tokio sprach für sich, nicht für sie. Wenn man bedenkt, dass die USA schon Mitte der fünfziger Jahre über 10 000 atomare Gefechtsköpfe besaßen, muss man die Dringlichkeit jedes Appells für eine atomwaffenfreie Welt ernst nehmen, woher er auch kommen mag. Dennoch erschien die Haltung Tokios aus der Sicht Hiroshimas immer fragwürdig, wenn nicht zynisch. Pazifistische Beteuerungen gingen allen Premierministern glatt von den Lippen; die Verfassung verlangte es ja von ihnen. Aber das hinderte sie nicht, mit der größten Atommacht der Welt einen militärischen Beistandspakt abzuschließen. Viele in Hiroshima fanden das nicht glaubwürdig. Unterstrichen wurde der Eindruck von einer opportunistischen Haltung Tokios gegenüber Hiroshima noch dadurch, dass die Regierung es ein ums andere Mal ablehnte, überlebende

Atombombenopfer angemessen zu entschädigen. Noch 1994 konnte sich der sozialistische Premierminister Murayama Tomiichi mit entsprechenden Vorschlägen nicht gegen die LDP, die seine Regierung mittrug, durchsetzen.

Für Tokio war Hiroshima in erster Linie deshalb wichtig, weil der Atompilz ein alles überschattendes Symbol eines ungleichen Kampfes war. Hiroshima und Nagasaki waren zerstört worden, aber die Opferrolle wurde auf ganz Japan übertragen. Hiroshima wurde auf diese Weise für die Gestaltung der Vergangenheit instrumentalisiert. Der infernalische Abschluss des Pazifischen Krieges war so überdimensional, dass er alle anderen Mementos aus dem Blickfeld drängte. Japan war Opfer, und dabei sollte es bleiben. Noch ein halbes Jahrhundert später war das die herrschende Meinung. Am 9. Juni 1995 verabschiedete das Parlament in Tokio folgende Resolution zum Gedenken an den Krieg.

> Dieses Parlament entrichtet im fünfzigsten Jahr nach dem Krieg dem Andenken der Kriegstoten in der Welt und den Opfern, die durch Krieg und andere Taten gelitten haben, seinen aufrichtigen Tribut.
> Eingedenk der vielen Fälle kolonialer Herrschaft und Aggression in der modernen Weltgeschichte bekennen wir uns zu den Taten, die unser Land verübte, und zu dem unerträglichen Leid, das wir über die Völker anderer Länder, insbesondere in Asien, gebracht haben, und erklären unser tiefes Bedauern.
> Über historische Auffassungsunterschiede zu dem letzten Krieg hinweg müssen wir aus der Geschichte lernen und eine friedliche internationale Gemeinschaft errichten.
> In Übereinstimmung mit dem in der Verfassung Japans festgeschriebenen Friedensgebot streckt dieses Parlament den Ländern der Welt die Hand entgegen und erklärt seine Entschlossenheit, für die Menschheit eine Zukunft der Koexistenz zu eröffnen.[24]

Selbst diese vorsichtige Formulierung, die Japans Rolle im Pazifischen Krieg unbestimmt lässt, die von der Kaiserlichen Japanischen Armee begangenen Verbrechen aber wohl bedacht in den Zusammenhang mit Kolonialismus und anderen Akten der Aggression stellt, ging den meisten der 501 Parlamentarier zu weit. Sie wurde mit nur 230 Stimmen angenommen, da sich ein Großteil der LDP-Abgeordneten enthielt. Die Resolution beschränkte sich auf einen Ausdruck des Bedauerns und ließ die Frage der Kriegsschuld unberührt. Sie machte es nicht unmöglich, an der Vorstellung vom Opfer Japan festzuhalten, die sich durch die Übertragung von Hiroshimas Schicksal auf das ganze Land so stark im öffentlichen Bewusstsein festgesetzt hatte. Dieses Geschichtsverständnis wird keineswegs nur von einem kleinen Häuflein Unbelehrbarer am rechten Rand favorisiert, sondern immer wieder von höchsten Repräsentanten des Staates. Im Mai 1994 musste der Justizminister Nagano Shigetsu zurücktreten, weil er das Massaker von Nanking eine Erfindung genannt und den Krieg, so wie von den Nationalisten bevorzugt, als «Großen ostasiatischen Krieg» bezeichnet hatte. Für was für ein Bewusstsein von Recht und Gerechtigkeit stand so ein Minister? Konnte man von dem politischen Establishment, zu dem er gehörte, eine Einschätzung des Krieges erwarten, die nicht nur nationalistische Überzeugungen widerspiegelte?

Für die eigentlichen Opfer von Hiroshima ist das tragisch, denn für viele in Japan ist ihr Schicksal in erster Linie ein unabweisbares Zeugnis des Unrechts, das Japan zugefügt wurde. Der Vorwurf, Hiroshima als Vorwand zu benutzen, um sich nicht mit der japanischen Aggression auseinander setzen zu müssen, wurde selbst den verschiedenen rivalisierenden Friedensbewegungen gemacht. «Die meisten Japaner verschließen gegenüber japanischen Missetaten die Augen.» «Japan bedauert den Krieg, aber nicht die Invasion. Japan spricht nur über Hiroshima, um seinen Opfergang zu akzentuieren.»[25] So hart ist die Kritik Honda Katsuichis, des Journalisten, der am vehementesten für die Beschäftigung mit Japans Rolle im Krieg eingetreten ist, der nach Nanking gereist ist und vor Ort die Erinnerung an das Massaker auf sich wirken ließ, um zu Hause davon zu berichten.[26] Aber Stimmen wie seine sind selten. Dass das Massaker von Nanking nur chinesische Propaganda wäre, haben Politiker immer wieder gesagt, unter ihnen auch Ishihara Shintarō.[27] Seiner Wahl zum Gouverneur von Tokio im April 1999 stand das nicht im Wege, wieso auch, hatte der Staat sich doch nicht nur standhaft geweigert, japanische Kriegsverbrechen durch seine Gerichte untersuchen zu lassen, sondern jahrzehntelang die japanische Opferrolle kultiviert.

Hiroshima hat sich in dieser Hinsicht schneller bewegt als der japanische Staat. Die im Friedensmuseum präsentierte Vergangenheit zeugt von mehr Bereitschaft, die Tragödie Hiroshimas im historischen Zusammenhang zu erinnern, als das offizielle Japan sie je an den Tag gelegt hat. Im Dezember 1997, als ich zuletzt dort war, hatte die Ausstellung, verglichen mit der, die ich zwei Jahrzehnte zuvor gesehen hatte, einen erstaunlichen Wandel durchgemacht. Sie war nicht nur aseptischer und für den Massentourismus geeigneter geworden; nicht nur enthielt sie zur Unterstreichung der internationalen Bedeutung Hiroshimas als Warnung für die Menschheit Fotos prominenter Besucher wie Vaclav Havel, Elie Wiesel, Mutter Teresa und Richard von Weizsäcker und ihre im Gästebuch zurückgelassenen hilflosen Grußbotschaften, die nichts außer ihrer Sprachlosigkeit enthüllten; sie zeigte Hiroshima auch vor der Zerstörung. Diese Bilder der Stadt erfüllen nicht nur die Funktion, das Ausmaß der Verwüstung deutlich zu machen, sie dokumentieren auch Hiroshima als japanische Stadt im Krieg. Im Hafen Ujina schifften sich Truppen nach China ein. Die Werften der Firmen Tōyō Kōgyō (heute: Mazda) und Mitsubishi bauten Kriegsschiffe. Da ist auch ein Foto vom Dezember 1937, das einen Laternenumzug zeigt. In der Bildunterschrift heißt es:

> Am Anfang des Krieges mit China besetzte die japanische Armee viele chinesische Städte. Im Dezember 1937 nahm sie die damalige Hauptstadt Nanking ein. Die Besetzung dieser wichtigen Stadt wurde von den Japanern bejubelt, die den in China wütenden Krieg als heiligen Kreuzzug betrachteten. Die Bevölkerung von Hiroshima feierte mit einem Laternen-

umzug. In Nanking aber wurden Zig-, wenn nicht Hunderttausende Chinesen von der japanischen Armee massakriert. In China schätzt man die Anzahl der Opfer auf 300 000.

In dieser Offenheit hat sich keine einzige japanische Regierungsstelle je zu dem Massaker in Nanking geäußert. Im Rahmen der Ausstellung des Friedensgedächtnismuseums in Hiroshima sind Foto und Erläuterung eine politische Botschaft an Tokio: Wer eine Zukunft in Frieden will, darf die kriegerische Vergangenheit nicht beschönigen. Noch bei der Handhabung der Erinnerung nationalistischen Gefühlen nachzugeben widerspricht dem Geist einer Friedenskultur, die nach dem Willen des Museums von Hiroshima ausgehen soll. Im Gegensatz zur Regierung und zur Kultusbürokratie in Tokio hat man in Hiroshima akzeptiert, dass es ein aktiver Beitrag zum Frieden ist, wenn unrühmliche Taten und Verbrechen, die im Namen Japans geschahen, nicht aus dem kollektiven Gedächtnis getilgt werden. Nur wenn die alten Denkkategorien einer unter allen Umständen glorreichen Vergangenheit überwunden werden, kann Hiroshima am Anfang einer neuen Zeit stehen.

Im gleichen Verständnis haben manche Historiker dafür plädiert, Hiroshima nicht nur als erlittenes Unrecht zu erinnern, sondern auch als Folge einer von Japan zu verantwortenden Politik. So schreibt Ienaga Saburō in seinem Buch über die Verantwortung für den Krieg:

> Die unmittelbare Ursache der großen Zahl der Opfer unter der Zivilbevölkerung waren die amerikanischen Flächenbombardements. […] Da man eine solche Tragödie voraussehen konnte, kann man der Frage nach der Verantwortung der japanischen Machthaber für die große Zahl der Kriegstoten nicht ausweichen; denn sie hatten Amerika dennoch angegriffen und auch angesichts der Verstärkung der Luftangriffe, ja selbst nach dem Abwurf der Atombombe nicht versucht, den Krieg zu beenden.[28]

Die Bereitschaft, Hiroshimas Vernichtung in den historischen Zusammenhang zu stellen, war in Hiroshima größer als in Tokio. Auch in Hiroshima gab es freilich blinde Flecken auf der Karte der Erinnerung an den nuklearen Holocaust. Da 1945 Tausende von koreanischen Zwangsarbeitern in Hiroshima wohnten, waren viele von ihnen auch unter den Opfern. «Bis 1990 bezogen sich die Ansprachen der politischen Führungsschicht bei der jährlichen Friedensgedenkzeremonie am 6. August nie auf die 20 000 bis 30 000 (wenn nicht mehr) koreanischen Atombombentoten, die zwischen 10 und 20 Prozent derjenigen stellten, die durch die Bombardierung Hiroshimas direkt getötet wurden.»[29] Viele der Überlebenden wurden nach dem Krieg repatriiert. Sie mussten nicht nur jahrzehntelang um ihre Anerkennung als Atombombenopfer kämpfen[30], ihrer umgekommenen Angehörigen wurde auch zunächst nicht gedacht. Der Verband der koreanischen Einwohner Japans *(Sōren)* errichtete zwar 1970 ein Grabmal für die koreanischen Opfer. Die auf einer Schildkröte ruhende Granitsäule fand jedoch zunächst keinen Platz im Friedenspark, weil dort schon zu viele Grabsteine waren. Sie wurde nordwestlich außerhalb des Friedensparks aufgestellt. Viele koreanischen Bürger Japans empfanden das als eine tiefe Kränkung. Auch noch ihre Toten wurden diskriminiert. Manche Vertreter der koreanischen Gemeinschaft sehen in der peripheren Lage des Gedenksteins jedoch eine angemessene Darstellung ihrer eigenen Existenz am Rande der japanischen Gesellschaft.[31] Sie empfinden sich bzw. ihre Angehörigen als andere Opfer der Bombe; denn für sie erinnert die Gedenkstätte an ihre Opfer und an Japans Niederlage mit der ihr folgenden Befreiung von der Kolonialherrschaft.

In Hiroshima hat man auch in diesem Punkt gelernt und Konsequenzen gezogen. Der koreanischen Opfer wird inzwischen als einer eigenen Gruppe gedacht, und es wird anerkannt, dass ihre Erfahrung besonders bitter war und sich von der japanischer Opfer unterschied. Die im Museum angesiedelte Stiftung für Friedenskultur hat Mitte der neunziger Jahre mit der Videodokumentation der Zeugnisse koreanischer Überlebender begonnen, um die Atombombenerfahrung für nachfolgende Generationen festzuhalten. Über 500 Aufnahmen sind bisher gemacht worden, ein weiterer Schritt auf dem mühsamen Weg zu einer ausgewogeneren Darstellung der Geschichte.

Der Friedenspark mit dem Museum in Hiroshima ist ein Zeitort besonderer Art. Die gegenwärtigen Betrachter sollen dort nicht nur an die Vergangenheit erinnert werden, sie soll ihnen auch so verständlich gemacht werden, dass sie für die Gestaltung der Zukunft wirksam wird. Hiroshima, so wird die leidvolle Erfahrung der Stadt nicht nur von den Kustoden des Museums verstanden, markiert einen Einschnitt nicht nur in der Geschichte Japans, sondern in der der Menschheit. In Hiroshima begann das Zeitalter der Globalisierung. Keinen Ort gibt es mehr auf der Erde, der nicht zum Ziel totaler Zerstörung gemacht werden könnte. Die in Hiroshima entfesselte Kraft reicht aus, um das Ende der menschlichen Zivilisation auf diesem Planeten herbeizuführen. Die Weltuntergangsuhr, die von besorgten Wissenschaftlern, die das begriffen, 1947 geschaffen wurde, bringt das seit 8:15 am 6. 8. 1945 veränderte Zeitgefühl auf den Begriff.

Anmerkungen Kapitel VII

1 In einer der ersten sozialwissenschaftlichen Analysen der Zerstörung Hiroshimas und Nagasakis spricht der Politologe Arthur Compton (1946) von dem «atomaren Kreuzzug».

2 Die klassische Darstellung dieser seitdem oft replizierten Experimente ist Milgram (1965). Das Unbehagen, dessen man sich nicht erwehren kann, wenn man daran denkt, dass die besten Wissenschaftler ihrer Generation ihre geballte Kraft dafür einsetzten, Massenvernichtungsmittel zu entwickeln, wird durch die Befunde dieser Experimente noch wesentlich verstärkt, da sie darauf hindeuten, dass Menschen mit einem durchaus normalen Moralempfinden zu allem zu bewegen sind.

3 So berichtet von dem Physiker Otto Frisch vom Zentrum des Manhattan-Projekts in Los Alamos. Zit. nach Höffe (1995 : 287).

4 So berichtet in dem Briefwechsel Eatherlys mit Günther Anders, dem auch das Zitat am Anfang dieses Kapitels entnommen ist. Vgl. Jungk (1961 : 38, 28).

5 Dass im Zusammenhang mit dem nuklearen Holocaust Nagasaki immer nur als Fußnote zu Hiroshima thematisiert wird, ist oft bemängelt und bedauert worden. Dass dem auch hier so ist, hat zwei Gründe. Zum einen ist Hiroshima heute die Ikone der Atomerfahrung und der daraus hervorgegangenen Friedenskultur, was zum Teil darauf zurückzuführen ist, dass die Stadt am Ōta als Erste getroffen und in erheblich größerem Umfang als Nagasaki zerstört wurde. Zum anderen kenne ich Nagasaki nur von kurzen Besuchen, während ich in Hiroshima einige Zeit gelebt habe und sah, wie die Narben der Erinnerung mit dem täglichen Leben der wieder aufgebauten Stadt verwuchsen.

6 Wagner (1995 : 85).

7 Truman (1955 : 463).

8 Braw (1991 : 91 f.).

9 Braw (1991 : 156).

10 Vgl. Kapitel 6, oben, auch Blackman (1987).

11 Richter Pals Haltung zum Tokioter Tribunal wurde von der japanischen Reaktion begeistert begrüßt und wird von Revanchisten noch immer gern zitiert. Freilich argumentierte Pal weniger politisch und moralisch als rechtspositivistisch. Von der Anklageschrift distanzierte er sich aus verfahrenstechnischen Gründen und weil er die Jurisdiktion des Gerichts nicht gegeben sah. Vgl. Awaya (1998 : 226), auch Tanaka (1987).

12 Gar Alperovitz ist der wohl profilierteste Historiker, der die offizielle amerikanische Darstellung, die A-Bomben seien eingesetzt worden, um das Ende des Krieges zu beschleunigen, als Mythos kritisiert und ihr in zahlreichen Publikationen widersprochen hat. In seiner umfangreichen Dokumentation (1995) zeigt er, wie ausschlaggebend demgegenüber die heraufziehende Konfrontation mit der UdSSR war. Bernstein (1995) stimmt mit ihm in diesem Punkt überein, obwohl er manche Punkte anders bewertet als Alperovitz.

13 Yoneyama (1999 : 214). Das japanische Selbstbild von nationaler Unschuld und Opferrolle ist eines der Hauptmotive von Yoneyamas Studie über die Erinnerung an Hiroshima.

14 Der Historiker Edward Linenthal, der an den Vorbereitungen der geplanten Ausstellung beteiligt war, sagte vor dem Senatsausschuss, der sich damit befasste, aus und gab zu bedenken, dass «alles Geschichtsschreiben in gewissem Sinne eine Revision unseres Verständnisses der Vergangenheit ist» (Linenthal 1998 : 25). Ebendies wollten die Gegner der Ausstellung verhindern. Zu der Kontroverse vgl. auch Hogan (1996).

15 Heiwa sengen 1996 nen Hiroshima [Friedenserklärung 1996, Hiroshima]. Der ganze Text ist per E-Mail zu bestellen unter PEACE@RCC-HIROSHIMA.CO.JP.

16 Ōe (1966).

17 Mit diesem Wort wurde die Vernichtung Hiroshimas und Nagasakis schon früh gekennzeichnet, so im Frühjahr 1947 von dem amerikanischen Oberstleutnant Victor E. Delnore, der für die Zensurabteilung in Fukuoka arbeitete. Vgl. Braw (1991 : 92). Die Parallelität mit der Vernichtung der Juden in Europa, die durch diese Begriffsverwendung angedeutet wird, erblicken viele darin, dass die Betreibung der Vernichtungslager ebenso wie die beiden nuklearen Vernichtungsschläge als Verbrechen gegen die Menschheit klassifiziert werden können, unangesehen davon, wie beide Handlungsweisen im Zusammenhang des Kriegsgeschehens zu beurteilen sind.

18 Kohchi (1989 : 157). Der Autor ist ein Überlebender aus Hiroshima.

19 «MacArthur und viele andere Amerikaner betrachteten es offenbar nie als widersprüchlich, einem anderen Land die Demokratie aufzuzwingen» (Inoue 1991 : 91).

20 Vgl. das Nachwort von Kanda Mikios Sammlung der Lebensgeschichten von 19 hinterbliebenen Witwen von Hiroshima (Kanda 1989).

21 Asahi Shinbun, 20. 8. 1945.

22 Dower (1998 : 27).

23 Vgl. Ubuki (1984). Auch in den USA wird allerdings sowohl von Politikern als auch von Wissenschaftlern von der «atomaren Bombardierung Japans» gesprochen (z.B. Hogan 1996:225). Durch diese Redeweise wird die Atombombe von den Opfern distanziert und in den Zusammenhang eines nationalen Diskurses gestellt, im Gegensatz etwa zu der Zerstörung Dresdens, wo in allen Darstellungen Dresden, nicht Deutschland, bombardiert wurde.

24 *The Japan Times*, 10. Juni 1995.

25 Honda (1993:72, 94).

26 Honda (1972).

27 In einem Interview im Oktoberheft 1990 der Zeitschrift *Playboy*.

28 Ienaga (1985:206).

29 Yoneyama (1999:152).

30 Die medizinische Behandlung in Südkorea ansässiger Atombombenopfer aus Hiroshima und Nagasaki begann 1981. Vgl. *Peace Culture* Nr. 1. (Hiroshima Peace Culture Foundation).

31 Vgl. Chūjo (1986).

ZEIT DER ARBEIT

Freie Zeit lässt nur die bösen Leidenschaften wachsen; wer sich in harte Arbeit stürzt und keine Mühe scheut, der wird niemals von bösen Leidenschaften heimgesucht werden.
Suzuki Shōsan (1579–1655 u. Z.)

Das Ideal des Drei-Stunden-Arbeitstags ist kein bloßer Traum.
Imamura Hitoshi (1998 : 187)

Als der Krieg verloren, das Land verwüstet, die Träume von der Großostasiatischen Wohlstandssphäre ausgeträumt, die Toten begraben und drei Millionen Soldaten heimgekehrt waren, rückte nach einem kurzen Intervall der Niedergeschlagenheit die Arbeit ins Zentrum des Lebens der Japaner und nahm immer größere Teile davon ein. Viele Menschen litten unter den Folgen der Niederlage, aber schon Anfang der fünfziger Jahre kam der Wiederaufbau in Schwung, und es begann eine oft mit dem «Wirtschaftswunder» *made in Germany* verglichene Phase des Wachstums. Machte, was von der japanischen Volkswirtschaft übrig geblieben war, Ende der vierziger Jahre gerade noch 7 Prozent der US-Wirtschaft aus, war die japanische in den achtziger Jahren auf einen Umfang von 70 Prozent der amerikanischen angewachsen. Dieser von niemandem vorausgesehene Aufstieg aus der Asche von Hiroshima und Nagasaki und Tokio und all der anderen zerstörten Städte war die Frucht harter Arbeit.

Die Japaner arbeiten viel. Bewundert und gescholten werden sie dafür. Sie lassen sich knechten, sagen die einen; sie haben ein hoch entwickeltes Arbeitsethos, die anderen. Ohne uns gleich hier eines dieser Urteile zu Eigen zu machen, wollen wir den Umstand selbst näher inspizieren, denn er ist sehr bedeutsam. Die Zeitaufwendung für die Arbeit ist eines der markantesten Merkmale einer Gesellschaft. Wer wann wie lange arbeitet, darin unterscheiden sich Gesellschaften.[1] Japans lange Arbeitszeit fällt auf und wird zur Notiz genommen, eben weil sich hier ein Unterschied gegenüber den anderen Industrieländern zeigt, mit denen es gewöhnlich verglichen wird. Niemand käme auf den Gedanken, zu bemerken, dass man in Japan länger oder kürzer arbeitet als in Ruanda. Solche Vergleiche haben keinen Sinn. Wenn wir die Länge der durchschnittlichen Arbeitszeiten in verschiedenen Ländern oder Volkswirtschaften vergleichen, setzen wir außer den natürlichen bestimmte soziale Gegebenheiten voraus, die die Verhältnisse überhaupt vergleichbar machen. Dazu gehört insbesondere, dass Arbeit als entlohnte Tätigkeit verstanden wird und konzeptuell deutlich von anderen Tätigkeiten bzw. unbezahltem Nichtstun abgegrenzt ist. Arbeitszeit ist soziale Zeit und daher variabel. Wenn wir arbeiten, tun wir etwas anderes nicht, und wir müssen individuell und kollektiv entscheiden, was dafür steht, zu arbeiten, oder dafür, einer anderen Tätigkeit nachzugehen. Jede Tätigkeit, das Nichtstun eingeschlossen, hat einen kalkulierbaren Nutzen. Die Ökonomen nennen das die Opportunitätskosten, was nichts anderes heißt, als dass sich die Bedeutung jeder Handlung durch ihr Verhältnis zu anderen Handlungen, die man an ihrer statt ausführen könnte, bestimmt. Zeit wird aus dieser Sicht nicht als konstante Basisgegebenheit betrachtet, sondern als Ressource, die wie andere Ressourcen knapp sein kann.[2] Der Umfang, in dem Individuen selbst entscheiden können, wie sie diese Ressource ausschöpfen, wie viel Zeit sie für Arbeit aufwenden, wird auch vielfach als Maßstab der gesellschaftlichen Entwicklung angesehen.

Im Schlaraffenland fliegen einem nicht nur die gebratenen Tauben in den Mund, sofern man darauf Wert legt, man braucht dort auch nicht zu arbeiten. Nach dieser Vorstellung nähert man sich dem guten Leben in dem Maße an, wie es einem gelingt, die Zeit, die man für Arbeit aufwenden muss, zu verringern. Dafür kämpfen Industriegewerkschaften in westlichen Ländern seit langem. Freilich ist es allein mit der Verringerung der Arbeitszeit nicht getan. Der Witz vom Leben im Schlaraffenland ist ja gerade die Kombination zweier Elemente: Freiheit von der Last der Arbeit und unbegrenzte Konsummöglichkeiten. Präferenzen des individuellen Lebensstils, z. B. Reduktion der Arbeitszeit durch Konsumverzicht, führen nicht ins Schlaraffenland. Nicht Askese ist gefragt, sondern Überfluss ohne Anstrengung. Es geht um die gesellschaftliche Zeiteinteilung, die kürzestmögliche Zeit, die notwendig ist, um durch Arbeit sozialen Wohlstand zu sichern. Dabei wird oft unterstellt, dass die Verkürzung der Arbeitszeit ein allgemein akzeptiertes Ideal ist, oder verlangt, dass sie als solches akzeptiert wird. Denn die Arbeit, für die das gilt, ist nicht etwa die des Reporters von Asahi TV, der mit einer Gespielin ein Onsen besuchen darf und dafür bezahlt wird, dass er sich vor der Kamera den Bauch mit Delikatessen voll schlägt; es ist Arbeit, die man mit einem etwas verstaubten Begriff entfremdet nennt, Arbeit, die keine Befriedigung birgt, sondern dem Arbeiter lediglich einen Lohn sichert, der ihm die Reproduktion der Haut ermöglicht, die er zum Markte trägt. In abgeschwächter Form machen sich diese marxistischen Vorstellungen von Arbeit überall da bemerkbar, wo Arbeit allein als Mittel zum Zweck gesehen wird.

In einem international verflochtenen Weltwirtschaftssystem können davon abweichende Vorstellungen nicht ohne weiteres toleriert werden. Das zeigte sich indirekt an der Rede von den *economic animals*, zu denen die arbeitswütigen Japaner in den achtziger Jahren in der westlichen Presse wurden bzw. zu den kopflos vor sich hin rabottenden Ameisen, als die sie von der französischen Premierministerin Edith Cresson verunglimpft wurden.[3] Das war Ende der achtziger Jahre, als die Jahresarbeitszeit der Japaner um 400 bis 500 Stunden länger war als die der Deutschen oder Franzosen.[4] Wenn man eine Vierzigstundenwoche zugrunde legt, arbeiteten sie also 14 bis 15 Monate im Jahr. Westliche Kommentare dazu hatten durchweg einen moralisierenden Unterton der Empörung, ganz in demselben Sinne, wie man einst niedrige Löhne als unzulässige Wettbewerbsverzerrung zum Nachteil der westlichen Industrieländer schalt. Fairer Wettbewerb, das hieß auch, dass der eine nicht einfach kürzere Ferien machen oder längere Schichten fahren durfte als der andere, um sich einen vergleichbaren Lebensstandard zu erarbeiten. Argumente dieses Inhalts wurden häufig mit dem Hinweis verbunden, dass ihre Beherzigung vor allem dem ungebührlich ausgebeuteten japanischen Arbeitnehmer zugute käme.

Gewiss, die Verkürzung der Arbeitszeit ließ in Japan selbst noch auf sich warten, als die Volkswirtschaft, gemessen am Bruttonationalprodukt und am durchschnittlichen Prokopfeinkommen, bereits eine Weltspitzenposition erreicht hatte. Ja, während der Hochkonjunktur der achtziger Jahre wurde immer mehr gearbeitet. Manch einer arbeitete sich buchstäblich tot. *Karōshi*, Tod durch Überarbeitung, wurde zum traurigen Stichwort des Jahrzehnts, dessen Widerhall noch lange zu hören war. Im März 1999 befand das Bezirksgericht von Nagano, dass Iijima Moris Selbstmord im Januar 1985 eine unmittelbare Folge seiner Überarbeitung in den vorausgegangenen Monaten war.[5] Der Dreißigjährige begann 1983 in einer Maschinenfabrik mit regelmäßigen Überstunden in der Nachtschicht. Von Juli bis Dezember 1984 machte er monatlich 90 bis 150 Überstunden. Dass er zum Vorarbeiter befördert wurde, verringerte den Druck, unter dem er stand, nicht. Im folgenden Monat erhängte er sich. Da das Arbeitsnormenamt der Präfektur Entschädigungsansprüche der Witwe abwies, strengte diese 1995 einen Prozess an, der 1999 schließlich zu ihren Gunsten entschieden wurde. Der Fall ist bezeichnend, weil er zeigt, wie schwer sich die Behörden tun, Obergrenzen zulässiger Arbeitsbelastung zu ziehen und einen durch Überarbeitung verursachten Tod als solchen anzuerkennen. Zwischen 1988 und 1990 stellten 2053 Familien Entschädigungsanträge, von denen lediglich 92 positiv beschieden wurden. Freiwillige Rechtsanwälte gründeten eine Initiative gegen *karōshi* und richteten Telefonberatungen im ganzen Land ein, ein deutliches Zeichen für die verbreitete Unzufriedenheit mit zu langen Arbeitszeiten.

Dazu kam es, obwohl die Gesetze, die japanische Arbeitnehmer schützen, im internationalen Vergleich durchaus bestehen konnten. Das Arbeitsnormengesetz *(rōdō kijun hō)* galt bei seiner Verabschiedung 1947 allgemein als sehr fortschrittlich. Insbesondere beschränkte es Überstunden, Nachtarbeit und schwere körperliche Arbeit für Frauen. Überstunden kann die Betriebsleitung nach dem Gesetz nur mit Zustimmung der Betriebsgewerkschaft verlangen. Dennoch unterschied sich die Entwicklung der Arbeitszeit deutlich von der in westlichen Ländern; die Japaner arbeiteten mehr, obwohl sie auch ständig mehr verdienten. Genauer: Sie verbrachten mehr Stunden am Arbeitsplatz, denn ihre Produktivität blieb hinter der ihrer westlichen Kollegen zurück.

Warum war das so? Lässt sich eine Erklärung dafür finden, dass in Japan ohne nennenswerte Steigerung der Arbeitsproduktivität weiter wesentlich mehr Zeit auf Arbeit verwendet wurde als in westlichen Industriestaaten? «Konflikte um Arbeitszeitfragen machten niemals mehr als einen verschwindenden Anteil an allen Arbeitskämpfen aus.»[6] Hier ist von einem Zeitraum die Rede, als die japanischen Löhne die höchsten der Welt waren. Warum also setzten sich die Arbeitnehmer in ihrer alljährlichen Frühjahrsoffensive nicht stärker für kürzere Arbeitszeiten ein? Sind sie übermäßig raffgierig? Sind sie Opfer der Ideologie, die den Betrieb als Familie darstellt, und lassen sich deshalb leichter ausbeuten als Arbeiter westlicher Länder? Finden sie keinen Geschmack an Freizeit, Ferien, *far niente*? Werden sie von den Zwängen einer lustfeindlichen Kultur beherrscht? Lassen sie sich vor den Karren eines staatlich gesteuerten Wirtschaftsnationalismus spannen? Erklärungen der einen oder anderen Art sind in der Vergangenheit angeboten worden. Sie waren umso abenteuerlicher und umso deutlicher durch parteiische Standpunkte geprägt, als die japanische Wirtschaftsmacht bedrohlich wirkte.[7] Einige von ihnen enthalten dennoch rationale Elemente und müssen deshalb in Betracht gezogen werden.

Gängige Erklärungen für Japans lange Arbeitszeiten fallen grob geschieden in zwei Kategorien, die ökonomischen und die kulturellen. In den ökonomischen Theorien wird auf Japans relativ junges Sozialfürsorgesystem der Renten-, Arbeitslosen- und Krankenversicherung verwiesen. Lohnfortzahlung im Krankheitsfall ist weniger üblich als zumindest in Westeuropa, weswegen viele Japaner Urlaub nehmen, wenn sie krank sind. Noch immer arbeitet die Mehrzahl aller japanischen Werktätigen in kleinen oder mittelständischen Betrieben, wo ihre Interessen nicht von mächtigen Industriegewerkschaften vertreten werden. Im Schnitt haben sie z. B. nur weniger als halb so viele bezahlte Urlaubstage wie deutsche Arbeitnehmer. All diese Faktoren zwingen den japanischen Arbeitnehmer zu hohen Sparquoten. Ihre hohen Löhne wurden weitgehend von steigenden Lebenshaltungskosten aufgezehrt. Hinzu kommen die Ausbildungskosten, die von den Familien selbst getragen werden. Zwar ist der Besuch der qualitativ insgesamt sehr guten öffentlichen Schulen frei und kann mit nur geringen Aufwendungen für Lehrmittel und extrakurrikulare Aktivitäten zwölf Jahre lang in Anspruch genommen werden. Viele Eltern schicken ihre Kinder dennoch auf Privatschulen und auf teure Nachhilfeschulen *(juku)*[8], um ihre Chancen zu verbessern. Gleichzeitig ist der japanische Arbeitnehmer gezwungen, an dem Reichtum, der durch seine Arbeit entsteht, als Konsument zu partizipieren. In seinem Lebensstil – Wohnung, Auto, Kleidung etc. – kann er nicht zu weit hinter den Nachbarn und den Kollegen am Arbeitsplatz zurückbleiben. All das übersetzt sich in lange Arbeitszeiten, weil anders die Zukunft der Kinder nicht finanzierbar ist und die eigene auch nicht.

Unterm Strich laufen diese Erklärungsansätze darauf hinaus, dass Japan noch immer hinter dem Westen herhinkt. Mit ihren langen Arbeitszeiten folgen sie nicht ihrer Neigung oder irgendwelchen Prinzipien, sondern wirtschaftlichen Imperativen. Zwar sind ihre Löhne hoch, aber da ihr Sozialfürsorgesystem unterentwickelt ist, können sie ihre Gehälter nur in viel geringerem Maße als ihre westlichen Kollegen in Genuss, also vor allem: Freiheit von

Arbeit, umsetzen. Das ist jedoch nur eine Frage der Zeit. Das Genießen werden sie schon lernen, wenn erst einmal die Grundlagen dafür geschaffen sind. Sind aber die Genusssucht, der Drang nach immer mehr freier Zeit wirklich die treibende Kraft?

Im Unterschied zu ökonomischen betonen kulturalistische Theorien die Spezifik der japanischen Arbeitsethik. Insbesondere verneinen sie die in ökonomischen Erklärungsansätzen meist nicht infrage gestellte Annahme, dass Arbeit zu meiden ist bzw. dass der Mensch, um zu seinem Glück zu kommen, danach strebt, die Zeit, die er mit Arbeit verbringt, zu verringern. Auf Max Webers «protestantische Ethik» kann sich zwar niemand berufen, aber den Gedanken, dass Arbeit nicht nur dazu dient, sich ein angenehmes Leben außerhalb der Arbeitszeit zu verschaffen, findet man auch bei japanischen Denkern. Sakaiya Taichi z. B., der ehemalige Beamte des Ministeriums für Handel und Industrie, der als Publizist berühmt wurde und 1998 von Premier Obuchi zum Chef des Wirtschaftsplanungsamts gemacht wurde, zitiert gern Ishida Baigan (1685–1744 u. Z.) als geistigen Vater des japanischen Arbeitsethos.[9] Von Baigan stammt der Leitsatz «alle Arbeit ist Lernen» *(shogyō soku shugyō)*. Der Nachdruck liegt dabei auf *alle* Arbeit, gleich welche. Jede Arbeit, die des Bauern, des Handwerkers oder des Händlers, dient in erster Linie der Bildung des Menschen und zählt nur sekundär als produktive Tätigkeit. Ohne harte Arbeit lässt sich kein sittlicher Charakter formen.

Ähnliche Gedanken hatte schon der am Beginn dieses Kapitels zitierte[10] buddhistische Denker Suzuki Shōsan (1579–1655 u. Z.) formuliert. Er betrachtete Freizeit als Gefährdung der öffentlichen Moral. Sogar, für das Beten zu viel Zeit zu verwenden, sei nicht tugendhaft. Die Feldarbeit etwa sei selbst buddhistische Praxis, und es sei deshalb verwerflich, die Arbeit liegen zu lassen, um für das eigene Seelenheil zu beten. Arbeit also als religiöse Übung. Das kann man als geschickte ideologische Manipulation der herrschenden Stände betrachten, die Arbeitskraft derer, die sonst nichts besitzen, möglichst effizient auszunutzen. Wie auch immer man jedoch moralische Maximen zur Arbeit bewerten mag, wenn man nicht einem Bild vom Menschen als monokausal funktionierender Maschine anhängt, muss man damit rechnen, dass sie beides sein können, treibende Kraft und Zweckrationalisierung. Warum sollten sich ethische Doktrinen nicht auf die Einstellung zur Arbeit auswirken können?

Um das einzuräumen, brauchen wir nicht auf das Monstrum des Nationalcharakters zurückzugreifen, obgleich dieser Topos immer wieder in der Literatur auftaucht. Zum Beispiel bei dem Informatiker Hayashi Shuji, der sich seine eigenen Gedanken zur Zeit gemacht hat. «Die Japaner», sagt er, «denken und handeln nach einer kulturellen Zeit, die sich strukturell von der anderer Gesellschaften unterscheidet.» Diese Zeitkonzeption, die ein Teil ihres Nationalcharakters sei, habe die Struktur einer Bildrolle *(makimono)*, in der Vergangenheit, Gegenwart und Zukunft nicht linear aufeinander folgen und auch nicht zyklisch miteinander wechseln. Vielmehr verhielten sich Vergangenheit und Zukunft wie die beiden Enden einer Rolle, die um die Gegenwart gewunden seien, dort also beide präsent seien. «Japanische Produzenten bringen auf diese Weise etwas wirklich Altes und etwas Futuristisches in der Gegenwart zusammen.»[11] Einen solchen Nationalcharakter mit einem ihm eigenen unwandelbaren Zeitbegriff wollen wir nicht unterstellen, denn wenig spricht dafür, dass sich kollektive Einstellungen nicht verändern, wie gerade die Einstellung zur Arbeit in Japan zeigt. Dass jedoch für richtig gehaltene Prinzipien das Verhalten beeinflussen können, ja, dass solche Prinzipien noch wirksam sein können, wenn sich kaum jemand noch an ihre Urheber erinnert, weil bestimmte Verhaltensweisen auch ohne weitere Begründung von Generation zu Generation weitergegeben werden, das ist nicht auszuschließen, denn das Wesen des Sozialen ist Tradition. Wenn Arbeit der sittlichen Bildung dient, so räsoniert noch einmal Sakaiya[12], dann ist die Produktivität bzw. deren Steigerung für den Einzelnen kein entscheidender Gesichtspunkt. Worauf es ankommt, ist vielmehr die Hingabe. Auch die Verringerung der Arbeitszeit kann unter solchen Voraussetzungen kein vorrangiges Ziel sein, im Gegenteil, Ausdauer wird zu einem Indiz moralischer Stärke. Auch wenn niemand mehr nach so verstandener Tugend strebt, kann das unausgesprochene Gebot, möglichst lange zu arbeiten, immer noch wirksam sein. Christoph Deutschmann[13] identifiziert die Kooperationsbereitschaft der Mitarbeiter einer Firma als einen zentralen Wert der japanischen Betriebskultur, und die kann man am besten durch lange Anwesenheit am Arbeitsplatz unter Beweis stellen, auch wenn es nicht wirklich etwas zu tun gibt. Tendenziell drückt diese Einstellung auf die Produktivität und zieht die Arbeitszeit in die Länge.

Japanische Manager betonen immer wieder, der Betrieb solle dem Angestellten mehr sein als nur der Platz, an dem er sein Brot verdient. Gute Beziehungen unter den Belegschaftsmitgliedern gelten als außerordentlich wichtig. Sie müssen gepflegt werden, damit jeder Mitarbeiter seinen Kollegen und dem Betrieb durch Loyalität verbunden ist. Die Zugehörigkeit zum Betrieb beinhaltet für viele mehr als nur die mit der Stechuhr gemessene Zeit. Eine begonnene Arbeit fertig zu machen entspricht den Erwartungen viel mehr, als nach Hause zu gehen, wenn die acht Stunden abgeleistet sind. Die Ereigniszeit – die Dauer eines Ereignisses oder einer Tätigkeit – zählt vielfach noch mehr als die bemessene Uhrzeit: acht Stunden. Unbezahlte Überstunden gelten dementsprechend in gewissem Maß noch immer als Selbstverständlichkeit. Für den Betrieb bedeutet das natürlich Einsparungen, die jedoch durch eine rationellere Personalführung, also durch Produktivitätssteigerung auch geleistet werden könnten. Ebenso wichtig wie der Kostenfaktor ist aber der atmosphärische Aspekt, nämlich dem Arbeitsplatz nicht habituell zu entfliehen, sobald die entlohnte Zeit abgelaufen ist.

Die freie Zeit als der eigentliche Bereich der Entfaltung des Selbst ist ein Merkmal der Moderne und eine kulturelle Variable. Einer der ersten Eindrücke des aus Japan nach Deutschland versetzten Oberschülers U. war das rasante Tempo, in dem sich der Klassenraum leerte, wenn der Gong zur Pause oder zum Ende des Unterrichts erscholl. Hinaus in die Freiheit, schienen die deutschen Schüler mit ihren Füßen zu sagen. In Tokio gingen er und seine Freunde in den Pausen in aller Gelassenheit auf den Schulhof. Auch blieben sie oft nach Unterrichtsende noch in der Schule oder kehrten dorthin zurück, um miteinander zu spielen. Der Auftrag der Schule ist in Japan die Bildung der ganzen Person, nicht nur das Vermitteln akademischer Kenntnisse. Natürlich wird in der Schule gemeinsam gegessen, und die Schule ist der Ort für zahlreiche extrakurrikulare Aktivitäten. Nicht zuletzt deshalb haben japanische Schüler wesentlich längere Schultage und Schuljahre als deutsche.[14] Ist das unrationell, ist die japanische Schule unter dem Gesichtspunkt ihrer Produktivität suboptimal? Könnte die gleiche Stoffmenge den Eleven nicht in kürzerer Zeit beigebracht, könnten auf diese Weise nicht Lehrerstellen eingespart werden? Vermutlich, aber würde sich das lohnen? Ist es nicht den zusätzlichen Aufwand wert, wenn diese Schule als eine weniger zwanghafte Umgebung erfahren wird als vergleichbare Einrichtungen westlicher Länder, ein Ort, den man nicht fluchtartig verlassen muss, wenn die Anwesenheit keine Pflicht mehr ist?

Schule und Betrieb sind nicht dasselbe. Ja, in Japan wird zwischen beiden besonders deutlich unterschieden. Wenn man die Schule bzw. die vierjährige Universität abgeschlossen hat, beginnt der Ernst des Lebens, man geht, wie es heißt, «hinaus in die Gesellschaft». Vergleichbar ist jedoch, dass in beiden sozialen Umgebungen nicht nur Einzelaspekte der teilnehmenden Personen – Lernfähigkeit bzw. -wille und Arbeitskraft – gefragt sind, sondern der ganze Mensch. Insofern sind die japanischen Werktätigen durch die Schule gut auf das Arbeitsleben vorbereitet. Denn «nicht nur die Arbeitszeiten, sondern bereits die Schulzeiten sind in Japan erheblich länger als in allen westlichen Industrieländern.»[15] Das muss nun nicht unbedingt heißen, dass sich Japaner leichter einer rigiden Zeitdisziplin unterwerfen, Umgebungen akzeptieren, in denen ihre Zeit für sie eingeteilt wird, dass sie mit einem Wort dozile Schäfchen sind. Denselben Sachverhalt kann man auch so interpretieren, dass die fraglichen Milieus als weniger rigide und meidenswert erfahren werden.

Für die Schüler ist die Schule nicht nur der Ort, an dem sie akademische Kenntnisse erwerben. Sie ist der soziale Mittelpunkt ihres Lebens. Freundschaft, Spiel und Spaß finden nicht in einer Sphäre statt, die von der Schule getrennt ist. Der Übergang von Lernmilieu zu Vergnügen, Freizeit etc. ist fließend. Auch hier gibt es eine Parallele zum Betrieb, wo ebenfalls Arbeitszeit und Freizeit gleitend ineinander übergehen, Kollegen auch nach Verlassen des Arbeitsplatzes oft noch beisammenbleiben, um gemeinsam zu essen oder ein Glas zu trinken. Elemente der «freien Zeit» werden auch in den Betrieb hereingeholt. Ich musste mich erst an den Gedanken gewöhnen, dass der Verwaltungschef meiner Fakultät eine Flasche Whiskey im Schrank hatte. Dass er weder ein Säufer noch diese Angewohnheit eine die Arbeitsmoral zerrüttende Frivolität war, erkannte ich erst im Laufe der Jahre, als ich sah, wie oft er und seine Mitarbeiter bis abends um neun in ihrem Großraumbüro waren, wie sie am Wochenende kamen, wenn etwas Besonderes anstand, und wie angenehm die Atmosphäre in dem Büro trotz der langen Arbeitszeiten war und allem Anschein nach auch von den Mitarbeitern so empfunden wurde. Das soll nicht heißen, dass japanische Arbeitnehmer nicht auch oft den Feierabend herbeisehnen, insbesondere die, die in einem von außen bestimmten Takt, z. B. dem eines Fließbands, arbeiten müssen. Aber die für die westlichen Industriestaaten so charakteristische Trennung von Arbeit und Freizeit – Arbeit ist Arbeit und Schnaps ist Schnaps – ist im japanischen Kapitalismus weniger ausgeprägt, die abhängige Arbeit in etwas geringerem Maße auf Broterwerb reduziert. Den wirtschaftlichen Zwängen der kapitalistischen Ordnung kann Japan sich nicht entziehen, aber der Blick auf das Verhältnis von Arbeitszeit und Freizeit enthüllt doch, dass soziale Beziehungen und

Gewohnheiten, all das, was man Kultur nennt, einen Einfluss darauf haben, wie sich die Menschen diesen Zwängen beugen. Die Soziologie der Freizeit, die in ihrer Entstehungsphase in den sechziger und siebziger Jahren ausschließlich westliche Gesellschaften zum Gegenstand hatte, geht im Wesentlichen davon aus, dass die Freizeit gegenüber den Verpflichtungen der Arbeit nach und nach mehr Unabhängigkeit gewinnt und die Autonomie des Einzelnen, über seine Zeit zu verfügen, vergrößert.[16] Lange war die Obsession mit Selbstverwirklichung und Maximierung der vom Individuum in eigener Regie zu gestaltenden Zeit in Japan weit weniger ausgeprägt als in Europa oder gar Amerika. Aber wie lange wird das noch so sein?

Zwischen 1970 und 1985 reduzierte sich die Arbeitszeit kontinuierlich.[17] Und schon hatte der Staat den Wert der Freizeit entdeckt. Ob nun seine Vertreter sich die häufigen Mahnungen ihrer westlichen Kollegen zu Herzen genommen oder aus eigener Einsicht dazu gekommen sind, in jedem Fall halten sie die japanischen Arbeitnehmer nicht mehr zu Ausdauer und langen Arbeitszeiten an. Im Gegenteil, seit Ende der achtziger Jahre sollen sie weniger arbeiten. Die Novellierung des Arbeitsnormengesetzes von 1987 zielte auf die Einführung der 40-Stunden-Woche. Hatte in der Nachkriegszeit die Massenproduktion Japans Wirtschaft wieder flottgemacht, eine Produktionsweise, bei der Gleichförmigkeit und Ausdauer gefragt sind, sahen die japanischen Wirtschaftsplaner Anfang der neunziger Jahre den Zeitpunkt gekommen, statt Stückzahlen durch lange Arbeitszeiten weiter zu steigern, die Innovationsfreudigkeit der Industrie zu stimulieren. Ebenfalls stimuliert werden musste der heimische Absatz. Was geschaffen werden musste, war nicht zuletzt mehr Zeit für den Konsum. Zwar war bereits 1972 ein Zentrum für Freizeitentwicklung gegründet worden, aber der Ölschock von 1973 hielt die Entwicklung noch einmal auf. Noch einmal hieß es rationalisieren und mehr arbeiten. Anfang der neunziger Jahre hinkte Japan auf dem Gebiet der Freizeitentwicklung noch immer «zehn Jahre hinter Europa und den Vereinigten Staaten her»[18]. War nun endlich, nachdem sie sich so lange geschunden hatten, die Zeit zum Ausruhen gekommen? Es war nicht so, Freizeit wurde vielmehr verordnet, als der Weisheit letzter Schluss.

Die Arbeit, noch wenige Jahre zuvor hätte man es sich nicht vorstellen können, wurde knapp. Also mehr Freizeit! Freizeitgestaltung und Tourismus sind ja vor allem eins, große Industrien. Die galt es zu entwickeln. Kaufkraft gab es genug. Was diese Industrien aber vor allem brauchten, war Zeit, die Zeit derer nämlich, deren angebliche Bedürfnisse sie befriedigen sollten. Aber auch das war nicht genug. Die Arbeitszeit ging ja tatsächlich kontinuierlich zurück. Der 40-Stunden-Woche und dem 1800-Stunden-Jahr kamen die japanischen Arbeiter immer näher. 1997 unterschritt die durchschnittliche Zahl der normalen Arbeitsstunden, die Arbeitszeit ausschließlich bezahlter und nicht bezahlter Überstunden also, nach der regelmäßigen Erhebung des Arbeitsministeriums erstmals 1900 Stunden pro Jahr. Mit 1891 Jahresarbeitsstunden unterschieden sich japanische Arbeitnehmer, wenn man nur diese Zahl betrachtet, nicht mehr von ihren westlichen Kollegen. Was bezahlte Überstunden betrifft, blieb Japan sogar hinter den westlichen Ländern zurück, besonders hinter den boomenden USA.[19] Aber die länger werdende Freizeit zu genießen, sich an der Art von Befriedigung, die von der Freizeitindustrie geboten wird, zu erfreuen, das mussten sie erst lernen. Zwar weist die Statistik schon seit Mitte der siebziger Jahre ein deutliches Anwachsen der Zahl derer auf, die das Freizeitleben stärker betonen wollen[20], aber ihr Freizeitverhalten war, verglichen mit dem in Ländern mit höher entwickelten Freizeitindustrien, viel zu passiv.[21] Radio hören, fernsehen, schlafen, lesen, damit ließ sich wirtschaftlich nichts bewirken.

Wie man in der Freizeit Geldströme fließen ließ, konnte man am besten in Amerika lernen. 1983 kam als Pionier TDL nach Japan, Tokyo Disneyland. In Urayasu, direkt vor den Toren Tokios, konnten die Tokioter endlich selbst erfahren, wie man seine freie Zeit verbringen muss, wenn man nicht hinter der Zeit zurückbleiben wollte! Andere Freizeitparks folgten im ganzen Land, Milliardenprojekte manche, wie das 1994 eröffnete Huis ten Bosch in Nagasaki. 225 Milliarden Yen verschlang die Anlage der auf dem Meer abgerungenem Boden errichteten, nach historischen Vorlagen rekonstruierten, 150 ha großen niederländischen Stadt. Spanische, russische, deutsche Dörfer wurden zu japanischen Themenparks, und nördlich von Tokio die ganze Welt: World Square, eine Art Madurodam mit Pyramiden, Empire State Building und Kolosseum in verkleinertem Maßstab. Auch der Bildung soll in Freizeitparks Genüge getan werden. Wer nicht nach Stratford on Avon fahren konnte oder wollte, fand im Shakespeare Park in Chiba Ersatz; Ersatz-NASA gab es im Space Camp in Kitakyūshū. Für Freizeit war Japan offenkundig nicht geeignet, jedenfalls sich selbst nicht genug. Die ganze weite Welt musste herhalten – und wenn man sie ins Land holen musste! Freizeit will gelernt sein. Die Auffassung, die Menschen brauchten Anleitung zur richtigen Nutzung und Gestaltung ihrer Freizeit, gewann an Gewicht. Eine ganze Reihe neuer Berufe entstand, der *rikuriēshon insutorakutā* (‹Erholungsausbilder›), der *rikuriēshon kōdinētā* (‹Erholungskoordinator›), der *fukushi rikuriēshon wākā* (‹Erholungssozialarbeiter›), der *gurūpu rikuriēshon wākā* (‹Gruppenerholungsarbeiter›). Wie konnte man früher nur ohne sie auskommen!

Der Staat förderte die Freizeitkultur unterdessen nicht nur mit dem Arbeitsnormengesetz, das das 1800-Stunden-Jahr anvisierte. Eine weitere Maßnahme war die Umwandlung fester in bewegliche Feiertage. Der Volljährigentag *(seijin no hi)* etwa wurde seit seiner Einführung nach dem Zweiten Weltkrieg am 15. 1., dem alten «kleinen Neujahrstag» *(koshōgatsu)*, gefeiert.[22] Seit 2000 aber wird er am zweiten Montag im Januar begangen. Auch der Tag des Respekts vor dem Alter, bislang am 15. September, soll auf den zweiten Montag im Monat gelegt werden. Auf diese Weise gibt es mehr lange Wochenenden, die für kleine Reisen und andere Freizeitbeschäftigungen eingeplant werden können. Der Kalender, eines der wichtigsten Kultursteuerungsinstrumente überhaupt, wird auf diese Weise ökonomischen Desideraten angepasst. So greifen Wirtschaft und Kultur ineinander.

Die zunehmenden Arbeitslosenzahlen – im Laufe der neunziger Jahre eine Verdoppelung von 2 % auf 4 % mit weiter steigender Tendenz – hatte man dabei ebenso im Blick wie soziale Verfallserscheinungen, vermehrte Jugendkriminalität und Teenagerprostitution insbesondere, die auf Familien mit Vätern in absentia zurückgeführt werden. In den Jahrzehnten des Wiederaufbaus nach dem Krieg war der hart arbeitende Vater das Leitbild. Seine lange Abwesenheit von zu Hause wurde vor allem als Opfer betrachtet, das er der Familie brachte, um sie zu ernähren und den Kindern eine gute Ausbildung zu ermöglichen. Seit den siebziger Jahren jedoch drängen die Frauen vermehrt auf den Arbeitsmarkt[23], was zulasten des Familienlebens geht, da sich die Männer kaum an der Hausarbeit beteiligen. Die vermehrte Belastung verheirateter Frauen wird kaum von ihren Männern aufgefangen. Die notwendigen Verrichtungen – Einkaufen, Kochen, Saubermachen – bleiben weiterhin der Frau überlassen, die, wenn sie außerdem Vollzeit oder in Teilzeitbeschäftigung arbeitet, weniger Zeit für die Gestaltung des Familienlebens hat. Dafür mehr Engagement aufzubringen und mehr Zeit zu erübrigen wird seit Ende der neunziger Jahre wieder von den Männern verlangt. Ihre lange Abwesenheit von zu Hause wird ihnen nicht mehr als entsagungsvolle Aufopferung angerechnet, sondern als Unterlassung angekreidet. Den Frauen ist diese Form der Ehe verleidet, was sich deutlich in ihrem stetig ansteigenden Heiratsalter manifestiert. Sie gebären daher auch immer weniger Kinder, so wenige, dass der Staat sich zum Gegensteuern bemüßigt fühlt.

Er greift dazu auf das bewährte Mittel der Öffentlichkeitskampagne zurück, das schon so oft eingesetzt wurde, um die Moral der Gesellschaft zu beeinflussen.[24] In ganzseitigen Zeitungsanzeigen erklärte das Gesundheitsministerium 1999: «Einen Mann, der sich nicht um die Kinder kümmert, kann man nicht Vater nennen.» Abgebildet war der jugendliche Mann des Pop-Idols Amuro, der sein und ihr Baby auf dem Arm hielt. Darunter informierte das Ministerium weiter, dass die Frau eines Ehepaars mit Kindern bis zu sechs Jahren 2 Stunden und 39 Minuten am Tag Mutter, der Mann aber nur 17 Minuten am Tag Vater sei.[25] Für die, denen das nicht direkt genug war, hieß es explizit: «Mehr Zeit als Vater! Gemeinsam gezeugt, ist es doch so, als zöge die Mutter das Kind allein groß. Unter diesen Umständen ist es nicht verwunderlich, dass Frauen nicht glauben, unbesorgt Kinder kriegen zu können.» Der Punkt, an dem der Hebel der Gesellschaftsplanung durch den Staat angesetzt wird, ist das Zeitbudget der Männer, die in einer für die Kindererziehung kritischen Lebensphase der Arbeit einen solch zentralen Platz einräumen, dass für Familie und Kinder fast kein Raum bleibt. Angesichts der Tatsache, dass japanische Ehemänner der Nachwiederaufbaugeneration Umfragen zufolge «der Familie eine höhere Bedeutung als der Arbeit zumessen»[26], ist das ein viel versprechender Ansatz; denn hier klaffen die tatsächliche und die für wünschenswert gehaltene Zeiteinteilung deutlich auseinander.

Es geht um die Altersgruppe der 25- bis 50-jährigen Männer. Sie haben bisher am meisten gearbeitet und verdient. Das wurde von ihnen und das haben sie von sich erwartet. Etwas anders formuliert, hatten sie den größten Anteil an der gesamtgesellschaftlich zu leistenden Arbeit. Den müssen sie nun verringern, davon müssen sie etwas abgeben; denn andere wollen auch ihren Teil davon. Das Problem ist demnach weniger die Gesamtlast der Arbeit als deren gerechte und sinnvolle Verteilung. *Karōshi* war eine exzessive Randerscheinung. Tatsächlich war übertriebener Arbeitseifer, wie er den Japanern in Europa und den USA so oft vorgeworfen wurde, niemals das wirkliche Problem. Auf die zweite Hälfte des zwanzigsten Jahrhunderts zurückblickend, kann man vielmehr sagen, dass die Japaner arbeiteten, als sich ihnen die Gelegenheit dazu bot. Insgesamt arbeiteten sie keineswegs übertrieben lange, nur bei der Verteilung der Arbeit kam es zu Unausgewogenheiten. Die auszugleichen, d. h. die Zeit der Arbeit neu zu verteilen, darum dreht sich der Wandel, den die japanische Gesellschaft gegenwärtig durchmacht.

«Die Verringerung der täglichen Arbeitszeit von 12 bis 15 Stunden im neunzehnten Jahrhundert auf acht Stunden im zwanzigsten ist für das menschliche Leben gewiss ein geschichtlicher Fortschritt», konstatiert der Arbeitssoziologe Imamura Hitoshi, der aber auch noch hinzufügt, was am Anfang dieses Kapitels zitiert wird, nämlich dass der Dreistundenarbeitstag zu einer realistischen Möglichkeit geworden ist.[27] Die für die Gesellschaftsplanung immer dringlicher werdende Frage ist daher: Wer darf wann arbeiten? Die beiden Gruppen, die zunehmend um die Arbeit konkurrieren, sind die Frauen und die Alten. Dass sie dazu allen Anlass haben, lässt sich nicht von der Hand weisen, müssen doch vor allem die Alten eher fürchten, sich zu Tode zu langweilen, als sich zu Tode zu arbeiten. Ihr Zeithorizont ist ein anderer als der ihrer Großväter. Selbst wenn sie vierzig Jahre lang vierzig Stunden die Woche arbeiten, wird das nur ein Zehntel ihres Lebens sein, im statistischen Mittel jedenfalls. Denn mit dem Reichtum, den sie sich erarbeitet haben, geht die Verlängerung ihres Lebens einher. Mit über 700 000 Lebensstunden können sie rechnen. 70 000 davon für Arbeit aufzuwenden ist nicht sehr viel, vielen nicht genug. Wenn sie mit 60 in Rente geschickt werden, suchen sie neue Betätigungsmöglichkeiten. Als Rentner Bauer werden ist z. B. in den neunziger Jahren populär geworden, eine Option, die letztlich nicht viele haben.

Gewerkschaften und Unternehmer[28] sind sich darüber klar, dass hier ein strukturelles Problem seiner Lösung harrt. Schon bei der Auswertung der Zeitbudgetstudie des japanischen Rundfunks, NHK, von 1990 war Mitsuya Keiko zu dem Schluss gekommen, dass die zunehmende Zeit, die ältere Menschen auf Arbeit verwenden, Zeichen einer allgemeinen Atmosphäre sozialen Wandels sei.[29] Ende der neunziger Jahre standen in Japan 75 Prozent der

Männer zwischen 60 und 64 im Erwerbsleben, verglichen mit 52 Prozent in USA und 30 Prozent in Deutschland. Da inzwischen das japanische Rentenniveau dem Europas und Amerikas in etwa entspricht, meint der Arbeitsökonom Seike Atsushi von der Keio Universität, «reflektiert dieser Unterschied zwischen Japan und westlichen Ländern keinen Unterschied der Notwendigkeit zu arbeiten, sondern einen solchen der Bereitschaft zu arbeiten.»[30] Nicht mehr Sozialfürsorge verlangen die Alten, sondern mehr Arbeit. Jeder weiß, wie wünschenswert es ist, dass diesem Verlangen stattgegeben wird, da sonst nicht nur die Menschen unzufrieden werden, sondern auch die Rentenkasse bankrott wird. Trotzdem tun sich vor allem große Firmen schwer mit der Heraufsetzung des Rentenalters von 60 auf 65, wie es die Gewerkschaften verlangen und der Staat empfiehlt.[31] Der Grund dafür ist weniger, dass die Qualifikation der älteren Arbeitnehmer den Ansprüchen nicht genügt, als dass eine solche Verschiebung eine tief greifende Reform des ganzen Arbeitssystems erzwingt.

Viele Firmen stellen ihre Arbeitnehmer nach Erreichen des Rentenalters wieder ein. 70 Prozent davon kürzen aber die Gehälter um mehrere zig Prozent. Arbeitnehmer im Rentenalter, die von einer anderen Firma eingestellt werden, erhalten oft nur noch die Hälfte ihres letzten Lohns. Die Heraufsetzung des Rentenalters um fünf Jahre bedeutet unter diesen Umständen eine erhebliche finanzielle Belastung für die Firmen, wenn nicht gleichzeitig die Lohnstruktur verändert wird und möglicherweise auch die Arbeitszeit. Die Menschen wollen zwar länger am Arbeitsleben beteiligt sein, aber nicht unbedingt lange Tage und Wochen arbeiten. Dem gut eingespielten System der gleichförmigen Massenproduktion, das sich auf verlässliche Langzeitarbeiter stützt, die sich durch Regelmäßigkeit und Ausdauer auszeichnen, werden da große Anpassungen abverlangt. Dass Manager großer Firmen mit der Heraufsetzung des Rentenalters zögern, ist nicht verwunderlich, da eine solche Maßnahme so komplexe, kaum kalkulierbare Folgen hat.

Um am Wirtschaftsprozess teilnehmen zu können, muss man mit der Zukunft rechnen. Das kann man am besten, wenn man Grund zu der Annahme hat, dass möglichst viele der gegenwärtig herrschenden Bedingungen – z. B. Lohnkosten, Personalstruktur, Produktivität etc. – zu einem späteren Zeitpunkt auch noch gegeben sein werden. Strukturveränderungen führen jedoch zu fast unerträglicher Unbestimmtheit.

Wie die Menschen mit ihrer Zeit umgehen, ist einer der wichtigsten Faktoren des Wirtschaftslebens, ganz besonders seit der Industrialisierung, die den Zeitlohn nach sich zog. Die große Herausforderung für die Wirtschaft ist heute die Entwicklung neuer Konzepte nicht nur für die Reduktion der wöchentlichen Arbeitszeit, sondern für die zeitliche Strukturierung des ganzen Lebens. Alle wichtigen Bereiche sind davon betroffen, Erziehung und Wissenserwerb, Familienleben, Arbeitszeit, Erholung, Freizeit. Es geht nicht nur um die lineare Verkürzung des einen Zeitpostens oder die Verlängerung eines anderen. Die Menschen wollen eine andere Zeiteinteilung. «Eine bewusste Lebensplanung ist notwendig geworden.»[32] Kinderzeit, Schulzeit, Arbeitszeit, Ruhezeit; das war bis unlängst der typische Ablauf des Lebens in Japan wie in anderen Industrieländern. Anstelle dieses linearen Musters wünschen sich heute immer mehr Menschen periodische Muster, wo diese Phasen (außer der Kindheit, leider) nicht ein für alle Mal abgeschlossen sind, sondern wiederholt werden können, wo nicht einmal Fertigkeiten und Kenntnisse erworben und dann angewendet werden, sondern immer wieder Phasen des Lernens eingeschoben werden, auch über das bisherige Ruhestandsalter hinaus.[33] Das Arbeitsleben dieser veränderten Zeitperspektive der Menschen anzupassen ist keine kosmetische Korrektur der in den achtziger Jahren als zu lang empfundenen Arbeitszeiten nach unten, sondern eine grundlegende Umwälzung der japanischen Gesellschaft.

In der Produktion hat die internationale Konkurrenz Japan eingeholt, sodass die Wirtschaft unproduktive Arbeitskräfte nicht mehr verkraften kann. Gleichzeitig gerät der Arbeitsmarkt zunehmend durch die Frauen, die ihre Erfüllung stets weniger in der Hausarbeit sehen, und durch die Alten, die immer älter werden, unter Druck. Die Nachfrage nach Arbeit übersteigt als Folge davon das Angebot, und das wird auf absehbare Zeit so bleiben. Nur scheinbar paradoxerweise steigt der Bedarf an Freizeit auch. Gleichzeitig gibt es also in der japanischen Gesellschaft ein unbefriedigtes Bedürfnis nach mehr Arbeit und nach mehr Freizeit. Das liegt daran, dass Freizeit nur der Arbeiter hat bzw. genießen kann, nicht aber der Arbeitslose. Ebenso ist der Lebensabend etwas anderes als Freizeit. Mit 60 will niemand seinen Lebensabend anbrechen sehen, wohl aber an den Freuden der Freizeit teilhaben, wofür die wie auch immer, z. B. auf drei Stunden am Tag, reduzierte Teilnahme am Arbeitsleben Voraussetzung ist. Wer keine Zeit zu verlieren hat, kann auch keine Freizeit haben. Arbeitszeit ist deshalb zum Gegenstand des Kampfes um den gesellschaftlichen Reichtum geworden. Die Neuverteilung der Zeit im Leben von Jungen und Alten, Männern und Frauen, die gegenwärtig stattfindet, ist ebenso drastisch, wie sie zuletzt durch die Industrialisierung bewirkt wurde.

Anmerkungen Kapitel VIII

1 Vergleichende Messungen der Arbeitszeit stehen am Beginn der Zeitsoziologie, über deren Entwicklung seit ihrem Beginn bei Durkheim Pronovost (1989) einen umfassenden Überblick gibt.

2 Zu einer ökonomischen Theorie des Zeitverbrauchs ist dieser Gedanke insbesondere von Becker (1965) ausgearbeitet worden. Er betrachtet den Haushalt hoch industrialisierter Gesellschaften als eine Wirtschaftseinheit, die neben den Gütern und Dienstleistungen, über die sie verfügt, auch die Zeit verwaltet, die insofern als Ressource begriffen wird, deren Opportunitätskosten die Individuen bei ihren ökonomischen Entscheidungen berücksichtigen. Vgl. Auch Gell (1992 : 206 f.), Maurer (1992), Sharp (1981).

3 Vgl. z. B. Bartu (1993 : 13). Edith Cresson war unter Präsident Mitterrand 1991 / 92 Premierministerin.

4 Diese Zahlen werden oft zitiert, z. B. von Sugimoto (1997 : 93). Statistiken zur Arbeitszeit im Ländervergleich sind jedoch notorisch problematisch, da Überstunden und Teilzeitarbeit nicht einheitlich erfasst werden. Eine kurze Zusammenfassung der Arbeitszeitentwicklung in Japan gibt Kezuka (1998).

5 The Japan Times, 13. März 1999.

6 Deutschmann (1990 : 91).

7 1989 hieß es, Japan habe den Kalten Krieg gewonnen. Bald darauf wurde der nächste Krieg Amerikas mit Japan angekündigt (Friedeman und Le Bard 1992), weil die Japaner zu lange arbeiten und zu viel sparen, um nur ein extremes Beispiel zu nennen.

8 Nach einer Erhebung des Erziehungsministeriums besuchten 1993 23,6 % aller Grundschüler und 59,5 % aller Mittelschüler (siebtes bis neuntes Schuljahr) eine *juku* (*Asahi Shinbun* 17. Juni 1996).

9 Z. B. Sakaiya (1991 : 268 – 271).

10 Nach Yamamoto (1986 : 113 f.), für den Shōsan der Kronzeuge der asketischen Haltung zum Leben ist, die Japans Arbeitsethik zugrunde liegt.

11 Hayashi (1988 : 19, 9, 16). «Im Westen wird die Zeit als Pfeil wahrgenommen, der sich schnell auf ein Ziel zubewegt. Die Japaner sehen die Zeit als eine unendliche Bildrolle ohne Anfang und Ende an, wobei die Gegenwart voranschreitet, während diese sich entrollt» (*ibid.* 31). Hayashi verrät nicht, woher er das weiß.

12 Sakaiya (a. a. O.).

13 In der Leistungsbewertung japanischer Unternehmen spielt «die Individualleistung nicht die gleiche wichtige Rolle wie in westlichen Unternehmen. Weitaus höher werden persönliche Eigenschaften wie Führungsqualitäten, Loyalität und Kooperationsbereitschaft bewertet» (Deutschmann 1990:94).

14 Das deutsche Schuljahr hat durchschnittlich 220 Schultage, das japanische 240. Hinzu kommt, dass Schüler pro Schultag in Japan 20 % bis 30 % mehr Zeit in der Schule verbringen als in Deutschland. Rohlen (1997: 238 f.) hat errechnet, dass Japaner von der 5. bis zur 12. Klasse 3,2 Jahre länger in die Schule gehen als ihre amerikanischen Altersgenossen.

15 Deutschmann (a. a. O.).

16 Pronovost (1989:44 f.) weist in diesem Zusammenhang darauf hin, dass die Soziologie der Freizeit ebendeshalb an ihre Grenzen stößt, weil freie Zeit mehr individuelle als soziale Zeit ist.

17 Nakanishi (1996:375).

18 Matsuda (1992:128).

19 In der industriellen Produktion leisteten Arbeitnehmer 1996 in den USA 234, in England 182 und in Japan 168 Überstunden. Für Büroarbeit gibt es keine Japan und westliche Länder vergleichenden Statistiken, aber auch hier rechnen die Experten mit sinkenden Arbeitszeiten, wobei sich die Kluft zwischen Japan und dem Westen in den neunziger Jahren im Wesentlichen geschlossen hat. Vgl. *Imidas '99*: 144 f.

20 Von 1976 bis 1996 verdoppelte sich der Prozentsatz derer, die bei Repräsentativumfragen die Frage bejahten, ob sie den Schwerpunkt ihres Lebens auf die Freizeit legen wollten, von 16 Prozent auf 36,2 Prozent. Quelle: *Sōrifu «Kokumin seikatsu ni kansuru yoronchōsa»* [Meinungsumfrage des Premierministeramts zum Leben der Bevölkerung], 1998. Vgl. dazu schon Mitsuya (1993:180 f.).

21 Mouer (1995:56). Mouer stellt noch einen Unterschied zwischen japanischem und amerikanischem Freizeitverhalten fest. Amerikanische Arbeitnehmer benutzen ihre Freizeit in weit größerem Maß als japanische für sekundär ökonomische Aktivitäten wie Reparaturen an Haus und Auto, Gartenarbeit etc. Amano et al., die eine große Zeitbudgetstudie zum Lebensstil der Japaner durchgeführt haben, stellen fest (1994:132): «Da im Mittelpunkt der Freizeit (der Männer) Fernsehen und Erholung stehen, bleibt für die Teilnahme am Familienleben praktisch keine Zeit.» Vgl. auch Harvey (1995:190 f.). Dass Fernsehen die zeitaufwendigste Freizeitbeschäftigung in Japan ist, ergibt sich aus den Zeitbudgetstudien von NHK. Vgl. Nakanishi (1996:380).

22 Weitere Details zur Geschichte dieses aus China stammenden Feiertags erwähnt Okada (1999 : 202 f.). Zu Feiertagen als Mittel der kulturpolitischen Gesellschaftsplanung in Europa vgl. Häberle (1987).

23 Bis 1989 war der Anteil der verheirateten weiblichen Angestellten auf 58 Prozent angewachsen, und 1990 waren 36 Prozent aller verheirateten Frauen mit Kind(ern) unter 6 erwerbstätig. Vgl. Inoue und Ehara (1991). 1991 arbeiteten nach statistischen Angaben des Amts des Premierministers (*Sōrifu* 1993 : 100) 50,7 Prozent aller Frauen.

24 Vgl. Garon (1997).

25 Die Zahlen für 1996 sind der Erhebung des Gesundheitsministeriums *Shakai seikatsu kihon chōsa* entnommen.

26 *The Japan Times* vom 22. 11. 1990, nach Möhwald (1990 : 147).

27 Imamura (1998 : 187).

28 Yamada (1987), Senuma (1989).

29 «Die Notwendigkeit der Arbeitszeitverkürzung ist zu einem wichtigen Politikum geworden, sodass die den Japanern zur Verfügung stehende Freizeit vermutlich weiter zunehmen wird» (Mitsuya, 1993 : 184).

30 Seike (1997 : 3).

31 Vgl. *Labor White Paper* 1997, herausgegeben vom Arbeitsministerium.

32 Amano et al. (1994 : 53).

33 Nach Erhebungen des Wirtschaftsplanungsamts wünscht eine deutliche Mehrheit der Japaner einen Lebensplan mit einer zyklischen Einteilung von Ausbildung, Arbeit und Regeneration, während der «klassische» Lebensablauf der Industriegesellschaft nur noch von wenigen favorisiert wird. Vgl. Matsuda (1992 : 134).

10 UHR 08 UND 42 SEKUNDEN

Die Zeit ist die Romantik des Himmels.
Suwako Uhrenmuseum

Zeit messen, Zeit schaffen und dann die Zeit nutzen.
Hattori Junichi, Präsident von Seiko Instruments

Ende der achtziger Jahre gab es in Hamadayama nur einen, Ende der neunziger waren es vier oder fünf, *konbiniensusutoa* bzw. *convenience stores*, kurz *konbini.* Die aus Amerika bekannten, in Deutschland mit seinen archaischen Ladenschlussgesetzen bislang allenfalls in Bahnhofspassagen anzutreffenden Rund-um-die-Uhr-Läden waren eine der wenigen Wachstumsbranchen der rezessionsgeplagten neunziger Jahre. Die Zahl der Geschäfte wuchs um 55 Prozent, während die der Warenhäuser gleich blieb. Ebenso verhielt es sich mit dem Umsatz. *Konbinis* sind ein Indiz der Erschütterung der Zeitordnung, die wir zu Beginn des neuen Jahrhunderts in Japan erleben. Sie finden sich nicht nur in den geschäftigen Zentren der großen Städte, wo die Nacht im Schein der Neonlampen zum Tag wird, es gibt sie in Industriegegenden ebenso wie in reinen Wohngegenden, und auch die kleine Provinzstadt hat ihren Laden, der immer aufhat. Über 50 000 *konbinis* gibt es im ganzen Land.[1] Die meisten sind Filialen großer Ketten wie *Seven Eleven* von *Itō Yōkado, Family Mart* von *Seiyū*, *Lawson* von *Daiei* oder unabhängige Betriebe wie *am pm* etc. Auf engem Raum, meist nicht mehr als 100 m^2, bieten sie eine Kombination von durchschnittlich 3000 Waren und Dienstleistungen an, die es den Kunden erlaubt, mehrere Dinge auf einmal zu erledigen, und zu jeder beliebigen Zeit. Oda Ichirō bezeichnet den *konbini* deshalb als «Geschäft, das Zeit verkauft»[2]. Ob man Shampoo, Strumpfhose oder Schreibpapier braucht, ein Päckchen aufgeben, Fotokopien machen oder sein tragbares Telefon aufladen will, seine Stromrechnung bezahlen, eine Zeitschrift, eine

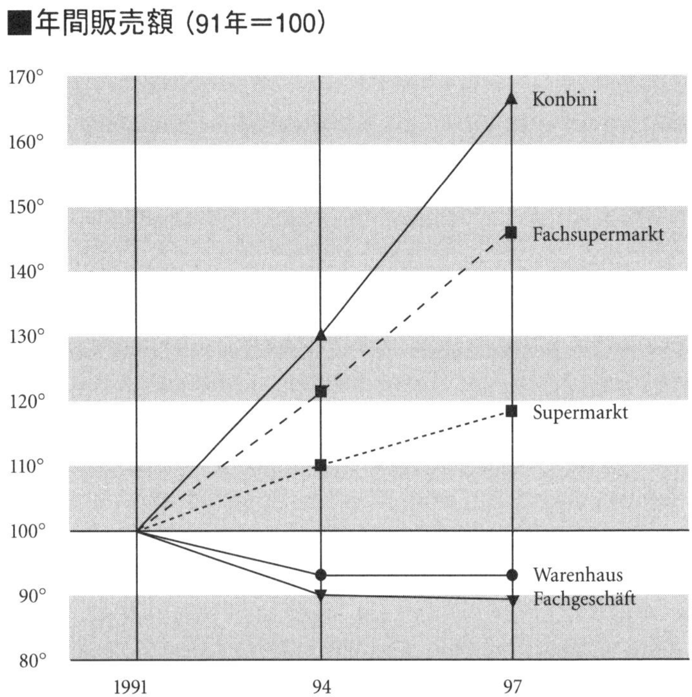

Entwicklung des Einzelhandels 1991 bis 1997 nach Verkaufsvolumen.
Quelle: Ministerium für Handel und Industrie, «Handelsstatistische Nachrichten 1997»

Batterie oder eine aktuelle CD, einen Flugschein oder eine Konzertkarte kaufen will, man kann all dies im *konbini* tun und bei der Gelegenheit auch noch schnell ein warmes oder kaltes Fertiggericht aussuchen, Onigiri oder Oden, Sandwiches mit Kaffee oder Pocari Sweat. Die Branche bleibt auf der Suche nach Produkten, mit denen sie ihr Sortiment erweitern kann. So sind etwa in den Metropolen einige *konbinis* in den Devisenhandel eingestiegen. Natürlich bezahlt man für den Komfort, die Waren im *konbini* sind nicht besonders billig. Aber dafür spart der Kunde lange Wege und Wartezeiten, braucht nicht darauf zu achten, ob der Supermarkt schon oder noch aufhat. Manche verlagern ganze Funktionen aus ihrer Wohnung in den *konbini.* «Was brauche ich einen Eisschrank und eine Kaffeemaschine», sagt Makiko, ein Studentin, die um die Ecke wohnt, «ich hab ja meinen *konbini*».

Der *konbini* ist mehr als eine flüchtige Modeerscheinung. Er ist eine Welt der Zeitanarchie. Die richtige Zeit für den Einkauf, die Überweisung, die Platzkartenreservierung gibt es nicht mehr. Wofür der *konbini* steht, ist die Entsynchronisierung der Gesellschaft. Bestimmte Verrichtungen nur zu bestimmten Zeiten ausführen zu können ist ein Teil der gesellschaftlichen Ordnung. Die Natur gab den Menschen dafür einen Rahmen vor; durch Ritus und Kult füllten sie ihn darauf aufbauend auf ihre je eigene Weise aus. Mit der Industrialisierung wurde das menschengemachte Zeitregime strikter. Es bestimmt noch immer weitgehend den Rhythmus unseres Alltags. Das Leben vor allem der lernenden und arbeitenden Menschen, über sie aber zwangsläufig auch das der Kinder im Vorschulalter und das der Pensionäre, weist eine starke Synchronisierung auf, in Japan ganz besonders. Hier hat unübersehbar eine Gegenbewegung eingesetzt, die auf den Abbau sozialer Restriktionen der Zeiteinteilung und dadurch auf die Individualisierung der Zeit zielt.

Der Mensch folgt immer weniger der Natur und gestaltet sie zusehends selbst. Sonnenschein und das Dunkel der Nacht werden von immer leuchtenden Neonlampen neutralisiert, als gesellschaftliche Zäsuren sind selbst Morgen- und Abenddämmerung vom Rhythmus der unbelebten Natur entkoppelt. Im Einkaufszentrum Venus Fort in Daiba, an der Bucht von Tokio, – das sich mit seinem Warenangebot nur an weibliche Kunden richtet – wandelt sich der künstliche Himmel über den Boutiquen im Stundenzyklus von der Morgenröte langsam bis zur tiefblauen Nacht. In der Dämmerung, haben Erforschungen des Konsumentenverhaltens ergeben, ist die Kaufneigung größer als mitten am Tag.

Der *konbini* ist nicht mehr der einzige Ort, an dem sich die Individualisierung der Zeit vollzieht. Auch am Arbeitsplatz und in der Schule gibt es dafür deutliche Anzeichen. *Furekkusu taimu,* die gleitende Arbeitszeit, ist ein weiteres Stichwort der neunziger Jahre. Immer mehr Arbeitnehmern wird danach die Möglichkeit geboten, in gewissem Maße selbst zu bestimmen, wann sie arbeiten. Büros können stundenweise gemietet werden, mit und ohne Sekretärin. Arbeitsplätze zu Hause mit Bildschirm und Internetanschluss sind noch lange nicht so verbreitet wie in den Vereinigten Staaten, aber die Tendenz ist steigend. Gleichzeitig finden neue Bildungseinrichtungen wie Korrespondenzkurse für die Oberschule und Fernseh- und Radiouniversität vermehrt Zulauf. Und in den Regelschulen wird nach Anweisungen des Kultusministeriums die Zahl der Schulstunden reduziert, um den Schülern mehr Zeit für individuelle Entfaltung zu geben. Aus den gegenwärtig monatlich zwei schulfreien Samstagen werden vier. Erwartet und erhofft wird von der Kultusbürokratie, dass Schüler von den Informationsangeboten der neuen Medien mehr Gebrauch machen, und dazu mehr Zeit brauchen werden. Sie werden lernen müssen, mehr als ihre Eltern ihre Zeit selbst einzuteilen. Neue Technologien ermöglichen es den Konsumenten, ihre Zeiteinteilung von den Sendeplänen der Massenmedien unabhängig zu machen und selbst zu entscheiden, was sie wann sehen oder hören wollen.

Computer und Internet haben auch tief greifende Konsequenzen für die Wirtschaft. Zwar schaut ganz Japan am 31. März noch immer auf den Aktienindex wie das Kaninchen auf die Schlange. Die Regierung und die Staatsbank intervenieren an der Börse und auf dem Devisenmarkt, um die Bilanzen der Betriebe zum Abschluss des Fiskaljahrs in einem günstigen Licht erscheinen zu lassen. Insofern ist das Fiskaljahr noch immer eine wichtige Marke am Zeithorizont und eine bedeutende Einheit der Zeitverwaltung der Wirtschaftsagenten und Politiker. Jeder Wirtschaftsprüfer weiß aber, dass es längst nur noch ein Überbleibsel einer vergangenen Zeit ist. Daten über Aufträge, Ertragslage und Vermögenswerte können mithilfe heute verfügbarer Software jederzeit abgerufen werden. Nicht jeder Manager findet das freilich opportun. Sich hier an ein neues, flexibleres Zeitregime zu gewöhnen ist schwer, aber es wird kommen. Dabei gilt die durch Synchronizität der sozialen Lebenswelt gekennzeichnete temporale Ordnung des Industriezeitalters ja noch gar nicht lange. In Japan setzte sie erst rund ein Jahrhundert später ein als in Europa und Amerika. Nun weicht sie wieder einer neuen Ordnung.

Anders als Englands selbst erzeugte industrielle Revolution erfolgte die Industrialisierung Japans auf Anstoß von außen. Den Rückstand gegenüber den imperialen Mächten aufzuholen und die ungleichen Verträge[3] zu revidieren, konnte Japan nur hoffen, wenn es eine Industrie aufbaute, die es erlaubte, «das Land zu bereichern und die Armee zu stärken» *(fukoku kyōhei)*, wie eine der wichtigsten politischen Maximen der frühen Meiji-Jahre hieß. Das dazu erforderliche Kapital wurde durch die deflationäre Politik unter Finanzminister Matsukata Masayoshi (1835–1924) in den achtziger Jahren geschaffen. Durch den Verkauf von Staatsbetrieben an Handelshäuser – z.B. die Werften von Nagasaki an Mitsubishi und die Miike-Kohlengruben an Mitsui – wurde das Fundament großer Industriekonzerne gelegt, die noch heute starke Motoren der Japan AG sind. Zunächst förderte die Meiji-Regierung mit einigem Erfolg den Aufbau der Textilindustrie. England stand dabei Pate, in dieser Industrie nahm die industrielle Revolution dort ihren Anfang. Mechanische Webstühle und andere Textilmaschinen wurden in Europa und Amerika gekauft, Rohbaumwolle in China und Indien. Staatliche Modellfabriken, wie die in Tomioka in der Präfektur Gumma, bekamen schon bald Konkurrenz von Privatbetrieben, wie z.B. von der Osaka Spinnerei. Subsistenzlöhne erlaubten die Erwirtschaftung von Gewinnen und Abschöpfung von Kapital für neue Investitionen.

Gleichzeitig entstanden andere Industriezweige mit und ohne staatliche Hilfe, darunter auch die Uhrenindustrie, die in mancher Hinsicht eine besondere Rolle spielte. Für die Erfolgsgeschichte der Industrialisierung Japans ist sie geradezu das Paradigma. Ihre Geschichte ist die Geschichte des der Not gehorchenden Imports westlicher Technologie und der daraus folgenden Beherrschung eines Marktsektors durch ausländische Firmen; die Geschichte aber auch des Aufbaus einer heimischen Industrie, die auf dem höchsten Stand der Technik einstieg und damit zunächst auf dem heimischen Markt erfolgreich konkurrierte, die dann den Sprung auf den Weltmarkt wagte, um ihn zu erobern. Es ist die Geschichte intensiven Technologietransfers aus dem Westen, aus dem eine innovative und expansive Industrie entstand, die für die ganze Welt produziert.[4] Kurz, die Uhrenindustrie exemplifiziert Japans Aufholjagd von der Meiji-Zeit bis in die Gegenwart.

Für den Arbeitsprozess bedeutet der Übergang zur industriellen Produktion Arbeitsteilung, Rationalisierung, Spezialisierung und Serienproduktion. All dies geht nicht ohne zeitliche Segmentierung und Koordination der Herstellungsschritte und die Ermittlung der Standardzeit einer jeden Handlung, ein Verfahren, das nach dem amerikanischen Ingenieur Frederick Taylor (1856 bis 1915) als Taylorismus bekannt ist. Mit der Industrialisierung ändert sich das Zeitgefühl der Menschen, Zeit wird zum Gegenstand der bewussten Verwaltung, der sich immer weniger Menschen entziehen können. Industrielle Herstellung zwingt den Arbeiter, zu einem bestimmten Zeitpunkt an seinem Arbeitsplatz zu sein, dort für eine bestimmte Dauer zu bleiben, in einem bestimmten Tempo zu arbeiten und jeden Arbeitsschritt im Rahmen der festgesetzten Standardzeit auszuführen. «Ohne Zeitdisziplin», bemerkte in einem instruktiven Aufsatz über Zeit und Industriekapitalismus E. P. Thompson, «hätten wir niemals die beharrlichen Energien des Industriemenschen haben können.»[5] Verlässliche und exakte Zeitmessung wird zur Bedingung der Arbeitsorganisation, die auf die zeitliche Organisation des ganzen Lebens ausgreift. Was aber braucht man dafür mehr als Zeitmessgeräte? Uhren gehören zu den Waren, an denen der Bedarf im Zuge der Industrialisierung und als eine ihrer unmittelbaren Folgen wächst. Dieser Bedarf kann durch Import gedeckt werden, und das geschah in Japan auch zunächst, nachdem mit der Kalenderreform von Meiji 6 das westliche Zeitsystem eingeführt worden war.

Branchenführer war damals die amerikanische Firma Waltham Watch Company[6], die Anfang des Jahrhunderts von Aaron L. Dennison und Elie Whitney in Connecticut gegründet worden war. Whitney hatte – wieder ein Berührungspunkt von Waffen- und Uhrenindustrie – Pistolen maschinell hergestellt und das Produktionsverfahren auf Uhren übertragen. Im Jahre 1802 stellte Waltham 2000 Taschenuhren her und war die erste Firma der Welt, die Uhren maschinell in Serie produzierte. Schweizer und französische Firmen folgten. In Japan aber wurde Waltham so beherrschend, dass man keine Uhr, sondern eine Waltham hatte, sofern man überhaupt eine Uhr besaß. Selbst die kaiserliche Geschenkuhr[7] war anfänglich eine Waltham. Für ein Land, das am Beginn der Industrialisierung steht, wirft freilich jeder Import das Problem auf, wie er bezahlt werden kann, ohne dass die Kapitalisierung wichtiger Investitionen gefährdet wird. Die Alternative zur Einfuhr ist die eigene Herstellung oder Produktion in Lizenz. Erstere erfordert genaue Kenntnisse des Herstellungsverfahrens, Letztere Geld für den Erwerb der Lizenz.

In Japan gab es zu jener Zeit, wie schon beschrieben, eine Uhrmacherzunft. Ihre Mitglieder fertigten in Handarbeit die *wadokei*, eine jede ein unverwechselbares Einzelstück, dessen Herstellung Monate in Anspruch nahm und das das Können, den Geschmack und die Seele des Handwerkers widerspiegelte. Da das Zeitsystem der *wadokei* und ihre Mechanik obsolet waren, mussten sich die Uhrmacher zwar die mit dem neuen Zeitsystem verbundenen mechanischen Kenntnisse aneignen, aber die Industrie brauchte nicht bei null zu beginnen. Schwerer als das andere Zeitsystem fiel das vormoderne Manufakturverfahren ins Gewicht, nach dem die japanischen Uhrmacher arbeiteten. Mit der schon mehr als ein halbes Jahrhundert erprobten Serienproduktion amerikanischer Firmen konnten die kleinen Werkstätten nicht konkurrieren. Den Importeuren fiel es deshalb nicht schwer, sich auf dem Markt zu etablieren, zumal Japan in den siebziger und achtziger Jahren noch keine Zollautonomie genoss. Hinzu kam der steigende Bedarf an Uhren, deren soziale Bedeutung sich dadurch veränderte. Immer noch Prestigeobjekte zwar, verschoben sich mit der neuen Zeitordnung doch die Gewichte von Dekoration zu Funktion. An der äußeren Form brauchte nicht mehr das Herzblut des Uhrmachers zu kleben wie bei den *wadokei.* «Das Schicksal dieser gerade erst in Gebrauch gekommenen kunsthandwerklich so virtuosen und teuren Luxusprodukte, die selbst als ‹Fürstenuhren› bezeichnet wurden und nun ausrangiert wurden, war wahrlich traurig.»[8] Aber worauf es jetzt zunehmend ankam, war technisches Können, das Präzision garantierte. Und in dieser Hinsicht hatten die westlichen Uhrmacher einen bedeutenden Vorsprung vor ihren japanischen Kollegen. Nüchterne Wanduhren der amerikanischen Firma Ingraham und Walthams Taschenuhren wurden deshalb in großer Zahl importiert. Wie schon im sechzehnten Jahrhundert, als Francisco Xavier ihnen die erste mechanische Uhr brachte, begnügten sich die Japaner aber trotzdem nicht mit der Einfuhr der überlegenen Instrumente. Bald begannen sie damit, sich das Know-how anzueignen und eine eigene Industrie aufzubauen.

Die serienmäßige Uhrenherstellung ist auf doppelte Weise Teil und Sinnbild der Industrialisierung. Sie folgt nicht nur der durch die Industrialisierung selbst bedingten Notwendigkeit einer stärkeren zeitlichen Kontrolle der Gesellschaft und des dadurch wachsenden Bedarfs an Zeitmessinstrumenten; die Uhr ist außerdem ein Produkt, das der industriellen Herstellungsweise sehr entspricht: exakt, rationalisiert, standardisiert. So soll sie sein, kein individuelles Kunstwerk, sondern ein Messgerät, wo eins genauso aussieht, genauso funktioniert und genauso zuverlässig ist wie jedes andere aus der Serie. Aus der individuellen Uhr der Manufaktur, die einen eigenen Charakter hat, wird dadurch zusehends ein langweiliges, charakterloses Massenprodukt. Die Standardisierung und massenhafte Produktion der Einzelteile ist diesem Ziel förderlich. Und die Einzelteile eines Uhrwerks sind so beschaffen, dass sie völlig isoliert hergestellt werden können, d. h. ohne dass der Hersteller Kenntnisse von dem Endprodukt zu haben braucht. Perfekt und auswechselbar müssen sie sein, und da jeder immer das gleiche Teil produziert, kann die Herstellung rationalisiert und der Preis des Endprodukts gesenkt werden. Schon Adam Smith diente die Uhr als Musterbeispiel dafür, was mit arbeitsteiliger Produktion erreicht werden konnte.[9] Was Smith besonders beeindruckte, war die enorme Preisminderung der Uhren, die dadurch möglich geworden war. In der Tuchherstellung, konstatierte er, war eine solche nicht zu verzeichnen. Weil die Uhr sich auf diese Weise für arbeitsteilige Produktion anbot, scheut Samuel Macey sich nicht, von der «horologischen und der industriellen Revolution» zu sprechen.[10] Mehr noch als der mechanische Webstuhl und die Dampfmaschine verkörpert den Geist des Industriezeitalters die serienmäßig hergestellte mechanische Uhr.

Der bedeutendste Gründervater der japanischen Uhrenindustrie war Hattori Kintarō. Er wurde im Jahre Man'en 1, als die Macht der Tokugawa-Regierung zerbröckelte, in Edo geboren und erlebte die großen Umwälzungen der Meiji-Zeit in seiner Jugend.[11] 1873 ging er bei dem Gemischtwarenhändler Tsuchi in die Lehre, um 1874, ein Jahr nach der Kalenderreform, mit der Erlernung eines zukunftsträchtigen Handwerks zu beginnen; dann ging er zu dem Uhrmacher Kobayashi nach Nihonbashi in die Lehre. 1876 trat er in das Uhrengeschäft Sakata ein, wo er sich die Mechanik der Taschenuhr aneignete, während er gleichzeitig in Abendkursen die chinesischen Klassiker studierte. Schon im folgenden Jahr, jetzt achtzehnjährig, wurde er Unternehmer. Er hängte an seiner Haustür ein Schild auf. Es trug die Aufschrift «Hattori Uhrenreparaturen».[12] Hattoris kleiner Laden war eines von vielen Uhrengeschäften, die in den siebziger und achtziger Jahren, von den Metropolen ausgehend, im ganzen Land entstanden, ein Zeugnis der in der Gesellschaft zunehmenden Bedeutung der Uhrzeit. Unterdessen nahm auch der Import von Uhren weiter zu. 1886 überstieg er 37 000

Stück. Auch Hattori Tokei ten profitierte davon, das Geschäft ging gut. Aber der junge Kintarō, dessen Name wörtlich ‹Goldjunge› bedeutet und der im Japanischen eine Heldengestalt ist, hatte einen Plan. Er wollte nicht allein reich werden, er war ein Unternehmer mit Bereitschaft zum Risiko. Uhren sollten auch in Japan hergestellt werden, nicht mehr in Handarbeit wie früher, sondern maschinell. 1892, 25 Jahre nach der Meiji-Restauration, war es so weit. Gegen die übermächtige ausländische Konkurrenz begann Hattori mit der Produktion einer Wanduhr und gründete die Firma Seiko *(tokei seizō kōjō)*. Seiko bedeutet Präzision. Drei Jahre später konnte in einer zweiten Abteilung der Firma die Herstellung einer Taschenuhr aufgenommen werden. Es folgten 1899 der erste Wecker und 1902 die erste Spieluhr. 1912 wurde Hattori auf der zweiten Tokioter Industrieausstellung mit einem Preis ausgezeichnet.

Diese Abfolge reflektiert die Entwicklung des Marktes, und diese wiederum die sich wandelnde Bedeutung der Uhr für die Gesellschaft. Die Wanduhr verkündete die Zeit in öffentlichen und halb öffentlichen Räumen, in Büros und Schulen, in den ersten Fabrikhallen. Kontrolle über die Zeit war das Vorrecht weniger, sie war noch kaum in privater Hand. Als Hattori anfing, Wanduhren herzustellen, kostete eine importierte Taschenuhr zwischen 50 und 200 Yen. Für ein *shō* (1,8 l) Reis bezahlte man 8 Sen (= $^{8}/_{100}$ Yen). Eine Taschenuhr mittlerer Preisklasse hatte also einen Gegenwert von 2250 bis 2500 l Reis, eine Menge, mit der man eine fünfköpfige Familie drei Jahre lang ernähren konnte. «Die Uhr war zu der Zeit ein Gegenstand, mit dem das einfache Volk wenig zu tun hatte und der hauptsächlich im Besitz eines Teils der Bourgeoisie war, der auch die Kontrolle der Zeit fest in der Hand hatte.»[13] Nicht auf diese Kunden zielte Hattori zunächst. Er stieg nicht mit einem Luxusprodukt in den Markt ein, sondern mit einem unprätentiösen Gebrauchsgegenstand, für den er sichere und wachsende Absatzmöglichkeiten voraussah. Die Taschenuhr blieb ein Prestigeobjekt, der Wecker aber zeigte an, dass die Kontrolle der Zeit bzw. die Kontrolle des Alltags durch die Uhrzeit in weitere Bevölkerungsschichten vordrang. Schlafen kann der Industriemensch nicht mehr, bis der Hahn kräht, bis die Sonne aufgeht oder bis er ausgeschlafen ist, sondern bis der Wecker klingelt. Immer mehr Menschen mussten selbst für Pünktlichkeit sorgen, sich nach Abfahrtszeiten, Arbeitsschichten, Stundenplänen richten. Mit der serienmäßig hergestellten Spieluhr schließlich knüpfte Hattori einerseits an die Tradition der *karakuri*[14] an und reagierte andererseits auf die Einfuhr von Kuckucksuhren und anderen Spieluhren aus der Schweiz und Deutschland.

Hattori hatte keinen leichten Stand. Die Kundschaft war anspruchsvoll und musste davon überzeugt werden, dass eine japanische Firma einen ganz und gar mit dem Westen assoziierten Artikel ebenso gut herstellen konnte. Sie ist, wie der Technikhistoriker Moritani Masanori sagt, «auf Neuigkeiten versessen»[15] und immer dazu bereit, Altes durch Neues zu ersetzen. Der Innovationsdruck ist hoch. Wer auf dem Markt bestehen will, muss in kurzen Abständen neue Produkte anbieten. Die Firma Seiko bewies die Fähigkeit dazu von Anfang an. Als Hattori 1914 die Produktion der ersten in Japan gefertigten Armbanduhr startete, hatte er den Vorsprung der ausländischen Konkurrenz zwar noch nicht aufgeholt, aber schon bedeutend verringert. Die Armbanduhr war das Neueste vom Neuesten. Sie setzte sich überall auf der Welt erst im Laufe des Ersten Weltkriegs durch, was zum Teil den Erfordernissen des Kriegführens geschuldet war. Der Gleichschritt lässt sich noch ohne Uhr bewältigen, aber die temporale Koordination einer ganzen Kriegsmaschine nicht. Die Armbanduhr wurde ein Erfolg, und Seiko weitete seine Produktpalette aus. Qualitativ blieben Seiko-Uhren immer noch hinter schweizerischen und amerikanischen Produkten zurück, aber durch niedrige Preise trug die Firma wesentlich zur Popularisierung der Uhr bei. Als am 10. Juni 1920 zum ersten Mal der Tag der Zeit gefeiert wurde, war die Firma fest etabliert. Von dem Rückschlag ihre Zerstörung durch das große Erdbeben am 1. September 1923 erholte sie sich schnell. Im Jahr darauf brachte sie die erste Armbanduhr mit dem Markenzeichen

SEIKO auf den Markt. Noch wurden mehr Uhren ein- als ausgeführt, aber am Export hatte Seiko den größten Anteil. 1929 expandierte die Firma durch die Errichtung einer Fabrik zur Herstellung von Messinstrumenten unter dem Namen «Seiko Precision». 1932 konnte Hattori Kintarō noch die Errichtung des Uhrturms auf dem neu erstellten Haupthaus im Herzen des elegantesten Geschäftsviertels der Stadt, an der Kreuzung von Ginza 4 chōme, erleben, der zum Wahrzeichen der ganzen Gegend wurde.[16] Als er 1934 starb, hinterließ er ein «Königreich»[17], eine große Firma, die auf dem Weg war, weltbekannt zu werden.

Hattori Kintarō (1860–1934), Gründervater von SEIKO

Seiko blieb auch nach Kintarōs Tod mit der Familie Hattori verbunden. Dem Erbe des Gründers verpflichtet, blieb die Firmenleitung innovativ und flexibel. 1937 wurde die Uhrenherstellungsabteilung unter Kintarōs ältestem Sohn Genzō zu einer eigenen Firma mit dem Namen Daini Seikosha Co., Ltd. gemacht. Das war eine strategische Maßnahme, nicht nur um der ausländischen Konkurrenz besser begegnen zu können, sondern auch der 1930

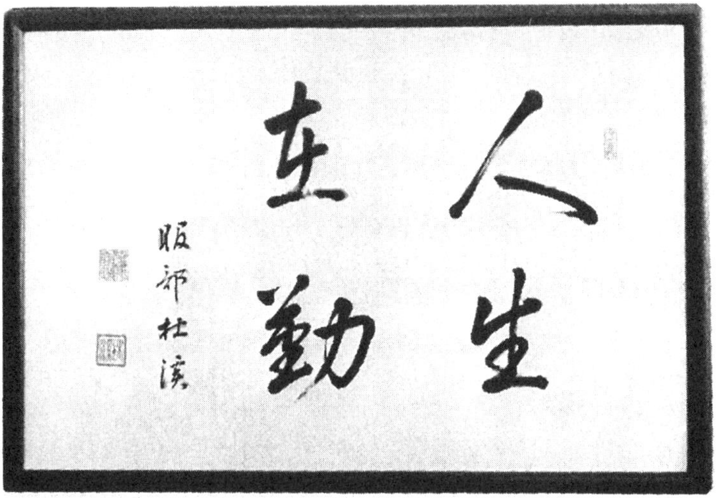

Jinsei zaikin, ‹das Leben ist Arbeit›, Hattori Kintarōs Wahlspruch

gegründeten Firma Citizen, die sich schnell zu einem ernst zu nehmenden Rivalen Seikos entwickelte.[18] In den folgenden Jahren weist die Firmenchronik bis nach dem Krieg, ganz so wie die Biographien vieler japanischer Politiker und leitender Angestellter, hauptsächlich weiße Flecken auf, was damit zu tun hat, dass die 1942 gegründete Firma Seiko Epson *(Seikō Epuson)* durch die Herstellung von Zeitzündern und anderen Messgeräten für militärische Zwecke erheblich von der Kriegswirtschaft profitierte. Sie ist heute der größte Betrieb der Gruppe.

Nach dem Krieg wurde Seiko von 1946 bis 1974 von Genzōs Bruder Shōji, später mithilfe seiner Söhne Kentarō und Reijirō, geführt und nahm weiterhin in der Technologie von Präzisionsinstrumenten und Uhren und zunehmend in der Entwicklung von Bürogeräten eine führende Stellung ein. Ein Indiz dafür, wie wichtig Uhr und Uhrzeit inzwischen geworden waren, kann darin gesehen werden, dass die am 28. 8. 1953 in Japan ausgestrahlte erste Fernsehwerbung ein kurzer Zeichentrickfilm von Seiko über die kluge Verwendung der Uhr war. Die Schärfung des allgemeinen

1898 zog Hattori Tokeiten in das im Dezember des Vorjahres fertig gestellte neue Hauptgeschäft an der Kreuzung von Ginza 4 chōme, wo heute noch Wakō ist.

Japans erste Fernsehwerbung vom 28. 8. 1953 (nach Oda Ichirō, 1994)

Zeitbewusstseins ging mit der Expansion der Uhrenindustrie einher. Auf dem Weg in die effiziente Gesellschaft befand man sich schon seit den zwanziger Jahren, als die Industrialisierung auf vollen Touren lief. Seit 1931 produzierte die Firma Amano deren eindringlichstes Symbol und gleichzeitig potentestes Mittel der Zeitbeherrschung, die Stechuhr, die in immer mehr Industriebetrieben eingesetzt wurde.[19] Nach dem Krieg wurde die zeitliche Disziplinierung des Lebens mit Verve weiterverfolgt. Wieder spielte Seiko eine Vorreiterrolle, auch was die Kultivierung der Selbstdarstellung betraf. In den sechziger Jahren wurde es zum «Firmengesetz», Seiko-Uhren in allen Werbematerialien 10 Uhr 08 Minuten 42 Sekunden anzeigen zu lassen, eine wie die andere, wie in Habtachtstellung beim Appell. Aber fröhlich sollte der Appell sein: Stunden- und Minutenzeiger standen zu diesem Zeitpunkt in einem Winkel, der an ein lachendes Gesicht erinnert und somit geeignet ist, positive Assoziationen zu wecken. Durch die Vereinheitlichung sollte gleichzeitig ein Image von Standardisiertheit und Verlässlichkeit vermittelt werden, eben das, wofür die Uhr steht. Andere Firmen folgten dem Beispiel: Citizen stellte seine Kataloguhren auf 10 Uhr 09 und 35 Sekunden, Orient auf 10 Uhr 10 und 35 Sekunden.

Die Steigerung der Exaktheit der Zeitmessung wurde zum Hauptgegenstand des Wettbewerbs in der Uhrenindustrie, wobei der Sport in der Öffentlichkeit am meisten Beachtung fand. Hier begannen Einheiten, die kleiner als die Sekunde waren, eine Rolle zu spielen. In den sechziger Jahren wurden große Fortschritte erzielt. Die japanische Uhrenindustrie im Allgemeinen und Seiko im Besonderen hatten früh die Bedeutung der Elektronik auf diesem Gebiet erkannt. Dass Seiko die Stoppuhren und Zielfotokameras für die Olympischen Spiele 1964 in Tokio stellen durfte, war nicht etwa eine freundliche Geste des IOC gegenüber den Gastgebern, sondern eine Anerkennung der von der Firma geleisteten Forschung und ihrer Umsetzung in praktische Geräte.[20] Das war ein unübersehbares Zeichen. Weniger als zwanzig Jahre nach Hiroshima wurde deutlich, dass die gleich nach dem Zusammenbruch von vielen in Japan erhobene Forderung, die Energien der Nation auf Wissenschaft und Forschung zu richten, Früchte trug, und das in einem zukunftsweisenden Bereich. 1967 ging ein Schock durch die schweizerische Uhrenindustrie, als Seiko-Produkte bei dem Wettbewerb der Kantonalen Sternwarte von Neuchâtel alle höheren Preise der Kategorie «Armbandchronometer» gewannen. Zwei Jahre später dann machte die Firma den entscheidenden Schritt, um sich an die Spitze der Industrie zu setzen. Um die «Revolutionierung der Uhr» noch in den sechziger Jahren stattfinden zu lassen, wurde sie in großer Eile am 25. 12. 1969 dem erstaunten Publikum vorgestellt: die «Astron», der Welt erste Quarz-Armbanduhr. Zwar hatte der amerikanische Uhrmacher Warren A. Marrison bereits 1929 eine Uhr konstruiert, die einen Quarz als Taktgeber benutzte, aber die Miniaturisierung der Technologie und ihre Verpackung in eine Armbanduhr gelang Seiko. «Der innig gehegte Wunsch, die Uhrenindustrie der fortschrittlichen Länder des Westens einzuholen und zu überholen, ging dank der Einführung der Quarztechnik in Erfüllung.»[21]

Die Verwendung eines pizoelektrisch erregten Quarzkristalls als Taktgeber war die erste qualitative Neuerung in der Zeitmesstechnologie seit der Erfindung der Ankerhemmung um die Mitte des achtzehnten Jahrhunderts in England. Zwar erreichten selbst aufziehende Automatikarmbanduhren eine größere Genauigkeit als Uhren mit Kronenaufzug, da sie die Spannung der Zugfeder und damit den Antrieb weitgehend konstant hielten; aber auch im Vergleich zu ihnen stellte die Quarzuhr einen Quantensprung der Genauigkeit dar. Mit der Aufzugsautomatik waren die Möglichkeiten exakter Zeitmessung mit mechanischen Uhren praktisch erschöpft. Die Genauigkeit dieser Uhren lag bei einer Abweichung von 15 bis 20 Sekunden pro Tag. Die Quarztechnologie verbesserte das um mehr als das Hundertfache: Die Abweichung der Astron betrug nur noch plus minus drei Sekunden pro Monat. Letztlich bedeutender als für das Alltagsleben sollte die Präzisierung der Zeitmessung zwar für Computer- und Robotertechnologie, Telekommunikation und Raumfahrt werden, aber auch der normale Konsument gewöhnte sich schnell an strengere Maßstäbe der Genauigkeit. Freilich war die Astron bei ihrem Erscheinen sehr teuer. Für die 450 000 Yen, die sie kostete, konnte man sich auch ein sehr gutes Mittelklasseauto kaufen. Aber nach dem technologischen Durchbruch kam der ökonomische. Schon die nächste Generation der Quarzuhr kostete nur ein Drittel. So ging es in kurzen Abständen weiter, die Konkurrenz trieb den Preis hinab und die Präzision weiter hinauf. Quarzarmbanduhren mit einer Abweichung von nur 10 Sekunden im Jahr waren bald billiger als mechanische Uhren, und sie fanden reißend Absatz.

«Dass sich von den Jungen bis zu den Alten praktisch alle Menschen im Laufe von 10 bis 15 Jahren seit ihrer Entwicklung auf die neue Uhrenart umstellten», konstatiert Seiko-Mitarbeiter Oda Ichirō, «war wahrlich revolutionär.»[22] In der Branche wusste jeder, wer der Revolutionsführer war, und weniger als ein Jahrzehnt nach der Premiere der Astron wusste man es auch weit darüber hinaus. Am 5. Juni 1978 erschien das amerikanische Wirtschaftsmagazin «Business Week» mit der Titelgeschichte «Seiko's Smash» (Seikos Triumph). Sowohl im Umsatz als auch nach Stückzahl war Seiko zum größten Uhrenfabrikanten der Welt geworden, vor ASUAG in der Schweiz, Timex in USA und dem heimischen Konkurrenten Citizen. Seikos Triumph war auch Japans Triumph. Drei der zehn größten Uhrenhersteller waren japanische Firmen (außer den beiden genannten noch Orient). Gemeinsam produzierten sie ein Drittel aller Armbanduhren der Welt. Der Sozialhistoriker Tsunoyama Sakae fasst die Entwicklung zusammen: «Ab Mitte des neunzehnten Jahrhunderts beherrschte die Schweiz den Weltmarkt, und seit Ende des Jahrhunderts bis vor ganz kurzer Zeit hatte auch Amerika eine führende Position. Uhren, das stand fest, kamen entweder aus der Schweiz oder den USA. Nun aber hatte Japan die Schweiz und Amerika innerhalb weniger Jahre überholt. Nach den Statistiken für 1980 überstieg die japanische Uhrenproduktion 100 Millionen Stück, was Japan zum größten Herstellerland der Welt machte.»[23]

Seikos Erfolg war das Ergebnis einer klugen Unternehmensführung, die die Quarztechnologie als bedeutende Neuerung erkannte, schneller als andere zur Produktreife brachte und durch rasche Preissenkungen das sich verändernde Marktpotenzial optimal ausnutzte. Eine weitere Neuerung mit ähnlichen Auswirkungen folgte auf dem Fuße. Sie betraf nicht den Antrieb der Uhr, sondern die Darstellung der Uhrzeit. Anfang der siebziger Jahre kam die Digitaluhr mit Flüssigkristallanzeige auf den Markt. Für die Zeitwahrnehmung war diese Innovation nicht weniger revolutionär, als es der Schwingquarz für die Genauigkeit der Zeitmessung war. Denn an die Stelle der Mustererkennungsprozesse, die das Lesen der analogen Uhr kennzeichnen, traten beim Lesen der digitalen Anzeige diskursive Prozesse. Bemerkbar macht sich das in der Verbalisierung der Zeitangabe. «Kurz nach acht» oder «fast Viertel

Bei Digitaluhren darf der Sekundenzeiger nicht auf 42 stehen, denn das bedeutet ‹Tod›.

vor zehn» sind typisch analoge Angaben, «acht Uhr vier» und «neun Uhr zweiundvierzig» typisch digitale. Das entspricht einer grundlegend anderen kognitiven Orientierung, einer anderen Zeitvorstellung. Der digitale Modus, die Zeit zu lesen, ist eine Realität, mit der die Werbefachleute rechnen müssen. Abweichend von der erwähnten Gleichschaltung der Uhrzeit in Seikos Katalogen darf der Sekundenzähler bei Digitaluhren deshalb nicht auf 42 stehen, denn diese Ziffern kann man *shi ni* lesen: ‹Tod›! Verbreitete abergläubische Neigungen und die Gewohnheit, Zahlen für spielerische und mnemotechnische Zwecke als gleich- oder ähnlich lautende bedeutungsvolle Wörter zu lesen[24], würden die Vermarktungschancen einer Uhrenmarke, die sich so präsentiert, ernsthaft beeinträchtigen. Seikos Digitaluhren stehen daher im Katalog auf 10 : 08 : 59 Uhr. Abgesehen von dieser Idiosynkrasie auf Japanisch gelesener Digitaluhren, gibt es allgemeine Unterschiede zwischen beiden Arten der Anzeige, obwohl die Uhrzeit dieselbe ist. Die analoge Anzeige vermittelt visuell mehr Information, die digitale zwingt zu größerer Genauigkeit. Erstere stellt Intervalle anschaulich dar, die bei Letzterer errechnet werden müssen. Dass sich digitale Armbanduhren trotzdem sehr schnell durchsetzten, ist ein Beispiel für die oben erwähnte Begeisterung japanischer Konsumenten für alles Neue. Im Laufe der siebziger Jahre nahm der Verkauf digitaler Uhren in Japan wesentlich schneller zu als der von Uhren mit herkömmlichem analogem Zifferblatt. 1979 und 1980 wurden sogar mehr digitale als analoge Uhren verkauft.[25] Aber das war eine Mode. Die quarzgetriebene analoge Armbanduhr kam wieder zurück, der Marktanteil digitaler Armbanduhren am jährlichen Verkauf pendelte sich bis Ende der neunziger Jahre auf weniger als 30 Prozent ein.

In anderen Bereichen allerdings verbreitete sich die neue Anzeigetechnik unaufhaltsam und trug wesentlich zur weiteren Verzeitlichung des Lebens bei. Digitale Uhren wurden immer mehr Geräten als Accessoire beigefügt. Bald hatten alle Computer eine Digitaluhr, aber nicht nur Büromaschinen wurden damit versehen. Mikrowellen- und Gasherde, Reiskocher und Heizkörper, Radios und Fernsehapparate und andere Geräte, die mit einem Zeitschalter zu versehen praktisch war, erhielten eine Digitaluhr, weil die zusätzlichen Kosten unerheblich waren. Andere Gegenstände wie Tischkalender, Kugelschreiber, Pillendöschen, Briefbeschwerer, Blumenvasen, Spielzeuge für Jung und Alt folgten, deren viele die Notwendigkeit, außer ihrer eigentlichen Funktion auch noch die der Zeitanzeige zu erfüllen, nur sehr phantasiebegabten und extrem zeitbewussten Konsumenten unmittelbar enthüllten. Im Gefolge dieser beiden Erfindungen, des Quarzschwingers und der Flüssigkristallanzeige, expandierte die Uhrenindustrie in Japan weiter und machte die Uhr zu einem allgegenwärtigen Instrument, das den Takt des Lebens der Industriegesellschaft zu jeder Tages- und Nachtzeit angab.

Technologische und gesellschaftliche Entwicklung gingen Hand in Hand. Sowohl vom Herstellungsverfahren aus betrachtet als auch aufgrund ihrer Funktion ist die Uhr – erst die mechanische, dann die elektronische – das prototypische Produkt des Industriezeitalters. Die japanische Uhrenindustrie war nicht zuletzt deshalb so erfolgreich, weil die Alltagskultur, die sich mit der Industrialisierung entwickelte, die Uhr zu einem integrierten Teil der Umwelt werden ließ. Vermittelt durch die Uhrenindustrie wurden Pünktlichkeit und Genauigkeit zu immer höher geschätzten nationalen Tugenden. In japanischen Städten sind Uhren überall. Es fällt schwer, einen Platz zu finden, wo einem die Uhrzeit nicht ins Auge springt. Um zu wissen, wie viel Uhr es ist, braucht man sich nur umzusehen. Kein noch so kleiner Laden, in dem nicht deutlich sichtbar eine Wanduhr hängt. An vielen Gebäuden sind Uhren angebracht. In den Untergrundpassagen größerer Bahnhöfe stößt man unweigerlich auf digitale Schrifttafeln, auf denen Uhrzeit, Datum, Außentemperatur und oft die Wettervorhersage für den nächsten Tag einander abwechseln. Kein Bus, kein Taxi, in dem keine Uhr ist. Vielerorts locken große Spieluhren Schaulustige an, wie die am Marion-Gebäude in Yurakuchō, deren rundes Zifferblatt von 2,6 m Durchmesser sich zu jeder vollen Stunde hebt und ein Glockenspiel freigibt, oder die des Warenhauses Sogō in Yokohama, die mechanische Trachtenpuppen aus 21 Ländern tanzen und musizieren lässt. Spieluhren sind auch beliebt für Heim und Arbeitsplatz. Im Büro der Fakultätsverwaltung, über dem Schrank, in dem der Whiskey steht, hängt eine Spieluhr, die pünktlich um 12 Uhr mittags ein Kinderliedchen spielt. So viele Uhren gibt es überall, dass man selbst keine braucht, und dennoch hat heute jeder Japaner im Durchschnitt mehr als drei Armbanduhren. Die 100-Prozent-Marke hatte die Verbreitung von Armbanduhren schon 1964, im Jahr der Tokioter Olympiade, erreicht. Aber damit war der Markt keineswegs gesättigt. 45 Millionen Armbanduhren und 38 Millionen Wand- und Standuhren nimmt der japanische Markt jedes Jahr auf.[26] Das bedeutet, dass jeder Japaner alle drei Jahre eine Armbanduhr und eine Wand- oder Standuhr kauft.

Durch die Quarzrevolution wurde die Uhr zum Massenprodukt und unverzichtbar. Ohne sie fühlte man sich nackt. Auf die Uhrzeit zu achten, exakte Zeitangaben zu machen und ein Gefühl dafür zu haben, wie lange etwas dauert, wurde zur Selbstverständlichkeit. Das temporale Milieu veränderte sich, die Standards der Präzision wurden integriert. Geschäfte machten nicht mehr um 10 Uhr auf, wobei man eine Marge von plus-minus drei Minuten tolerierte, sie machten um eine Sekunde nach 9 : 59 und 59 Sekunden auf. Bis in den Tod wurde das Leben des Industriemenschen zeitlich akkurat vermessen. Man starb nicht mehr am 4. Februar, sondern am 4. 2. um 4 : 02 Uhr. So steht es nicht nur auf dem Totenschein, sondern wird auch in privat verschickten Todesanzeigen so vermeldet. Als ich im April 1995 Chizuko aufsuchte, deren mir bekannter Mann gerade gestorben war, stand seine Urne auf einem kleinen Altar in ihrem Zimmer, ein Bild von ihm, seine Zigaretten und eine Flasche Cognac der von ihm bevorzugten Marke. Sie war untröstlich allein und bat mich, einen Brief zu korrigieren, den sie an Freunde im Ausland schrieb. Musste sie nicht auch die genaue Uhrzeit mitteilen? ‹Wozu?›, war mein erster Gedanke. Was kann ein bestimmter Zeitpunkt gegenüber der Unendlichkeit bedeuten? Aber darum ging es nicht. Sie wollte es richtig machen, alles, was noch mit ihm zu tun hatte, den sie bis zu seinem Tod ein Jahr lang gepflegt hatte. Der Sinn für das Richtige, das Schickliche, das Angemessene, der in Japan so ausgeprägt ist, sprach hier aus ihr. Dem geltenden Zeitregime so lange zu gehorchen, bis es endgültig aufgehoben wird, ist ein Teil davon. Es ist ein grausames Regime. Um dem absoluten Pünktlichkeitsgebot Nachdruck zu verleihen, schloss eine Schule mit dem Gongschlag zur ersten Stunde stets ihr schweres Eisentor. Zu spät, in Panik, wollte eine Schülerin eines Morgens noch hinein. Sie wurde zerquetscht.[27]

Exzess, gewiss, aber bezeichnend. Wenn Zeit als intersubjektive soziale Realität geteilt, nämlich gemeinsam verbracht wird, muss sie standardisiert sein. Die Notwendigkeit und das Bewusstsein dafür sind im Industriezeitalter immer stärker geworden. Aufsicht bei Aufnahmeprüfungen der Universität zu führen ist kein Spaß, aber ein instruktives Erlebnis, das mir oft beschieden war, immer Anfang Februar, wenn in Tokio Schneefälle und damit Verkehrschaos drohen. In einem Hörsaal für 300 Studenten sitzen dann 150 Oberschüler auf nummerierten Plätzen, deren jeweilige Nummer den Schülern mit der Prüfungszulassung mitgeteilt wurde. Die Prüfungsbogen können auf diese Weise nach Abschluss durchnummeriert und in der richtigen Reihenfolge eingesammelt und an die Datenverarbeitung weitergegeben werden, wie in der Fabrik. Punkt 10 beginnt die Prüfung. Vor jedem Prüfling liegen neben der Platznummer die Prüfungszulassung, mehrere Bleistifte, ein Anspitzer, ein Radiergummi und, unfehlbar, eine Uhr. Ganz Vorsichtige bringen zwei Uhren mit, obwohl in jedem Hörsaal erwartbar eine von jedem Platz aus zu sehende Wanduhr ist. Aber die könnte ja, unwahrscheinlich, wie es auch ist, ihren Dienst versagen. Neben jedem rauchenden Kopf eine tickende Uhr, das ist die egalisierende Zeitordnung der effizienten Gesellschaft. Geschaffen wurde sie in dieser militärischen Perfektion von der Kriegsgeneration, die den Wiederaufbau leistete. Disziplin stand im Zentrum ihres Wertesystems.

Wie keine andere vor ihr führt diese Generation ein Leben nach der Uhr. Morgens fängt es an. Um 6:30 Uhr machen 30 Millionen Japaner Frühsport: Arme strecken, Schultern recken, Luft anhalten, *ichi, ni san, shi,* Pause, *go, roku, shichi, hachi.* Immer wird bis acht gezählt. Zur Stimme des unsichtbaren Vorturners einfache Klaviermelodien, die den Rhythmus angeben. Seit Jahrzehnten wird die Gymnastikanleitung vom staatlichen Rundfunk NHK allmorgendlich gesendet. Wer will, kann ihr zu Hause folgen, aber die eingeschworene Gemeinde findet sich auf dafür vorgesehenen öffentlichen Plätzen, meist in Parks, ein. Allein in Tokio gibt es 266 davon, wo über Lautsprecher zum Beugen der Knie und tiefem Durchatmen gerufen wird.[28] Fast überflüssig, zu erwähnen, dass auch in allen anderen «Parks», selbst in denen, die nur aus einem Baum und einer Schaukel bestehen, eine Uhr ist. Nun sind die Frühsportler inzwischen hauptsächlich ältere Leute. Die NHK-Routine ist Teil ihres Lebens, sie sind damit alt geworden. Die Zeitordnung, die sie exemplifiziert, wird im Schulsystem und in der Arbeitswelt noch weitergegeben, aber an vielen Stellen wird sie brüchig, zeigen sich Ansätze einer neuen, weniger rigiden temporalen Organisation des Lebens.

Die Verbreitung der Uhr in der Gesellschaft zog die Errichtung eines strengen Zeitregimes nach sich. Da jeder eine Uhr hatte und das Vor- und Nachgehen durch die Quarztechnik praktisch eliminiert war, konnte sich niemand mehr dafür entschuldigen, zu spät zu kommen, jedenfalls nicht mehr der Uhr die Schuld dafür geben. Aber in so einfachen kausalen Folgen erschöpft sich die allgemeine Komplexität gesellschaftlicher Entwicklungen nur selten, auch hier nicht. Mit der Verbreitung der Uhr vollzog sich deren Metamorphose vom Statussymbol zum Modeartikel, und die wiederum steht noch für einen anderen gesellschaftlichen Trend. Digitale Quarzuhren konnten Ende der siebziger Jahre zum ersten

Verkaufsschlager werden, weil sie eine technische Innovation boten, ein neues Gesicht hatten und billig waren. Seitdem werden Armbanduhren mit Blick auf das modebewusste Publikum produziert. Auch wer schon eine oder mehrere hat, soll dazu bewogen werden, noch eine zu kaufen. Immer neue Uhren werden deshalb entwickelt. Ende der achtziger Jahre brachte Seiko die 100-Prozent-Uhr heraus, heroisch und erfolglos, leider. Denn diese Uhr korrigierte endlich die ästhetische Beleidigung, die in der Kontamination des Sexagesimalsystems durch das metrische System besteht, die von den Benutzern von Stoppuhren und digitalen Uhren, die Zehntel- und Hundertstel- und Tausendstelsekunden anzeigen, klaglos hingenommen wird. Die SBLH001 zeigt an, wie viel Prozent des Tages verflossen sind, kann aber auch auf den normalen Zwölfstundenrhythmus umgestellt werden.[29] Umweltverträglichkeit ist, dem Geist der Zeit gehorchend, zu einem Anliegen der Uhrmacher geworden. Citizen entwickelte lichtdurchlässige Zifferblätter, die es darunter liegenden Sensoren erlauben, Sonnen- und Kunstlicht in Energie für den Antrieb von Armbanduhren zu verwandeln, die keine Batterie brauchen. Die Körperwärme des Trägers wird in anderen Modellen für denselben Zweck benutzt. Oder die Montu, die 1999 von der Firma Sports Train auf den Markt gebracht wurde. Sie misst eine Sechstagewoche mit 28-Stunden-Tagen ab, deren erster Mon(day)Tu(esday) ist. Dabei wird die chronobiologische Überlegung zugrunde gelegt, dass das Herz des Menschen, wenn er in Bewegung ist, rund 70-mal pro Minute schlägt. Eine dem menschlichen Lebensrhythmus angepasste Uhr, räsonierten die Hersteller, wäre eine solche, die unserem Herzschlag folgt. Pro Stunde ergäbe das bei unveränderter Sekundenlänge einen Überschuss von 600 Sekunden, an einem 24-Stunden-Tag 14400 Sekunden oder vier Stunden. Zwingende Konsequenz: die 28-Stunden-Uhr. Angesichts der kulturellen, sozialen und wirtschaftlichen Interessen, die die geltende Zeitordnung sanktionieren, überrascht es nicht, dass diese Uhr sich trotz ihrer Ingeniösität bisher nicht weltweit durchgesetzt hat. Die Chancen, dass das je geschehen wird, stehen nicht besser als für die 100-Prozent-Uhr. Aber viel deutlicher als all die anderen Innovationen der Uhrentechnik, die immer mehr Präzision, mehr Funktionen, mehr Druck- und Erschütterungsfestigkeit und eine das eigene Leben weit überschreitende Ausdauer bieten, exemplifiziert die Montu, dass dem Zwang der Zeitordnung eine spielerische Seite abgewonnen werden kann.

Als Modeartikel wird die Uhr nach der Jahreszeit, nach dem persönlichen Geschmack, passend zum Kleid und passend zur Gelegenheit gewählt. Anders als zu der Zeit, als die Armbanduhr gerade die ganze Gesellschaft eroberte, ist sie heute kein Instrument der Gleichschaltung mehr. Im Gegenteil, in der horologischen Vielfalt spiegelt sich die zunehmende Vielfalt der Lebensmodelle. Fast ironischerweise steht sie für die Reindividualisierung der Zeit und die Entsynchronisierung der Gesellschaft, die so deutlich im *konbini* und seiner Ausbreitung im Laufe der neunziger Jahre zum Ausdruck kommt. Die *konbini*-Kunden haben bestimmte Eigenschaften. Sie sind deutlich jünger als Supermarktkunden, sie kaufen bei jedem Besuch weniger Waren als jene, sie kaufen meist für den unmittelbaren Konsum, und sie kommen allein. Sie gehören nicht zu der an die Armbanduhr gefesselten NHK-Frühsport-Generation, sondern zu einer Generation, die in größerem Maße selbst über ihre Zeit bestimmen will und damit spielerisch umgeht. Das ist die Generation von Seikimatsu, einer populären Band, deren wortspielerischer Name ‹Endzeit› bedeutet. Hoheit Dämon Kogure, wie sich der Lead-Sänger nennt, versprach zum Jahrtausendende Big Time Changes, die, wie sollte es anders sein, seine Band ins Werk setzen würde. In ganzseitigen Anzeigen der Asahi Shinbun erklärte er:

> Die Zeit: im Jahr 1 des diabolischen Kalenders (1999)
> Wir von Seikimatsu haben schon lange die Eroberung der Welt für dieses Jahr angekündigt. Die Menschen denken: ‹Na, was soll schon sein. Nichts ändert sich.› Aber weil wir nur oberflächlichen Veränderungen entgehen wollen, werden wir nach unserem Plan vorgehen, damit die Welt bis Ende

Im Katalog stehen die Uhren auf zehn nach zehn.

des Jahres dämonisch wird. Das heißt nicht, dass wir die Menschheit vernichten wollen. Da wir eine Weltregierung planen, denken wir daran, die Menschen, die man noch brauchen kann, zu verschonen. Die Besten müssen für uns als Spione und Diener der schwarzen Kunst arbeiten.
Aber ... wir sehen Big Time Changes, großen Zeitbrüchen, entgegen, die wir überleben müssen. Was wollt ihr eigentlich tun? Vielleicht ist die Konjunktur schlecht, aber euch fehlen die Mittel, etwas dagegen zu tun. Wenn wir erst die Welt regieren, wird es uns an entsprechendem Personal für die diabolische Gesellschaft fehlen. Um dann die Japaner mit der teuflischen Armee umzuerziehen, haben wir mithilfe der Asahi Shinbun alle vorstellbaren Maßnahmen in Gesellschaft, Wirtschaft und Kultur ergriffen. Schon voriges Jahr sind wir durch ganz Japan gezogen und haben uns heiser geschrien. Das bedeutet, dass Dämon zum Mittelpunkt Japans wird. Der Pfeil ist schon abgeschossen. Wir müssen uns beeilen, wir haben keine Zeit zu verlieren, um die richtigen Leute zu finden. Ihr Menschen, wenn ihr überleben wollt, hört gut zu. Einen anderen Weg gibt es nicht. Wir erwarten, dass ihr den Mut habt, der Wirklichkeit ins Auge zu sehen.

Diese Wirklichkeit ist nicht mehr die der Stechuhr, sondern die von *furekkusu taimu* und *konbini*. Big Time Changes spielen sich ab in Japan, nicht wegen einer runden Kalenderzahl, sondern weil das Zeitregime des reifen Industriezeitalters durch ein anderes abgelöst wird. An anderer Stelle in der eben zitierten Reklame für seine neue CD spricht Hoheit Dämon Kogure aus, worum es geht: «Das Wichtigste ist, dass du du selbst bist.» Mehr Individualismus hat Konjunktur im Japan des beginnenden Jahrhunderts, und das heißt, mehr Verfügungsgewalt über die eigene Zeit, die zu vermessen freilich die Uhrenindustrie nicht müde wird. In diesem Sinne können wir das am Beginn des Kapitels zitierte Motto von Seikos gegenwärtigem Firmenchef, Hattori Junichi, dem Urenkel des Gründers, lesen: «Zeit messen, Zeit schaffen und jetzt die Zeit nutzen», nämlich für sich.[30] Macht sich westlicher Einfluss hier geltend? Wer könnte es bestreiten?

Als die Anzeige von Seikimatsu erschien, im März 1999, war der Jahrtausendrummel überall bereits in vollem Gange, natürlich

Big time changes von Seikimatsu, ‹Endzeit›

auch in Japan. Nicht jedem unschuldigen Leser wird freilich aufgefallen sein, wie sehr sie von der weltweiten Verbreitung des westlichen Zeitverständnisses spricht, des kalendarischen zumindest. Ganz spielerisch geht die Gruppe, die sich ja selbst «Endzeit» nennt, mit apokalyptischen Themen des christlichen Denkens um, die bekanntlich die eigentliche Motivation der Aufregung um den Beginn des neuen Jahrtausends darstellen. Um die penible Frage, ob es am 1. Januar 2000 oder am 1. Januar 2001 begann, brauchen wir uns nicht zu kümmern, und ob Seikimatsu eine Antwort auf sie hatte, ist für uns auch ohne Belang. Was wir jedoch nicht übersehen können, ist, dass nicht nur die willkürliche Jahreszählung des westlichen Kalenders, der uns allen das Jahr 2000 beschert hat, heute die Zeitrechnung in Japan bestimmt, sondern selbst die Verquickung der runden Zahl mit der biblischen Prophezeiung des tausendjährigen Reichs Christi bei seiner Wiederkehr Eingang in die japanische Popkultur gefunden hat. Dass die Apokalypse als Zerstörung unserer zeitlichen Welt dem mit der Wiederkehr des

Heilands kommenden Reich der Güte und Gerechtigkeit vorausgeht, ist eine der mächtigsten Mythen des Abendlandes. Immer wieder, und speziell an den Jahrhundertgrenzen, hat er Anlass dazu gegeben, das Ende der Welt zu befürchten und zu erhoffen. Dass jetzt ein japanischer Dämon sich diesen Mythos zu Eigen gemacht hat, vom Pfeil der Zeit spricht, der schon abgeschossen ist und uns keine Muße mehr lässt, uns auf dcn Armagcddon vorzubereiten, das muss Franz Xaver, der die erste westliche Uhr nach Japan brachte[31], wenn er aus dem Himmel auf uns herabguckt, als einen späten Triumph sehen. In keiner Zeile der Anzeige ist von der christlichen Lehre die Rede, und wir wollen ja von seiner Hoheit Dämon Kogure auch nicht erwarten, dass er zu einem Exegeten der Heiligen Schrift wird. Aber er sorgt dafür mehr als jeder Missionar, dass tief in der christlichen Kultur verankerte Grundvorstellungen für seine Zuhörer unbemerkt zu Gemeinplätzen werden, ohne dass die sich über deren kulturgeschichtliche Topographie im Klaren sind. Als Verkünder von Big Time Changes ist Dämon, ob er will oder nicht, ein Agent westlicher Unterwanderung. Er bläst zum Jüngsten Gericht, von dem bisher niemand wusste, dass es in Japan stattfinden würde.

Japans Verbeugung vor dem christlichen Kalender: Im Jahr 2000 wird eine neue Banknote ausgegeben, 2000 Yen.

Anmerkungen Kapitel IX

1 Nikkei Weekly 26. April 1999.

2 Oda (1998 : 99). Oda fügt (ebd. S. 101) hinzu: «Aus der Sicht der *konbini*-Benutzer ist es nur ‹schön, dass er aufhat›; aber tatsächlich ist es eine große Leistung der Betriebsleitung, ein Geschäft 24 Stunden ohne Pause zu führen und dem zeitlichen Rhythmus der Kunden anzupassen.»

3 Vgl. Anmerkung 16, Kapitel V.

4 Die Entwicklung der japanischen Uhrenindustrie bzw. von Präzisionsgeräten beschreibt ausführlich Saitō (1990), auf dessen Darstellung ich mich stütze.

5 Thompson (1967 : 93).

6 Vgl. C. W. Moore (1945).

7 S. o. S. 142.

8 Sawada (1996 : 166).

9 Adam Smith, *An Inquiry into the Nature and Causes of the Wealth of Nations.* Hrg. Edwin Cannan, New York, 1904.

10 Macey (1980 : 35 f.). Zitiert den in den dreißiger Jahren des neunzehnten Jahrhunderts in Cambridge lehrenden Mathematiker Charles Babbage, der 102 verschiedene Teilbereiche der Uhrenherstellung erwähnt, die alle von Lehrlingen erlernt werden konnten. Die Spezialisierung sei so groß gewesen, dass nur der Endmonteur in einer anderen als seiner eigenen Abteilung arbeiten konnte.

11 Hattori Kintarōs Lebensgeschichte ist in mehreren Büchern dargestellt worden, s. z. B. Hirano (1972), Wakayama (1992).

12 Die Angaben zu Hattori Kintarōs Lebensgeschichte sind Hirano (1972) entnommen. Vgl. auch Wakayama (1992).

13 Oda (1994 : 137).

14 Vgl. Kapitel 3 oben.

15 Zit. nach Kolatek (1990 : 116), die dazu bemerkt: «Japanische Kunden legen großen Wert darauf, immer das neueste Modell eines Produkts zu kaufen, und begegnen auch völlig neuen mit hoher Akzeptanz, wenn das Produkt von der Qualität her ihren hohen Ansprüchen gerecht wird.»

16 Ikeda (1994) beschreibt den damals viel beachteten Kampf der Familien Hattori und Ikeda um das Grundstück im Herzen Tokios.

17 *Seikō ōkoku*, ‹Königreich Seiko›, wurde die Firma von Bewunderern bald genannt. Vgl. Wakayama (1992).

18 Der Name der Firma hatte symbolische Bedeutung: Pünktlich und gesetzestreu sollten sie werden, die Bürger mit der unverzichtbaren Armband-

uhr. *Citizen* betrieb 1999 29 Fabriken im Inland und 39 im Ausland (vor allem in Hongkong, Taiwan, China und Südkorea, aber auch in Deutschland, den USA, Kanada, Italien und in der Schweiz). 1998 produzierten sie 341 Millionen Armbanduhren. S. www.citizen.co.jp Zur Entwicklung der Firma Citizen vgl. auch Shimizu (1991 : 166 ff.).

19 Die Stechuhr wurde 1880 in Schottland von dem Mathematiker Alexander Day erfunden.

20 Seiko blieb auf diesem Gebiet führend. Auch die Athleten der Olympischen Spiele in Barcelona, 1992, Lillehammer, 1994, und Nagano, 1998, errannten und erschwammen von Seiko gemessene Rekordzeiten.

21 Shimizu (1991 : 62).

22 Oda (1994 : 94 f.).

23 Tsunoyama (1984 : 226).

24 Z. B. ist der 4. März, *sangatsu yokka* (wörtl.: ‹dritter Monat vierter Tag›), der Gedenktag des Volkslieds. Die erste Silbe von *minyō*, ‹Volkslied›, entspricht dem Zahlwort *mi(tsu)*, 3, die zweite dem Zahlwort *yotsu*, 4 : 3. Monat, 4. Tag also. Oder der Name des Töpfers und Bambusflechters aus der Nachbarschaft, Tanaka Kenichi. Er ist 1946 geboren, in dem Jahr, als die neue Verfassung in Kraft trat. *Ken* wird mit demselben chinesischen Zeichen geschrieben wie *kenpō*, ‹Verfassung›, und *ichi* bedeutet ‹eins›.

25 Zahlen nach Nihon tokei kyōkai (Japanischer Uhrmacherverband).

26 Oda (1994 : 68 f.).

27 Der Vorfall trug sich im Juli 1990 in Kobe zu.

28 Takahashi Hidemine (1998) hat Geschichte und Praxis der NHK-Gymnastikroutine in einer Untersuchung mit vielen Interviews als Ausdruck des Lebensgefühls der Nachkriegszeit identifiziert.

29 Die Idee des metrischen Tages ist nicht neu. In einem Aufsatz von 1911 beschrieb J. G. Barolin den 100-Stunden-Tag. Mit dem lateinischen Wort ‹dies› wird der Tag als Einheit bezeichnet und seine dezimalen Einheiten mit den arabischen Ordnungszahlen von eins bis zehn. 1 dies = 10 tanit = 100 talit = 1000 rabe = 10 000 kamis = 100 000 sadis = 1 000 000 sabe = 10 000 000 tamin = 100 000 000 tase = 1 000 000 000 asir. Vgl. in erweiterter Form Barolin (1914).

30 Kamba (1997 : 5) spricht von dem «die Fähigkeiten jedes Einzelnen beanspruchenden Zeitalter», in dem es darauf ankommt, die eigene Zeit *(jibun no jikan)* sinnvoll zu gestalten.

31 Vgl. Kapitel 3.

TEMPO

Carpe diem
Horaz

Nutz die Sekunde
Yamakawa Shizuo

Die Präzisierung der Zeitmessung für das tägliche Leben gipfelte in der Funkuhr. Über eine winzige Antenne in Armband oder Gehäuse empfängt sie die von einem Sendemast auf dem Berg Ootakadoya in der Präfektur Fukushima über Langwelle landesweit ausgestrahlte japanische Standardzeit. Die Zeitsignale sind die einer Cäsiumatomuhr[1], deren Zeitnormal stabiler ist als der Lauf der Erde um die Sonne. Wenn man höhere Gewalt außer Acht lässt, kann man damit rechnen, nie wieder seine Uhr stellen zu müssen, denn die Abweichung der Atomuhr beträgt rechnerisch weniger als eine Sekunde in 100 000 Jahren. Auch die gelegentliche Schaltsekunde, die erforderlich ist, um die Normalzeit der Erd-Sonne-Bewegung anzupassen, wird automatisch eingefügt. Die zeitliche Koordination der Menschheit, die formell bei der Internationalen Meridianenkonferenz[2] im Oktober 1884 in Washington begann, ist damit zu ihrem logischen Endpunkt geführt worden: eine Zeit für unseren Planeten, deren Bestimmung von der Bewegung desselben unabhängig ist.

Freilich weist die Implementierung des dadurch entstandenen globalen Zeitsystems große regionale Unterschiede auf. An vielen Orten der Welt bedeutet es für den Alltag einstweilen nichts. In welchem Maß die Menschen von dem internationalen Zeitsystem betroffen sind, kann als Indikativ für das Entwicklungsniveau eines Landes betrachtet werden. Japan, das einzige asiatische Land, das 1884 auf der Meridianenkonferenz vertreten war, kommt nach diesem Index zweifellos auf einen der obersten Ränge. Die Verbreitung der Armbanduhr hat die dreifache Marktsättigung lange

新生活通信

6月号

1957年6月10日第18号

(毎月1回10日発行)

定価1部10円

発行所 新生活運動協会

☆みんなで貯蓄しよう

時間を守りましょう

時間励行

青梅市の三田青年団の街頭時計

生活をよくするために

貯蓄増強中央委員会会長 武井理三郎

みんなで貯蓄しよう

«Lasst uns pünktlich sein!» «Um das Leben besser zu machen, wollen wir alle Zeit sparen.» Eine Kampagne zur «Verbesserung des täglichen Lebens» in der Zeitung *Shinseikaten tsūshin* (Nachrichten vom neuen Leben), 10. Juni 1957.

überschritten. Funkuhrenbesitzer sind zahlreicher als in anderen Ländern, und auch das Fußvolk der nicht über Funk mit der Atomuhr verbundenen normalen Quarzuhrbesitzer lebt nach der Sekunde. In der Zeitung so wie in Rundfunk- und Fernsehnachrichten wird routinemäßig auf die bevorstehende Einfügung einer Schaltsekunde hingewiesen, damit auch die Uhr der Normalbürger genau geht. In der gegenwärtigen Gesellschaft, wo z. B. finanzrechtlich mit dem Zeitpunkt zwischen dem 31. 12. um 24.00 Uhr und dem 1.1. um 0.00 Uhr gerechnet wird, kann die Manipulation einer Sekunde sehr folgenreich sein. Bei der offiziellen Einfügung der Schaltsekunde im Post- und Fernmeldeministerium wird deshalb darauf geachtet, dass das außerhalb der Geschäftszeiten geschieht. Der Vorgang wird außerdem gestreckt, sodass nicht die ganze Sekunde auf einmal eingeschaltet wird. Es wird etwa ab morgens 5:58:20 die folgenden hundert Sekunden je 1/100 Sekunde eingeschaltet, sodass die Korrektur genau um 6:00 Uhr abgeschlossen ist.

Die Sensibilisierung für immer kleinere Zeiteinheiten koinzidierte weltweit mit der Steigerung des Lebenstempos. Die dadurch entstandene Geschwindigkeitsgesellschaft hat in den urbanen Ballungszentren Japans eine besonders eklatante Ausprägung erhalten. Alle Besucher, die nach Tokio kommen, empfinden das Tempo der Stadt als anstrengend und fühlen sich nach wenigen Tagen, wenn sie nicht den ganzen Tag im Hotel rumhängen, erschöpft. In noch größerem Maße gilt das für Zugereiste, die in Tokio eine berufliche Tätigkeit aufnehmen. Umgekehrt fühlt sich, wer an den Lebenstakt Tokios gewöhnt ist, andernorts gehemmt und reagiert mit Ungeduld. Aus Tokio kommend zu einer kurzen Visite in Berlin, bemerkte ich, wie es mir am Wittenbergplatz so vorkam, als hätte die U-Bahn eine Betriebsstörung. Es dauerte eine halbe Ewigkeit, bis sie sich wieder in Bewegung setzte. Aber so war es an jeder Haltestelle. Von ähnlichen Erfahrungen berichten Japaner, die nach Europa kommen, immer wieder. Wie langsam die Rolltreppe im Kaufhaus ist! Wie oft das Telefon klingelt, bevor abgenommen wird, wenn man ein Amt, ein Geschäft, einen Verein anruft! Wie lange man auf den Aufzug warten muss! Geht die Tür in Zeitlupe auf? Wie selten die Straßenbahn, der Bus, die U-Bahn fährt! Die Bedienung im Restaurant! Kleinigkeiten im Einzelfall, der Unterschied macht nur Sekunden aus. Nur Sekunden prägen jedoch die Geschwindigkeit des gesellschaftlichen Lebens.

Solche subjektiven Wahrnehmungen sind nicht auf die unvertraute Umgebung und die Flut neuer Eindrücke zurückzuführen, die die Aufmerksamkeit des Neuankömmlings beanspruchen. Sie haben objektive Entsprechungen. Dafür gibt es unzweideutige Belege. Alle deuten in eine Richtung: Tokio ist die schnellste Stadt der Welt. «Das Gefühl, in Eile zu sein, ist typisch westlich»[3], konstatiert zwar Gilles Pronovost, einer der Pioniere der Zeitsoziologie, aber Japan steht in dieser Hinsicht keinem westlichen Land nach. *Jikan ga nai*, ‹keine Zeit›, ist der Refrain des Großstadtlebens, *omatase shimashita*, ‹ich habe Sie warten lassen (Entschuldigung)› eine der meistgehörten Grußformeln. *Hayaku shinasai*, ‹mach schnell›, sollen die Worte sein, die Mütter am häufigsten zu ihren schulpflichtigen Kindern sagen. Wichtig ist freilich nicht nur das Gefühl der Hast, sondern auch, dass es schnell geht. Japan ist in vieler Hinsicht eine sehr effiziente Gesellschaft, und dazu gehört, dass viele Verrichtungen schnell gehen. Der Psychologe Robert Levine hat versucht, die Lebensgeschwindigkeit einer Gesellschaft so zu definieren, dass sie messbar und damit vergleichbar wird. Zu diesem Zweck hat er drei Indikatoren ausgewählt, die er in 31 Ländern überprüfen ließ. Er maß die Gehgeschwindigkeit von Fußgängern in der Innenstadt, die Zeit, die ein Postangestellter brauchte, um eine Standardbriefmarke zu verkaufen, und als dritten Indikator die Genauigkeit öffentlicher Uhren. Nach diesem Messverfahren kommt eine Rangordnung der Länder nach Lebenstempo zustande. Acht der neun schnellsten Länder finden sich in Westeuropa, was eine gewisse Bestätigung von Provonosts Aussage über die Hast ist. Die Schlusslichter sind Dritte-Welt-Länder wie Brasilien, Indonesien und Mexiko. Japan, sagt Levine, «ist der einzige Eindringling in dieser geschlossenen Gesellschaft» der schnellen Länder. Ja, mehr noch, er sieht zahlreiche Anhaltspunkte dafür, «dass Japan das schnellste Land überhaupt ist»[4]. Zu gänzlich objektiven Aussagen hierüber zu kommen ist deshalb schwierig, weil hinsichtlich der Vergleichbarkeit der Daten Unsicherheitsfaktoren bleiben. Japaner sind im Schnitt kleiner als Amerikaner. Schlägt das auf ihre Gehgeschwindigkeit durch? Auf welche Weise sollte die Dichte öffentlicher Uhren bei der Bewertung ihrer Genauigkeit berücksichtigt werden? Ist das Verkaufen einer Briefmarke in Kenia, Frankreich und Japan dasselbe? «Wo, außer in Japan», schreibt wieder Levine, «hätte unser Mitarbeiter auf Postangestellte treffen können, die manchmal die Briefmarken einwickeln und als kleines Päckchen überreichen oder die gelegentlich, ohne darum gebeten oder dazu aufgefordert zu werden, eine Quittung ausstellen?» Den bloßen Briefmarkenverkauf gibt es nicht. Immer sind intervenierende Variablen dabei, die im Messergebnis nicht aufscheinen. Welchen Index man jedoch auch verwendet, subjektive Eindrücke und objektive Messverfahren stimmen darin überein, dass das Lebenstempo in Japan außerordentlich hoch ist. Es ist in Verhaltensweisen, in Dienstleistungen und in Produkten geronnen.

Die erwartete Dauer einer Handlung[5] ist eine soziokulturelle Größe. Sie kann auf Handlungen im Mikrokosmos der sozialen Interaktion bezogen werden – Wie lange kann eine Sprechpause sein, ohne dass der Partner denkt, man hat nichts mehr zu sagen? Wie lange darf bzw. muss ein Gruß bei einer bestimmten Gelegenheit dauern? – und auch auf umfassendere soziale Zusammenhänge und Handlungsfolgen – Wie lange dauert eine Mahlzeit, der Weg zur Arbeit, ein Fest, der Bau eines Hauses? Fastfood wurde in Amerika erfunden und in Japan perfektioniert. *Tachigui soba*, im Stehen verschlungene Nudeln, sind das Frühstück von Millionen. Die kleinen Schnellküchen, die sie anbieten, finden sich typischerweise an Bahnhöfen, oft auf Bahnsteigen. Schnell noch eine Portion hinuntergeschlürft, bevor der Zug kommt. Im Durchschnitt verweilt kein Kunde länger als vier Minuten. *Cup noodles*, die nur mit heißem Wasser aufgegossen zu werden brauchen, haben die Welt erobert. Schnell besorgt, schnell zubereitet, schnell verzehrt, kein Abwasch, fertig. In den Kaufhäusern arbeiten ganze Abteilungen an der Herstellung von *Bentos*, fertigen Mittagsmahlzeiten unterschiedlicher Preisklasse und Qualität. Eins haben alle gemein, ihr Konsum spart Zeit. Aber auch die Geschwindigkeit des zivilisierten Essens kann in Japan sehr hoch sein. Wo kriegt man ein besseres dreigängiges Mittagsmenu in kürzerer Zeit und von besserer Bedienung dargereicht als in Tokio? Und das zu einem Preis, der den einer zwischen schlappe Brötchenhälften gequetschten Frikadelle nicht überschreitet! Beliebt sind auch Sushi-Karussells. Vor den auf Barhockern sitzenden Kunden läuft ein Förderband vorbei, auf das dahinter stehende Köche ständig neue Sushis stellen. Wenn ein Teller mit der gewünschten Sorte vorbeikommt, nimmt man ihn herunter. Über jedem Platz sind neben einem Heißwasserhahn Teetassen und Teebeutel; Essstäbchen, Sojasoße und Ingwer stehen griffbereit. Abgerechnet wird nach Anzahl und Farbe der Teller. Eine perfekt durchrationalisierte Essfabrik, die darauf ausgerichtet ist, Genuss und Tempo zu versöhnen.

Nur ein kleiner Schritt ist es freilich zur Pervertierung des Ganzen. 1 000 000 Yen winken dem, der im Fernsehstudio alles aufisst, was auf dem Fließband angefahren kommt. Es bleibt nicht stehen, am Anfang geht es gut. Die ersten fünf Sushiteller weg wie nichts. Spitzenqualität! Auch die Suppe und der halbe Liter Bier bringen den Fresssprinter nicht in Verlegenheit. Wieder jede Menge Sushis. Das Tempo zu halten wird jetzt schwieriger, und dabei ist noch nicht einmal die halbe Strecke zurückgelegt. Sandwiches kommen, ein Stück Melone, ein großes Eis plötzlich, das kostet Zeit. Und dann die Tortenstücke, mit Sahne und ohne, die ersten verschwinden ganz im Mund, aber noch ist kein Ende in Sicht, eines wird gerade noch ergriffen im letzten Moment und hinterhergestopft, aber dann, ein Stück in der linken, eins in der rechten Hand, wohin mit dem nächsten? Es kommt heran und bringt die Kapitulation. Kurz vor dem Ziel bricht der Kämpfer zusammen, gnadenlos überrollt vom Delikatessenexpress. Die Zuschauer johlen, der Moderator tröstet und lässt Naos neues Lied intonieren: *Time limit.*

> Eine traumhafte Zeit vergeht so schnell wie das Licht
> Selbst ich bin belogen worden
> Während ich denke und mich quäle, fließt sie hinter mir
> so I don't escape from my Time Limit[6]

Wer kann in einer Minute die meisten hart gekochten Eier essen? Wer die meisten Portionen Soba? Populäre Fernsehwettbewerbe dieser Art *(hayagui kyōsō)* sind aus der Not des Großstadtalltags geboren, wo nicht wenige ihr Essen in Rekordzeit erledigen, mit der Sekunde rechnen müssen. Vor allem sind das die Bewohner der Ballungsräume, die meisten Japaner also. Beinah ein Viertel der Gesamtbevölkerung lebt im Großraum Tokio, fast die Hälfte in den Zentren um Tokio, Osaka und Nagoya. Das Lebenstempo dieser Metropolen ist zum Teil eine unmittelbare Folge ihrer Größe. Die große Stadt muss eine schnelle Stadt sein. Lange Wege zum Arbeitsplatz zwingen zur Vermeidung von Wartezeiten und zur Beschleunigung der Verkehrsmittel. Mehr als 8 Millionen Passagiere befördert täglich allein die Tokioter U-Bahn. Das Wohnen selbst wird zu einer Frage der Zeit. Bemessen werden seine Kosten nach der Entfernung vom Zentrum der Stadt, Nihonbashi. Eine Immobilienreklame für Neubauwohnungen in einem Außenbezirk Tokios in der ihn mit der Innenstadt verbindenden Keio-Linie verspricht einen «Stadtteil, der der Zeit Form gibt». 23 Minuten nach Shinjuku, heißt es da, einem der großen Pendelbahnhöfe im Innenstadtbereich, der täglich von Millionen frequentiert wird. Die Mietpreise sinken mit zunehmendem Abstand des Stadtteils von der Innenstadt, und innerhalb der Stadtteile sind sie nach der Entfernung zum nächsten Bahnhof gestaffelt. Neben Grundriss, Alter,

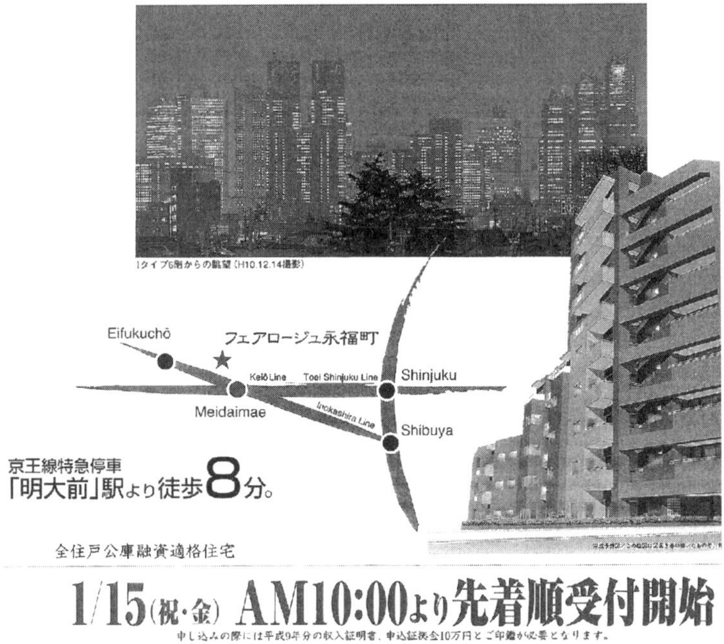

Reklame für Eigentumswohnung: 8 Minuten vom Bahnhof Meidaimae

Art und Preis der Wohnung enthalten Maklerangebote dazu genaueste Angaben: 8 Minuten zu Fuß bis zur U-Bahn Meidaimae. Wer wenig verdient, muss länger zum Bahnhof laufen und im Zug sitzen (oder stehen). So greifen Raum, Zeit und Geld in der Geschwindigkeitsgesellschaft ineinander. Auch beim Wohnungssuchen ist das so. Schon Mitte der 1980er-Jahre waren alle Makler Tokios über Fax vernetzt. So konnten die Kunden bei jedem Makler den gesamten Markt überblicken und brauchten ihre kostbare Zeit nicht damit zu verbringen, von einem zum anderen zu rennen.

Das Lebenstempo hat seit der Einführung des westlichen Zeitsystems 1873 stetig zugenommen. In vielen Bereichen ist Geschwindigkeit zu einem Wettbewerbsfaktor geworden, vor allem im Dienstleistungssektor: Expressreinigung, Fotoentwicklung in einer Stunde, Fotokopien: 30 Blatt pro Minute, Haarschnitt in 10

Minuten. Von der Gastronomie war schon die Rede. Wesentlich beschleunigt hat sich auch der Zahlungsverkehr. Der Schalterservice der Banken steht im Ruf notorischer Langsamkeit. Das langsame Bargeld spielt in Japan noch eine größere, Plastikgeld eine kleinere Rolle als in europäischen Ländern und insbesondere Amerika. Dennoch sind Wartezeiten bei der Bearbeitung finanzieller Transaktionen durch Geldautomaten mit diversen Funktionen drastisch reduziert worden. Schon 1990 konstatierte der Jurist und Finanzkenner Heinrich Menkhaus, dass im Hinblick auf den Zahlungsverkehr dank der großen Zahl der aufgestellten Automaten, die auch außerhalb der Öffnungszeiten der Finanzinstitute funktionieren, «unter dem Gesichtspunkt Zeit nur wenige Desiderata übrig [bleiben]»[7].

Noch zeitempfindlicher als andere Branchen sind heutzutage der ganze Telekommunikationsbereich und die Computerindustrie, in denen die ständige Steigerung des Tempos ein Schlüsselfaktor der Entwicklung ist. Niemand will warten. Instantnudeln, Instantinternet! Der Hauptgrund dafür, dass sich das Faxgerät Anfang der 1980er-Jahre in Japan viel schneller durchsetzte als in Amerika und Europa war die Geschwindigkeit. Die elektronische Textverarbeitung für Japanisch war wegen des komplizierten Schriftsystems noch nicht so weit, japanische Schreibmaschinen waren aus demselben Grund extrem schwerfällig. Per Fax jedoch konnte man Handschriftliches ohne Verzug über beliebige Distanzen vermitteln. Zur hohen Geschwindigkeit trägt auch die Dichte öffentlicher Telefone bei. Schon Mitte der siebziger Jahre waren alle japanischen Haushalte ans Telefonnetz angeschlossen, und dennoch wurden immer mehr öffentliche Apparate bereitgestellt, an jedem Bahnhof eine ganze Phalanx, damit niemand zu warten braucht. Ende der neunziger Jahre kam einer auf 150 Japaner, in Deutschland mussten sich über 500 Menschen einen teilen.[8] Dessen ungeachtet setzten sich auch tragbare Telefone in Japan Anfang der neunziger Jahre früher und schneller durch als in Deutschland und anderen westeuropäischen Ländern.

Die Verbreitung des Zeitbewusstseins gefördert und begleitet haben im globalen wie im japanischen Dorf Radio und Fernsehen. «Nutze den Tag!», hieß es früher, «nutze die Sekunde!», sagt der am Beginn des Kapitels zitierte Yamakawa Shizuo[9]. Die Hälfte seines Lebens, schreibt der pensionierte Nachrichtensprecher, sei in Sekunden abgemessen worden. Er hat die Sekunde gelebt und sich ihren Wert zu Eigen gemacht. Eine alte Nachricht ist gar keine Nachricht, und die Halbwertzeit der Nachrichten wird immer kürzer. Auch die Geschwindigkeit, mit der wir sie aufnehmen und verarbeiten können, hat zugenommen. In den 1960er-Jahren las ein Nachrichtensprecher von NHK seine Texte mit einer Geschwindigkeit von 260 Zeichen, etwas mehr als ebenso viele Sprechsilben, pro Minute; Mitte der 1990er-Jahre lag die Durchschnittsgeschwindigkeit bei 320 Zeichen pro Minute. Wenn's spannend wird und der Wortschatz auf einen Gegenstandsbereich beschränkt ist, kann die Sprechgeschwindigkeit bis zu 800 Silben pro Minute gesteigert werden, bei Radiodirektübertragungen von Pferderennen zum Beispiel.

Die hohe Geschwindigkeit der Medien lässt auch traditionelle Bereiche der japanischen Kultur nicht unberührt. Sumō zum Beispiel. Hat der edle Ringkampf der Fleischberge einmal begonnen, dauert er oft nur Sekunden. Einer verliert das Gleichgewicht, stützt sich auf den Boden oder plumpst aus dem Ring, Ende. Bevor es jedoch so weit ist, dass die Ringer ihre Zentner in Blitzesschnelle aufeinander prallen lassen, kann einige Zeit vergehen. In der Vorphase des Kampfes stehen sie sich gegenüber, schauen einander an und suchen den Zeitpunkt, zu dem sie ihre volle Energie konzentriert haben, gesammelt und im körperlichen und innerlichen Gleichgewicht sind. Mehrmals stehen sie wieder auf, gehen in ihre Ecke zurück, wischen sich das immer schweißüberströmte Gesicht ab und werfen etwas Salz in den Ring. Erst wenn beide so weit sind, geht es los, ein Start, dessen Zeitpunkt nicht vom Schiedsrichter bestimmt, sondern von den Protagonisten durch Blicke ausgehandelt wird. Diese Vorbereitungszeit war früher unbegrenzt. 1912, bei dem lange erinnerten Kampf zwischen Yokozuna [10] Tachiyama und dem ranglosen Chitosegawa dauerte sie eine geschlagene Stunde und zwanzig Minuten. Wann ein Sumō-Tag zu Ende sein würde, wusste man nie. Die Zuschauer gingen hin, ohne zu wissen, wie lange sie bleiben würden. Erst als 1928 begonnen wurde die Wettkämpfe im Radio zu übertragen, wurde eine Begrenzung der Vorbereitungszeit eingeführt: 10 Minuten für die oberste (dickste) Makunouchi-Abteilung, 7 Minuten für die mittlere Jūryō und 5 Minuten für die schmächtige Makushita. Danach wurde die Vorbereitungszeit noch zweimal auf die jetzige Länge von 4, 3 bzw. 2 Minuten verkürzt. «Interessanterweise wurden die Abstände zwischen den Verkürzungen immer kürzer. Die 10-Minuten-Begrenzung der Makunouchi galt 14 Jahre. Dann dauerte es nur drei Jahre, bis die 7-Minuten-Begrenzung wieder durch 5 Minuten abgelöst wurde und dann durch 4 Minuten.»[11] Die Medien erzwangen so eine Veränderung des Rituals und der Zeitstruktur des Sports, was auch konzeptuelle Veränderungen implizierte. Als die Vorbereitungszeit unbegrenzt war, hieß es, so schnell wie möglich zu beginnen, nur dauerte das manchmal eine ganze Weile. Unter der Bedingung der Begrenzung der Vorbereitungszeit heißt es im Gegenteil, diese bis zum Äußersten auszunutzen, also so lange wie möglich zu warten, was allerdings nie sehr lange sein kann.

Selbst Bräuche, die scheinbar unversehrt über die Epochenschwelle hinweg in die Neuzeit mitgenommen wurden, werden also den Anforderungen der Geschwindigkeitsgesellschaft angepasst. Um wie viel mehr müssen der Beschleunigung des Lebenstempos soziale Institutionen Rechnung tragen, die ihrer Natur nach auf Innovation verpflichtet sind, da sie geschaffen wurden, um das gesellschaftliche Leben zu verbessern, wie zum Beispiel die öffentlichen Notdienste. Polizei, Feuerwehr, Ambulanz werden ständig kontrolliert und stehen unter Druck, ihre Leistungen in dieser Hinsicht zu optimieren. Die Durchschnittsdauer vom Eingang eines 110-Notrufs bis zum Eintreffen eines Polizisten betrug 1993 in Japan 5 Minuten und 7 Sekunden, in Tokio 4 Minuten und

1 Sekunde. Die Vergleichswerte für deutsche Großstädte sind vage, da eine so spezifische Kontrolle nicht stattfindet. In Düsseldorf betrugen sie nach Auskunft des Polizeipräsidiums 1999 8–10 Minuten. Die Einsatzgeschwindigkeit, sagt ein Sprecher der Tokioter Polizei, korreliert mit der Erfolgsquote, sowohl bei Hilfeleistungen als auch bei der Verbrechensbekämpfung. Dabei kann die Einsatzgeschwindigkeit in den Großstädten nicht durch schnellere Fahrzeuge gesteigert werden, da der Straßenverkehr wegen der großen Zahl der Autos und der engen Straßen sehr zähflüssig ist. Wieder zeigt sich der enge Zusammenhang von Zeit und Raum. Die meisten Tokioter Polizisten fahren nicht mit dem Auto, sondern mit dem Fahrrad. Statt ihre Bewegungsgeschwindigkeit zu maximieren, werden ihre Wege minimiert. Die Polizeistationen sind nicht konzentriert, sondern in kleinen Einheiten *(kōban)* in großer Zahl in der ganzen Stadt verteilt. Ein ähnlicher Zusammenhang bestimmte auch die Entwicklung des für die Geschwindigkeitsgesellschaft so wichtigen Transportwesens.

Transporteffizienz hängt von einer Reihe interagierender Faktoren ab. Technologie im engeren Sinne spielt eine bedeutende Rolle, aber die sozialen Bedingungen des Einsatzes der Verkehrsmittel, die die Technologien anwenden, sind ebenso wichtig. Maßnahmen zur Effizienzmaximierung setzen, zumindest wenn es um die Personenbeförderung geht, gewöhnlich voraus, dass es darum geht, die in dem Transportmittel verbrachte Zeit zu minimieren. Denn diese Zeit verbringt man weder am Ausgangs- noch am Zielort der Reise. Dass der Weg wichtiger als das Ziel ist, wie früher mancher glaubte, denkt in der Geschwindigkeitsgesellschaft niemand mehr. Honda Sōichirō (1906–1991), der legendäre Gründer von Honda Motor Co, Ltd., bezog den Zusammenhang auf das ganze Leben: «Man pflegte zu sagen, dass der Mensch nur fünfzig Jahre alt wird. Die zunehmende Geschwindigkeit hat den Menschen jedoch dazu befähigt, die Zeit zur Verlängerung seines Lebens zu nutzen. Die Ärzte sind nicht mehr die Einzigen, die zu einem längeren Leben beitragen. Wir sollten nicht mehr über Entfernungen sprechen, sondern über Zeit.»[12] Natürlich hängt beides zusammen, aber aus der Raumwelt ist zunehmend eine Zeitwelt geworden. Minutendistanzen sind wichtiger als Kilometerdistanzen. Erstere verringert man zum Teil durch immer schnellere Fahrzeuge. Für die Gesellschaft fällt aber nicht nur die absolute Leistung eines Fahrzeugs ins Gewicht, sondern auch und vor allem seine Verfügbarkeit für möglichst viele Menschen. Der schnellste Zug leistet wenig, wenn er nur einmal am Tag fährt und die Bahnhöfe für die Passagiere schwer erreichbar sind.

Den konzeptuellen Wandel von der räumlichen zur zeitlichen Entfernung dokumentiert die Geschichte des Schienenverkehrs in Japan. Die Meiji-Regierung beschloss schon kurz nach ihrer Inauguration, ein modernes Verkehrssystem zu entwickeln.[13] Mithilfe englischer Ingenieure und Investoren begann sie den Bau von Eisenbahnlinien zwischen Tokio und Yokohama im Osten und Kobe und Osaka im Westen. Zwischen 1870 und 1874 wurde ein volles Drittel der staatlichen Investitionen für den Bau der Eisenbahnen aufgewandt. Im Oktober 1872 wurde die Strecke Tokio – Yokohama offiziell eingeweiht, um im Jahr darauf den Betrieb aufzunehmen. Die Strecke Kobe–Osaka folgte im Mai 1874. Eine Ost-West-Verbindung zwischen beiden entlang der alten Tōkaidō herzustellen, fehlte das erforderliche Kapital. Schon die Finanzierung der beiden Teilstrecken hatte die Regierung in große Schwierigkeiten gebracht. Erst eineinhalb Jahrzehnte später konnte die Tōkaidō-Linie der Staatsbahn zwischen Shinbashi in Tokio und Kobe fertig gestellt werden.

Damals, 1889, dauerte die Reise von Tokio nach Osaka 20 Stunden und 5 Minuten. Bei einer Durchschnittsgeschwindigkeit von 30,1 km/h.[14] Schon bald wurde diese Strecke zur Hauptarterie des Zugverkehrs, was sie bis heute geblieben ist. Den Abstand zeitlich zu verringern hieß es von nun an. Nach zehn Jahren war die Fahrzeit um beinah ein Viertel auf 15 Stunden 35 Minuten verkürzt worden. Die nächste sprunghafte Reduktion um 3½ Stunden auf

11 Stunden und 54 Minuten wurde 1912 durch die Einführung der ersten D-Züge erreicht. Der 1930 in Dienst gestellte «Tsubame»-Express brachte noch einmal zwei Stunden, der 1934 eröffnete Tanna-Tunnel eine Stunde. Die Fahrt dauerte nun 8 Stunden. Durch die Elektrifizierung der Strecke 1956 wurde noch einmal eine Verringerung der Fahrzeit erreicht, aber nur um eine halbe Stunde. 7 ½ Stunden war noch immer eine lange Fahrt; lang genug, um einen Schlafwagen zu benutzen; zu lang, um hoffen zu können, noch am selben Tag am Zielort etwas erledigen zu können. Ein Jahr später wurde deshalb vom Technischen Forschungsinstitut der Eisenbahn der ehrgeizige Plan verkündet, einen Hochgeschwindigkeitszug zu bauen, der Osaka auf drei Stunden an Tokio heranrücken würde (oder umgekehrt, wie die stolzen Kaufleute aus Osaka vielleicht sagen würden). Der Kodama-Express, der 1960 zum ersten Mal fuhr, brauchte für die Strecke immer noch 6 ½ Stunden, doch 1964 war es so weit. Der erste Shinkansen schaffte die 552,6 km unter den staunenden Blicken der Welt in 3 Stunden und 10 Minuten. In einem Dreivierteljahrhundert war die Reisezeit auf weniger als ein Sechstel reduziert worden. Jede weitere eingesparte Minute erforderte immer größere Anstrengungen. Wie oft bin ich diese Strecke gefahren! Im Jahr 2000 dauerte die schnellste Verbindung zwischen den beiden großen Zentren Japans mit dem Linear Car der Nozomi-Serie, der auf der Teststrecke 550 km / h fährt, nur noch 2 ½ Stunden, eine Zeit, die viele Pendler, die in Tokio wohnen, täglich im Zug verbringen; eine Zeit auch, die es mir erlaubte, noch am Abend wieder in Tokio zu sein, wenn ich Samstagvormittag zur Forschungsgruppe am Ethnographischen Museum in Osaka fuhr, die den ganzen Nachmittag tagte. Am Bahnhof schnell ein *ekiben* fürs Abendessen gekauft und etwas zu trinken, und dann, wie viele *sararī man* mit mir, den Sessel zurückgelehnt nach einem vollen Tag in die hereinbrechende Nacht. Noch am selben Abend war ich wieder in Tokio.

Die kurze Strecke, die die Passagiere des Shinkansen am Ziel noch mit U-Bahn oder Vorortzug zurücklegen müssen, nimmt im Vergleich zu der langen Fahrt unverhältnismäßig viel Zeit in Anspruch. Mehr noch als die Hochgeschwindigkeitszüge sind dennoch die Nahverkehrssysteme für die Geschwindigkeitsgesellschaft bezeichnend. Die Entwicklung dieser Verkehrsnetze war nicht weniger beeindruckend als die der Fernbahnen. Durch den Bau der 1925 eröffneten Yamanote-Linie rund um die Stadt wurde Tokio konzeptuell und in der Realität zu einem integrierten Schienenverkehrskreis. An der 34,5 km langen Strecke liegen heute 10 der 20 größten Bahnhöfe des Landes, an denen der Transfer von den Außenbezirken in die Innenstadt stattfindet. Eine Stunde dauert eine ganze Runde von der ersten bis zur 29. Station. 700 Züge täglich machen die Yamanote-Linie zur meistfrequentierten Bahnlinie der Stadt. Tokios U-Bahn startete 1927 in der alten Unterstadt auf den 2,2 Kilometern zwischen Asakusa und Ueno. Anfänglich ging die Verlängerung der heutigen Ginza-Linie nur langsam voran. 1939 reichte sie über 14,3 km bis Shibuya. Doch nach dem Krieg entwickelte sie sich rasch. Im Laufe des nächsten halben Jahrhunderts wuchs das Netz der beiden Betreibergesellschaften auf 12 Linien mit 250 km Länge und 235 Stationen an. Im Schnitt also fast eine Station pro Kilometer, ein äußerst dichtes Netz, auf dem die Züge im Zwei- bis Dreiminutentakt verkehren. Sie fahren mit hohem Tempo in die Stationen ein, halten akkurat; die Türen springen auf, und 20 Sekunden später fahren sie wieder ab.

Der technische Fortschritt, der diese Beschleunigung ermöglichte, ging mit der Entwicklung einer Kultur der Pünktlichkeit einher. Nichts hat den Sinn für die Uhrzeit so geschärft wie die Eisenbahn. Mit der Abfahrt wartete der Zug nicht auf die Fahrgäste, was eine Verpflichtung zur Einhaltung des Fahrplans bei der Ankunft implizierte. In den frühen 1920er-Jahren wurde die Regelung eingeführt, dass Fahrgästen bei mehr als zwei Stunden Verspätung der Schnellzugzuschlag zurückerstattet wird. Anlässlich der Einweihung des Shinkansen wurde diese Frist 1964 werbewirksam auf eine Stunde verkürzt. So blieb es bis März 1975, als die

Strecke bis Hakata ausgebaut wurde. Seither gilt wieder auf allen Strecken: Rückerstattung bei mehr als zweistündiger Verspätung. Die Bahn muss nur selten zahlen, denn obwohl die Züge bei den geringsten Erdbeben automatisch gestoppt werden, sind Verspätungen extrem selten. In den Nachrichten von NHK wird berichtet, wenn Züge z. B. wetterbedingt zwei oder drei Minuten Verspätung haben.

Verspätung heißt vor allem eins: Die Gesellschaft funktioniert nicht so, wie sie soll, es ist Sand im Getriebe der Fabrik, die Arbeitsleistung wird beeinträchtigt. Am Anfang der Meiji-Zeit hatten die Reformer begriffen, dass das Transportsystem für die Erneuerung Japans ebenso wichtig war wie ein effizientes Schulsystem und eine starke Armee. Das war der zentrale Gesichtspunkt, unter dem speziell der Schienenverkehr entwickelt wurde. So wie Rohstoffe und Montageteile mussten auch die Menschen an den Arbeitsplatz geliefert werden, *just in time.* Die Großstadt als Menge von Produktionsstätten und Zulieferbetrieben. Je höher das Tempo, desto größer die Notwendigkeit der Zeitdisziplin. Dieses von Toyota entwickelte Konzept war Japans Antwort auf Taylorismus und Fordismus, eine Innovation der industriellen Produktionsweise, die weltweit Beachtung und Nachahmer fand.[15] Die in der Meiji-Zeit begonnene Entwicklung des Zeitbewusstseins kulminierte in diesem, in der Phase des Wachstumsbooms nach dem Zweiten Weltkrieg entstandenen, Konzept. *Just in time* wurde zur Metapher der ganzen japanischen Gesellschaft. Niemand hat das *just-in-time-*Zulieferungssystem erfunden, es erwuchs aus dem utilitaristischen Verhältnis zur Zeit, von dem der Soziologe T. C. Smith sagt: «Es scheint, als sei der wirtschaftliche Umgang mit Zeit in der japanischen Fabrik nicht einseitig vom Management erzwungen, sondern gemeinsam mit den Arbeitern geschaffen worden.»[16]

Kritiker der Geschwindigkeitsgesellschaft gab es freilich von Anfang an; denn die Steigerung des Lebenstempos wurde gleich nach der Öffnung des Landes in den turbulenten frühen Meiji-Jahren spürbar. Der dichter werdende Verkehr in den Städten verlangte nach Regulierung. Zunächst wurden Bestimmungen für die Sicherheit im Verkehr erlassen, aber auch der Etikette wurde die gebührende Beachtung geschenkt. So enthielten z. B. die von der Stadt Tokio im März 1870 ausgegebenen Vorschriften für Pferdefahrzeuge «Anweisungen zum angemessenen Verhalten gegenüber Adligen, Beamten und Militärs. Wenn solche hoch gestellten Persönlichkeiten vorüberkamen, sollten Fahrer und Passagiere aus den Fahrzeugen aussteigen und sich korrekt verbeugen. Solche Vorschriften konnte man kaum moderne Verkehrsregeln nennen. In den Vorschriften für Pferdefuhrwerke und Rikschas vom Mai 1871 waren sie noch enthalten, in denen vom April 1872 aber nicht mehr.»[17] Den Verfall der Sitten konnte man nur bedauern, aber nicht mehr rückgängig machen, das war damals schon so. Gewiss, die gute alte Zeit war wie immer schon vorbei, aber hier war das ganz entschieden der Übernahme des westlichen Zeitsystems anzukreiden. So jedenfalls sah und schilderte es Shinsai Tadashi, der auf einem Holzschnitt aus dem zehnten Meiji-Jahr (1878) allerlei neue Berufe darstellt, die die Zivilisationserneuerung *(bunmei kaika)* hervorgebracht hatte: Postboten, Zeitungsausträger, Gaszählerableser, Feuerwehrmänner, Rikschakulis, Schuster, Geishas und Diebe. Sie alle jagen der flüchtigen Zeit hinterher. «Tadel der Geschäftigkeit der Welt» heißt das Bild, das allerlei Erscheinungen der modernen, schnelllebigen Zeit karikaturistisch beleuchtet. Dass der Rhythmus des Lebens von der Uhr bestimmt wurde, war noch neu. Über der Uhr steht:

> In keinem Haus darf sie fehlen, die Uhr, die 24 Stunden anzeigt, diese Maschine, nach der die Menschen sich bei ihren täglichen Geschäften nach der Erdumdrehung richten, wie von der westlichen Lehre erklärt. Jeder Müßiggang wird vermieden, alles werkelt und dreht sich emsig im Kreis der rotierenden Welt. Durch das Studium frei von Zwängen strebt man, ohne zu straucheln, vorwärts. Tüchtig, tüchtig.

Tadel der Geschäftigkeit der Welt, 1878, Holzschnitt von Shinsai Tadashi.

昼夜二十四時をさ
し示す時計

Die Hast wurde in der Meiji-Zeit zu einem Gemeinplatz, den Künstler seitdem immer wieder aufgesucht haben, Maler ebenso wie Schriftsteller und Filmemacher. Die Sorge, keine Zeit zu verlieren, konnte bis zu dem Lebensgefühl des Wahnsinnigen gesteigert werden, der nur noch Zeit für das Messen der Zeit hatte. Hagiwara Sakutarō (1886–1942), der Meister der modernen Dichtung ohne Versmaß, beschreibt ihn in «Schicksal» *(Shukumei)*:

Ein Verrückter, der die Uhr betrachtet

Im Zimmer eines Irrenhauses saß ein Mann, der sonst nichts zu tun hatte, den ganzen Tag auf dem Stuhl und starrte die Uhrzeiger an. Hier ist der Mensch, der sich auf der ganzen Welt am meisten langweilt, dachte ich. Der Chefarzt aber belehrte mich vom Gegenteil. Dieser unglückliche Mensch denkt, dass das Leben in stetiger Beschäftigung besteht. Keine Minute seines Lebens, denkt er, darf ungenutzt, die wertvolle Zeit nicht vergeudet werden. Deshalb starrt er jeden Tag die Uhr an. Versuchen Sie ihn anzusprechen! Er wird sicher wütend und brüllt: Ruhe! Gerade verstreicht eine kostbare Sekunde. Time is life! Time is life![18]

Diese Besessenheit befällt auch normale Menschen, die deshalb nicht ins Irrenhaus gesteckt werden, und greift in die wichtigsten menschlichen Beziehungen ein, in die zwischen Eltern und Kindern. In seinem berühmten Film *Tōkyō monogatari* (Eine Geschichte aus Tokio (1953)) erzählt Ozu Yasujirō (1903–1963) wie Ryū Chishū und seine Frau Higashiyama Chieko von Onomichi in der Präfektur Hiroshima eine beschwerliche Zugreise in die ferne Hauptstadt unternehmen, um nach langen Jahren dort ihre Kinder zu besuchen. Alle wissen, dass es ihr letzter Besuch sein wird, aber schon bald nach dem anfänglichen Willkommen wird es deutlich: Der Sohn und die beiden Töchter haben in ihrem gehetzten Tokioter Alltag keine Zeit für sie. Nur die Schwiegertochter Noriko hat noch ein Herz in ihrer Brust statt einer Uhr. Enttäuscht kehren die Alten nach Hause zurück, wo die Mutter stirbt, was die Familie ihrerseits zwingt, die lange Reise zu machen. Allein Noriko bleibt nach dem Begräbnis noch bei dem Vater, während die leiblichen Kinder unverzüglich abreisen. Sie erhält das ihm am kostbarsten erscheinende Erbstück der Mutter, deren Taschenuhr.

Klagen über die Geschwindigkeit des Alltags gibt es immer wieder. So fragt Tatsuno Kazuo, ein bekannter Essayist, die breite Leserschaft der *Asahi Shinbun*, ob das Großstadtdasein nicht den natürlichen Lebensrhythmus störe: «Obwohl das Leben ein Mara-

«Nicht so langsam! Schon mehr als 5 Sekunden!» Akimoto Osamu, *Kochira katsushikaku kameari kōen mae hashutsujo* Nr. 79, S. 31

thonlauf ist, sind viele Städter ständig außer Atem wie bei einem Hundertmeterlauf. Sie führen ein Leben, das den geregelten Gang der biologischen Uhr missachtet.»[19] Wenig Respekt vor der biologischen Uhr hat in der Tat der Idealmensch der Geschwindigkeitsgesellschaft, den niemand überzeugender verkörpert als Nakagawa Ryūichirō, super businessman seines Zeichens. Vater von Nakagawa Keiichi, einer der Hauptfiguren des seit 1977 erscheinenden Comic-Superhits *Kochira katsushikaku kameari kōen mae hashutsujo*, ist er ein Geschöpf des Mangazeichners Akimoto Osamu.[20] Nakagawa Ryūichirō ist in internationalen Geschäften tätig und verbringt sein Leben hauptsächlich in Hubschrauber und Jet. Er bleibt nie länger als fünf Minuten an einem Ort und lässt Verhandlungen platzen, wenn seine Geschäftspartner sich mehr als fünf Sekunden verspäten. Wenn er in Japan ist, nimmt er nur *tachigui soba* zu sich, da das am schnellsten geht. In seinem geschäftigen Leben hat er seinen 25-jährigen Sohn erst fünfmal gesehen. Er schläft nur alle 72 Stunden fünf Sekunden. Das altbewährte Sprichwort *saigetsu hito o matazu*, ‹Zeit und Stunde warten nicht›, hat Nakagawa ganz offenkundig so gründlich internalisiert, dass er allen anderen immer ein Stück voraus ist, ein wahrer Meister seiner Zeit, und nur wenige seiner Zeitgenossen sind ihm gewachsen. Weitaus den meisten spricht eher der Popsongschreiber Utada Hikaru aus der Seele, der in diesen herzzerfetzenden, zeitgemäß englisch garnierten Versen darüber weint, dass wir die Zeit nicht beherrschen.

Time will tell

[...]
Auch wenn der Regen über die Wolken spränge
Always blue sky   auch wenn die Sonne
Zum Greifen nah erscheint
Lass dich nicht gehen, alleine
We just can’t control time

Von dem langen Runway in den blauen Himmel Take off
Time will tell   Wenn die Zeit vergeht, wirst du verstehen
Cry, mit dieser Ausrede kannst du dich nicht mal selbst betrügen
Time will tell. Wenn die Zeit vergeht, wirst du verstehen
Cry, denn wenn du jetzt weinen willst, kannst du ruhig weinen
noch mehr, noch mehr, noch mehr
Utada Hikaru, 1998

Das Erste, worauf ich gerade jetzt, im Herbst 1999, während ich dies schreibe, auf der Suche nach einem Buchtitel im japanischen Internet hingewiesen werde, ist, dass ich Zeit sparen kann *(jikan ga setsuzoku dekimasu)*. Das ist so ungeheuer wichtig. Keine Zeit zu haben, mit dem rasenden Tempo des Großstadtlebens und dem der neuen Medien nicht mithalten zu können, das ist eine ganz ausgeprägte Seite des Lebensgefühls der japanischen Geschwindigkeitsgesellschaft. Immer mehr Menschen fühlen sich dem Imperativ des sparsamen Zeitgebrauchs verpflichtet und entwickeln Strategien, ihm zu gehorchen. Schon in den sechziger Jahren kam der Stamm der damals jungen *nagarazoku* auf, der «Gleichzeitigen». Sie konnten nur ihre Hausaufgaben machen oder arbeiten, während sie gleichzeitig Musik hörten oder fernsahen. Als diese Erscheinung auftrat, wurde sie als pathologisch diagnostiziert[21]. Heute, wo der Fernsehapparat so eingeschaltet wird wie das Licht oder die Heizung, kann man darin allenfalls noch einen Versuch der Verbesserung der Zeitnutzung erkennen. Japanische Zeitbudget-Studien unterscheiden routinemäßig zwischen primären und sekundären Aktivitäten. Letztere werden gleichzeitig mit Ersteren ausgeführt, fernsehen beim Bügeln, Radio hören beim Zeitunglesen und so weiter.[22] Wer sich im Zug schminkt – nicht mal eben die Lippen nachzieht, sondern mit vollem Besteck die kosmetische Morgentransformation vollzieht –, gilt heute ebenso wenig als krank wie die vielen Herren, die neben mir auf der Kōshūkaidō im Stau gestanden haben und sich rasierten. Schließlich wird man ständig dazu angehalten, seine Zeit gut zu nutzen. «Bitte füllen Sie alle Formulare vorher aus, um die Bearbeitung zu beschleunigen», steht auf dem Zettelchen, das man zieht, wenn man bei der Bank Schlange steht. Die Schlangen werden kürzer, nicht nur, weil sich die Menschen gehorsam an diese Instruktion halten, sondern, weil immer mehr Handlungen ins Internet verlegt werden, wo *real time* versprochen und verlangt wird. An manchen Bahnhöfen, in Shinjuku zum Beispiel, befinden sich Leuchtschrifttafeln, auf denen Aktienkurse angezeigt werden, nicht etwa der Mittelwert vom Vortag, sondern die ständig schwankenden Kurse der Tokioter Börse in *real time*. Bevor er in den Zug steigt, kann der Anleger sich schnell informieren und dann mit seinem tragbaren Telefon einen Auftrag geben, sofern sein Display die Kurse nicht von selbst anzeigt. Die Geschwindigkeitsgesellschaft ist eine Gleichzeitigkeitsgesellschaft. Wer darin eine Pathologie erkennt, hat die Zeichen der Zeit nicht richtig gelesen. Unbezweifelbar ist freilich, dass, was die Jungen tun, von den Alten oft in die Nähe des Krankhaften gerückt wird. Eine Krankheit, die alle oder doch die Mehrheit befällt, gilt aber gewöhnlich nicht mehr als solche. Das große Tempo des Lebens in Japans großen Städten hat die bewusste Zeitverwaltung, die Koordination und Synchronisation von Aktivitäten bis in die letzten Nischen das Alltags zu einer Notwendigkeit gemacht.

Pronovost hat Zeitverwaltung als «Umverteilung sozialer und individueller Zeit auf die Weise, dass die Einzelnen und die Gemeinschaft die Zeit auf eine ihren Bedürfnissen und Wünschen entsprechende Weise nutzen»[23] definiert. Unberücksichtigt lässt diese Definition das Element des Zwangs. Ob das schnelle Tempo wirklich den Bedürfnissen und Wünschen der Einzelnen entspricht, mag man im Hinblick auf Japan bezweifeln. Immer mehr Menschen haben das Gefühl, dass ihnen die Kontrolle über die Zeit entgleitet, und suchen deshalb Rat. Wie in so vielen Dingen, vertrauen Japaner auch hier gern dem gedruckten Wort. Ein Buch über Zeitverwaltung des Wirtschaftswissenschaftlers Noguchi Yukio[24] konnte zum Bestseller werden. Und eine Flut populärer Titel zu dem Thema[25] bezeugt die große Bedeutung, die der zeitlichen

Organisation des Lebens, wo jede Sekunde zählt, zugemessen wird. In den neunziger Jahren war es üblich, den Terminkalender des Premierministers in der Zeitung abzudrucken, auf die Sekunde, so, als sei er der Comicheld Nakagawa Ryūichirō. Warum man das so genau wissen muss? Je höher einer steht, das ist die universelle eher als japanische Botschaft, die hier stillschweigend vermittelt wird, desto wertvoller ist seine Zeit. Ein weiterer Aspekt freilich ist, dass auch die Politik eine wichtige zeitliche Dimension hat, die kulturelle Unterschiede aufweist.

Premierminister Obuchi Keizō, 10. 8. 1999

7:54	Ankunft im Parlamentsgebäude
7:58	Kabinettsausschuss für Außenwirtschaft
8:16	Kabinettsausschuss für Monatswirtschaftsbericht
8:29	Abgeordneter Fujii
8:31	Kabinettssitzung
9:02	Residenz
9:56	Regierungssprecher Nonaka
10:09	Vorsitzender des Strategischen Zentrums für Außenpolitik Akaishi und stellvertretender Vorsitzender Ishii, Vorsitzender des Exekutivausschusses Itō
10:19	Vorsitzender des Informationsbüros des Kabinetts Sugita
10:52	Stellvertretender Kabinettssekretär Furukawa
10:54	Staatssekretär Kubota, Ministerium für Landesplanung
11:13	Staatssekretär Itō, Arbeitsministerium
11:48	Höflichkeitsbesuch der beiden Fresh Girls Fukuda Michiko und Koechi Tomoko der Präfektur Ibaraki
11:58	Journalistengruppe aus Okinawa
12:13	Regierungssprecher Nonaka, Stellvertretende Kabinettssekretäre Suzuki und Uesugi
12:57	Parlament
13:02	Parlamentssitzung

13:30 Residenz
13:32 Staatssekretär Watanabe, Ministerium für Handel und Industrie
13:53 Stellvertretender Kabinettssekretär Suzuki
13:59 Abgeordneter Nakayama (zu politischer Reform)
15:44 Vorsitzender des Kabinettsausschusses Erikawa
16:11 Stellvertretender Kabinettssekretär Uesugi
16:57 Vorsitzender des Stadtrats von Numazu, Präfektur Shizuoka
17:15 Botschaftsrat Tannami, Außenministerium
18:13 Stellvertretende Kabinettssekretäre Suzuki und Kamisugi
18:27 Regierungssprecher Nonaka (zur Parlamentssitzung)
18:42 Residenz

Der Terminkalender des Premierministers, der dem Volk auf die Minute genau mitgeteilt wird

Anmerkungen Kapitel X

1 1967 wurde die Oszillation des Atoms Cäsium 133Cs mit 9 192 631 770 Pulsen pro Sekunde bestimmt. Die so definierte Sekunde ist genauer als die, die nach der Erdrotation als $1/31\,556\,925{,}9747$ eines Jahres definiert war. Die nach der Periodendauer der Strahlung des Cäsiumatoms beim Übergang zwischen den beiden Hyperfeinstrukturen des Grundzustandes bestimmte Sekunde heißt Ephemeridensekunde. Die Weltstandardzeit wird heutzutage mit etwa 50 aufeinander abgestimmten Atomuhren in der ganzen Welt gemessen, wodurch die Sternwarte in Greenwich ihre Stellung als Nabel der Welt eingebüßt hat.

2 Die Etablierung des Standardzeitzonensystems hat Zerubavel (1982 : 21) als «eines der Schlüsselmerkmale der modernen westlichen Zivilisation» bezeichnet.

3 Pronovost (1989 : 29).

4 Levine (1998 : 181). Eine der Hypothesen, die Levine mit seiner Studie überprüfte, war, dass Hast zu Herzerkrankungen führt. In Japan stellte er jedoch fest, dass das hohe Lebenstempo nicht mit einer hohen Inzidenz koronaler Herzerkrankungen einhergeht.

5 Merton (1984) hat diesen nützlichen Begriff als Charakteristikum sozialer Gruppen eingeführt.

6 Refrain zeitgemäß im Original englisch. Gekkan Kayōkyoku, 246, 1999, S. 90.

7 Menkhaus (1990 : 70). Japan, konstatiert er bezüglich der ganzen bargeldlosen Zahlungsabwicklung weiter, «ist auf dem Weg zu einer sehr schnellen Abwicklung mithilfe der elektronischen Datenverarbeitung» (S. 80).

8 1955 hatte die BRD in absoluten Zahlen noch mehr Telefone als Japan bei einer halb so großen Bevölkerung. Schon zehn Jahre später hatte Japan die BRD überholt. 1979 hatten die Japaner 51 072 000 private Anschlüsse, die Bundesbürger 26 632 000. *Sūji de miru nihon no 100 nen* (1991 : 455).

9 Yamakawa (1997 : 160).

10 Der höchste Rang der Sumō-Ringer.

11 Oda (1994 : 109).

12 Sakiya (1982 : 53).

13 Tsuda Mamichi stellte 1874 mit Blick auf Englands Reichtum fest, dass für die Modernisierung des Landes ein modernes Verkehrssystem noch wichtiger sei als Militär- und Schulsystem. Vgl. Tsuda (1976 : 115).

14 Nähere Einzelheiten Aoki Eiichi (1986 : 95–98).

15 Vgl. z. B. Womack et al.(1991).

16 Smith (1988 : 202).

17 Yamamoto (1986 : 33).

18 Hagiwara (1974 : 314).

19 Asahi Shinbun, 10. Juni 1987, *Tensei jingo.*

20 «Hier Polizeiwache Kamearikoen in Katsushika», Akimoto (1991, Nr. 79 : 31).

21 Sogar einen Namen bekam diese Krankheit, *nagara shinkeibyō*, das ‹Nervenleiden der Gleichzeitigkeit›. Vgl. *Hozonhan yōgo nijūseiki jiten.* Tokio: Jiyū kokuminsha, 1998, S. 203.

22 Vgl. Nakanishi (1996 : 379).

23 Pronovost (1989 : 89).

24 Noguchi (1995).

25 Z. B. Kamba (1997), Matazaki (1998), Tsunoyama (1998). Westliche Bücher zum Zeitmanagement wie Josephs *How to gain an extra hour every day* (1992) und Rechtschaffens *Time shifting* (1997) kamen binnen Jahresfrist in japanischer Übersetzung auf den Markt.

ZEIT DER POLITIK

Drei Tage Herrschaft
Geflügeltes Wort

Der Terminkalender des Premierministers gleicht dem jedes leitenden Angestellten, aber Premierminister gibt es immer nur einen. Premierministerzeit ist deshalb knapp und kostbar. Wer zwei Minuten im Schatten des Mächtigen stehen darf, muss sich glücklich schätzen. So war es immer, und immer war die Zeit ein wichtiger Aspekt der Politik. Das Ephemere der Macht ist eine ihrer Eigenschaften, die kein Mächtiger vergessen kann. In Japan ist die Erinnerung daran, dass der Verbleib an der Spitze prekär ist und oft nicht lange währt, zu dem oben zitierten Sprichwort geronnen, *mikka tenka*, nur kurzlebig ist die Herrschaft.[1]

Der durchschnittliche japanische Premierminister ist 64 Jahre alt, wenn er sein Amt antritt und behält es zwei Jahre und vier Monate. Das gilt für die Premiers, die nach der Verfassung von 1946 gewählt wurden. Das Profil des verallgemeinerten Premiers vor der Einführung dieser Institution 1885 bis 1945 sieht nicht sehr anders aus. Er war 63 bei Antritt des höchsten Regierungsamts und hatte es genau zwei Jahre lang inne. Allein die nach Schaffung dieser Regierungsform verbliebenen Meiji-Jahre fielen etwas aus dem Rahmen. Itō Hirobumi wurde mit 44 zum ersten Premierminister Japans. Das Durchschnittsalter seiner Nachfolger bei Amtsantritt bis Ende der Meiji-Zeit war mit 54 deutlich niedriger als der Durchschnitt für alle Premiers, die es bisher gab. Die Alten haben in Japan noch immer den Finger am Hebel der Macht.

Amtsantritt	Name	Alter bei Amtsantritt	Tage im Amt
05 1946	Yoshida Shigeru	58	2616
05 1947	Katayama Tetsu	59	292
03 1948	Ashida Hitoshi	60	220
10 1948	Yoshida Shigeru		
12 1954	Hatoyama Ichirō	71	745
12 1956	Ishibashi Tanzan	72	65
02 1957	Kishi Nobusuke	61	1241
07 1960	Ikeda Hayato	61	1575
11 1964	Satō Eisaku	63	2798
07 1972	Tanaka Kakuei	54	886
12 1974	Miki Takeo	67	747
12 1976	Fukuda Takeo	71	714
12 1978	Ōhira Masayoshi	68	554
07 1980	Suzuki Zenko	69	864
11 1982	Nakasone Yasuhiro	66	1806
11 1987	Takeshita Noboru	63	576
06 1989	Uno Sōsuke	67	69
08 1989	Kaifu Toshiki	58	818
11 1991	Miyazawa Kiichi	72	644
08 1993	Hosokawa Morihiro	58	263
04 1994	Hata Tsutomu	59	64
06 1994	Murayama Tomiichi	70	561
01 1996	Hashimoto Ryūtarō	59	932
07 1998	Obuchi Keizō	61	619
04 2000	Mori Yoshiro	62	

Premierminister 1946–2000

«Die Teilnahme an der gesellschaftlichen Führung variiert in Japan stark mit dem Alter. Zwar erreicht ganz unabhängig vom Alter nur ein kleiner Prozentsatz der erwachsenen Bevölkerung den Status, in öffentliche Ämter gewählt zu werden, aber dieses Privileg genießen ältere und alte Menschen viel öfter als Menschen zwischen 20 und 40.» Das konstatierte der amerikanische Politologe Richardson[2], der sich mit der Rolle «politischer Generationen» in der politischen Kultur Japans beschäftigt hat. Dass sich in hierarchischen Strukturen vieler Organisationen auch das Senioritätsprinzip widerspiegelt, ist eine unmittelbare Folge davon, dass der soziale Status mit dem Alter zunimmt. Leistung ist als Voraussetzung dafür, Elitepositionen zu erlangen, keineswegs unbedeutend, aber die Wirksamkeit dieses Parameters wird durch das Prestige des Alters gedämpft. Leistungsprinzip und Senioritätsprinzip ergänzen einander und widersprechen sich gelegentlich. Das Alter wird geehrt, einmal im Jahr sogar mit einem Feiertag, am 15. September, dem Tag des Respekts vor dem Alter *(keirō no hi)*. Das Verhältnis zwischen Kommilitonen und Kollegen wird traditionell als das von Älterem und Jüngerem *(senpai* bzw. *kōhai)* definiert, ein Aspekt, dessen Bedeutung auch heute noch nicht verblasst ist. Das *Komon*-System der Berater spielt eine wichtige Rolle in japanischen Organisationen. Betriebe, Vereine, gemeinnützige Gesellschaften, Parteien usw. halten sich Berater, oft pensionierte Funktionsträger, die dank ihrer früheren Tätigkeit über vielfache Beziehungen verfügen und sich aufgrund ihres Alters allgemeiner Achtung erfreuen. Im Bereich der Politik ist der starke Einfluss der aus dem Amt geschiedenen Staatsmänner *(genrō)* eine direkte Parallele. *Genrō*, wörtlich: ‹die ursprünglichen Alten›, ist ein offiziöser Titel, der in der Meiji-Zeit in Gebrauch kam. Er geht auf den traditionellen ‹Rat der Alten› *(rōjū)* der Edo-Zeit zurück. Die *genrō* waren altgediente Staatsmänner, die vom Meiji-Tennō mit dem Titel *genkun*, ‹Veteran›, ausgezeichnet wurden. Formelle Auswahlverfahren gab es nicht. Sie waren ein informeller, auch in der ersten Verfassung von 1890 nicht vorgesehener Club. Dennoch hatten die *genrō* als wichtigste Berater des Tennōs großen Einfluss. So hatten sie z. B. das Recht, den Premierminister zu nominieren.

Wie wird man heutzutage Premierminister? Das ist eine Frage, die noch immer von den Alten – heute allerdings des Parteiestablishments – entschieden wird, und zwar je nachdem, wer an der

Reihe ist. *Nenkō joretsu*, die Rangfolge nach Erfahrung, ist ein wichtiges Element der zeitlichen Dimensionierung der japanischen Politik. Am durchschnittlichen Alter der Premierminister bei Amtsantritt lässt sich das nicht unmittelbar ablesen, aber die Tatsache, dass die Abweichung vom Durchschnittsalter insbesondere nach unten insgesamt sehr gering ist, weist deutlich auf die Wirksamkeit des Altersfaktors hin. Gewiss, Ausnahmen sind möglich. Der energische Machtmensch Tanaka Kakuei etwa wurde im «zarten» Alter von 54 Premier. Aber man sah schon bald, wohin es führte, wenn man einem Jüngling die Zügel überließ. Keine zwei Jahre später fiel er inmitten einer Staubwolke von Korruptionsskandalen vom Kutschbock der Staatskarosse. Die damals auf die Regierungsmacht abonnierte LDP machte schnell den 67-jährigen Miki Takeo zu seinem Nachfolger. Miki hatte nur eine kleine eigene Hausmacht und kam allein deshalb zum Zuge, weil er das Image des Saubermanns hatte und als Mann im vertrauenswürdigen Alter in der Öffentlichkeit das durch Tanakas Schurkenstücke lädierte Image der LDP wieder aufpolieren sollte. Ungeliebt, wie er war, wurde ihm eine zweite zweijährige Amtsperiode als Parteivorsitzender und damit als Premier verwehrt.

Anspruch auf die Nachfolge Mikis erhoben die beiden Mächtigen in der Partei, Fukuda Takeo und Ōhira Masayoshi, die sich darin einig waren, dass jener unter normalen Umständen nie Premierminister hätte werden sollen. Sie waren die Chefs der beiden größten Faktionen der LDP, die die Besetzung des höchsten Regierungsamts unter sich ausmachten. Die Faktionen sind eigene Organisationen innerhalb der Partei, die als «eine der Hauptursachen für die häufig wechselnden Kabinette»[3] bezeichnet worden sind. Für die Parteiführung sind diese um Personen zentrierten, miteinander rivalisierenden Gruppierungen eine ständige Herausforderung, die in der Partei weniger eine programmatische Heimstatt als eine Maschine des Machterhalts sehen. Bei der Nachfolgeregelung von Miki hatte Ōhira als Vorsitzender der größten LDP-Faktion die bessere Ausgangsposition. Aber Fukuda hatte noch einen

Trumpf, der mehr zählte als die Zahl der Gefolgsleute. Er war älter und kam deshalb, nachdem seine Ablösung nach zwei Jahren durch Ōhira verabredet worden war, als Erster an die Reihe.

Dass Alter weder vor Torheit noch vor Korruption schützt, ist natürlich auch in Japan hinlänglich bekannt, aber dennoch besteht nach wie vor die Neigung, das Staatsschiff gestandenen Männern über 60 anzuvertrauen und an der lang erprobten Praxis festzuhalten, die Inoue Ryōichi in seiner Studie über das Zeitbewusstsein der Japaner so beschreibt: «In der Regel steigt man mit den Jahren die Stufenleiter der politischen Macht empor. Man kann das auch Gerontokratie nennen.»[4] Politische Führungspositionen werden nach dem parlamentarischen Senioritätsprinzip besetzt. Lange galt praktisch ohne Einschränkung die «Sechs-Amtsperioden-Regel», nach der man Minister erst in der sechsten Amtsperiode als Abgeordneter werden konnte. Diese Regel wurde gewöhnlich auch umgekehrt angewandt, dergestalt nämlich, dass die fünfmalige Wiederwahl als Qualifikation für ein Ministeramt galt und den Anspruch auf ein solches begründete. Das beste Beispiel dafür, wie sehr Premierminister bei der Kabinettsbildung an diese Regel gebunden sind, ist die Berufung Satō Kōkōs ins Kabinett Hashimoto Ryūtarōs 1997. Satō war zwar fünfmal wieder gewählt worden, aber zu Ministerwürden hatte er es noch nicht gebracht, weil er im Lockheed-Korruptionsprozess[5] verurteilt worden war. Das könne jedoch kein Hinderungsgrund sein, meinten seine Mentoren Nakasone und Takeshita, beide Ex-Premiers, und zwangen Hashimoto, Satō ins Kabinett zu holen. Von einer Reihe anderer Korruptionsaffären und von der Cliquenwirtschaft der LDP ermüdet, reagierte die Öffentlichkeit empört. Ein Vorbestrafter als Minister, das überstieg dann doch die in Japan wahrlich hoch liegende Schmerzschwelle der Zumutbarkeit. Der Druck der Medien wurde so stark, dass Satō nach wenigen Tagen wieder gehen musste. Der bis dahin sehr populäre Hashimoto stand düpiert da und erholte sich nicht mehr von dem diesem Debakel folgenden Einbruch der Zustimmung, die seine Regierung in der Bevölkerung genoss.

Das parlamentarische Senioritätsprinzip hat verschiedene Implikationen für das politische System. Seiteneinsteiger haben keine günstigen Karriereaussichten in der Politik, die von einer hermetisch abgeschlossenen Klasse beherrscht wird, deren Mitglieder ihr oft ein Leben lang angehören. Jung gewählt zu werden ist die beste Voraussetzung dafür, an die Spitze zu kommen. Das jedoch ist wegen des hohen Sozialprestiges des Alters nicht einfach. Für junge Emporkömmlinge hat die Gerontokratie eigentlich keinen Platz, es sei denn sie werden von Alten protegiert. Den besten Vertrauensvorschuss erhalten Söhne politisch bekannter Väter. Vielfach werden Abgeordnetenmandate regelrecht vererbt, an Söhne und Schwiegersöhne, an langjährige Sekretäre und Mitarbeiter. Drei Premierminister der jüngsten Zeit, Hashimoto Ryūtarō, Kaifu Toshiki und Obuchi Keizō, wurden dank ihrer Politikerväter sehr jung gewählt und kamen deshalb auch relativ jung ins Amt. Wie Verena Blechinger in einer detaillierten Studie nachgewiesen hat, waren rund ein Viertel aller 1996 gewählten Volksvertreter «Erb-Abgeordnete» *(seshū daigishi)*.[6] Noch deutlicher macht sich dieses Selektionsprinzip der politischen Elite bei der Verteilung von Kabinettsposten bemerkbar. Die Hälfte aller Portefeuilles des im Oktober 1999 gebildeten zweiten Kabinetts Obuchi wurde mit Erb-Abgeordneten besetzt.

Wir können in der unverminderten Wirksamkeit des Senioritätsprinzips ein Beispiel für die große Kontinuität der gesellschaftlichen Wertorientierungen erkennen, die nach Meinung mancher Analytiker die politische Kultur Japans seit dem Pazifischen Krieg kennzeichnet. «Japans Moderne bleibt archaisch», konstatiert etwa Kevenhörster prägnant.[7] Mit dieser Einschätzung ist oft der Verdacht verknüpft worden, auch das heutige Japan leide unter einem Demokratiedefizit. «Modernisierung ohne Demokratisierung» ist das Schlagwort, mit dem Japans Entwicklung seit der Meiji-Zeit charakterisiert wird.[8] Der Umstand etwa, dass die LDP seit ihrer Gründung durch die Fusionierung der Japanischen Liberalen Partei *(Nihon Jiyūtō)* mit der Japanischen Fortschrittspartei

(Nihon Shimpotō) 1955 mehr als drei Jahrzehnte lang ununterbrochen an der Macht war, galt vielen westlichen Beobachtern als undemokratisch und leistete Begriffsbildungen wie «Dominanzpartei» Vorschub. Die Schwedische Arbeiterpartei (SAP), die von 1936 bis 1976 regierte, ist niemals so genannt worden, noch die Democrazia Cristiana (DC) in Italien, die noch länger an der Macht war als die LDP. Es wird mit zweierlei Maß gemessen. Die lange Regierungszeit einer Partei, das Ausbleiben der Wachablösung, gilt nur da als Mangel an Demokratie, wo die Demokratiefähigkeit sowieso in Zweifel steht. Es besteht die Neigung, ein abstraktes Demokratiemodell zugrunde zu legen und die zweifellos in vieler Hinsicht unvollkommene japanische Wirklichkeit mit westlichen Schulbuchkonzepten von Volksherrschaft statt mit der politischen Realität von Vetternwirtschaft und Geldpolitik in Europa und Amerika zu vergleichen. Bezugspunkt ist die amerikanische Demokratie Alexis de Tocquevilles, nicht die von Watergate.

Der amerikanische Politologe Steven Reed hat darauf hingewiesen, wie irreführend darüber hinaus der Vergleich des japanischen mit dem amerikanischen politischen System ist, da Japan mit den Industrieländern Westeuropas viel mehr gemein hat als mit den USA[9]: eine Elitebürokratie mit starkem Einfluss auf die Regierungsgeschäfte, ein Parteiensystem mit hoch entwickelten Organisationsstrukturen, ein vom Parlament gewählter Regierungschef. Wenn man einen Idealtyp demokratischer Regierung zugrunde legt, nach dem Legislative und Exekutive stets getreulich den Willen des Volkes in die Tat umsetzen und keinerlei Eigeninteressen verfolgen, muss man feststellen, dass die politische Wirklichkeit Japans diesem Ideal nicht sehr nahe kommt. Allein, wo ist das Land, in dem die Kluft zwischen Entwurf und Alltag der Demokratie deutlich kleiner wäre? Japan ist heute eine funktionierende Demokratie, schlecht und recht.

Das ist ein sehr wesentlicher Unterschied gegenüber dem politischen System Japans bis zur Niederlage im Zweiten Weltkrieg. Das heißt nicht, dass es keine Kontinuitäten gäbe im politischen

System, in der politischen Praxis und auch in den Wertorientierungen. Als Determinante der Macht kommt dem Menschenalter in Gesellschaft und Politik eine sehr ähnliche Bedeutung zu wie zu Beginn des Verfassungsstaats in der Meiji-Zeit und auch schon davor. Ähnlich wie in der Meiji-Zeit spielen auch die alten Staatsmänner im heutigen politischen System eine überaus wichtige Rolle. Sie heißen nicht mehr *genrō*, aber ebenso wie jene üben sie auf eine von der Verfassung nicht definierte Weise Macht aus. Japanische Premierminister haben nach dem Scheiden aus dem Amt oft eher mehr als weniger Einfluss. Lange galt Tanaka Kakuei als Königsmacher, obwohl er unter dubiosen Umständen zurückgetreten war, die LDP verlassen hatte und jahrelang ein Gerichtsverfahren gegen ihn anhängig war. Als Ex-Premier wurde Nakasone Yasuhiro, der ebenfalls wegen Korruptionsvorwürfen zeitweise aus der LDP ausgetreten war, ein Jahrzehnt lang zur grauen Eminenz der japanischen Politik, und auch die Stimme seines Nachfolgers Takeshita Noboru, obwohl nur zwei Jahre im Amt, fand noch viele Jahre Gehör. Frei von den Zwängen des Regierungsamts können die Altgedienten wie einst die *genrō* ihr Gewicht in die Waagschale werfen, wenn es um die Besetzung von Posten und inhaltliche Politikentscheidungen geht.

Über den unleugbaren Kontinuitäten darf man jedoch die Diskontinuitäten nicht aus dem Auge verlieren, die dem Umbruch von 1946 folgten. Die Verfassung von 1946 markiert einen echten Einschnitt in der japanischen Geschichte. Die Erschütterung der Niederlage zog eine tief greifende Transformation des sozialen wie auch des politischen Systems Japans nach sich. Die neue Verfassung trug dazu entscheidend bei. Mehr als die vom starken preußischen Staat inspirierte Vorkriegsverfassung betonte die von den USA mitgestaltete Nachkriegsverfassung die demokratischen Grundlagen des Staates. Die Meiji-Verfassung von 1889 stellt in ihrem ersten Artikel fest, dass das japanische Reich «für alle Ewigkeit» von Kaisern in ununterbrochener Erbfolge regiert wird. Der

Kaiser, «heilig und unantastbar» (Art. 3), war Staatsoberhaupt, das in sich die Rechte des Souverän vereinte und ausübte (Art 4.) und mit Zustimmung des Reichstags auch die gesetzgebende Macht ausübte (Art. 5). Dem Wortlaut zufolge hatte der Tennō die Macht eines absoluten Monarchen. Von der zeitlichen Begrenzung der von ihm eingesetzten Regierung oder des kaiserlichen Parlaments ist in der Verfassung keine Rede. Da der Tennō effektiv Macht ausüben konnte, eine Überprüfung oder Rechenschaftspflicht dieser Macht aber nicht vorgesehen war, noch ein Mechanismus für seine etwaige Amtsenthebung, blieb die Zuweisung politischer Verantwortung in dieser Verfassung unbestimmt. Die Ewigkeit der kaiserlichen Macht schließt Kontrolle und damit Verantwortung aus.[10]

Im krassen Gegensatz zu dieser absolutistischen Verfassung bestimmt die Verfassung von 1946 in Artikel 41 die aus zwei Kammern bestehende Nationalversammlung zum «höchsten Organ der Staatsgewalt». Verfassungsänderungen treten zwar zu einem bestimmten Zeitpunkt in Kraft – die am 3. 11. 1946 verkündete wurde ein halbes Jahr später, am 3. 5. 1947, rechtswirksam –, aber bis eine neue Verfassung mit Leben erfüllt ist, bis sie die politische Kultur des Landes prägt, vergehen Jahre, ja, Jahrzehnte. Was Ralf Dahrendorf Anfang der neunziger Jahre im Hinblick auf die ehemaligen Ostblockstaaten bemerkte, als diese das kommunistische Regime abschüttelten, lässt sich mutatis mutandis auf das Japan der Nachkriegszeit übertragen.

Der formale Prozess der Verfassungsreform dauert sechs Monate; mindestens sechs Jahre vergehen, bis sich das Gefühl breit macht, dass es dank wirtschaftlicher Reformen aufwärts geht. Die dritte Bedingung auf dem Weg zu einer freiheitlichen Ordnung sind die gesellschaftlichen Grundlagen, die die Verfassung und die Wirtschaft aus Schön-Wetter-Institutionen in All-Wetter-Institutionen verwandeln, die inneren und äußeren Stürmen standhalten können. Dafür reichen sechzig Jahre kaum aus.[11]

Die neue Verfassung von 1946 brachte Japan die formalen

Grundlagen einer freiheitlich-demokratischen Gestaltung des Gemeinwesens. Man sollte jedoch nicht vergessen, dass die von Dahrendorf für die Stabilisierung eines neuen Systems für notwendig gehaltene Minimalfrist von sechzig Jahren gerade erst vorbei ist. Ein halbes Jahrhundert oder sechs Jahrzehnte, so genau wird man die Dauer einer solchen Transformationsphase nicht bemessen können. Worauf es ankommt und was Dahrendorf meint, ist, dass eine neue Generation heranwachsen muss, die auf der neuen Grundlage ein eigenes Selbstverständnis davon entwickelt, wie man Politik macht.[12] Eigenheiten der politischen Kultur ändern sich nicht mit einem Federstrich. Selbst wenn die Grundbedingungen neu definiert, die Rollen auf der politischen Bühne neu verteilt werden, können die Akteure gar nicht anders, als viele gewohnte Praktiken beizubehalten. Trotz des Zusammenbruchs weist das neu errichtete System deshalb immer noch Ähnlichkeiten mit dem alten auf.

Es wird oft betont, dass sich das politische System Japans von dem westlicher Demokratien, in denen Entscheidungen in freier Konkurrenz der Meinungen durch Mehrheitsbildung gefällt werden, stark unterscheide. In Japan wird es oft vorgezogen, Mehrheitsentscheidungen, die ja zwangläufig unterlegene Minderheiten implizieren, zu vermeiden und im Prozess der Entscheidungsfindung den Konsens zu suchen.[13] Außerdem ist das Verhältnis zwischen gewählten Repräsentanten und im Staatsdienst stehenden Funktionsträgern ein anderes als im Westen. Namentlich in den Vereinigten Staaten wird, wenn eine neue Regierung antritt, ein großer Teil der Ministerialbürokratie ausgewechselt. In Japan hingegen steht die Bürokratie für politische Stabilität. Regierungen wechseln oft – von 1946 bis 2000 gab es 41 Kabinette – und sind dementsprechend gegenüber der Bürokratie vergleichsweise schwächer als in den meisten westlichen Demokratien. Wenn ein Minister ernsthaft den Versuch macht, den Beamten Verhaltensweisen vorzuschreiben, fällt das auf. Hier erkennt man Unterschiede in der Ausgestaltung des politischen Systems und im Verhältnis von Politik und Staatsverwaltung. Darunter aber liegt das gemeinsame Fundament der demokratischen Regierungsform, und das ist zuallererst ihr zeitlich begrenzter Charakter.

Demokratie ist Regierung auf Widerruf, Regierung auf Zeit.[14] Die zeitliche Begrenzung der Macht ist das entscheidende Kriterium, das demokratische von nichtdemokratischen Formen der Herrschaftsausübung unterscheidet. Die absolute Herrschaft des Tyrannen ist nur vom Grabstein begrenzt, ein demokratisches Regime hingegen steht und fällt mit der periodischen Befragung der Wählerschaft, welche somit Gelegenheit hat, am politischen Prozess teilzunehmen, Machtmissbrauch zu verhindern oder wenigstens zu korrigieren. So bedeutsam ist der zeitliche Regulierungsmechanismus der demokratischen Regierungsform, dass er nicht der Regelung durch Gesetze überlassen bleibt, sondern in der Verfassung festgeschrieben ist.

Die Artikel 45 und 46 der 1946er-Verfassung legen die Amtsperiode von Abgeordneten des Unterhauses auf vier, derer des Oberhauses auf sechs Jahre fest. Das Oberhaus wird, in zwei Hälften getrennt, alle drei Jahre gewählt. Aus diesen Bestimmungen ergibt sich der Rahmen eines Wahlkalenders. Alle zwölf Jahre fallen Unterhauswahlen und Oberhauswahlen zusammen, theoretisch. Tatsächlich geschieht es in unregelmäßigen Abständen, da der Premierminister, ähnlich wie in England und anders als der deutsche Bundeskanzler, die Möglichkeit hat, den Termin für die allgemeinen Wahlen des mächtigen Unterhauses zu bestimmen. Das richtige *timing*, sowieso unverzichtbar für das politische Handwerk, wird dadurch doppelt wichtig. Ist es günstig oder gerade nicht, den Termin für die Unterhauswahl so zu legen, dass sie mit der Oberhauswahl zusammenfällt? Diese Überlegung muss der Premier ins politische Kalkül mit einbeziehen. Er und das Kabinett sind in der Freiheit ihres Handelns auf vielerlei Weise durch Fristen eingeschränkt, die sie nicht ändern können. Das Unterhaus muss einmal im Jahr zu einer regulären Sitzungsperiode zusammentreten

(Art. 52), wobei der Premierminister und das Kabinett anwesend sein müssen. Allgemeine Wahlen müssen spätestens 40 Tage nach Auflösung des Unterhauses abgehalten werden. Spätestens 30 Tage nach dem Wahltag muss das neue Unterhaus zusammentreten (Art 54). Im Notfall kann das Oberhaus, wenn das Unterhaus aufgelöst ist, vom Kabinett aufgefordert zusammentreten und gesetzgeberisch handeln. Unter solchen Umständen gefällte Beschlüsse müssen jedoch innerhalb von 10 Tagen nach Eröffnung der nächsten Unterhaussitzung von demselben ratifiziert werden (Art 54, 3). Fristen und zeitliche Reihenfolgen sind bei wichtigen Regierungsgeschäften, insbesondere bei der Beratung und Verabschiedung des Haushalts zu beachten. Im Unterschied zu anderen Gesetzesvorlagen muss der Haushaltsentwurf zuerst ins Unterhaus eingebracht werden, dann ins Oberhaus. Im Fall eines Dissens tritt ein Vermittlungsausschuss zusammen. Bleiben dessen Beratungen ohne Ergebnis, erlangt der Unterhausbeschluss nach 10 Tagen Gesetzeskraft.

Die zeitlichen Aspekte des demokratischen Regimes beinhalten also viel mehr als nur den regelmäßigen Gang zum Wähler und dessen Gang zur Urne. Der geschickte Politiker kann die Zeit nie außer Acht lassen. Das Ringen zwischen Regierung und Opposition bezieht sich nicht nur auf das Was sondern auch auf das Wann, denn politische Entscheidungen sind zeitbezogen. Wer in Japan an der Macht ist, hat durch das Privileg, den Wahltermin zu bestimmen, einen Vorteil, aber auch die Opposition kann die Zeit für sich nutzen. Jede Regierung ist unter Zeitdruck. Immer ist zu wenig Zeit, und die Realisierung der meisten Vorhaben dauert länger als erwartet. Das kann sich die Opposition zunutze machen. «Eine der wirkungsvollsten Waffen, die der Opposition zur Verfügung stehen, ist die Strenge des parlamentarischen Zeitplans.»[15] Für die Lesung der notwendigen Gesetze steht nur beschränkte Zeit zur Verfügung. Wenn der Haushalt nicht rechtzeitig verabschiedet ist, steht die Regierung als handlungsunfähig da. In den drei Jahrzehnten bis Anfang der neunziger Jahre, als sie die wichtigste Oppositionskraft waren, war das Hinauszögern einer Entscheidung, die sie aufgrund der Mehrheitsverhältnisse nicht verhindern konnten, die beliebteste Taktik der Sozialisten.

Bevor in die inhaltliche Debatte um einen Gesetzentwurf eingestiegen wird, kann die Opposition die Klärung von Verfahrensfragen verlangen und dazu zahlreiche Geschäftsordnungsanträge einbringen. Da die Abgeordneten über solche Anträge getrennt und einzeln abstimmen müssen, kann das Tage dauern. Bei Gesetzentwürfen, die wenig kontrovers sind, ist es üblich, das Verfahren dadurch zu beschleunigen, dass der Präsident des Unterhauses die Abgeordneten, die mit Ja stimmen wollen, auffordert, sich zu erheben, und dann das Ergebnis der En-bloc-Abstimmung bekannt gibt. Die Opposition kann jedoch die Einzelabstimmung mit Stimmzettel erzwingen. Dann müssen alle Abgeordneten einzeln in feststehender Reihenfolge zum Podium gehen und ihre Stimme abgeben. Wenn es so weit kommt, können die oppositionellen Abgeordneten sich schließlich noch zum «Ochsengang» *(ushi no ayumi)* entschließen und den Weg von ihrem Platz zum Podium im Schneckentempo zurücklegen. Bei solchen Gelegenheiten ist es vorgekommen, dass Abgeordnete Schlafsäcke mit in die Kammer brachten und dort nächtigten. Was darüber hinaus passieren kann, schildert der Politologe Kyogoku so: «Normalerweise folgen die Verhandlungen in den Kammern des Parlaments einem Skript, über das sich die vertretenen Parteien im Geschäftsordnungsausschuss geeinigt haben. Dementsprechend gilt das Durchboxen eines Gesetzes durch die Regierungspartei nicht als legitim. Die Oppositionsparteien boykottieren also das weitere Verfahren, und alles kommt zum Stillstand.»[16] Die zeitlichen Rahmenbedingungen der Politik auf diese Weise auszunutzen scheint dem Mehrheitsprinzip, das für demokratisches Regieren im westlichen Verständnis so zentral wichtig ist, zu widersprechen. Mit dem japanischen Demokratieverständnis sind solche Taktiken jedoch durchaus vereinbar, weil sie sich gegen die «Tyrannei der Mehrheit» richten. Wenn eine konsensuelle Entscheidung nicht erreicht werden kann, ist die Mehrheit, so wird es gesehen, dafür zumindest mitverantwortlich.

Freilich sind Verzögerungstaktiken für Regierung und Opposition gleichermaßen problematisch. Letztere muss sehr vorsichtig mit diesem Mittel umgehen. Benutzt sie es zu oft und bei peripheren Anlässen, setzt sie sich dem Vorwurf aus, nur Obstruktionspolitik zu betreiben. Andererseits muss sich die Regierung bewusst sein, dass «ihre Reputation, das Geschehen im Parlament steuern zu können, leidet, wenn das Gesetzgebungsverfahren zum Stillstand kommt, weil die Opposition nicht kooperiert».[17] Nicht weniger als die Regierung muss die Opposition immer an die nächste Wahl denken. Das Gewicht der Vergangenheit kann der politische Akteur ebenso wenig ignorieren wie das Durchschnittsalter und die Lebenserwartung der Wähler. Die wichtigste Marke am Zeithorizont des Politikers in einer Demokratie ist in jedem Fall das Ende der Legislaturperiode, in Japan der Zeitpunkt, zu dem der Regierungschef einen plausiblen Grund haben könnte, Wahlen anzusetzen. Sobald die Wahlergebnisse bekannt sind, beginnt die Uhr bis zum nächsten Wahltag zu ticken. Der Wahlsieger hat Autorität auf Zeit, der Verlierer hat nicht für alle Zeit verloren, sondern bekommt nach Ablauf einer Frist eine nächste Chance. Im Kalender der Demokratie ist der Wahltag das Jetzt, an dem sich Vergangenheit und Zukunft treffen. Inhaber eines Wahlamts können zurückblicken und auf Erfolge, tatsächliche und vermeintliche, verweisen. Neubewerbern bleibt nichts anderes übrig, als den Blick auf eine natürlich bessere, da von ihnen geformte Zukunft zu richten. Sie können nur künftige Handlungen versprechen und müssen um einen Vertrauensvorschuss werben. Wenn sie Erfolg haben, war die Zeit reif für den Wandel, wenn sie unterliegen, war sie es nicht.

Die zeitlichen Regeln, die den demokratischen Prozess strukturieren, zum eigenen Vorteil zu nutzen zeichnet den geschickten Politiker aus. Das richtige *timing* kann bei Wahlen ausschlaggebend sein. Alle Faktoren, die sich auf den Ausgang einer Wahl aus-

Nach seiner Wahl zum Gouverneur von Tokio am 11. April 1999 malt Ishihara Shintarō einer Daruma-Puppe das zweite Auge ein. (Foto: Kyōdō tsūshinsha).

wirken, haben freilich auch die weitblickendsten Politiker nicht unter Kontrolle. Berühmt ist das Beispiel Premierminister Ōhira Masayoshis, der im Sommer 1980 nach einem Misstrauensvotum gegen seine Regierung das Parlament auflöste und Wahlen ausrief. Die Chancen für die LDP standen in dieser vom Lockheed-Skandal überschatteten Zeit äußerst schlecht. Dass sie trotzdem eine überraschend klare Mehrheit gewann, verdankte sie nach übereinstimmender Meinung der Analytiker Ōhira, der zehn Tage vor dem Wahltag das Zeitliche segnete. Wahlplakate mit Trauerflor brachten eine Flut von Beileidsstimmen ein. Die Koinzidenz von politischer Zeit und Lebenszeit kam der LDP in diesem Fall zugute, aber selbst die gewitztesten Politiker können mit solchen Vorfällen nicht rechnen. Sie brauchen auch Fortune.

Sich darum zu bemühen wird nicht vergessen, denn so rational das politische Geschäft der Demokratie auch ist, rechnet man in der Politik wie in vielen anderen Lebensbereichen Japans damit, dass es für das eigene Handeln gute Zeiten und schlechte Zeiten gibt. Wenn der Wahlkampf den gewünschten Ausgang genommen hat, dann bekommt der Daruma sein zweites Auge. Daruma-Puppen, so genannt nach dem indischen Priester Bodhidharma, der in China den Zen-Buddhismus gründete, sind beliebte Talismane. In der Edo-Zeit sollten sie vor Pocken schützen, heute obliegt es ihnen, für den glücklichen Ablauf diverser Vorhaben zu sorgen, insbesondere den eines Wahlkampfes. Die roten Stehaufmännchen aus Pappmaché, die im Wesentlichen nur aus Kopf bestehen, werden ohne eingezeichnete Augen verkauft. Wenn ein Daruma in Dienst gestellt wird, malt man ihm ein Auge ein. Hat er dann die in ihn gesetzten Hoffnungen erfüllt und für den Wahlsieg gesorgt, bekommt er auch das zweite. So will es der Brauch. Dann ist der richtige Augenblick gekommen, ein Fass aufzumachen. Mit dem Holzhammer schlägt der erfolgreiche Kandidat den Deckel eines Sakefasses ein, um den Sieg zu feiern.

Anmerkungen Kapitel XI

1 Dieser Ausspruch geht auf einen Vorfall zurück, der sich 1582 zutrug, als Akechi Mitsuhide den großen Reichseiner des 16. Jahrhunderts Oda Nobunaga (1534–1582) ermordete, um die Macht an sich zu reißen. Nur wenige Tage konnte er sich jedoch halten, bevor er fliehen musste. Schon elf Tage später wurde er auf der Flucht getötet.

2 Richardson (1974:192).

3 Kevenhörster (1993:70). «Die Faktionen sind keine ideologischen Unterabteilungen der Partei, sondern funktionale Komponenten, die auf typisch japanische Weise personenbezogene Gruppen von Gefolgsleuten eines Führers sind» (Reischauer (1977:281)).

4 Inoue (1996:122).

5 Wie im Auswärtigen Ausschuss des US-Senats 1976 bekannt wurde, hatte die Firma Lockheed japanische Politiker mit mehreren Millionen Dollar bestochen, um Kaufverträge für Flugzeuge zu akquirieren. Zu einem anhaltenden Skandal wurde dieser Vorfall in Japan vor allem deshalb, weil sich eine ausländische Firma politischen Einfluss erkauft hatte.

6 Blechinger (1997).

7 Kevenhörster (1993:52) verweist dabei auf den Titel eines Buches von Thomas Immoos.

8 Vgl. Harrison (1995:224).

9 «Japan gehört offensichtlich zur Gruppe der demokratischen Industrieländer und kann mit Gewinn mit anderen solchen Ländern verglichen werden. Eine Faktorenanalyse, die darauf ausgerichtet ist, mittels politischer, wirtschaftlicher und sozialer Daten festzustellen, welche Länder sich am meisten ähneln, würde Japan in Westeuropa ansiedeln.» (Reed, 1993:24).

10 Die unbestimmte Lokalisierung der Verantwortung im politischen Prozess Japans ist wiederholt hervorgehoben worden, z. B. SEKOTAC (1992:96): «Die Japaner handeln oft, ohne dass ein Verantwortlicher eine Autoritätsposition innehat.» Vgl. auch Coulmas (1993:64 f.), wo ein «Verantwortungsvakuum» ausgemacht wird.

11 Dahrendorf (1990:92 f.). Vgl. auch Schmitter und Santiso (1998).

12 Den zeitlichen Faktor der Stabilisierung des demokratischen Regimes betont auch Schmiegelow (1997:31): «Japans Demokratie hat sich mittlerweile so lange behauptet, dass sie irreversibel geworden ist.»

13 Die Gruppenorientierung der japanischen Gesellschaft ist hiermit oft in Zusammenhang gebracht worden. Vgl. z. B. SEKOTAC (1992:60f.).

14 Vgl. Linz (1998).

15 Stockwin (1982:91).

16 Kyogoku (1987:182).

17 Kyogoku (1987:186).

GUTE ZEITEN, SCHLECHTE ZEITEN

Das Wichtigste bei allen Dingen
ist der richtige Zeitpunkt.
Kalenderspruch

Die Kabinettsumbildung im Herbst 1999 war für Premierminister und LDP-Chef Obuchi Keizō nicht einfach. Katō Kōichi, der ehemalige Generalsekretär der LDP, und Yamazaki Taku, politischer Vordenker der Partei, hatten bei der Wahl zum Parteivorsitzenden gegen ihn kandidiert und verloren. Sie waren gegen Obuchis Plan, die buddhistische Kōmeitō in die Regierung zu holen, um auch im Oberhaus eine Mehrheit hinter sich zu haben und so leichter regieren zu können. Jetzt machten Katō und Yamazaki ihm das Leben schwer. Obuchi konnte bei dieser Gelegenheit zeigen, dass er im Ränkeschmieden nicht schlechter war als seine Parteirivalen und sich der politischen Trickkiste sehr geschickt zu bedienen wusste. Zwar konnte er sich bei der Verteilung der Posten nicht über den Faktionenproporz hinwegsetzen; danach bekam Katōs Gruppe drei, Yamazakis einen Ministerposten. Aber statt Katōs und Yamazakis Vorschläge zu akzeptieren, berief er andere Abgeordnete ihrer Fraktionen ins Kabinett, denen sachliche Kompetenz und nicht nur Vasallentreue zum Fraktionschef nachgesagt wurde. Jetzt drängte die Zeit. Nachdem das Revirement unter Dach und Fach war, musste das neue Kabinett vereidigt und der Öffentlichkeit vorgestellt werden. Eigentlich sollte es bereits am folgenden Freitag geschehen, aber wegen des schweren Unfalls im Atomkraftwerk Tokaimura hatte Premier Obuchi alles andere zurückgestellt, um der Öffentlichkeit zu demonstrieren, dass er seine Aufgabe als Chef des rasch gebildeten Krisenstabs ernst nahm. Montag hatten weder die Medien noch der Premier für irgendetwas außer Tokaimura Zeit. Also wurde es Dienstag, der 5. 10., obwohl das eigentlich nicht so opportun war. Aber bis Mittwoch durfte die Sache auf keinen Fall aufgeschoben werden, denn am Mittwoch war Butsumetsu, ein Unglückstag, an dem kein neues Kabinett seine Arbeit aufnehmen will. Dienstag war Senmake, auch nicht gerade ideal, da man an Senmake insbesondere amtliche Angelegenheiten und dringende Geschäfte vermeiden sollte, aber entschieden besser als Butsumetsu.

Senmake und Butsumetsu sind zwei von sechs Tagen eines Zyklus von Glücks- und Unglückstagen, der sich in gleich bleibender Reihenfolge ständig wiederholt. Der Sechstagezyklus *rokuyō* – wir kamen im vierten Kapitel schon auf ihn zu sprechen – kam in der Muromachi-Zeit (1336–1573 u. Z.) aus China nach Japan und wurde in der Edo-Zeit (1603–1867 u. Z.) populär. Der Ursprung dieses Brauchs, der günstige und ungünstige Tage unterscheidet, liegt im Dunkeln. Es ist vermutet worden, dass die 30 bzw. 29 Tage zählenden Monate des Mondkalenders in kleinere Einheiten, fünf Gruppen von sechs Tagen, eingeteilt wurden. Im altertümlichen China der Han-Dynastie gab es eine ethisch-ontologische Denkschule, die der Zahl sechs eine besondere Stellung zuwies *(liuxing shuo)*, ähnlich wie eine andere, die fünf als ontologische Ordinalzahl betrachtete. Für den Menschen waren Phänomene wichtig, die in Sechsergruppen vorkamen: sechs Naturerscheinungen: Mond, Sonne, Wind, Regen, Dunkelheit, Helligkeit; sechs Richtungen: Ost, West, Süd, Nord, oben, unten; sechs Verwandtschaftsbeziehungen: Vater, Mutter, älterer Bruder, jüngerer Bruder, Frau, Kind; sechs Tugenden: Weisheit, Großzügigkeit, Frömmigkeit, Pflichtschuldigkeit, Treue, Bescheidenheit; sechs Sinne: Auge, Ohr, Nase, Zunge, Herz, Verstand; etc. Dass man analog dazu auch die Zeit im Sechsertakt der Tage voranschreiten sah, ist zumindest denkbar.[1] Wie jedoch den Tagen dieses Zyklus ein gutes und schlechtes Omen zuwuchs, ist ungeklärt.

Monat	erster Tag *(Sakujitsu)*
1/7	Senkachi
2/8	Tomobiki

3 / 9	Senmake
4 / 10	Butsumetsu
5 / 11	Taian
6 / 12	Shakku

Auch heute noch werden die sechs Tage des *rokuyō* in den meisten in Japan gedruckten Kalendern vermerkt. Die sechs Tage des Zyklus sind *Senkachi* (auch *Senshō*), *Tomobiki*, *Senmake* (auch *Senpu)*, *Butsumetsu*, *Taian* und *Shakku* (auch *Shakkō*), in dieser Reihenfolge, die immer gleich bleibt. Der Zyklus beginnt jeden Monat aufs Neue, wobei sich der erste Tag jeweils um eins nach hinten verschiebt, sodass je zwei Monate des Jahres den gleichen Anfangstag haben. Im ersten und siebten Monat ist es *Senkachi*, im zweiten und achten *Tomobiki*, usw. Dabei wird der alte lunisolare Kalender zugrunde gelegt, der seit seiner offiziellen Ersetzung durch den gregorianischen Kalender 1873 fortgeschrieben wird, um der Verankerung solcher Bräuche in der Tradition nicht die Grundlage zu entziehen. Wenn man den alten Kalender nicht bei der Hand hat, ist die Ordnung des Zyklus undurchsichtig, da sie immer wieder im Laufe der heutigen Kalendermonate durchbrochen wird, wenn deren erster Tag nicht gerade mit dem ersten Tag eines alten Monats zusammenfällt. So folgt zum Beispiel auf den *Butsumetsu* vom 4. Februar 2000 am 5. Februar nicht *Taian*, wie es nach dem Zyklus sein sollte, sondern *Senkachi*, weil der 5. Februar 2000 gleichzeitig der 1. 1. nach dem alten Kalender ist und das Jahr und damit der erste Monat den Zyklus auf jeden Fall mit *Senkachi* beginnt.

Nun sind die sechs Tage nicht einfach nur sechs gleichwertige Einheiten eines Zyklus, sie sind auch mit bestimmten günstigen und nachteiligen Vorzeichen verbunden. Das Leben wird dadurch nicht unbedingt einfacher. Wer sich danach richtet, hat ein Koordinationsproblem mehr, denn außer den Öffnungszeiten von Läden und Behörden, den Anforderungen der Arbeit und der Schule sowie sonstigen Disponibilitäten gilt es auch noch die Auspizien des *rokuyō* zu beachten. *Senkachi* bedeutet wörtlich ‹zuerst gewonnen›. An diesen Tagen ist der Vormittag günstig, der Nachmittag ungünstig, früh begonnen, halb gewonnen also, wenn nicht gar ganz. Wer früh dran ist und sich beeilt, bei dem stellt sich das Glück ein. Wörtlich bedeutet *tomobiki* ‹den Freund mitziehen›. Unabhängig vom *rokuyō* kannte auch das Yin-und-Yang-Amt einen *Tomobiki*, der mit der kreisförmigen Anordnung der Tage im Sechzigerzyklus der zehn Stämme und zwölf Zweige[2] zu tun hatte. Wenn an einem bestimmten Tag bestimmte Tätigkeiten in einer Richtung ausgeführt wurden, so hieß es von diesem Tag, würde sich ein Unglück auf einen Freund erstrecken. Dieser *Tomobiki* scheint mit dem des *rokuyō* verschmolzen zu sein. Danach muss man es unbedingt vermeiden, ein Begräbnis oder eine Gedenkfeier für einen Verstorbenen an so einem Tag abzuhalten, denn andernfalls wird ein Freund mit ins Reich des Todes gezogen. Was andere Verrichtungen betrifft, so sind der Morgen und der Abend verheißungsvoll, der Mittag aber ungünstig. *Senmake* dann bedeutet ‹zuerst verloren›. Nicht voreilig sein, alles in Ruhe überlegen, ist hier die Devise. Im Gegensatz zum *Senkachi* gilt dementsprechend der Vormittag als ungünstig, der Nachmittag als günstig. Im Übrigen sollte man amtliche Angelegenheiten und dringende Geschäfte vermeiden. Der darauf folgende *Butsumetsu* ist ‹Buddhas Tod›, der größte Unglückstag, eine Art Karfreitag für die Buddhisten. An einem solchen Tag kann nur alles schief gehen. Am besten, man unternähme gar nichts, da *Butsumetsu* aber nicht nur einmal im Jahr sondern alle sechs Tage ist, wäre das viel zu unpraktisch. *Butsu* bedeutet in der heutigen Schreibweise von *Butsumetsu* ‹Buddha›, aber in der Edo-Zeit verwendete man stattdessen das chinesische Zeichen für ‹Ding›. ‹Der Tod aller Dinge› ergab sich so als Gesamtbedeutung, was sicherlich nicht viel besser war, nur war der Bezug zur Heiligkeit nicht so direkt. Hat man den *Butsumetsu* hinter sich gebracht, kann man aufatmen, denn ihm folgt *Taian* auf dem Fuße, ‹der große Frieden›, der Glückstag schlechthin. Für alle Vorhaben Glück und Erfolg versprechend, ist dieser Tag insbesondere dafür geeignet, den Bund fürs Leben zu schließen. Der letzte

Tag im Zyklus ist *Shakku*, ‹roter Mund›, ein Name, mit dem schon die Beamten des Yin-und-Yang-Amts einen Unglückstag bezeichneten. In den Sechstagezyklus wurde er unverändert übernommen. Voller Ungewissheit ist dieser Tag, an dem man durch die geringste Ungeschicklichkeit den Fluch der Götter auf sich ziehen kann. Rot ist mit Blut assoziiert, weswegen besonders Tischler, Köche und andere, die mit scharfen Werkzeugen arbeiten, höchste Vorsicht walten lassen müssen. Morgens und abends ist alles sehr ungünstig, allein mittags ist es etwas besser.

Wer richtet sich nach dem *rokuyō*, auf welche Weise macht er sich im alltäglichen Leben bemerkbar? Nur wenige Menschen leben auf die Weise im Sechstagerhythmus, dass sie bei allen Unternehmungen auf die Auspizien des Tages Rücksicht nehmen. Zum reinen Dekor sind die Glücks- und Unglückstage jedoch keineswegs verkommen, sie sind noch immer ein Teil der Zeitstruktur der Gesellschaft. Freilich spielen nicht alle sechs gleichermaßen eine Rolle. *Senkachi*, *Senmake* und *Shakku* werden viel weniger beachtet als die drei anderen. Am *Tomobiki* findet in ganz Japan praktisch keine Trauerfeier statt. Dieses Tabu wird beinah universell beachtet. Selbst Christen und Agnostiker halten es ein, da sie damit rechnen müssen, dass viele im Verwandten- und Bekanntenkreis des Verstorbenen mehr oder weniger ausgeprägte Gefühle bezüglich des *Tomobiki* haben. So ist es mit vielen Bräuchen. Sie werden eingehalten, nicht so sehr weil viele Menschen von den mit ihnen verbundenen Inhalten überzeugt sind, als viel mehr weil sie keinen Grund sehen, sich darüber hinwegzusetzen oder weil sie auf andere Menschen Rücksicht nehmen, denen vielleicht tatsächlich daran gelegen ist.

Felsenfest davon überzeugt, dass *Butsumetsu* ein Unglückstag ist, sind wahrscheinlich nur sehr wenige, aber wer weiß mit Gewissheit, dass es nicht so ist? Warum soll man sein Schicksal herausfordern?! Wenn man gerade eine buddhistische Partei in die Regierung holt, wird man den *Butsumetsu* als Tag der Kabinettsumbildung vermeiden, ganz wie Premier Obuchi es im Herbst 1999 tat. Vielleicht ist ihm persönlich *Butsumetsu* genauso egal wie St. Martin, aber in seiner Umgebung ist Ersterer weit wichtiger als Letzterer. «Es kommt vor, dass für eine Kabinettsumbildung der *Taian* gewählt wird», schreibt der Historiker Okada Yoshirō.[3] Das wollte Obuchi eigentlich auch. Freitag, der 1. Oktober, der Tag, an dem sein zweites Kabinett vorgestellt werden sollte, war *Taian,* aber dann kam die unkontrollierte Kettenreaktion im Atomkraftwerk Tokaimura dazwischen. *Butsumetsu* konnte er immerhin vermeiden, sonst wäre das bestimmt in der Presse bemerkt worden. Und wenn man an Senmake wichtige Dinge unternimmt, dann lieber am Nachmittag. Am Vormittag des 5. 10. empfing Premierminister Obuchi neben anderen Routineterminen Gouverneur Sundquist des US-Staates Tennessee. Die erste Zusammenkunft der neuen Regierung und die formelle Ernennung der neuen Minister im kaiserlichen Palast wurden auf den Nachmittag gelegt.

Eine ebenso hohe Stellung wie der Unglückstag *Butsumetsu* wird dem Glückstag *Taian* zugeschrieben. Die Gesellschaftsräume in den großen Hotels und die Trauhallen, die auf das Ausrichten von Hochzeitsfeiern spezialisiert sind, haben stets Monate im Voraus alle *Taian*-Termine vergeben, denn ebenso wie niemand am *Tomobiki* eingeäschert werden will, möchten alle am *Taian* heiraten. Kyōko-san zum Beispiel, die Flötenlehrerin, eine höchst nüchterne Person ohne Hang zu Aber- oder sonst irgendeinem Glauben, lud uns zur Hochzeit nach Yokohama ein, am 19. Dezember. Der Mann, nach längerem Suchen durch Vermittlung gefunden, ist Physiker, Professor an einer renommierten Universität. Eine Vernunftehe, wie man auf Deutsch sagt. Viel Romantik war gewiss nicht im Spiel, aber *Taian* musste sein. Bei solchen Anlässen sind die Protagonisten zwar unverzichtbar, das heißt jedoch nicht, dass sie Ablauf und Szenenbild bestimmen, ganz zu schweigen vom *timing.* Der *Taian* gehört zum Hochzeitsfest wie die Hochzeitstorte, die von Braut und Bräutigam unter Beifall angeschnitten werden muss. Glaubt Kyōko-san, dass der Glückstag ihre

Chancen, eine glückliche Ehe zu führen, auch nur um ein Jota verbessert? Sicher nicht, weil an diesem Tag die Zeichen des Himmels günstig stehen. Aber das Bestreben, alles richtig zu machen, zählt. Alles muss so sein, dass sich hinterher jeder gern an die Hochzeit erinnert, dass auf den Fotos alles stimmt. Die Perle in der Krawatte des Bräutigams, der Kimono und das auf halbem Wege an seine Stelle getretene Hochzeitskleid der Braut, das Paar wie vom Dekorateur platziert vor dem goldenen Wandschirm, die vom Zeremonienmeister abgerufenen Ansprachen, die Geschenke für die Gäste und eben der richtige Tag. Und wenn das Fest vorbei ist, geht es auf die Hochzeitsreise. Viele Paare fahren gleich zum Flughafen, um nach Hawaii zu fliegen, einem der beliebtesten Ziele Jungvermählter. Die meisten Flüge nach Hawaii gehen abends. Man kommt dann am Morgen in Honolulu an, und zwar am Kalendertag vor dem Abflug, denn der Zeitunterschied zwischen Japan und Hawaii beträgt 19 Stunden, der Flug von Narita nach Honolulu dauert aber nur acht Stunden. Für die Hochzeitsreisenden sollte das an sich verheerende Folgen haben, fliegen sie doch auf diese Weise an ihrem Hochzeitstag vom *Taian* mitten in die Kalamität des *Butsumetsu* hinein.

Aber um solche Fährnisse des alten *rokuyō*-Zyklus im technischen Zeitalter schert sich niemand. Dass uns die Flugzeugtechnologie erst vor wenigen Jahrzehnten dazu in die Lage versetzt hat, denselben Kalendertag zweimal anbrechen zu sehen, indem wir die Datumsgrenze[4] in östlicher Richtung überfliegen, ist dabei kaum von Belang. Wichtiger ist, dass *Taian* und *Butsumetsu* wie alle traditionellen Riten und Bräuche ortsgebunden sind. Sie gehören zu Japan und haben im Ausland keine Gültigkeit. Das ist nicht nur ein bequemer Trick, mit dem sich die wenig zur Orthodoxie neigenden Japaner den Zwängen des Brauchtums pragmatisch entziehen. Aus ihrem Verhalten spricht der gesellschaftliche Charakter des Rhythmus, der mit *Tomobiki*, *Butsumetsu* und *Taian* skandiert wird. *Rokuyō* strukturiert das gesellschaftliche Leben; darin, nicht in dem durchaus wandelbaren symbolischen Inhalt seiner sechs Elemente liegt seine Bedeutung. Außerhalb des Bezugsrahmens, außerhalb der Gesellschaft, die diesem Rhythmus folgt, geht sie verloren. Ein Zyklus wie *rokuyō* ist seinem Wesen nach eine kollektive Tatsache im Sinne Durkheims[5], Teil nämlich der japanischen Zeitkultur. Das schließt nicht aus, dass Einzelne religiöse oder abergläubische Gefühle mit dem Zyklus verbinden, dessen wichtigste Funktion jedoch die Koordination, nicht die Vermittlung oder Tradierung bestimmter Glaubensinhalte ist. Die ist nur Mittel zum Zweck. Selbst wenn niemand mehr an die Magie von *Tomobiki* und *Butsumetsu* glaubt, haben diese Tage als Elemente des Sechstagezyklus ihren Zweck nicht eingebüßt; denn der besteht in erster Linie darin, zu gewährleisten, dass zum richtigen Zeitpunkt das Richtige getan wird.

Der diesem Kapitel vorangestellte Kalenderspruch – «Das Wichtigste bei allen Dingen ist der richtige Zeitpunkt» – verlangt genau das. Er gibt einer Einstellung Ausdruck, die in der japanischen Kultur schon lange einen wichtigen Platz einnimmt: der ausgeprägte Sinn für das Angemessene zur rechten Zeit. Dem Lebensgefühl des *mujō*[6], der mit der natürlichen Zeit assoziierten Vergänglichkeit, die den Alltag immer ins Chaos zu stürzen droht, wird die vom Menschen geschaffene Ordnung der gesellschaftlichen Zeit entgegengesetzt. Es ist die Vorstellung oder der Wunsch, dass es für das menschliche Verhalten Orientierungsmarken gibt, die dem Einzelnen die Sicherheit gewähren, richtig zu handeln. Für alles ist die rechte Zeit das Wichtigste. Ethik ist *timing.* «Alles zu seiner Zeit», wird der japanische Spruch oft übersetzt, aber seine Bedeutung weicht etwas von der des deutschen ab. *Shiodoki*, ‹der richtige Zeitpunkt›, bedeutet auch ‹Flut› im Sinne der Gezeiten. So, wie das Schiff am besten mit der Flut ausläuft, gibt es für alles den besten Zeitpunkt. Die Flut ist ein natürliches Phänomen, aber die Entscheidung zum Auslaufen trifft der Kapitän. Der kluge Kapitän versucht, nicht gegen die Gezeiten zu steuern, trotzdem bestimmt er den Zeitpunkt.

Der Geltungsanspruch der Rechtzeitigkeit des Handelns ist

allgemein, wie er sich in der Konventionalität kalendarischer Vorschriften manifestiert. Allgemeine Geltung kann der Geltungsanspruch freilich nicht garantieren. Abweichungen sind immer möglich, aber Konformitätserwartung und Sanktionsdruck unterscheiden sich von einer Gesellschaft zur anderen. Der Grad der Synchronizität einer Gesellschaft ist ein Indiz ihres Verhältnisses zur Tradition. Je pluralistischer eine Gesellschaft ist, desto geringer ist ihre Synchronizität. Unter dem Gesichtspunkt der temporalen Aspekte der Kultur betrachtet, stellt sich das, was Individualismus genannt wird, als ein geringes Maß an Synchronizität im gesellschaftlichen Verhalten dar. Die Abwesenheit eines Individualismus westlicher Prägung in Japan ist von vielen Beobachtern konstatiert[7], von manchen beklagt worden. Vom Standpunkt der Zeitsoziologie aus betrachtet, ist die oft ins Unsinnige abgleitende Diskussion der Frage, welche Rolle Individuum und Individualismus in der vormodernen und modernen japanischen Gesellschaft spielen, durch die nach der relativen Synchronizität zu ergänzen. Japan präsentiert sich dem Beobachter so als ein Gemeinwesen, das mit seinen vielen Fest- und Gedenktagen, mit Glücks- und Unglückstagen, die immer noch beachtet werden, viele synchronisierte Rhythmen aufweist. Mit der Frage ‹Individualismus oder nicht?› hat das weniger zu tun als mit der Vorstellung, dass die Perfektionierung der Gesellschaft möglich ist, wenn man nur den rechten Zeitpunkt für alles findet.

Vorstellungen von Gleichzeitigkeit und zeitlicher Angemessenheit erstrecken sich von der temporalen Strukturierung des gesellschaftlichen Lebens auch auf das Individualleben. Jeder ist in einem Jahr des Tierkreises geboren, was zwar für die meisten Menschen keine gewichtige Bedeutung hat, aber gelegentlich zur Kenntnis genommen wird. Als mich mein Sportclub fragte, ob ich für ein Foto für den Prospekt zur Verfügung stünde, dachte ich zunächst, es ginge um die Werbewirksamkeit des ausländischen Gesichts. Als ich mich jedoch zu dem Termin einfand, stellte sich heraus, dass die drei oder vier anderen Mitglieder, die geladen waren, alle gleichaltrig bzw. 12 oder 24 Jahre jünger oder älter waren als ich. Sie alle waren wie auch ich nichts ahnend *toshi otoko* bzw. *toshi onna*, ‹Jahresmänner und -frauen›, die in dem fraglichen Jahr einen Zyklus von zwölf Jahren vollendeten und so ein Lebensalter erreicht hatten oder erreichen würden, das ein Vielfaches von 12 war. So wie ein runder Geburtstag ist das, weiter nicht bemerkenswert, aber Anlass, um kurz innezuhalten, in Japan vielleicht etwas mehr als in westlichen Ländern. Jedes Jahr wird unvermeidlich ein bestimmter Teil der Bevölkerung 50, 60, 70 Jahre alt. Darauf hinzuweisen, gibt es keinen Grund. In Japan aber erfahren wir aus der Zeitung, dass 1999 im Jahr des Hasen *(usagidoshi)* 7,8 % aller Japaner Jahresmänner und -frauen sind, also in einem Jahr des Hasen geboren wurden, ein Datum, dessen Tragweite dem unvorbereiteten Leser leicht entgeht. Von einigem Interesse etwa ist, dass 7,8 mal 12 nicht 100 sondern nur 93,6 ergibt, die Hasen-Jahr-Japaner also nicht 1/12 der Gesamtbevölkerung ausmachen, obwohl doch jeder Japaner in einem Jahr des Zwölferzyklus geboren ist. Das reflektiert den Umstand, dass die gegenwärtige durchschnittliche Lebenserwartung der Japaner nicht ein genaues Vielfaches von 12 ist. Für die ungleiche Verteilung der Bevölkerung über die Tierkreisjahre ist das freilich nur eine partielle Erklärung. In die demographische Kalkulation gehen noch andere Faktoren ein, auf die wir später zu sprechen kommen.

Dass ein Hasenmann andere Eigenschaften hat als ein Drachenmann, sind manche geneigt als folkloristischen ‹Aberglauben› abzutun. Auf Glauben oder Aberglauben kommt es freilich gar nicht an. Ebenso wie der Sechstagezyklus des *rokuyō* sind die Emblemtiere des Zwölfjahrezyklus vor allem symbolische Marken der Zeitstrukturierung, ein Ordnungsprinzip. Wenn *setsubun* ist, am Tag vor Frühlingsbeginn nach dem alten Kalender, wird das Glück herbeigewünscht und der Teufel mit einem Bombardement von Bohnen vertrieben. Für Kinder ist das Bohnenwerfen ein großer Spaß, zu Hause, im Kindergarten, in der Schule. Bei öffentlichen Zeremonien, wie sie etwa Tempel veranstalten, müssen auch Bohnen geschmissen werden, und da besorgen das gewöhnlich die *toshi otoko* mit demselben Emblemtier wie das derzeitige Jahr. Offenkundig hat das keinen anderen Grund als den, eine Reihenfolge festzulegen, nicht anders als im Sportclub, wenn es darum geht, Leute zu finden, die sich für die Werbebroschüre ablichten lassen. Jede andere Folge wäre ebenso gut, aber die nach dem Tierkreis ist bekannt und eingeübt und erfüllt nebenbei die Funktion, die kollektive Identität zu bestätigen, die sich so deutlich in gesellschaftlich definierten Rhythmen manifestiert.

Alle zwölf Jahre ist man *toshi otoko* oder *toshi onna*, eine leicht überschaubare Ordnung. Aber nicht alles im Leben ist ordentlich, das Schicksal ist nicht immer kalkulierbar. In Japan ereilt es einen u. a. in Gestalt des *yakudoshi*, des Unglücksjahrs. «*Yakudoshi* nennt man ein Jahr im Leben eines Menschen, in dem die Befürchtung, von einem Unglück heimgesucht zu werden, besonders groß ist.»[8] *Yakudoshi* drohen Unordnung ins Leben zu bringen. Welche Kalamität über einen kommt und wann, kann man nicht wissen. Gehörige Vorsicht ist deshalb geboten. Wer es daran fehlen lässt, ist selber schuld. Immerhin gibt es Gerechtigkeit, denn *yakudoshi* hält das Schicksal für jeden bereit, und man weiß – ein Trost – auch, wann; also doch ein wenig Kalkulierbarkeit. Männer trifft es gewöhnlich mit 25 und mit 42[9], Frauen mit 19 und 33. Aber es gibt da regionale Variationen. In Shikoku zum Beispiel sind außerdem für Männer das 22. und für Frauen das 37. Jahr *yakudoshi*. Auf die Jahre vor und nach dem *yakudoshi*, *maeyaku* und *atoyaku*, färbt zudem das Unheil ab, jedenfalls bei dem schlimmsten Unglücksjahr (*daiyaku*), dem 33. bei Frauen und dem 42. bei Männern. Wenn man diese schwierige Zeit überlebt, ist man immer noch nicht über den Berg, denn auch das 61. und 70. Jahr sind für beide Geschlechter Unglücksjahre, wobei allerdings Letzteres gleichzeitig zum Anlass genommen wird, die Langlebigkeit der Betroffenen zu feiern. Es geht dabei jeweils um Zähljahre (*kazoedoshi*), nicht um Lebensjahre. Das *yakudoshi* beginnt am Neujahrstag des Jahres, in dem man das 19., 25. usw. Lebensjahr vollendet. Wenn man alle regionalen Varianten in Rechnung stellt, ergibt sich für beide Geschlechter zusammen folgende Liste von Unglücksjahren: 1, 4, 7, 10, 13, 16, 19, 22, 25, 28, (32)[10], 33, (34) 37, 40, (41), 42, (43), 46, 49, 52, 55, 58, 61, 70.

Der Glaube an das *yakudoshi* ist weit verbreitet. Nach einer Meinungsumfrage der Asahi Shinbun nahmen in den achtziger Jahren 55,5 Prozent der Frauen und 44,1 Prozent der Männer Rücksicht auf ihr *yakudoshi*[11]. Für den sachgerechten Umgang mit dem *yakudoshi* fühlen sich Schintō-Schreine zuständig. Man kann z. B. dorthin gehen und Ablass kaufen. Zahlreiche Schreine sind auf die Veranstaltung von exorzistischen Riten zur Abwehr des Malheurs im *yakudoshi* spezialisiert. Für die zweiunddreißigjährige Frau, die in dem schon unheilschwangeren Jahr vor ihrem ärgsten *yakudoshi* von Sorge umgetrieben wird, wissen sie ebenso Rat wie für den zweiundvierzigjährigen Mann, der auf Nummer sicher gehen will. Für viele Schreine im ganzen Land ist das *yakudoshi* eine verlässliche Nebeneinnahmequelle durch den Verkauf schützender Talismane.

Eine für die Schreine weniger einträgliche, aber einleuchtende und für andere durchaus angenehme Vorsichtsmaßnahme, das *yakudoshi* zu meistern, besteht darin, Freunde und Verwandte am Neujahrstag oder am eigenen Geburtstag zum Essen einzuladen. Wenn jeder Gast dann zum Dank ein kleines Stückchen der lauernden Gefahr mit nach Hause nimmt, besteht gute Hoffnung, ihr zu entgehen. Wichtig ist es, dass man nicht allein steht, sondern zur Bewältigung der Krisen des Lebens den Beistand der anderen erhält. In Benimm-Ratgebern findet sich meist ein Kapitel zum *yakudoshi*, das darüber Auskunft gibt, was man selbst im eigenen *yakudoshi* machen kann und wie man sich Freunden gegenüber verhält. Meistens kostet es Geld. Man kann zum Beispiel versuchen, das *yakudoshi* abzukürzen, indem man neben dem Neujahrsfest auch das ‹Kleine Neujahr› *(koshōgatsu)* am 15. 1. mit der Einladung von Freunden begeht. Wenn zweimal *shōgatsu* war, so die etwas bauernschlaue Rationalität dieser Praxis, muss das Unglücksjahr vorbei sein. In manchen Gegenden Kyūshūs wird mit derselben Begründung der 1. 6. als «Juni-Neujahr» *(rokugatsu shōgatsu)* gefeiert. Frauen mag es nützen, im Unglücksjahr ein Kind zur Welt zu bringen. Das Glück der Mutterschaft stellt zum vorgesehenen Unglück ein Gegengewicht dar.

Freunden, denen ein *yakudoshi* zu schaffen macht, bezeugt man seine Sympathie mit einem Geschenk. Als Opfergabe zur Abwendung des Unheils *(yakunozoke kigan no okurimono)*, erfahren wir aus einem Ratgeber [12], eignen sich lange Gegenstände oder solche mit Schuppenmuster, weil der Gott Ebisu manchmal Schlangengestalt annimmt: Gürtel, Halstücher, Krawatten, Visitenkartenetuis. Jemanden zu einem Schrein zu begleiten, um ein am Körper zu tragendes Amulett *(mamori)* zu kaufen, ist auch ein passender Freundschaftsbeweis. Darauf kommt es vielfach hauptsächlich an, obwohl viele Menschen überzeugt sind, dass es mit dem *yakudoshi* eine medizinische Bewandtnis hat. Dass der menschliche Körper sich im Laufe des Lebens verändert, dass es kritische Phasen des Übergangs von einem Lebensabschnitt zum nächsten gibt, sind Tatsachen, denen die gesundheitsbewussten [13] Japaner recht viel Aufmerksamkeit schenken und die viele von ihnen bereit sind, mit dem *yakudoshi* in Verbindung zu bringen. Größere Veränderungen wie Umzug, Arbeitsplatzwechsel oder längere Reisen im Unglücksjahr zu vermeiden ist, so gesehen, nur ein Gebot der Vernunft. Für die meisten kommt das *yakudoshi* so sicher wie ein Weisheitszahn oder das sich lichtende Haupthaar. Größer braucht das Unglück auch nicht zu sein, um sich als Beweis für die Triftigkeit des Glaubens zu qualifizieren. Kleine Zeichen genügen, um der natürlichen Zeit des Menschenlebens und seinen Unwägbarkeiten eine sozial handhabbare Form zu geben.

Heutzutage machen die Schreine es den Kunden leicht, sich über geeignete Maßnahmen zu informieren, um ihr *yakudoshi* zu bestehen. Man braucht nur im Internet auf ihrer Homepage nachzuschlagen. In vielen Fällen wird man dort fündig, wobei die Erläuterungen oft sehr nüchternen Inhalts sind. Der Izumo Taisha zum Beispiel, einer der größten und ältesten Schreine Japans in der Präfektur Shimane, in dem ein Glücksgott zu Hause ist, erklärt allen, die sich dafür interessieren, dass das *yakudoshi* ein Übergang sei, wenn man so wolle, so etwas wie das Kinderfest *Shichi go san* (das 7–5-3) im November für Erwachsene. «Weil man sich bewusst ist, ein Alter zu erreichen, in dem ein für das eigene Leben wichtiger Übergang bevorsteht, richtet man den Blick auf die göttlichen Mächte und bittet, Sünder, der man ist, um Schutz vor dem Unheil. Sich um eine richtige Lebensführung zu bemühen ist der Sinn des *yakudoshi*.»[14] Die «richtige Lebensführung», das ist es, worauf es ankommt, und dabei spielen allgemeine, gar transzendental begründete ethische Prinzipien eine geringere Rolle als Vorstellungen von Angemessenheit und Schicklichkeit. Man soll bestrebt sein, belehren die Schreine ihre Gemeinden und Anhänger im weiteren Sinne, die eigene Unzulänglichkeit auszugleichen, indem man der Rhythmik des Lebens auf die Weise Beachtung schenkt, wie es die Regeln bestimmen. Ein Unglücksjahr ist nicht, wenn ein Unglück eintritt, sondern vielmehr tritt ein Unglück mit größerer Wahrscheinlichkeit als sonst im Unglücksjahr ein, dessen zeitliches Vorkommen sozial bestimmt ist. Ein Unglück kann zwar jeder Zeit geschehen, aber daraus wird nicht unbedingt ein Unglücksjahr. Krankheit, Tod, Unfall sind eine Bestätigung, wenn sie sich in dem Unglücksjahr zutragen, aber keine Widerlegung, wenn sie zu einem anderen Zeitpunkt eintreten. So erweist sich auch das *yakudoshi* als ein Sozialisierungsinstrument, mit dessen Hilfe versucht wird, eine Ordnung gegenüber dem immer drohenden Chaos aufrechtzuerhalten.

Für alles gibt es gute und schlechte Zeiten, Jahre, Tage und Stunden, die Glück verheißen oder zu denen man auf der Hut sein muss. Die Bemühungen der Menschen, durch zeitliche Synchronisierung die Sicherheit und Ordnung der richtigen Lebensführung zu gewinnen, ist freilich manchmal vergeblich, birgt die Ordnung selber doch auch den Keim der Unordnung. Die Zyklen, nach denen man in Japan lebte und noch heute lebt, zeigen, dass unter den rationalen Zeitvorstellungen der Effizienzgesellschaft eine starke geistige Strömung traditioneller Vorstellungen zeitlicher Ordnung die Lebensführung mit prägt. Die Rationalisierung der Zeit ist durchaus unvollkommen. Die Zyklen mit ihren Verheißungen haben noch Macht über die Menschen, was sich manchmal unerwartet deutlich zeigt. Der Sechzigerzyklus der Jahreszählung, in dem sich der Tierkreis fünfmal wiederholt [15], ist so lang, dass er aus dem Blick gerückt, ja, in Vergessenheit geraten zu sein scheint. Gelegentlich jedoch zeigt sich, dass das nicht der Fall ist. Die zweiundvierzigste (wieder *shi-ni*: ‹Tod›) Position in diesem Zyklus ist *hinoe uma*, das Feuerpferd. Vor einer Frau, die in einem solchen Jahr geboren ist, muss man sich als Mann hüten, denn sie steht in einem schlechten Ruf: Sie wird ihren Mann ermorden. Nun heiratet man ja sowieso nicht, ohne allerlei Erkundigungen über die Lebensgefährtin eingezogen zu haben. Risikoscheue Naturen werden also darauf achten, die Mutter ihrer Erben nicht unter denen zu suchen, die im Jahr des Feuerpferds geboren sind. Statt den wandelbaren Neigungen des Herzens stattzugeben, folgen sie dem Gebot der richtigen Lebensführung und erlauben der sozialen Zeit der vom Menschen geschaffenen Zyklen ihr Leben zu regieren. So oft nur folkloristisches Ornament, erweist sich die Ordnung der guten und der schlechten Zeiten hier als eine formende gesellschaftliche Kraft.

Anmerkungen Kapitel XII

1 Okada, Akune (1993 : 124 f., 153).
2 Vgl. Kapitel 4.
3 Okada, Akune (1993 : 153).
4 1845 wurde eine Linie, die in etwa dem Längengrad 180 folgt, zur Datumsgrenze bestimmt.
5 Durkheim (1925 : 593 f.); vgl. Kap. 2 oben, S. 42 f.
6 S. o. Kapitel 2.
7 Dass das Individuum in einer Soziologie Japan keinen Platz habe, meint z. B. Hamaguchi (1988). Eine korporatistische Interpretation der japanischen Gesellschaft bietet auch das Forscherteam der Masuda-Stiftung. In der japanischen Zivilisation beinhaltet der Einzelne «den interpersonellen Kontext in seinem eigenen System» (SEKOTAC 1992 : 12).
8 Okada, Akune (1993 : 280).
9 Auf S. 246 wiesen wir darauf hin, dass Digitaluhren in Katalogen nicht eine Uhrzeit mit 42 Sekunden anzeigen dürfen, weil 42 als Zahlwörter gelesen *shi-ni*, ‹Tod›, bedeutet. Das mag auch der Grund dafür sein, dass das zweiundvierzigste Lebensjahr als *yakudoshi* gilt, was sich jedoch nicht zweifelsfrei belegen lässt. Ähnlich kann 33 als Zahlenfolge *sanzan* gelesen werden, was homonym mit einem Wort ist, das ‹schrecklich›, ‹hart› bedeutet.
10 In Klammern die kleinen Unglücksjahre vor und nach den *daiyaku*.
11 Zitiert nach Lewis (1998 : 201), der selbst in einer Feldstudie neueren Datums in einer mittelgroßen Stadt in Kansai diese Tendenz bestätigt.
12 Z. B. Shimizu (1995 : 208).
13 Unter den Dingen, die wichtig sind, rangiert die Gesundheit bei Meinungsumfragen in Japan stets ganz weit oben.
14 WWW.IZUMOOYASHIRO.OR.JP
15 Vgl. Kapitel 4.

ZEIT DER REIFE

Die Alten, die Alten,
ertönt der Triumphgesang
Akasegawa Genpei, 1998

Menschen wegen ihrer Hautfarbe, Religion oder Sprache zu benachteiligen widerspricht dem demokratischen Zeitgeist, dem gehorchend wir uns daran gewöhnt haben, unsere Abscheu vor einem solchen Verhalten für selbstverständlich, ja, für natürlich zu halten. Nun ist es gewiss nicht besser, jemandes Alter oder Geburtsjahr zum Anlass zu nehmen, ihn oder sie schlecht zu behandeln. Beides entzieht sich ja der Kontrolle der Betroffenen. Wenn wir wüssten, dass Menschen, deren Geburtsjahr als letzte Ziffer 7 aufweist, nur aus diesem Grund das Eheglück verwehrt wird, würde uns das als infame Ungerechtigkeit empören. Aber was tun, wenn man weiß, dass man eines nicht natürlichen Todes sterben wird, wenn man eine Frau eines bestimmten Jahrgangs zu der seinen macht? Soll man, nur um auch innerlich gegen den Vorwurf der Diskriminierung gefeit zu sein, sehenden Auges ins sichere Verderben rennen? Natürlich kann jeder Einzelne sagen: ‹Sie ist einfach nicht mein Typ, ihr Pech!› Aber wenn sich herausstellt, dass alle diesen Ausweg wählen, und Frauen, die im Jahr des Feuerpferdes geboren sind, statistisch signifikant schlechtere Chancen haben, von unbescholtenen Japanern geheiratet zu werden, als andere, dann ist das soziale Diskriminierung. Da gibt es kein Deuteln. Eine Möglichkeit, Diskriminierung zu vermeiden, besteht darin, den Anlass zu beseitigen. Wenn zum Beispiel Ausländer diskriminiert werden, denken so manche, ist es doch am besten, dafür zu sorgen, dass es keine gibt, was sich etwa durch restriktive Visumsbestimmungen erreichen lässt. Der Staat diskriminiert dann anstelle seiner Bürger, und als gesellschaftliches Problem ist die Angelegenheit erledigt.

Mit Feuerpferd-Frauen lässt sich nicht so leicht umspringen. Sich überhaupt mit ihnen zu befassen würde den japanischen Staat in ein zweifelhaftes Licht rücken. Sollten seine Vertreter ein Gesetz zum Schutz der Rechte der Feuerpferd-Frauen verabschieden und auf diese Weise einen manifesten Beweis dafür liefern, dass sie noch mit einem Bein in der mittelalterlichen Welt der Geister und Spukgestalten stehen? Sie können von Glück sagen, dass die japanische Gesellschaft selbst einen Weg gefunden hat, das Problem ohne postnatale Diskriminierung zu minimieren. Sie hat dafür gesorgt, dass es nur wenige Feuerpferd-Frauen gibt. Keine Hexenverbrennungen, nein, der kluge Mann baut vor. Die Bevölkerungspyramide Japans zeigt, dass die Geburten im letzten Jahr des Feuerpferds, 1966, um ein volles Viertel zurückgingen und damit ein ebenso tiefes Loch in den Volkskörper und die Rentenkassen rissen wie das letzte Jahr des Pazifischen Krieges. Das zeugt nicht nur von der Friedfertigkeit der Japaner und ihrer lobenswerten Bereitschaft, Blutvergießen zu vermeiden, sondern auch von der Einsicht, dass ein Unheil gar nicht erst in die Welt zu setzen viel besser ist, als es zu bekämpfen.

Keine Naturkatastrophe, keine Epidemie, keine Steuernachteile können die Zahlen erklären. Das Einzige, worauf sie hindeuten, darin sind sich die Demographen einig, ist das *hinoe-uma*-Jahr im alten Zyklus der Tierkreiszeichen und Elemente, Feuer, Yang und Pferd.[1] Sie sagen, dass ein Viertel der gebär- und zeugungsfähigen Japaner 1965/66 keine Tochter in die Welt setzen wollte, die dann später ihren Mann umbringt oder schlechte Heiratschancen hat oder beides. Sie schweigen über die vielen anderen Paare, die mit diesem Gedanken gespielt haben mögen oder denselben Vorsatz fassten, aber nicht konsequent genug handelten. Auch schweigen sie über die unwahrscheinlich vielen Mädchen, die am 1. 1. 1967 geboren sein wollen. Nachdem sie in den letzten Dezembertagen 1966 das Licht der Welt erblickten, stellten mitleidige Ärzte ihren Eltern auf den 1. 1. 1967 datierte Geburtsurkunden aus. Mit ihrer

Unterschrift testierten sie, was auch die Zahlen indirekt zum Ausdruck bringen: Die Demographie als Lehre von der Existenz der Gesellschaft in der Zeit muss mit wichtigen kulturellen Determinanten rechnen. Die soziale Zeit schlägt sich in demographischen Tendenzen nieder. Bis zum nächsten Jahr des Feuerpferdes vergeht noch ein Vierteljahrhundert, 2026 wird es so weit sein. Sicher Zeit genug, um die anthropogenerativen Techniken so weit zu verfeinern und zu popularisieren, dass die Geschlechtsbestimmung des Kindes vor der Zeugung Routine ist und allen, denen daran gelegen ist, erlaubt, auf diese Weise risikolos die Geburt einer Tochter zu vermeiden. Technischer Fortschritt im Dienste des traditionellen Erbes.

Mit der Tradition lokalisiert sich die Gesellschaft in der Zeit. Der alte chinesische Zyklus gilt immer noch etwas, obschon sich seit der Kalenderreform von 1873 so vieles verändert hat. Das Jahr des Feuerpferdes oder irgendein anderes des Zyklus zweimal zu erleben war noch in der Meiji-Zeit nur wenigen vergönnt. Man musste wirklich alt werden, um das zu erreichen. Den sechzigsten Geburtstag nannte man *kanreki*, ‹Wiederkehr des Kalenders›. Das war ein großartiges Ereignis. Wer es tatsächlich erlebte, erhielt bei einer Feier eine gefütterte rote Seidenweste *(chanchanko)*, um es am Lebensabend warm zu haben. Alt war man schon früher als heute. Bis in die ersten Meiji-Jahre war es üblich, die Initiation in die Gesellschaft mit einem Namenswechsel symbolisch zum Ausdruck zu bringen, bei Mädchen mit 13, bei Knaben mit 15. Heute wird man mit 20 erwachsen, am 10. Januar, dem Volljährigentag *(seijin no hi)*. *Shorōno otoko*, ‹einen Mann an der Schwelle des Alters›, konnte man damals jemanden mit 40 nennen. *Fuwaku* ist ein anderer, konfuzianistischer Ausdruck zur Bezeichnung Vierzigjähriger. ‹Unbeirrt› bedeutet er wörtlich und bezeichnet den Lebenserfahrenen im gesetzten Alter, den nichts mehr in Erstaunen und Unsicherheit versetzen kann. «Dass ein Mensch mit 40 jenseits von Zweifel und Irrtum sein soll, erscheint uns heute etwas unwahrscheinlich. Gewiss, das erfahrungsmäßige Altersbewusstsein von

Konfuzius, der vor Beginn der westlichen Zeitrechnung lebte, hat man heutzutage natürlich nicht. Aber bis vor ganz kurzer Zeit war diese Vorstellung vom Alter noch lebendig.»[2]

Das war eine sehr andere Gesellschaft. Erinnern wir uns, Itō Hirobumi war 44, als er Premierminister wurde, zu jung für heutige Verhältnisse, aber einen ‹Mann an der Schwelle des Alters› mit diesem hohen Amt zu betrauen, das konnte schon angehen. Seit der Meiji-Zeit hat Japan viele Transformationen durchgemacht. Eine von denen, die den Charakter der Gesellschaft am einschneidendsten verändert haben, ist das Alter. Es kommt später und währt länger. Die Lebenszeit, die dem Einzelnen zugemessen ist, hat dramatisch zugenommen. Die Ära Shōwa zählte 64 Jahre. Länger war auf dem Chrysanthementhron nur der sagenhafte Jinmu. Visionen der Zukunft und Rückblicke auf die Vergangenheit haben sich ausgedehnt. Die Generationen haben sich verschoben, der Zeithorizont des Einzelnen und der Gesellschaft ist weiter geworden. Schon ist aus der alternden *(kōreika shakai)* eine alte Gesellschaft *(kōrei shakai)* geworden, eine solche nämlich, in der es mehr Menschen gibt, die über 65, als solche, die unter 15 sind.

Den Japanern geht es gut. Zu wenig Zeit zu haben ist zwar ein Problem der Moderne, das im Bewusstsein erst Platz griff, als man anfing, Arbeit nach Zeit zu bezahlen; die uns vergönnte Frist verlängern zu können ist aber ein alter Menschheitstraum. Die Japaner gehen allen anderen voran dabei, ihn wahr zu machen. Trotz Umweltzerstörung, trotz der Beengung in den urbanen Agglomerationsräumen, trotz des hohen Stressniveaus des Lebens in der Geschwindigkeitsgesellschaft ist ihre Lebenserwartung bei der Geburt höher als in jedem anderen Land der Erde. Im Laufe nur eines Jahrhunderts hat sie sich beinah verdoppelt. Am Anfang des 20. Jahrhunderts lag die Lebenserwartung bei Männern bei 42 und bei Frauen bei 43 Jahren[3]; bis zu seinem Ende hatten Letztere ihren Vorsprung vor Ersteren mehr als verfünffacht: 83,82 Jahre ist die von den Demographen ermittelte durchschnittliche Lebenserwartung der Frauen, 77,19 Jahre die der Männer.[4]

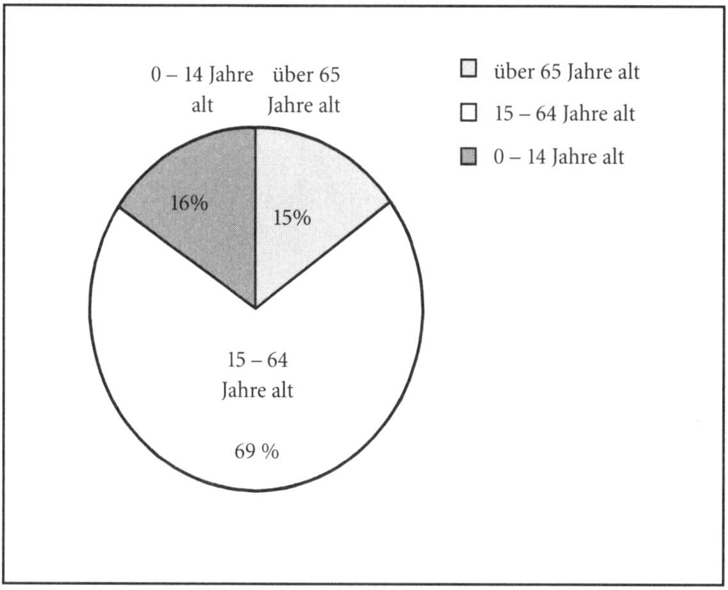

Zusammensetzung der japanischen Bevölkerung 1997 (Gesundheitsministerium)

Nun ist es nicht nur so, dass es heute mehr alte Menschen gibt als früher. Die Zahl der Japaner, die auf ihrem Archipel durch die Raumzeit segeln, hat sich als ganze verändert. Der zeitliche Aspekt des gesellschaftlichen Wandels hat drei Dimensionen: Säuglingssterblichkeit, Langlebigkeit und Fruchtbarkeit. Ein wesentlicher Faktor des Alterns der Gesellschaft war die Reduktion der Kindersterblichkeit um fast 90 % in den drei Jahrzehnten zwischen 1951 und 1982.[5] Diese typische Begleiterscheinung erfolgreicher Entwicklung und wachsenden Wohlstands war in Japan besonders ausgeprägt. Wer heute geboren wird, hat die besten Chancen, die ersten beiden Lebensjahre zu überstehen, wenn er oder sie das in Japan tut, wo die Kindersterblichkeit mit 4 von 1000 die niedrigste der Welt ist.[6] Die Statistiker wissen das, die Leute, die sich mit dem Gebären beschäftigen, nicht unbedingt. Wegen sprachlicher Han-

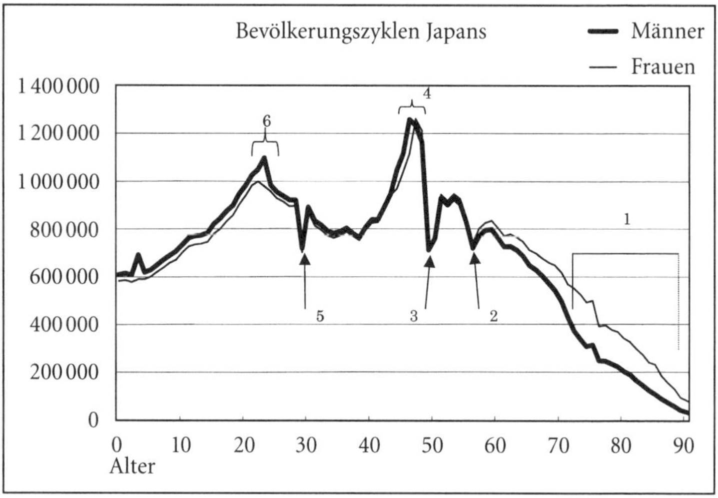

1 Ab 71; Einfluss des zweiten Weltkrieges
2 56; Geburtenrückgang 1938 / 39 (japanisch - chinesischer Krieg)
3 49, 50; Geburtenrückgang vor und nach Kriegsende
4 46 ~ 48; der erste Babyboom 1947 ~ 49
5 29; Jahr des Feuerpferds 1961
6 21 ~ 24; der zweite Babyboom 1971 ~ 74

dicaps der werdenden Mutter, die das Aiku-Krankenhaus in Hirō befürchtete, wurde derselben nahe gelegt, an dem hauseigenen Gebärkurs einer englischen Hebamme teilzunehmen, ein recht zweifelhafter Genuss, der auf diese Weise auch mir zuteil wurde. Die englische Hebamme empfahl mir nicht nur, mit einer Wollmütze ausgerüstet auf die Ankunft meines Erben zu warten, da dieser ja möglicherweise mit schütterem Haupthaar geboren werde und es kalt haben könnte. Das ließ ich noch unkommentiert passieren. Sie bemerkte jedoch außerdem, dass die Japaner, was das moderne Geburtenstyling betreffe, 30 Jahre hinter der Entwicklung herhinkten. Woraufhin ich mich gezwungen fühlte, ihr die Sache mit der Kindersterblichkeit zu erklären, was ihr Weltbild vielleicht 30 Sekunden lang erschütterte. Geboren werden ist jedenfalls in Japan eine recht angenehme und sichere Angelegenheit.

Auch im internationalen Wettstreit um Zählebigkeit verweisen die Japaner alle anderen auf die Plätze. Als Akino Yasu am 12. 2. 1999 in Shizuoka starb, hatte sie eine lange Reise hinter sich. Keine drei Wochen trennten sie mehr von ihrem Geburtstag, an dem sie 114 Jahre alt geworden wäre. Am 1. März 1885 geboren, hatte sie vier Jahresdevisen von vier Tennōs erlebt: Meiji, Taishō, Shōwa und Heisei. Sie starb im Haus ihres einundvierzigjährigen Enkels Hiroyuki. Die Familie, das zeigt dieses zugegebenermaßen noch nicht typische Beispiel, hat eine größere historische Tiefe erlangt. Familiäre Beziehungen sind von längerer Dauer als früher, und die lebendige Erinnerung der Familie reicht weiter zurück. Hiroyuki brauchte nur seiner Großmutter die Hand zu geben, um in die mittlere Meiji-Zeit zurückzureichen. Frau Akino war für einige Monate die älteste Japanerin und als solche Fackelträgerin der Centogenarien, die im Laufe der letzten Jahrzehnte zu einer Gruppe geworden sind, die nicht mehr ignoriert werden kann. 1963 gab es 153 Japaner, die mindestens das hundertste Lebensjahr vollendet hatten, das Ende des Jahrhunderts erlebten ihrer rund 10000. Auf jede Million Japaner kommen knapp 682, die 100 oder älter sind. Im Jahre 2050, sagt eine Projektion, werden es 2,6 von 1000 sein. Älter wird man nirgends.

Gleichzeitig mit dem Älterwerden ist die Geburtenrate zurückgegangen. 1947 bekam jede Japanerin durchschnittlich 4½ Kinder, 1998 waren es nur noch 1,38. Ähnlich wie in Deutschland (1996: 1,32 Kinder pro Frau) ist das weniger als die Reproduktionsrate, die bei einer alten Bevölkerung wie der Japans um 2,1 Kinder pro Frau liegt. In einem Atemzug mit dem Schlagwort *kōrei shakai* wird deshalb ein anderes genannt: *shōshika shakai*, die ‹Kinderschwundgesellschaft›. ‹Japan, die kinderlose Gesellschaft?›, wird bereits etwas reißerisch gefragt.[7] Die abnehmende Fruchtbarkeit korreliert mit dem steigenden Bildungsniveau der Frauen. Sie lernen länger und steigen ins Berufsleben ein, weswegen sie weniger Zeit fürs Kinderkriegen haben. Besonders in den Städten nehmen sie sich keine Zeit mehr zum Gebären. Tokio steht am unteren Ende der Fruchtbarkeitsrangliste der japanischen Präfekturen. Auf traurige 1,07 Kinder brachten es die Frauen 1997 dort nur. In Okinawa, der ländlichsten und am wenigsten entwickelten Präfektur, wo die Menschen mehr Platz haben und ein gemächlicheres Leben führen, waren es 1,86.[8] Der Geburtenrückgang korreliert auch mit dem wachsenden Bruttonationalprodukt, das sich speziell in den Städten nur mit Verzögerung in mehr verfügbares Einkommen übersetzte. Die Lebenshaltungskosten – insbesondere Wohnraum und Ausbildung – stiegen, Kinderreichtum wurde zu teuer. Außerdem entwickelte sich mit dem zunehmenden gesellschaftlichen Reichtum der Sozialstaat; zwar nicht so flächendeckend wie in Westeuropa, aber doch in hinreichendem Maße, um Kindersegen als Altersabsicherung immer weniger dringlich erscheinen zu lassen. Die exorbitanten Kosten der Aufzucht von Kindern in der Gegenwart haben bei vielen Menschen ihren möglichen Nutzen in der Zukunft aus dem Blickfeld gedrängt. Viele Japanerinnen haben deshalb weniger Kinder, als sie gern hätten.[9]

Diese drei Faktoren zusammen bedingen das Altern der Gesellschaft. Eine zeitbezogene Statistik macht es deutlich: Alle 26 Sekunden kommt ein Japaner auf die Welt, aber nur alle 35 Sekunden kommt einer in den Himmel. Um diese Differenz von 9 Sekunden zu kompensieren, müssen die Alten länger aushalten, wozu sie durchaus geneigt sind, was sie aber, wie man weiß, auch bei zusätzlicher Anstrengung nicht unbegrenzt können. Deshalb bedeuten die 9 Sekunden, dass es in nicht allzu langer Zeit zu einem Bevölkerungsrückgang kommen wird, spätesten 2007, sagt das Gesundheitsministerium.

Lebendgeburten	Sterbefälle
1 191 681	913 398
1 alle 26 Sekunden	1 alle 35 Sekunden

1997, Gesundheitsministerium[10]

Eine weitere Ursache der sinkenden Geburtenrate ist der Anstieg des Heiratsalters. Die jungen Japanerinnen schieben die Zukunft auf, denn die Zukunft ist das Wesen der Familie, aber die Frauen finden sich immer später dazu bereit, Familien zu gründen. 1951 heirateten Frauen mit 23,1 Jahren, was schon damals für Industrieländer relativ alt war. Am Ende des Jahrhunderts waren sie beim ersten Jawort drei Jahre älter, 26,1. Fast synchron mit dem Durchschnittsalter bei der Eheschließung verschob sich die Vorstellung vom idealen Heiratsalter. Noch in den achtziger Jahren hießen unverheiratete fünfundzwanzigjährige Frauen ‹liegen gebliebene Weihnachtstorten›. Solche müssen nämlich ordentliche japanische Väter am 24. 12. abends mit nach Hause bringen. Das ist *kurisumasu.* Am 25. sind die Erdbeer-Sahne-Torten unverkäufliche Ladenhüter. 1997 aber war das von den Demoskopen festgestellte «ideale» Heiratsalter für Frauen 26,81, das für Männer 30,32 Jahre.[11] Der Trend zur späteren Eheschließung wirkt sich deshalb ursächlich auf die sinkende Geburtenrate aus, weil un-, vor- und außereheliche Geburten stark stigmatisiert und daher selten sind. Die große Mehrheit aller japanischen Kinder wird im Schoß der Familie geboren. Dass die verlängerte Lebenserwartung damit ursächlich in Zusammenhang steht, lässt sich nicht nachweisen; fest steht jedoch, dass mit ihr die spätere Ehe und damit das spätere erste Kind koinzidiert.

Die Zeit der Reife wird später erreicht, wenn wir unter Reife nicht nur die biologische Fähigkeit, sondern auch die Bereitschaft zur Reproduktion verstehen. Die Spanne vom Geborenwerden zum Gebären ist länger geworden. Mehr als 75 % der Frauen bis 29 hatten 1997 noch kein Kind.[12] Das hat niemand gewollt oder gar geplant, und doch kann man nicht sagen, dass es naturgemäß dazu gekommen ist. Individuelle Entscheidungen und Lebenspläne beruhen auf nachvollziehbaren und oft genug rational kalkulierten Abwägungen, die sich aber im Ergebnis zu sozialen Entwicklungsprozessen zusammenfügen, die einer vom Einzelnen nicht beeinflussbaren Logik folgen. Die trockenen Zahlen reflektieren Veränderungen im Verhältnis der Menschen zueinander, die von ihnen selber herbeigeführt worden sind, wenn auch nicht absichtsvoll. Die sozioökonomischen Lebensverhältnisse fließen in diese Entscheidungen ebenso ein wie sozialpsychologische Befindlichkeiten und Erwartungen. Bevor die Frauen sich in die Abhängigkeit einer eigenen Familie begeben, beanspruchen sie heute mehr Zeit und Freiheit für die eigene Person. Das Angebot der Möglichkeiten der individuellen Lebensgestaltung ist mit dem längeren und sichereren Leben breiter geworden. Mehr Frauen machen davon Gebrauch, bevor sie ihrem Wunsch nach Kindern nachgeben bzw. sich ihrer Reproduktionspflicht stellen. Da die Chancen auf Kinderreichtum mit jedem Jahr, das eine Frau später heiratet, abnehmen, übersetzt sich der Trend zur späteren Ehe in Japan direkt in weniger Kinder und damit in die Vergreisung der Gesellschaft.

Es gibt viele andere von niemandem antizipierte Auswirkungen des Alterns der Gesellschaft. Kinder werden von immer älteren Lehrern unterrichtet. 1977 begann das Erziehungsministerium damit, statistische Daten zum Lehrpersonal aller öffentlichen und privaten Schulen zu sammeln. Seither sind die Lehrer kontinuierlich älter geworden. 1998 lag ihr Durchschnittsalter an Grundschulen bei 41,8 Jahren und damit 1,3 Jahre über der letzten Erhebung drei Jahre zuvor. Die Entwicklung an Mittelschulen (40,4) und Oberschulen (43,1) verlief parallel. Auf allen drei Stufen hatte das Durchschnittsalter das höchste Niveau seit Beginn dieser Erhebungen erreicht. Für die Zukunft wird mit einem weiteren Anstieg gerechnet.[13] Welche Auswirkungen die Vergrößerung des Abstands zwischen den Generationen der Lehrenden und Lernenden haben wird, weiß niemand. Dass die Innovationsfähigkeit der Gesellschaft als ganzer dadurch nicht positiv beeinflusst wird, mag man vermuten.

Ein besonderes Merkmal dieser demographischen Veränderungen ist die Geschwindigkeit, mit der sie sich vollzogen haben und gegenwärtig vollziehen. Ihre sozioökonomischen Ursachen sind größtenteils bekannt. Daraus folgt jedoch nicht, dass die koordinierten kollektiven Anpassungsleistungen in ähnlicher Geschwindigkeit erbracht werden können. Wenn nur die Gesetze des Marktes herrschen, wird es viele Verlierer geben, besonders unter den Alten. Das Leben der Gesellschaft als Marktplatz zu betrachten ist eine Sichtweise, die auch in Japan um sich greift. Die Bestattungsinstitute etwa, um nur an einen Bereich des Alltags zu erinnern, müssen wie alle Unternehmen auf ihre Interessen achten und machen ihre Kunden telefonisch darauf aufmerksam, dass sie mit dem Kauf der letzen Ruhestätte nicht bis zum letzten Augenblick zu warten brauchen. Und bevor es so weit ist, will man ja auch seine Bleibe haben. Beim Kindergarten in Shimotakaidō wurde eine Altentagesstätte eingerichtet. Am Sportfest der Zwei- bis Fünfjährigen dürfen die Siebzig- und Achtzigjährigen teilnehmen, wie die Kleinen zwei Mannschaften mit roten und mit weißen Hütchen bilden und rote und weiße Bällchen in einen Korb werfen. Alt und Jung in trauter Eintracht, das ist die Idealvorstellung, nur wird es kontinuierlich schwieriger, die Harmonie zwischen den Generationen aufrechtzuerhalten. 38,5 % seines Einkommens wendet der durchschnittliche Arbeitnehmer heute für Soziallasten auf. 2025 werden es nach einer optimistischen Prognose 55,5 % sein – optimistisch deshalb, weil sie ein Wirtschaftswachstum von jährlich 1,5 % voraussetzt. Wenn man nach dem Generationenvertrag rechnet, wird dann jeder Rentner von nur noch zwei Arbeitnehmern versorgt werden gegenüber vier bis fünf heute. Den Staat verdammt die älter werdende Bevölkerung zu einer Wachstumspolitik, da anders die zunehmenden Lasten der sozialen Fürsorge nicht zu bezahlen sind. Wirtschaftswachstum wollen zwar Jung und Alt, aber ihre Interessen sind dennoch nicht deckungsgleich. Demographisch bedingte Konflikte mit einer zeitlichen Dimension ziehen herauf.

Mit 60 in Rente zu gehen ist in Japan normal, obwohl sich viele Arbeitnehmer dann noch einmal auf den Arbeitsmarkt begeben und eine bezahlte Tätigkeit ausüben. Beamte werden vielfach noch früher pensioniert. Angesichts der gestiegenen Lebenserwartung und des Rückgangs von Dreigenerationenhaushalten wünschen immer mehr Menschen, auch über das sechzigste Lebensjahr hinaus berufstätig zu bleiben. Bei einer Umfrage bekannten sich 80 % der Befragten zu diesem Wunsch, und zwar sowohl Werktätige als auch Rentner. Sie wollen und sie müssen arbeiten. Als Grund nannten die meisten Befragten, die über 60 waren und noch arbeiteten, finanzielle Zwänge, während ihre Altersgenossen, die nicht mehr arbeiteten, an erster Stelle den Wunsch anführten, soziale Beziehungen aufrechtzuerhalten.[14] Die Rentenkassen dadurch zu entlasten, dass Arbeitnehmern ermöglicht wird, auch über das sechzigste Lebensjahr hinaus zu arbeiten, ist ein Gedanke, dem viele im Prinzip zustimmen. Es ist evident, dass viele Menschen zwischen 60 und 70 oder auch darüber hinaus körperlich und geistig durchaus arbeitsfähig und -willig sind. Tendenziell geht zudem der Anteil harter körperlicher Arbeit zurück, was ebenfalls für die Weiterbeschäftigung von Menschen in höherem Alter spricht. Aber die Aussichten, die nötigen Anpassungen schnell zu leisten, beurteilen manche pessimistisch. Noch Anfang der 1970er-Jahre war 55 das normale Rentenalter. Es dauerte rund 25 Jahre, es auf 60 anzuheben, und das in einer Phase anhaltenden Wirtschaftswachstums. Heute fällt das immer nachdrücklicher vorgetragene Verlangen nach der Heraufsetzung des Rentenalters auf 65 mit zunehmender Arbeitslosigkeit zusammen. Alte und Junge konkurrieren um Arbeitsplätze. Um international konkurrenzfähig zu bleiben, sehen sich Betriebe gezwungen, zu rationalisieren und Arbeitsplätze einzusparen. Neue Arbeitsplätze werden in innovativen Bereichen geschaffen und vornehmlich mit jungen Arbeitskräften besetzt. Dem Innovationsdruck gerecht werden zu müssen und ältere Arbeitnehmer weiter zu beschäftigen, sehen viele Manager als einen Widerspruch an. Die Halbwertzeit von Produkten wird immer kürzer, die Entwicklung neuer Produkte immer wichtiger. Innovation wird eher von jungen als von alten Arbeitnehmern erwartet. In dieser Situation hat die 1995 vollzogene Gründung einer Seniorengewerkschaft *(Kōreisha kyōdōkumiai)* mehr als nur symbolische Bedeutung. Die Alten formieren sich in zahlreichen Organisationen, um ihre Interessen zu vertreten.

Der Staat ist gezwungen zu reagieren. Die gesellschaftlichen Voraussetzungen dafür zu schaffen, dass sich der Segen des hohen Alters der Einzelnen nicht in einen Fluch für die Gesellschaft verwandelt und zum rapiden Absinken von Japans hohem Lebensstandard führt, ist die vielleicht größte Aufgabe der politischen Klasse. Denn obwohl der Respekt vor dem Alter in Japan traditionsgeheiligt ist, haben sozioökonomische Entwicklungen in der zweiten Hälfte des zwanzigsten Jahrhunderts es auch mit sich gebracht, dass die Fähigkeit und die Bereitschaft privater Haushalte, für die Alten zu sorgen, kontinuierlich zurückgegangen ist. Die Erwartungen der Gesellschaft an den Staat wachsen, wobei das soziale Netz des Staates bisher weniger engmaschig ist als in anderen hoch entwickelten Industrieländern.

Der Staat muss an zwei Fronten kämpfen, am oberen und am unteren Ende der Alterspyramide. Bei der geringen Geburtenrate sieht man, dass sich ähnlich wie bei der Verschiebung des Heiratsalters die Idealvorstellungen der Realität anpassen, nicht umgekehrt. Das ist ein gefährlicher Trend. 1997 war die im Durchschnitt für ideal gehaltene Kinderzahl pro Familie mit 2,2 [15] noch deutlich höher als die erwähnte Geburtenrate von 1,38 pro Frau, aber die Tendenz ist weiter fallend. Da besteht politischer Handlungsbedarf. Der das Gesundheitsministerium beratende Bevölkerungsausschuss[16] hat den Geburtenrückgang 1998 in einem Bericht als Problem der Verantwortung gegenüber der Zukunft dargestellt. Im Juni 1999 wurde eine nationale Konferenz zum Geburtenrückgang unter Vorsitz des Premierministers als permanente Einrichtung geschaffen. Vertreter von Ärztekammern, Hausfrauenverbänden, der Finanzwelt sowie prominente Schriftstellerinnen, Schauspielerinnen usw. sind daran beteiligt. Von ihnen wird vor allem erwartet, als Multiplikatoren zu wirken und dazu beizutragen, dass der Trend zu immer weniger Kindern als gesellschaftliches Problem stärker ins Bewusstsein der Öffentlichkeit tritt.

Alle Erziehungsarbeit muss aber fruchtlos bleiben, wenn die Rahmenbedingungen für ein kinderreicheres Familienleben nicht gegeben sind. Dafür müssen Regierung und Parlament sorgen. Ein detaillierter Gesetzesentwurf[17], mit dem die Grundlagen sozialpolitischer Maßnahmen auf nationaler und regionaler Ebene geschaffen werden sollen, lag Anfang des Jahres 2000 vor, war jedoch von den beiden Kammern des Parlaments noch nicht behandelt worden. Inzwischen hat eine als Kabinettsausschuss ständig tagende Ministerrunde vier Bereiche identifiziert, in denen Veränderungen notwendig sind, um die Bereitschaft zu größeren Familien zu fördern: (1) Verbesserung des Mutterschaftsurlaubs und der Bedingungen für den Wiedereinstieg in den Beruf, (2) Ausbau von Kindertagesstätten, (3) Einrichtung von Beratungszentren und (4) weiterer Ausbau der Gesundheitsversorgung für Mütter und Kinder.[18] Politische Phantasie spricht aus diesem Katalog weniger als die überfällige Einsicht in Notwendigkeiten. Lange haben konservative Kräfte in der politischen Führungsschicht Familienwerte hochgehalten und sich gegen die Verbesserung der Arbeitsbedingungen und der Karrierechancen der Frauen gestemmt, die ihrer Meinung nach zu Hause besser aufgehoben waren. Die Verfechter dieser auf soziale Stabilität zielenden Politik, die den Frauen die Schlüsselrolle in der Familie, aber nur eine dienende Rolle im Berufsleben zuwiesen, sahen nicht voraus, dass die Frauen ihnen das mit Zurückhaltung beim Kinderkriegen heimzahlen würden;

sicher beabsichtigten sie das nicht. Jetzt aber können Kinder und Arbeit nicht mehr als Alternativen behandelt, kann von Frauen nicht mehr erwartet werden, dass sie sich mit Stellen ohne Aufstiegschancen zufrieden geben und nach dem ersten Kind aus dem Betrieb kostengünstig für denselben aussteigen. Die Schaffung von Bedingungen, die es erlauben, zu arbeiten und Kinder zu haben, ist zu einem unabweisbaren Desiderat für die ganze Gesellschaft geworden. Entwicklungen, die in Nordamerika und Westeuropa weiter vorangeschritten sind, kann Japan sich nicht mehr verschließen. In der ersten Hälfte des zwanzigsten Jahrhunderts war das schon einmal so. Auch damals ging es um die Umverteilung von Familienzeit und Arbeitszeit. «Die kapitalistische Industrialisierung und die nationalistischen Gefühle, die die Wirtschaftsentwicklung des japanischen Reichs vorantrieben, förderten in der Zeit vor dem Krieg auch die Gründung von Kindertagesstätten.»[19] Durch deren Einrichtung wurde ein Teil der Zeit für die Obhut der Kinder aus dem privaten in den öffentlichen Bereich verlegt. Damit folgte Japan Entwicklungen des Westens. Ähnlich sind heute Anpassungen des Gesellschaftssystems unausweichlich, mit denen im Westen eingeleitete oder erfolgte Veränderungen im Verhältnis der Geschlechter und günstigere Arbeitsbedingungen für Frauen nachvollzogen werden.

Ähnlich unwillkommene Folgen könnte das Beharren auf einem bewährten, aber im Zuge der Globalisierung immer schwerer aufrechtzuerhaltenden Status quo in einem anderen Bereich zeitigen, der mit dem künstlich kultivierten Selbstverständnis eines exklusiv japanischen Japans zu tun hat. Dass der Maßnahmenkatalog des zitierten Kabinettsausschusses die Immigrationsproblematik nicht erwähnt, ist vielleicht nicht überraschend, da Zuständigkeitsbereiche innerhalb der japanischen Regierung mit Eifer verteidigt werden. Die tief greifende Transformation der Gesellschaft in ihrer zeitlichen Ausdehnung durch Geburtenrückgang und Verlängerung der Lebenserwartung nicht mit ihrer möglichen Transformation durch Immigration in Zusammenhang zu bringen zeugt jedoch von mangelnder Bereitschaft, eingefahrene Gleise zu verlassen. Es entspricht der etablierten Politik Japans, den Arbeitsmarkt nicht für ungelernte Arbeitnehmer zu öffnen und auch andere Immigranten, wie z. B. Flüchtlinge, unter Hinweis auf die vermeintliche Homogenität der Gesellschaft nur äußerst zögernd ins Land zu lassen. Begründet wird diese Politik in der Regel mit dem Wunsch, soziale Probleme zu vermeiden. Die Chance, die mit dem Geburtenrückgang verbundenen unwillkommenen gesellschaftlichen Entwicklungen durch eine kontrollierte Öffnung des Arbeitsmarktes abzufedern, bleibt dadurch ungenutzt. Der Staat setzt allein auf sozialpolitische Maßnahmen, die das Ziel haben, kinderreiche Familien wieder zu einem attraktiveren Lebensmodell zu machen.

Im Gegensatz zum Kinderschwund ist die Verlängerung der Lebenserwartung nicht ungewollt. Sie entspricht dem Wunsch vieler und ist manifester Beweis des Erfolgs der Gesellschaft, sich gute Lebensbedingungen zu schaffen. Trotzdem stellen die Folgen dieser günstigen Entwicklung den Staat vor erhebliche Probleme. Zwar gibt es schon seit 1963 ein Gesetz für die soziale Wohlfahrt der älteren Bevölkerung, aber die darin vorgesehenen Versorgungsmaßnahmen reichen nicht aus. 1995 wurde der Gesetzgeber deshalb aktiv und verabschiedete das «Grundlagengesetz über Maßnahmen für die alternde Gesellschaft» (Gesetz Nr. 129, 1995). In der Präambel des Gesetzes heißt es u. a.:

> Japan hat beispiellosen wirtschaftlichen Wohlstand verwirklicht und eine Gesellschaft geschaffen, deren Mitglieder sich eines hohen Alters erfreuen können, wie es der Wunsch der ganzen Menschheit ist. [...] Der Anteil der Alten an der Gesamtbevölkerung nimmt mit großer Geschwindigkeit zu und wird bald das höchste Niveau der Welt erreicht haben. Bedauerlicherweise entwickeln sich jedoch das Bewusstsein der Menschen für die damit verbundenen Probleme und die Reaktionen des Gesellschaftssystems nicht ebenso schnell.

Weil die Reaktionen der Gesellschaft nicht spontan erfolgen, ohne steuerndes Eingreifen keine Lösungsstrategien zu entstehen scheinen, greift der Staat zu gesetzlichen Mitteln, um dieses Defizit auszugleichen. Neben der Benennung allgemeiner Ziele, der Auflistung legislativer Maßnahmen und der Aufteilung von Kompetenzen an regionale und nationale Instanzen sieht das Gesetz einige spezifische Bestimmungen vor. Es verpflichtet die Regierung u. a. darauf, geeignete Mittel zu ergreifen, um sicherzustellen, dass ältere Menschen je nach ihren Fähigkeiten und Wünschen arbeiten können (Art. 9). Es verlangt die Errichtung einer Stiftung für die Finanzierung einer Pflegeversicherung (Art. 10, Abs. 3). Es bestimmt die Einsetzung eines Regierungsausschusses «Alte Gesellschaft» unter Vorsitz des Premierministers (Art. 15), der dem Amt des Premierministers direkt unterstellt ist.

Die diversen Initiativen der Regierung zeigen, dass die politische Elite die veränderte zeitliche Dimension der japanischen Gesellschaft erkannt und als Verantwortung gegenüber nachfolgenden Generationen akzeptiert hat. Alter als demographisches Strukturmerkmal des Kollektivs erscheint dabei freilich vor allem als Problem, als Last, als drohende rote Zahlen in Pensionskassen und Versicherungsfonds; denn dafür sind Politiker da. Sie müssen an ausgeglichene Haushalte denken, daran, dass man jetzt nicht ausgibt, was andere später bezahlen müssen, daran, dass alle, die Hilfe und Pflege brauchen, sie auch erhalten können. Positive Aspekte der alten Gesellschaft brauchen Politiker nicht zu kümmern. Das Älterwerden als Teil des Fortschritts der Menschheit zu preisen, haben sie keine Zeit. Die Rede von der Vergreisung, der Gesellschaft des hohen Alters, der Ergrauung der Bevölkerung lädt kaum dazu ein, die günstigen Seiten der Entwicklung zu betonen. Es gibt sie jedoch ohne Zweifel, und Zeit und Muße, über sie nachzudenken, haben gerade die Alten.

Dass die Gesellschaft älter wird, bedeutet ja auch, dass mehr Menschen als je zuvor nach dem Ausscheiden aus dem Beruf noch dazu in der Lage und bereit sind, ein aktives Leben zu führen. Hier stellt sich die Sinnfrage: Was tun mit der gewonnenen Zeit? Wie muss, wie kann man sein Leben einrichten, dass man sie nicht einfach vertrödelt? Viele Bücher[20] und zahlreiche Interessengruppen und Bürgerinitiativen älterer und vorausschauender Menschen, die im Laufe der letzten beiden Jahrzehnte des zwanzigsten Jahrhunderts entstanden sind, befassen sich mit dieser Frage. Und eine dringende Frage ist es, denn trotz allen traditionellen Respekts vor dem Alter konnte in den achtziger Jahren doch das böse Wort vom *sodai gomi*, ‹Sperrmüll›, in Umlauf kommen: eine Bezeichnung für Rentner, die zu Hause rumsitzen und anderen, speziell ihren Frauen, auf die Nerven gehen, da sie, ausgelaugt von fast ausschließlich der Arbeit gewidmeten Jahrzehnten, nichts mit sich und der nicht mehr für sie verplanten Zeit anzufangen wissen. Aus diesem Ausdruck sprechen sowohl die Unfähigkeit, einen Sinn außerhalb des Erwerbslebens zu finden, als auch eine negative Einstellung zum Alter.

Wohlfahrt und soziale Absicherung sind nicht die einzigen Aspekte des längeren Lebens, denen Aufmerksamkeit zu schenken ist. Viele Menschen verhalten sich dieser Einsicht entsprechend, was darauf hindeutet, dass der Bewusstseinswandel, dessen Ausbleiben in dem bereits zitierten Gesetz beklagt wird, doch schon eingesetzt hat. Dabei trifft man immer wieder auf die bewährte Strategie, Entwürfe für die Zukunft in der Vergangenheit zu suchen. Die *Inkyo kenkyūkai*, «Arbeitsgemeinschaft Ruhestand», zum Beispiel. Gegründet wurde diese Gruppe 1998 in Osaka von Ohta Kuhshin, der sich als Direktor des *Seikatsu dezain kenkyūsho* (Forschungsinstitut für Lebensplanung) auch beruflich mit der zeitlichen Einteilung des Lebens nach der Pensionierung beschäftigt. Sie setzt mit ihren Überlegungen für die Gestaltung des Alters bei dem Begriff *inkyo* an, der so viel wie Rückzug ins Privatleben, Aufgabe der Rechte des Familienoberhaupts, Ausscheiden aus dem öffentlichen Leben, Ruhestand bedeutet. Aber *inkyo* beinhaltet nicht nur den Übergang vom aktiven zu einem passiven Leben. Die

Tradition selektiv als Wegweiser benutzend, erinnert die Arbeitsgruppe daran, dass *inkyo* in der Edo-Zeit auch für Gelassenheit und für die Popularisierung der Künste im erstarkenden Bürgertum stand. Matsuo Bashō, der wandernde Poet, schuf seine Werke nicht nur in dieser Zeit, sondern auch dank seines von *inkyo* geprägten Lebensstils. Die Absicht solcher Erklärungen ist nicht, aus allen Rentnern Dichter zu machen, sondern die Hervorhebung der angenehmen und erstrebenswerten Seiten des Lebens im Ruhestand, ohne die Hektik eines aufoktroyierten Zeitplans, frei vom eng geschnürten Korsett gesellschaftlicher Erwartungen. *Inkyo*, das heißt von der gesellschaftlichen Zeit zur persönlichen Zeit übergehen [21], an die Stelle einer fremdbestimmten Zeiteinteilung die eigenen zeitlichen Präferenzen setzen. Dadurch werden neue Energien freigesetzt, die dem eigenen Nutzen und dem der Gesellschaft dienen können. Eine gewisse Empfänglichkeit dafür ist in der japanischen Gesellschaft, wie sie sich heute präsentiert, auszumachen.

Rōjinryoku, ‹die Alterskraft›, machte das schlagartig deutlich. Wie das diesem Kapitel vorangestellte Zitat [22] verdanken wir diese Wortschöpfung Akasegawa Genpei, einem Schriftsteller, der diesen Begriff zuerst in einer Essayserie eines Sonntagsblatts verwendete. Dieser hatte er den Titel *Oku no yokomichi*, ‹In abgelegenen Seitenstraßen›, gegeben, was eine ironische Anspielung auf Meister Bashōs berühmte Gedichtsammlung *Oku no hosomichi*, ‹Auf schmalen Pfaden durchs Hinterland›[23], ist. In diesen Essays beschreibt er kleine Begebenheiten auf Ausflügen, die er mit einer Gruppe Gleichgesinnter unternahm. Alle um die 60 und sehr unternehmungslustig, machen sie Exkursionen, zu denen sie früher keine Zeit hatten, und entdecken ihre Umgebung aufs Neue wie auch so dies und das über sich selbst. Zeichen des nahenden Alters machen sich bemerkbar: das wiederholte Erzählen derselben Geschichte, die beim ersten Mal amüsant war; das Seufzen auch bei geringfügigen Verrichtungen; das Zipperlein und andere körperliche Gebrechen. Statt jedoch das Stigma der Senilität resigniert hinzuneh-

Hundertjährige Fernsehstars, die Zwillinge Gin und Kin, 1998.
Foto: Kyōdō tsushinsha

men, verstehen Akasegawa und seine Wanderfreunde es, diesen und anderen Erfahrungen, die für ihre Lebensphase charakteristisch sind, die positiven und komischen Seiten abzugewinnen, die *rōjinryoku.*

Auf dem Film vom letzten Ausflug war die Hälfte aller Bilder schwarz. Ein oder zwei, das passiert schon mal, wenn man aus Versehen an den Auslöser kommt. Aber so viele? Das ist schon allerhand. Toll! Wie wir. Die Kamera vergisst. Nicht alles, was sie sieht, behält sie auch. Alterskraft! Vergessen kann man nicht wollen, genauso wenig wie schlafen. Die Huld des Vergessens kommt zu uns nur mit der Patina des Alters. Nicht jede Kamera ist dazu fähig. Die vollautomatischen Geräte, bei denen man nur zu drücken braucht, bringen das nicht. Spiegelreflexkameras auch nicht, denn da sieht man durch das Objektiv und kann nicht vergessen, den Deckel abzunehmen, bevor man auslöst. Berühmt für ihre Alterskraft ist die Leica M6, ein erlesener Apparat für Profis, bei dem man alles mit der Hand einstellt. Das ist etwas ganz anderes, etwas für Kenner. Verschlussgeschwindigkeit, Entfernung, Tiefenschärfe, der Einfallswinkel des Lichts – alles stimmt. Und dann vergessen, die Schutzkappe von der Linse zu nehmen. Das ist schon was. Mit der Leica M6 geht das. Eine Leica M6 ließ Fujimori, einer der Mitentdecker der Alterskraft, im Taxi liegen. Ein Tausendsassa! Verglichen damit sind ein paar schwarze Bilder recht unbedarft. Fujimori hat schon deutlich mehr Alterskraft, die höheren Weihen sozusagen, die sein Freund sich erst noch erwerben muss. Wäre er wohl dazu in der Lage, eine M6 im Taxi liegen zu lassen? Zu mehr, als eine Instantkamera in Vietnam an einem Stuhl im Restaurant hängen zu lassen, hat er es bisher nicht gebracht. Das Alterskraft zu nennen wäre prätentiös. Aber nichts überstürzen! Fujimori hat ihm noch so manches voraus. Schon dreimal ist er mit einem Krankenwagen gefahren, tatü tata, er noch nie. Nur einmal bei einer Kolik hatte er mit dem Gedanken gespielt, einen zu rufen. Warum so zögerlich!, riet ihm Fujimori. Dafür sind die doch da. So oft hast du nicht die Chance.

Rōjinryoku schlug eine Saite an, für deren Klang viele Menschen ein Ohr haben. Akasegawa fasste seine Essays zu einem Büchlein zusammen, das auf der Stelle zum Bestseller wurde. Schon bald schickte er einen zweiten Band hinterher, der auf ebenso viel Resonanz stieß.[24] Leser aller Altersgruppen waren begeistert, belustigt, erleichtert vielleicht auch, dass ihnen jemand die Augen dafür öffnete, wie man sich nicht vom Alter niederdrücken zu lassen braucht, es bejahen kann, ohne seine unvermeidlichen Schwächen zu vertuschen. In der Schwäche ruht die Stärke. Alterskraft, sagt Akasegawa, ist ein Begriff, der oft missverstanden wird.[25] Es ist nicht die Kraft, die trotz vorangeschrittenen Alters noch verblieben ist, sondern eine Kraft neuer Qualität, die erst das Alter bringt. Mit seiner ironisch-unsentimentalen Lobpreisung gewisser Erscheinungen, die gewöhnlich als Altersschwäche gelten, leistet der Autor eine zeitgemäße Umdeutung, die der alten Gesellschaft wie gerufen kommt. Unversehens, der Autor selber ist überrascht von dieser Erkenntnis, entpuppt sich die Alterskraft als Schlüsselelement der japanischen Tradition. Nicht nur Menschen können Alterskraft haben, sondern, wie etwa die Leica M6, auch Gegenstände, Gebäude, Denkweisen.

Der süße Schmerz des Bewusstseins um die Vergänglichkeit aller Dinge vereint mit einer von Transzendenz unbelasteten Diesseitsverbundenheit, die von Ewigkeit nichts wissen will, das ist eine bekannte Haltung. *Wabi* und *sabi* sind vom Alter geadelte ästhetische und moralische Prinzipien. Sie entstanden in der Momoyama-Zeit (1568–1600 u.Z.). *Wabi* kommt aus der Teezeremonie und favorisiert ein einfaches, sparsames Schönheitsideal und die Freude an einem ruhigen Leben, das frei von weltlichen Zwängen ist. *Sabi* ist ein poetisches Ideal, das man als Ästhetik des Alters, der Ruhe und der Einsamkeit beschreiben kann, dem jedoch auch gewisse Aspekte der temperamentvolleren Volkskunst der auf die Momoyama-Zeit folgenden Edo-Zeit nicht fremd sind.

> Ach so, dachte ich, der Schönheitssinn oder das Schönheitsbewusstsein Japans, das, was von alters her als *wabi* und *sabi* bezeichnet wird, das ist doch eigentlich Alterskraft. So gesehen ist die Wirkung von *wabi* und *sabi*, dank deren wir manche Dinge schätzen, die Alterskraft der Dinge. Wenn das so ist, dann ist die Alterskraft ein Teil der japanischen Kultur.[26]

Akasegawa sagt das nur halb im Scherz. Japan ist eine alte Gesellschaft und eine alte Kultur. Wird sie ihre demographischen Probleme mit Alterskraft bewältigen? Alterskraft, das ist auch der Triumph des Geschmacks über die Logik, ein japanischer Topos, der für viele auch in der durchrationalisierten Geschwindigkeitsgesellschaft seine Geltung noch nicht verloren hat.

> Ich kann das nicht so gut ausdrücken, aber in jedem einzelnen Punkt stimmt die Logik. Die Menschenrechte und die Demokratie und noch manches andere mehr fügt sich logisch stimmig zusammen. Man sollte erwarten, dass auch das Ganze richtig ist, aber plötzlich merkt man, dass bei dem Ganzen irgendetwas schief ist. Obwohl alles logisch stimmig sein sollte, gerät doch die ganze Welt in den Sog eines aus logischem Blickwin-

kel nicht sichtbaren Strudels. Aber zum Glück wächst den Menschen mit den Jahren Alterskraft zu. Wenn die Alterskraft zunimmt, schwindet unvermeidlich die Kraft des logischen Denkens,

«Na, und wenn schon …», gibt der Alte preis, was er wirklich denkt, und wie man weiß, die Zeit ist um.[27]

Anmerkungen Kapitel XIII

1 Den Demographen Hodge und Ogawa war aufgefallen, dass die mit zunehmender Prosperität Japans seit 1951 sinkende Kindersterblichkeit zwischen 1965 und 1967 nicht weiter zurückging, sondern wieder zunahm. Die einzige Erklärung dafür ist, dass die Zahl der Geburten drastisch zurückging. «Die recht seltsame Veränderung der Kindersterblichkeitsrate zwischen 1965 und 1967 ist zweifellos in großem Maße dem Einfluss des Glaubens an das Jahr des Feuerpferdes auf die Geburten im Jahre 1966 zuzuschreiben» (Hodge und Ogawa, 1991 : 5).

2 Kuroi (1994 : 266).

3 Oda (1994 : 207).

4 Statistische Abteilung des Gesundheitsministeriums, 1997, *Kan'i seimeihyō* [Einfache Lebenstabelle].

5 1951 lag die Kindersterblichkeit bei 57,5 von 1000 Lebendgeburten, 1982 bei 6,6. Wie Hodge und Ogawa (1991 : 4) zeigen konnten, korreliert diese Entwicklung eng mit der Steigerung des Bruttonationalprodukts im gleichen Zeitraum.

6 The Economist «Pocket World in Figures» (1999 : 89).

7 So der Titel eines Buches von Muriel Jolivet, in dem die Ursachen der sinkenden Fruchtbarkeitsraten untersucht werden, Japan: The Childless Society?

8 Zahlen des Gesundheitsministeriums, zitiert nach IMIDAS '99.

9 Japanerinnen haben weniger Kinder, als sie für ihre Familie persönlich wünschen, und weniger, als ihrem Idealbild einer japanischen Familie entspricht. Vgl. Hodge und Ogawa (1991 : 85 f.).

10 Japan Almanac 1999, 63.

11 Mandai (1997 : 154 f.).

12 Katō (1997 : 102).

13 Nikkei Shinbun 31. 7. 1999.

14 Katō (1997 : 216).

15 Katō (1997 : 159).

16 Jinkōmondai shingikai (1998).

17 Shōshikashakai taisaku kihonhōan, ‹Grundlagengesetz für Maßnahmen, um der Entwicklung einer kinderarmen Gesellschaft entgegenzuwirken›.

18 Bloomberg, 26. 11. 1999 (Artikel von Asai Hideki).

19 Uno (1999 : 15)

20 Z. B. Iwanami Shoten Henshūbu (1999).

21 Statt auf persönlichen Besitz und Geld soll man das Leben auf eine sich

selbst entsprechende Zeiteinteilung ausrichten, empfiehlt die Arbeitsgruppe, die für eine erfüllte Gestaltung des Alters mehr nach geistiger und materieller Unabhängigkeit zu streben rät als nach Reichtum. Ōta, Inkyo kenkyūkai (1999).

22 Akasegawa (1998:44) hat mit dem zitierten Vers, *rōjin, rōjin, gaika ha agaru*, «die Alten, die Alten, ertönt der Triumphgesang», ironisch ein Lied der Kriegsmarine abgewandelt: *kōchin, kōchin, gaika ha agaru*, «versenkt, versenkt, ertönt der Triumphgesang».

23 Matsuo (1985).

24 Akasegawa (1998), (1999).

25 Akasegawa (1998:146).

26 Akasegawa (1998:162).

27 Akasegawa (1998:89).

BIBLIOGRAPHIE

Adam, Barbara. 1994. *Time and Social Theory.* Cambridge: Polity Press.

Akamatsu, Paul. 1986. *Meiji-1868: Révolution et contrerévolution au Japon.* Paris: Calmann-Lévy.

Akasegawa Genpei. 1998. *Rōjinryoku* [Alterskraft]. Tokio: Chikuma Shobō.

Akasegawa Genpei. 1999. *Rōjinryoku no fushigi* [Geheimnisse der Alterskraft]. Tokio: Asahi Shinbunsha.

Akimoto Osamu. 1991. *Kochira katsushikaku kameari kōen mae hashutsujo* [Hier Polizeiwache Kameari-Park in Katsushika], no. 69, *Nakagawa no chichi tōjō.* Tokio: Jump Comics.

Alperovitz, Gar. 1995. *The Decision to Use the Atomic Bomb and the Architecture of the American Myth.* New York: Alfred A. Knopf. Deutsche Übersetzung: *Hiroshima. Die Entscheidung für den Abwurf der Bombe.* Hamburg: Hamburger Edition, 1995.

Amano Hiroko et al. 1994. *Seikatsu jikan to seikatsu bunka* [Lebenszeit und Lebenskultur]. Tokio: Kōseikan.

Aoki Eiichi. 1986. Tetsudō [Eisenbahn]. In Yamamoto Hirofumi (Hrsg.) *Kōtsu unyu no hattatsu to gijutsu kakushin. Rekishiteki kōsatsu* [Die Entwicklung des Transportwesens und technologische Innovation. Historische Betrachtungen]. Tokio: Tōkyō Daigaku Shuppankai, 88–98.

Aoki Shinkō. 1982. *Toki to koyomi* [Zeit und Kalender]. Tokio: Tōkyō Daigaku Shuppankai.

Aoyagi Seizō. 1981. Nōjireki to seikatsureki [Agrarkalender und Lebenskalender]. *Gengo seikatsu* 352, 26–34.

Asaoka Yasuko (Hrsg.) 1991. *Japanische Märchen.* Frankfurt/M.: Insel.

Assmann, Jan. 1991. *Stein und Zeit. Mensch und Gesellschaft im alten Ägypten.* München: Fink.

Aveni, Anthony F. 1995. *Empires of Time.* Tokio: Kodansha International.
Awaya, Kantaro. 1998. The Tokyo War Crimes Trials. In: P. West, S. I. Levine, J. Hiltz (Hrsg.) *America's Wars in Asia.* Armonk: M. E. Sharpe, 221–232.
Barolin, Johannes. 1914. Der Hundertstundentag. Wien und Leipzig: Braumüller Verlag.
Bartu, Friedemann. 1993. *The Ugly Japanese. Nippon's economic empire in Asia.* Tokio: Charles E. Tuttle.
Becker, Gary S. 1965. A theory of the allocation of time. *Economic Journal* 75, 493–517.
Bedini, S. A. 1975. Oriental concepts of the measurment of time. In: J. T. Fraser, F. C. Haber, G. H. Müller (Hrsg.) *The Study of Time II.* Berlin, Heidelberg, New York: Springer, 452–484.
Bernstein, Barton J. 1995. The Atomic Bombings Reconsidered. *Foreign Affairs* 74, Nr. 1, 133–150.
Blackman, Arnold. 1987. *The Other Nuremberg: The Untold Story of the Tokyo War Crimes Trial.* New York: Morrow.
Blechinger, Verena. 1997. ‹Erb-Abgeordnete› im japanischen Parlament. *Nachrichten der Gesellschaft für Natur- und Völkerkunde Ostasiens* 159/160, 71–87.
Borst, Arno. 1993. *The Ordering of Time. From the Ancient Computus to the Modern Computer.* Cambridge: Polity Press.
Brandon, S. G. F. 1965. *History, Time and Deity.* New Tork: Barnes & Noble.
Braw, Monica. 1991. *The Atomic Bomb Suppressed. American Censorship in Occupied Japan.* Armonk, New York: M. E. Sharpe.
Bredon, Juliet und Igor Mitrophanow. 1927. *The Moon Year.* Reprint 1982, Hongkong: Oxford University Press.
Brownlee, John S. 1997. *Japanese historians and the national myths, 1600 bis 1945.* Vancouver, Tokio: UBC Press, University of Tokyo Press.
Buruma, Ian. 1994. *The Wages of Guilt. Memories of War in Germany and Japan.* New York: Farrar Straus Giroux.

Busan hōreki heisei jūni nen [Kalender 2000 der Shingonsekte]. Tokio: Busan Co.

Business Week, 5. Juni 1978. «Seiko's Smash», 86–97.

Caiger, John. 1969. Ienaga Saburō and the first postwar Japanese history textbooks. *Modern Asian Studies* 3 / 1, 57–72.

Caillet, Laurence. 1998. Time in the Japanese Ritual Year. In: Joy Hendry (Hrsg.) *Interpreting Japanese Society. Second Edition.* London: Routledge, 15–30.

Chamberlain, B. H. 1905. *Things Japanese.* London: John Murray.

Chūjo Kazuo. 1986. *Genbaku to sabetsu* [Atombombe und Diskriminierung]. Tokio: Asahi Shinbunsha.

Coe, Michael. 1993. *The Maya.* London: Thames and Hudson.

Compton, Arthur. 1946. The atomic crusade and its social implications. New York: *The Annals of the American Academy of Political and Social Science.*

Coulmas, Florian. 1993. *Das Land der rituellen Harmonie. Japan: Gesellschaft mit beschränkter Haftung.* Frankfurt / M.: Campus.

Coulmas, Florian. 1994. Eternal Change at the Grand Shrine of Ise. *Japan Quarterly* Januar–März, 36–43.

Coulmas, Florian. 1997. Japans Geschichtsbilder. *Lettre International* 39, 104 f.

Dahrendorf, Ralf. 1990. *Reflections on the Revolution in Europe.* London: Chatto&Windus.

Deutschmann, Christoph. 1990. Japans Arbeitszeiten in sozio-kultureller Sicht. *Japanstudien. Jahrbuch des Deutschen Instituts für Japanstudien der Philipp Franz von Siebold Stiftung.* Band 2. München: Iudicium, 89–101.

Dohrn-van Rossum, Gerhard. 1992. *Die Geschichte der Stunde. Uhren und moderne Zeitordnung.* München: Carl Hanser Verlag.

Dower, John. 1986. *War without Mercy. Race and Power in the Pacific War.* New York: Pantheon Books.

Dower, John W. 1998. The Bombed: Hiroshimas and Nagasakis in

Japanese Memory. In: P. West, S. I. Levine, J. Hiltz (Hrsg.) *America's Wars in Asia.* Armonk: M. E. Sharpe, 27–48.

Duara, Prasenjit. 1995. *Rescuing History from the Nation: Questioning Narratives of Modern China.* Chicago: University of Chicago Press.

Duncan, David Ewing. 1998. *Calender. Humanity's Epic Struggle to Determine a True and Accurate Year.* New York: Avon Books.

Durkheim, Emile. 1925. *Les formes élémentaires de la vie religieuse: le système totémique en Australie.* Paris: F. Alcan.

Eisenstadt, S. N. 1995. *Japanese Civilization. A Comparative View.* Chicago und London: The University of Chicago Press.

Friedeman, George und Meredith Le Bard. 1992. *The Coming War Between the U. S. And Japan.* New York: St Martin's Press.

Fröhlich, Stefan. 1995. Das Manhattan-Projekt. In: Michael Salewski (Hrsg.) *Das Zeitalter der Bombe. Die Geschichte der atomaren Bedrohung von Hiroshima bis heute.* München: C. H. Beck, 50–71.

Fujioka Nobukatsu / Jiyūshugi Shikan Kenkyūkai. 1996. *Kyōkasho ga oshienai rekishi* [Geschiche, wie sie nicht in den Lehrbüchern steht]. Tokio: Sankei Shinbunsha.

Fukuzawa Yukichi. 1960. *The Autobiography of Yukichi Fukuzawa.* Translated by Eiichi Kiyooka. New York: Columbia University Press.

Fukuzawa Yukichi. 1981. *Kaireki ben* [Erläuterung der Kalenderreform]. Fukuzawa Yukichi, Ausgewählte Werke, Bd. 2, 201–208. Tokio: Iwanami Shoten, [zuerst 1873].

Garon, Sheldon. 1997. *Molding Japanese Minds. The State in Everyday Life.* Princeton, N. J.: Princeton University Press.

Gekkan Kayōkyoku [Monatszeitschrift Schlager] 246 (1999).

Gell, Alfred. 1992. *The Anthropology of Time. Cultural Constructions of Temporal Maps and Images.* Oxford: Berg.

Gimmler, Antje. 1997. Zeit als Institution. In: Gimmler, Antje, Mike Sandbothe und Walther Ch. Zimmerli (Hrsg.) 1997. *Die Wiederentdeckung der Zeit.* Darmstadt: Primus Verlag, 178–196.

Gimmler, Antje, Mike Sandbothe und Walther Ch. Zimmerli (Hrsg.) 1997. *Die Wiederentdeckung der Zeit.* Darmstadt: Primus Verlag.

Goch, Ulrich. 1998. «Die Zeit in der japanischen Geschichtsschreibung» in *Horin* 5 : 113 – 125.

Goodman, Nelson. 1964. Time and Language and the Passage of Time. In: J. J. C. Smart (Hrsg.) *Problems of Space and Time.* London und New York: Collier / Macmillan, 356 – 369.

Gosden, Christopher. 1994. *Social Being and Time.* Oxford: Blackwell.

Häberle, Peter. 1987. *Feiertagsgarantien als kulturelle Identitätsmerkmale des Verfassungsstaates.* Berlin: Duncker&Humboldt.

Hagiwara Sakutarō. 1974. Shukumei [Schicksal (1939)]. Hagiwara Sakutarōs Zenshū [Gesammelte Werke], Bd. 2, 314 f. Tokio: Chikuma Shobō.

Hall, R. K. (Hrsg.) 1949. *Kokutai no hongi: Cardinal principles of the national essence of Japan.* Cambridge, Mass.: Harvard University Press.

Hamaguchi Eshun. 1988. *‹Nihonrashisa› no saihakken* [Die Wiederentdeckung des japanischen Wesens]. Tokio: Kōdansha.

Harrison, Paul. 1995. The Japanese Postmodern Political Condition. In: Sugimoto, Yoshio und Johann P. Arnason (Hrsg.) *Japanese Encounters with Postmodernity.* London: Kegan Paul International, 213 – 236.

Harvey, Andrew. 1995. Cross-national Comparison of Japanese Time Use. *Studys of Broadcasting* 31, 173 – 193.

Hashimoto Manpei. 1967. *Nihon no jikoku seido* [Das japanische Zeitsystem]. Tokio: Kaku Shobō.

Hatano Seiichi. 1945. *Toki to eien* [Zeit und Ewigkeit]. Tokio: Iwanami Shoten.

Hayashi, Shuji. 1988. *Culture and Management in Japan* (Übersetzt von Frank Baldwin). Tokio: University of Tokyo Press.

Heisig, James W. und John C. Maraldo (Hrsg.) 1994. *Rude Awake-*

nings. Zen, the Kyoto School, and the Question of Nationalism. Honolulu: University of Hawai'i Press.

Heiwa sengen 1996 nen Hiroshima [Friedenserklärung 1996, Hiroshima]. Peace@RCC.Hiroshima.co.jp.

Hersey, John. 1946. Hiroshima. *The New Yorker*, 31. August. Nachgedruckt von Penguin Modern Classics.

Hijiya-Kirschnereit, Irmela. 1988. *Das Ende der Exotik. Zur japanischen Kultur und Gesellschaft der Gegenwart.* Frankfurt/M.: Suhrkamp.

Hirano Mitsuo. 1972. *Tokeiō* [Der Uhrenkönig]. Tokio: Jiji Tsūshinsha.

Hobsbawm, Eric. 1983. Introduction: Inventing Traditions. In: Hobsbawm, Eric und Terence Ranger (Hrsg.) 1983. *The Invention of Tradition.* Cambridge: Cambridge University Press, 1–14.

Hobsbawm, Eric. 1990. *Nation and Nationalism since 1780. Programme, myth, reality.* Cambridge, New York: Cambridge University Press.

Hodge, Robert W. und Ogawa Naohiro. 1991. *Fertility Change in Contemporary Japan.* Chicago und London: The University of Chicago Press.

Höffe, Otfried. 1995. Zur Ethik des Atomzeitalters: Neun Thesen. In: Michael Salewski (Hrsg.) *Das Zeitalter der Bombe. Die Geschichte der atomaren Bedrohung von Hiroshima bis heute.* München: C. H. Beck, 282–298.

Hogan, Michael J. 1996. The Enola Gay Controversy: History, Memory, and the Politics of Presentation. In: Michael J. Hogan (Hrsg.) *Hiroshima in History and Memory.* Cambridge, New York: Cambridge University Press, 200–232.

Honda Katsuichi. 1972. *Chūgoku no tabi* [Reise nach China]. Tokio: Asahi Shinbunsha.

Hondo, Katsuichi, 1993. *The Impoverished Spirit in Contemporary Japan; Selected Essays.* San Francisco: Monthly Review Press.

Hosokawa Hanzō Yorinao. 1796. *Karakuri zui* [Mechanik in Bildern], 3 Bände. Reprint in *Edo kagaku koten sōsho* [Klassiker der Wissenschaft der Edo-Zeit], hrsg. von Kikuchi Toshiyoshi. Tokio: Kōwa Shuppan, 1976.

Hozonban yōgo nijusseiki jiten [Wörterbuch der Redewendungen des zwanzigsten Jahrhunderts]. Tokio: Jiyū kokuminsha, 1998.

Ienaga Saburō. 1985. *Sensō sekinin* [Die Verantwortung für den Krieg]. Tokio: Iwanami Shoten.

Ikeda Yasaburō. 1994. Ginza yon chōme no kado no monogatari [Die Geschichte von der Ecke Ginza 4 chōme]. In: Ueno Hidenobu (Hrsg.) 1994. *Kurokku ii hanashi gojū* [Fünfzig gute Geschichten über die Uhr]. Tokio: Kurokko Bunda Kenkyūsho, 108–112.

Imamura Hitoshi. 1998. *Kindai no rōdōkan* [Die Arbeit der Neuzeit]. Tokio: Iwanami Shoten.

Imidas '99. Jōhō chishiki [Daten und Fakten].

Inoue Kiyoshi. 1993. *Geschichte Japans*. Übersetzt von Manfred Hubricht. Frankfurt/M.: Campus.

Inoue Kyoko. 1991. *MacArthur's Japanese Constitution. A Linguistic and Cultural Study of its Making*. Chicago und London: The University of Chicago Press.

Inoue Kyoko. 1998. *Moshi ‹migi› ya ‹hidari› ga nakattara: Gengojinruigaku e no shōtai* [Wenn es ‹rechts› und ‹links› nicht gäbe: Einführung in die anthropologische Linguistik]. Tokio: Taishūkan.

Inoue Ryōichi. 1996. *Najimi no kōzō. Nihonjin no jikanishiki* [Die Struktur der Vertrautheit. Das Zeitgefühl der Japaner]. Tokio: Sōchisha.

Inoue Teruko und Ehara Yumiko (Hrsg.) 1991. *Josei no dētabukku* [Frauen-Datenbuch]. Tokio: Yūhikaku.

Irokawa Daikichi. 1985. *The Culture of Meiji Japan*. Translation edited by Marius B. Jansen. Princeton, NJ: Princeton University Press.

Ishihara Shintarō. 1996. *Otōto* [Mein kleiner Bruder]. Tokio: Gentōsha.

Itō Hirobumi. 1906. *Commentaries on the Constitution of the Empire of Japan.* Übersetzt von Baron Miyoji Itō. Tokio: Chūō Daigaku.

Itō Kenichi (Hrsg.) 1999. *Nihon no aidentiti. Seiyō demo tōyō demo nai nihon* [Japans Identität. Japan weder westlich noch östlich]. Tokio: Foresuto Shuppan kabushikigaisha.

Iwanami Shoten Henshūbu (Hrsg.) 1999. *Teinengo: ‹Mōhitotsu no jinsei› e no annai* [Nach der Pensionierung: Führer zu einem weiteren Leben]. Tokio: Iwanami Shoten.

Iwao, Sumiko. 1993. *The Japanese Woman. Traditional Image and Changeing Reality.* New York: Free Press.

Izumoi Akira. 1999. *Kyō kasho ga oshienai Jinmu Tennō* [Was uns Lehrbücher über Jinmu Tennō nicht beibringen]. Tokio: Sankei shinbunsha.

Japan Almanac 1999. Tokio: Asahi Shinbunsha.

Jinkōmondai shingikai. 1998. Jinkōgenshō shakai, mirai e no sekinin o sentaku [Die Gesellschaft des Bevölkerungsrückgangs. Entscheidung für Verantwortung gegenüber der Zukunft]. Bericht enthalten im *Weißbuch des Gesundheitsministeriums.* Tokio: Kōseisho.

Jolivet, Muriel. 1997. *Japan: The Childless Society?* London: Routledge.

Jungk, Robert (Hrsg.) 1961. *Off limits für das Gewissen. Der Briefwechsel zwischen dem Hiroshima-Piloten Claude Eatherly und Günther Anders.* Reinbek: Rowohlt.

Kaempfer, Engelbert. 1777–1779. *Geschichte und Beschreibung von Japan. Hrsg. von Christian Wilhelm Dohm.* Unveränderter Neudruck, Stuttgart: F. A. Brockhaus, 1964.

Kagaku rikkokue [Zu einem auf Wissenschaft gegründeten Staat]. *Asahi Shinbun*, 20. 8. 1945.

Kalland, Arne. 1994. Culture in Japanese Nature. In: O. Bruun und A. Kalland (Hrsg.) *Asian Perceptions of Nature: A Critical Approach.* London: Curzon Press, 243–257.

Kamba Wataru. 1997. *Kaitekini sugosu jikanjutsu* [Die Kunst, seine Zeit bequem zu verbringen]. Tokio: Mikasa shobō.

Kamiguchi Hitoshi. 1998. *Daimyō tokei hakubutsukan kanpō No. 3* [Nachrichten aus dem Daimyō-Uhren-Museum Nr. 3]. Tokio: Daimyō tokei hakubutsukan.

Kanda, Mikio (Hrsg.) 1989. *Widows of Hiroshima. The Life Storys of Nineteen Peasant Wives.* London: Macmillan.

Katō Hiroshi (Hrsg.) 1997. *Raifudezain hakusho 1998–99. Dainikai chōsa tokushū ‹shōgai› gakushūto raifudezain no jitsuzō* [Lebensplan-Weißbuch 1998–99. Sondernummer zur zweiten Erhebung: ‹Lebenskunde› und Vorstellungen vom Lebensplan.] Tokio: Raifudezain Kenkyūsho.

Katsumata Shizuo. 1984. Nihonjin no shigai kannen [Die Vorstellung der Japaner vom Leichnam]. In: Kimura Shōsaburō (Hrsg.) *Sei to shi 2* [Leben und Tod 2]. Tokio: Tokyo daigaku shuppankai, 57–78.

Keene, Donald. 1952. *The Japanese Discovery of Europe, 1720 bis 1830.* Stanford: Stanford University Press.

Kevenhörster, Paul. 1993. *Politik und Gesellschaft in Japan.* Mannheim: Bibliographisches Institut (B. I. Taschenbuchverlag).

Kezuka, Kazutoshi. 1998. Stand und Entwicklung der Arbeitszeit in Japan. *WSI Mitteilungen* 9, 646–648.

Kimura Shōsaburō. 1986. *Ikina tokei nishi higashi* [Stilvolle Uhren aus West und Ost]. Tokio: Bungeishunjū kan.

Kohchi, Akira. 1989. *Why I Survived the A-Bomb.* Costa Mesa: Institute for Historical Review.

Kolatek, Claudia. 1990. Innovationsgeschwindigkeit in Japan. *Japanstudien. Jahrbuch des Deutschen Instituts für Japanstudien der Philipp Franz von Siebold Stiftung.* Band 2. München: Iudicium, 103–126.

Komatsu Sakyō. 1975. *Jikan eijento* [Der Zeitagent]. Tokio: Shinchōsha.

Kuroi Senji. 1994. Jikan to nenrei [Die Zeit und das Alter]. In: Ueno Hidenobu (Hrsg.) 1994. *Kurokku ii hanashi gojū* [Fünfzig gute Geschichten über die Uhr]. Tokio: Kurokku Bunka Kenkyūsho, 264–274.

Kuwabara, Takeo. 1985. The Meiji Revolution and Japan's Modernization. In: *Meiji Ishin: Restoration and Revolution.* Tokio: The United Nations University, 20–28.

Kuwabara, Takeo. 1983. *Japan and Western Civilization.* Tokio: University of Tokyo Press.

Kyogoku, Jun-ichi. 1987. *The Political Dynamics of Japan.* Tokio: Tokyo University Press.

Labor White Paper 1997. Tokio: Rōdōshō.

Lauer, R. H. 1981. *Temporal Man: The Meaning and Use of Social Time.* New York: Praeger.

Levine, Robert. 1997. *A Geography of Time.* New York: Basic Books. [Dt. Übersetzung: *Eine Landkarte der Zeit.* München: Piper, 1998]

Lewis, David C. 1998. ‹Years of calamity›. *Yakudoshi* observances in urban Japan. In: Joy Hendry (Hrsg.) *Interpreting Japanese Society.* London: Routledge, 194–212.

Linenthal, Edward T. 1998. Remembering Beginnings and Endings. In: P. West, S. I. Levine, J. Hiltz (Hrsg.), *America's Wars in Asia.* Armonk, N. Y.: M. E. Sharpe, 17–26.

Linz, Juan J. 1998. Democracy's Time Constraints. *International Political Science Review* 19 / 1, 19–38.

Locke, John. o. J. *An Essay Concerning Human Understanding.* Collated and Annotated by Alexander Campbell Fraser. New York: Dover Publications.

Macey, Samuel L. 1980. *Clocks and the Cosmos.* Hamden, Conn.: Archon Books.

Macey, Samuel L. 1991. *Time: a bibliographic guide.* New York: Garland.

Maki Yūsuke. 1981. *Jikan no hikaku shakaigaku* [Vergleichende Soziologie der Zeit]. Tokio: Iwanami Shoten.

Mandai Yoshihisa. 1997. *Jikan nandemo jōhōgen* [Zeit als Quelle der Information]. Tokio: Nihon nōritsu kyōkai manējimento sentā.

Matazaki Syundou. 1998. *Anata o kaeru jikan shūkan* [Zeitliche

Gewohnheiten, die dich verändern]. Tokio: Sannō daigaku shuppan.
Matsuda Yoshiyuki. 1992. Changing Japanese attitudes towards lifestyles and leisure 1970–1990. *Japanstudien. Jahrbuch des Deutschen Instituts für Japanstudien der Philipp Franz von Siebold Stiftung*, Bd. 4. München: Iudicium, 127–137.
Matsuo Bashō. 1985. *Auf schmalen Pfaden durchs Hinterland.* Aus dem Japanischen von G. S. Dombrady. Mainz: Dietrichsche Verlagsbuchhandlung.
Maurer, Andrea. 1992. *Alles eine Frage der Zeit? Die Zweckrationalisierung von Arbeitszeit und Lebenszeit.* Berlin: Edition Sigma.
Menkhaus, Heinrich. 1990. Zeit ist Geld – zum Stand des bargeldlosen Zahlungsverkehrs in Japan. *Japanstudien. Jahrbuch des Deutschen Instituts für Japanstudien der Philipp Franz von Siebold Stiftung.* Band 2. München: Iudicium, 53–87.
Merton, Robert K. 1984. Social expected duration: A case study of concept formation in Sociology. In: Powell, W. W. Und Robbins, R. (Hrsg.) *Conflict and Consensus, A Festschrift in Honor of Lewis A. Coser.* New York: The Free Press, 262–283.
Milgram, S. 1965. *Obedience to Authority.* New York: Harper and Row.
Mita Munesuke. 1978. *Kindai nihon no shinjō no rekishi: ryūkōka no shakaishinrishi* [Die Geschichte der Gefühle des modernen Japans: Sozialpsychologische Geschichte der Schlager]. Tokio: Kōdansha.
Mitsuya, Keiko. 1993. Changes in Time Use among the Japanese. *Studies in Broadcasting* 29, 169–191.
Möhwald, Ulrich. 1990. Keine Zeit für Familie. *Japanstudien. Jahrbuch des Deutschen Instituts für Japanstudien der Philipp Franz von Siebold Stiftung*, Bd. 2. München: Iudicium, 147–175.
Moore, W. E. 1963. *Man, Time and Society.* New York: John Wiley.
Moore, C. W. 1945. *«Timing a Century», History of the Waltham Watch Company.* Harvard: Harvard University Press.

Mouer, Ross. 1995. Postmodernism or ultramodernism: the Japanese dilemma at work. In: Sugimoto Yoshio und Johann P. Arnason (Hrsg.) 1995. *Japanese Encounters with Postmodernity.* London: Kegan Paul International, 32–64.

Murakami Haruki. 1989. «Sasayakana tokei no shi» [Der Tod einer schlichten Uhr], *Bunka shuppankyoku,* Mai.

Nagai Kafū. Bokutō kiden. *Kafū zenshū* Bd. 9. Tokio: Iwanami, 1971. [Romanze östlich des Sumidagawa. Dt. von Barbara Yoshida-Krafft. Frankfurt / M. 1990]

Nakamura Hidekichi. 1980. *Jikan no paradokkusu. Tetsugaku to kagaku no aida* [Das Zeitparadox. Zwischen Philosophie und Wissenschaft]. Tokio: Chūkō Shinsho.

Nakanishi Naomichi. 1996. Time budget studies in Japan. In: Hayashi Chikio und Erwin K. Scheuch (Hrsg.) *Quantitative Social Research in Germany and Japan.* Opladen: Leske und Buderich, 373–385.

Nakayama Shigeru. 1974. *Rekishi toshite no gakumon* [Wissenschaft als Geschichte]. Tokio: Chūō kōronsha.

Needham, Joseph. 1981. *The Shorter Science and Civilisation in China: 2. An adbridgement by Colin A. Ronan of Joseph Needham's original text.* Cambridge, New York: Cambridge University Press.

Needham, Joseph. 1986. *Heavenly Clockwork. The great astronomical clocks of medieval China,* 2nd ed. with supplement by J. H. Comdridge. Cambridge: Cambridge University Press.

Nishida Kitarō. 1988 [1940]. Nihon bunka no mondai [Das Problem der japanischen Kultur]. In: *Nishida Kitarō zenshū,* Bd. 12, 276–366.

Noguchi Yukio. 1995. *Zoku ‹chō› seirihō, jikanhen* [Zeitkontrolle, die ‹Super›methode, Fortsetzung]. Tokio: Chūkō shinsho.

Oda Ichiro. 1994. *Tokei no hari ha naze migimawari na no ka* [Warum geht der Uhrzeiger rechtsrum?]. Tokio: Sōshisha.

Oda Ichiro. 1998. *Tokei ni ha naze gosa ga detekuru no ka* [Warum gehen Uhren falsch?]. Tokio: Chūō Shoin.

Oda Sachiko (Hrsg.). 1994. *Watokei zuroku* [Bilddokumentation japanischer Uhren]. Tokio: Seiko Tokei Shiryōkan.

Ōe Kenzaburō. 1966. *Hiroshima nōto* [Aufzeichnungen aus Hiroshima]. Tokio: Iwanami Shoten (Iwanami Shinsho 563).

Ogi Shinzō. 1981. *Tōkei jidai. Edo to Tōkyō no aida de* [Die Tōkei-Zeit. Zwischen Edo und Tokio]. Tokio: NHK Books.

Ohta Kuhshin und Inkyo kenkyūkai. 1999. *‹Goinkyo› to iu ikikata* [Wie man im ‹Ruhestand› lebt]. Tokio: Asuka shinsha.

Okada Yoshirō. 1994. *Meiji kaireki. ‹toki› no bunmei kaika* [Die Kalenderreform der Meiji-Zeit. Die Kulturerneuerung der ‹Zeit›]. Tokio: Taishūkan.

Okada Yoshirō. 1996. *Nihon no koyomi* [Japans Kalender]. Tokio: Shinjinbutsu ōraisha.

Okada Yoshirō. 1999. *Koyomi no karakuri* [Die Mechanik des Kalenders]. Tokio: Hama no shuppan.

Okada Yoshirō, Akune Suetada. 1993. *Gendai koyomi yomi toki jiten* [Enzyklopädie des Kalenders]. Tokio: Hakushobō.

Osborne, Peter. 1995. *The Politics of Time.* New York: Verso.

Otani Mitsuo et al. 1996. *Nendaigaku (tenmon, koyomi, onmyōdō) no kenkyū* [Chronologie (Studien zu Astronomie, Kalender und dem Yin-und-Yang-Amt)]. Tokio: Daitōbunka daigaku tōyō-kenkyūsho.

Plutschow, Herbert. 1995. *Japan's Name Culture. The significance of names in a religious, political and social context.* Sandgate: Japan Library.

Prigogine, Ilya. 1997. Zeit, Chaos und Naturgesetze. In: Gimmler, Antje, Mike Sandbothe und Walther Ch. Zimmerli (Hrsg.) 1997. *Die Wiederentdeckung der Zeit.* Darmstadt: Primus Verlag, 79–94.

Prior, Arthur N. 1967. *Past, Present and Future.* London: Oxford University Press.

Pronovost, Gilles. 1989. *The Sociology of Time. Current Sociology* Vol. 37, 3.

Reed, Steven R. 1993. *Making Common Sense of Japan.* Pittsburgh und London: University of Pittsburgh Press.

Reischauer, Edwin O. 1977. *The Japanese.* Cambridge, Mass.: Harvard University Press.

Richardson, Bradley M. 1974. *The Political Culture of Japan.* Berkeley: University of California Press.

Ricoeur, Paul. 1977. Introduction, *Time and the Philosophies*, hrsg. von H. Augessy et al. Paris: Unesco, 5–22.

Rifkin, Jeremy. 1987. *Time Wars: the Primary Conflict in Human History.* New York: H. Holt.

Rohlen, Thomas P. 1997. Differences that make a difference: Explaining Japan's success. In: William K. Cummings und Philip G. Altbach (Hrsg.) *The Challenge of Eastern Education.* Albany, N. Y.: State University of New York, 223–248.

Saitō Shigeru. 1990. *Kamera, tokei, jiki media gyōkai* [Kamera-, Uhren- und elektromagnetische Industrie]. Tokio: Kyōikusha.

Sakaiya Taichi. 1991. *Nihon to ha nani ka* [Was für ein Land ist Japan?]. Tokio: Kōdansha.

Sakamoto Tarō. 1970. *Rikkokushi* [Die sechs Reichsgeschichten]. Tokio: Yoshikawa Kōbunkan.

Sakiya Tetsuo. 1982. *Honda Motor. The Men, the Management, the Machines.* Tokio: Kodansha International.

Salewski, Michael. 1995. Einleitung: Zur Dialektik der Bombe. In: Michael Salewski (Hrsg.) *Das Zeitalter der Bombe. Die Geschichte der atomaren Bedrohung von Hiroshima bis heute.* München: C. H. Beck, 7–26.

Sandbothe, Mike und Walther Ch. Zimmerli (Hrsg.) 1994. *Zeit – Medien – Wahrnehmung.* Darmstadt: Wissenschaftliche Buchgesellschaft.

Sanada Shinji. 1987. *Hyōjungo no seiritsu jijō* [Die Herausbildung der Standardsprache]. Tokio: PHP Kenkyūsho.

Sawada Taira. 1996. *Watokei. Edo no haiteku gijutsu* [Japanische Uhren. Hochtechnologie der Edo-Zeit]. Tokio: Dankōsha.

Schmiegelow, Michèle. 1997. The Meaning of Democracy in Asia. In: M. Schmiegelow (Hrsg.) *Democracy in Asia.* Frankfurt/M.: Campus und New York: St. Martin's Press, 21–59.

Schmitter, Philippe C. und Javier Santiso. 1998. Three Temporal Dimensions to the Consolidation of Democracy. *International Political Science Review* 19 / 1, 69–92.

Schulz, Martina und Miriam Kannen. 1999. *Senioritätsprinzip in Japan.* München und Mering: Rainer Hampp Verlag.

Seike, Atsushi. 1997. Japan should lead world in promoting employment of elderly people. *Labour Issues Quarterly*, Nr. 37, 2–4.

SEKOTAC. 1992. *Japanese Systems. An Alternative Civilization? Nihongata shisutemu, jinrui bunmei no hitotsu no kata.* Yokohama: Sekotac Ltd.

Senuma Yoshiaki. 1989. *Shin yoka shakai e no tenbō: yutori jidai no seikatsu dezain* [Perspektiven der neuen Freizeitgesellschaft: Lebensplanung im Zeitalter der Muße]. Tokio: Nihon nōritsu kyōkai.

Sharp, Clifford Henry. 1981. *The Economics of Time.* Oxford: M. Robertson.

Shimizu Katsumi. 1995. *Konna toki dō suru. Gishiki hyakutō ban* [Was tut man in solchen Fällen? Der zeremonielle Ratgeber]. Tokio: Seibundō Shinkōsha.

Shimizu Osamu. 1991. *Tokei* [Die Uhr]. Tokio: Nihon Keizei Shinbunsha.

Shiraiishi Teizō, Tanaka Yoshinobu. 1991. *Matsuo Bashō: eien no tabibito* [Matsuo Bashō: der ewige Reisende]. Tokio: Shinkyokusha.

Smart, J. J. C. 1949. The River of Time. *Mind* 58, 483–494.

Smith, T. C. 1988. *Native Sources of Japanese Industrialization, 1750–1920.* Berkeley: University of California Press.

Sōrifu. 1993. *Josei no genjō to shisaku* [Gegenwärtige Lebensbedingungen und Frauenpolitik]. Tokio: Gyōsei.

Sōrifu. 1998. *Kokumin seikatsu ni kansuru yoronchōsa* [Meinungsumfrage des Premierministeramts zum Leben der Bevölkerung]. Tokio: Gyōsei.

Stockwin, J. A. A. 1982. *Japan: Divided Politics in a Growth Economy.* London: Weidenfeld and Nicolson.

Sugimoto Sonoko. 1993. ‹Kotori no shokutaku› [Der Tisch des kleinen Vogels], *Chūōkōron,* November.

Sugimoto, Yoshio. 1997. *An Introduction to Japanese Society.* Cambridge: Cambridge University Press.

Sūji de miru nihon no 100 nen [Japans Jahrhundert in Zahlen]. 1991. Tokio: Kokuseisha.

Takahashi Hidemine. 1998. *Subarashiki rajio taisō* [Die wunderbare Radiogymnastik]. Tokio: Shōgakukan.

Takanashi Seima. 1990. *Karakuri ningyō no bunkashi* [Dokumente zur Kultur der mechanischen Puppen]. Tokio: Gakusei Shorin.

Tanaka Tadaaki. 1987. *Pāru hakase no Nihon muzairon* [Dr. Pals Theorie von Japans Unschuld]. Sagamihara: Seibunsha (reprint, zuerst 1963).

Tatsukawa Shōji. 1969. *Karakuri* [Mechanismen]. Tokio: Hōsei Daigaku Shuppan Kyoku.

Tegami jitsuyō bunreishū [Briefe, Sammlung praktischer Beispiele]. Tokio: Shinsei shuppansha, 1997.

Terai Minako. 1995. *Saigo no Edo reki no tonya* [Der letzte Großhändler von Edo-Kalendern]. Tokio: Tsukuma Shobō.

Thompson, E. P. 1967. Time, Work-Discipline, and Industrial Capitalism. *Past and Present* 38, 56–97.

Tōyama Shigeki. 1968. *Meiji ishin to gendai* [Die Meiji-Restauration und die Gegenwart]. Tokio: Iwanami Shoten.

Truman, Harry S. 1955. *Memoirs. Years of Decision.* Garden City, New York: Doubleday.

Tsuda Mamichi. 1976 [1874]. On transportation. In: *Meiroku Zasshi. Journal of the Japanese Enlightenment.* Translated with an introduction by William Reynolds Braisted. Tokio: University of Tokyo Press, Nr. 9, 115–117.

Tsujimura Akira. 1980. *Kōsoku shakai to ningen: hatashite ningen ha dō natte iku no ka* [Geschwindigkeitsgesellschaft: Was wird aus den Menschen?]. Tokio: Kanki Shuppan.

Tsunoyama Sakae. 1984. *Tokei no shakaishi* [Sozialgeschichte der Uhr]. Tokio: Chūkō Shinsho.

Tsunoyama Sakae. 1996. *Shinderera no tokei* [Cinderellas Uhr]. Tokio: Popurasha.

Tsunoyama Sakae. 1998. *Jikan kakumei* [Zeitrevolution]. Tokio: Shinshokan.

Turnbull, Stephen. 1998. *The Kakure Kirishitan of Japan.* Richmond, Surrey: Curzon Press (Japan Library).

Ubuki Satoru. 1984. Heiwa kinen shikiten no hensen to heiwa sengen [Der Wandel der Friedensgedenkfeierlichkeiten und das Friedensmanifest]. In: *Hiroshima shinshi: rekishi hen.* Hiroshima: Hiroshima-shi.

Uchida Masao. 1992. *Koyomi to nihonjin* [Der Kalender und die Japaner]. Tokio: Yūzankaku Shuppan.

Uehara Rorō. 1979. *Meiji goroku* [Wörter der Meiji-Zeit]. Tokio: Meiji Shoin.

Ueno Hidenobu (Hrsg.) 1997. *Watashi no ‹jikan›* [Meine ‹Zeit›]. Tokio: Kurokku Bunka Kenkyūsho.

Ueno Hidenobu (Hrsg.) 1994. *Kurokku ii hanashi gojū* [Fünfzig gute Geschichten über die Uhr]. Tokio: Kurokku Bunka Kenkyūsho.

Uno, Kathleen S. 1999. *Passages to Modernity. Motherhood, childhood, and social reform in early twentieth century Japan.* Honolulu: University of Hawaii Press.

Wagner, Wiland. 1995. Das nukleare Inferno: Hiroshima und Nagasaki. In: Michael Salewski (Hrsg.) *Das Zeitalter der Bombe. Die Geschichte der atomaren Bedrohung von Hiroshima bis heute.* München: C. H. Beck, 72–94.

Wakayama Saburō. 1992. *Seikō ōkoku o kizuita otoko* [Der Mann, der das Königreich Seiko schuf]. Tokio: Seijusha.

Watsuji Tetsurō. 1963 [1943]. *Fūdo* [Umwelt]. In: Gendai Nihon shisō taikei 28: Watsuji Tetsurō, 143–297. Tokio: Iwanami Shoten.

Weinstein, Brian. 1993. Political communication through coins. *Government & Politics*, März, 20–22.

Wildemann, Horst. 1995. *Das Just-in-time-Konzept: Produktion und Zulieferung auf Abruf.* München: TCW Transfer-Centrum.

Wilson, George Macklin. 1980. Time and History in Japan. *American Historical Review*, 557–571.

Womack, James P., Jones, Daniel T., Roos, Daniel. 1991. *The Machine that Changed the World: The Story of Lean Production.* New York: Macmillan.

Yamamoto Shichihei. 1986. Ursprünge der japanischen Arbeitsethik. In: Constantin von Barloewen, Kai Wehahn-Mees (Hrsg.) *Japan und der Westen*, Bd. 1. Frankfurt: Fischer, 95–129.

Yamada Kōshō. 1987. *Rōdō jikan to rejā raifu: hirogari motsu ‹jiyū-jikan›* [Arbeitszeit und Freizeitleben: Nachdenken über immer mehr ‹freie Zeit›]. Tokio: Nihon rōdō kyōkai.

Yamakawa Shizuo. 1997. Byō o ikasu [Die Sekunde nutzen]. In: Ueno Hidenobu (Hrsg.) 1997. *Watashi no «jikan»* [Meine «Zeit»]. Tokio: Kurokku Bunka Kenkyūsho, 160–164.

Yamamoto Hirofumi. 1986. Dōro [Straßen]. In: Yamamoto Hirofumi (Hrsg.) *Kōtsū unyu no hattatsu to gijutsu kakushin. Rekishiteki kōsatsu* [Die Entwicklung des Transportwesens und technologische Innovation. Historische Betrachtungen]. Tokio: Tōkyō Daigaku Shuppankai, 28–38.

Yanagida Kunio. 1956. *Nihon no matsuri* [Japans Feste]. Tokio: Kadokawa Bunko.

Yoneyama, Lisa. 1999. *Hiroshima Traces: Time, Space and the Dialectics of Memory.* Berkeley: University of California Press.

Yoshimi Yoshiaki. 1992. *Jūgun ianfu shiryōshū* [Materialien zu den militärischen Trostfrauen]. Tokio: Otsuki Shoten.

Yoshimoto Banana. 1997. *Amurita.* Tokio: Kadokawa Bunko.

Yoshimoto Manpei. 1966. *Nihon no jikoku seido* [Das japanische Zeitsystem]. Tokio: Hanawa Shobō.

Yū Miri. 1997. *Kazoku shinema* [Familienkino]. Tokio: Kōdansha.

Za jinsei sekkei [Der Lebensplan]. 1998. Tokio: Efupi puranetto.

Zerubavel, Eviatar. 1977. The French Republican Calender: A Case

Study in the Sociology of Time. *American Sociological Review* 42, 868–877.
Zerubavel, Eviatar. 1982. The standardization of time: A sociohistorical perspective. *American Journal of Sociology* 88 / 1, 1–23.

SACHREGISTER

NAMENREGISTER